新时期体育教育理论与实践新探

蒋桂芳　严江　钱锋◎主编

中国纺织出版社

图书在版编目（CIP）数据

新时期体育教育理论与实践新探 / 蒋桂芳, 严江, 钱锋主编. -- 北京 : 中国纺织出版社 , 2018.11

ISBN 978-7-5180-4906-6

Ⅰ. ①新… Ⅱ. ①蒋… ②严… ③钱… Ⅲ. ①体育教育－研究 Ⅳ. ① G807.0

中国版本图书馆 CIP 数据核字 (2018) 第 070204 号

责任编辑：汤　浩　　**责任印制**：储志伟

中国纺织出版社出版发行

地　址：北京市朝阳区百子湾东里 A407 号楼　**邮政编码**：100124

销售电话：010-67004422　**传真**：010-87155801

http://www.c-textilep.com

E-mail：faxing@c-textilep.com

中国纺织出版社天猫旗舰店

官方微博 http://weibo.com/2119887771

北京虎彩文化传播有限公司印刷　各地新华书店经销

2018 年 1 1 月第 1 次印刷

开　本：787mm×1092mm　1/16　**印张**：23.6

字　数：593千字　**定价**：120.00 元

前言

QIAN YAN

近年来，随着我国基础教育改革进程的加快，体育教育也在其影响下获得了飞速发展。虽然体育教育活动在类型、性质、运作方式和目的上存在差异，但总体上都具有一套相对稳定和统一的内在原理和规律。因此，要想促使体育教育获得进一步的发展，必须从根本上对体育教育的基本原理、规律和方法等进行深入研究和分析。体育教育作为一种新型的教育概念，虽然在我国的发展稍晚，但在社会和教育事业发展的需求和形势推动下，逐渐成长为体育教育中的主干力量。体育教育从引入之初至今，在我国已走过了百年有余，这期间经历过艰辛和曲折，然后不断摸索，不断前进。

当然，人们对体育的理解也是与时俱进的，是随着现代体育运动的兴起与发展而不断进步的。体育从广义的概念上来说，不单纯是指身体运动，更深层次来说是一种教育，更是文化。体育是一种有意识地通过运动实践来强健体魄，促进人的全面发展的社会文化现象；它除了能够增强人们的体质外，还可以锻炼人们坚韧不拔的意志，培养人们吃苦耐劳的精神；它对于积极构建和谐社会、开启健康的生活方式，都起到很好的促进作用。

体育教育作为现代体育的重要组成部分，是培养全面、自由、和谐发展人才的重要方面，是培养一代具有创造力、竞争力优秀人才的科学途径，是提高全民身体素质和心理素质的有效方法。它对于培养人们的终身体育意识、激发对体育的高度参与热情，都有着非常重要的意义。体育教育的目标是使人们养成终身体育锻炼的习惯，切实达到提高身体素质的目标。尤其是2008年北京奥运会为体育在我国的发展提供了一个新的机遇。

2008年北京奥运会的成功举办，说明一个拥有五千年文明的东方大国，在奥林匹克精神的感召下，正在为大步走向现代化而不懈努力，我们追求的是和平发展，社会和谐。这届奥运会，中国以51枚金牌居金牌榜首，是奥运历史上首个登上金牌榜首的亚洲国家。2008年北京奥运会过后，中国的国际声望得到迅速提升。北京奥运会圆了中国的百年体育梦想，使中国在国际上更加自信。北京奥运会后的中国，更加致力于和平的发展、开放的发展、合作的发展，致力于同世界各国人民一道，为建设持久和平、共同繁荣的和谐世界尽一份心力。

本书共15章，注重理论与实践的有机结合，以人为本，针对大学生的身心特点，把体育基础理论知识和运动实践结合起来，淡化体育的竞技性，强化其健身性和实用性。在借鉴国内外先进的专业理论和方法的基础上，吸取多年以来教学改革的成功经验进行课程创新，力求以最新的理论知识、最科学的学习方法引导学生，构建教学指导的完整教材体系，并且在内容的选择上注重健身性与文化性相结合。实践部分项目包括：田径、篮球、足球、排球、乒乓球、羽毛球、网球、游泳以及新时期的时尚运动（健美操、瑜伽、攀岩和跆拳道）几方面内容，从具体的技术、战术、竞赛规则等方面进行阐述。本书的语言方式通俗易懂，文字表述活泼轻快，内容结构层次分明，由浅入深，具有较强的可读性。本书除了可作为高等院校"公共体育"课程教材外，还可以为体育爱好者的学习提供参考。

本书在编写过程中引用和参考了大量国内外专家和学者的研究成果，在此向他们表示诚挚的谢意。由于编者的水平有限，书中难免有疏漏之处，恳请广大读者和专家批评指正。

编 者

2017 年 8 月

目　录

MU LU

第一章
体育教育的基本理论阐述

第一节 体育教育的定义

作为教育界里一个重要的分支部分——体育教育，在它诞生之日起就注定了将永远都摆脱不了教育的影响与约束。只有在成熟的教育理论影响下，才能对体育教育有充分的认识，准确理解体育教育的概念是进行一切分支教育研究的基础。

一、教育的概念

（一）中外教育家对“教育”的见解

《中庸》中提到:“修道之谓教。”《学记》中说:“教者也，长善而救其失者也。”《荀子·修身》中解说为:“以善先人者谓之教。”东汉许慎在其所著《说文解字》中说:“教，上所施，下所效也。”“育，养子使做善也。”这里的“教”指的是教育者的教诲和受教育者的效法，“育”就是使受教育者向好的方向发展。

卢梭认为:“教育应当依照儿童自然发展的程序，培养儿童所固有的观察、思维和感受的能力。”杜威认为“教育即生长”“教育即改造”“学校即社会”；教育是生活的过程，而不是将来生活的预备，“教育是经验的改造或改组”。斯宾塞认为教育应该“为美好的生活作准备”。裴斯泰洛齐认为“教育的目的在于发展人的一切天赋力量和能力”。夸美纽斯则认为:“假如要去形成一个人，那便必须由教育去完成。教育在于培养和谐发展的人”。可见，在西方，“教育”一词具有引导帮助儿童发展的含义，在一定程度上揭示了教育是“培养人的活动”这一本质属性。

（二）“教育”的定义

为了不让人们对“教育”概念有所误解，给出“教育”的科学定义是非常重要的。在教育学界，关于教育的定义有很多种，可谓是仁者见仁，智者见智。有从广义的角度给教育下定义的，也有从狭隘的角度给教育下定义的。

目前学术界更倾向于认为：教育是有意识的，以积极影响人的身心发展为直接和首要目标的、促使个体社会化和社会个性化的社会实践活动。这个定义首先描述了“教育”的实践特性，即教育这个概念首先是指某一类型的社会实践活动，而不是纯粹的理念。其次，有意识的积极影响人的身心发展，以区别于像盗窃团伙的师徒学艺。盗窃团伙的师徒授受虽可谓有意识、有目的的，但不能积极影响人的身心发展。虽此举仍为“培养”人，但这些做法与教育目的是相悖的，是为“真正的教育”所不容的。最后，个体的社会化是指把人培养成满足社会需要的人，社会的个性化是指把社会文化等传承到不同的人身上，以期形成独特的个性心理结构。这两个过程是互为前提、密不可分的。

二、体育教育的概念

(一) 体育教育概念的回顾

"体育就是体育教育，体育教育就是体育"的时期已经成为历史。今天，通过对这样一个时期的回顾，我们不仅可以更清晰地对体育教育和体育加以区分，更可以在深入了解体育内涵的基础上准确地定义体育教育。

1.体育的内涵

通过翻阅以往的资料分析，我国古代是没有"体育"这个名词的。"physical education"这个英语词大约成型于19世纪后半期。据考查是从18世纪60年代的法语"education physique"转来的。大约在19世纪70年代传入日本。有的译作"体育教育"，有的翻译为"关于身体的教育"等，以后确定为"体育"。1896年上海南洋公学师范学院附属小学的《蒙学读本》首次提出："泰西之学，其旨万端，而以德育、智育、体育为三大纲。""体育者，卫生之事也。"大约在1922年我国学校才以"体育"取代"体操"，从此"体育"便成为我国文化的一项新活动。

为了澄清观念，达成共识，中外学者对体育的概念问题做了大量的研究。1963年甚至成立了世界范围内的"统一体育术语国际研究会"，但至今还没有在体育概念问题上取得一致的看法。虽然我们无法从众多的体育概念的界定中得出关于体育的清晰、准确而完整公认的定义，但是我们应该认识到，对体育概念一百多年来的探讨（从1840年德国体操家施匹斯出版的《体操术语的概念》一书开始）之所以难以准确一致，其原因恐怕不在于人们的探讨方法不对，而是由于体育概念本身就是一个发展的过程。正如有关学者所说"理论是在争鸣中发展的，学术是在讨论中进步的，任何一个人都不要奢望提出一个'放之四海而皆准'的体育概念"。体育成型于学校教育，体育是教育的一个重要组成部分，是动的教育，并非仅限于身体的教育，它以各种方式的身体活动为方法，来完成教育目的。

对近年体育界有关体育概念的论述进行分析，大致可以将其分为三个阶段：

第一阶段，确立体育是教育的组成部分（20世纪70年代后期～80年代初）。

第二阶段，确立体育是文化的组成部分（20世纪80年代中后期）。

第三阶段，确立了人的发展与社会发展在体育中具有高度的同一性（20世纪90年代初期至今）。

如今取得清晰、准确而完整公认的定义是：体育是以身体活动为媒介，以谋求个体身心健康，全面发展为直接目的，并以培养完善的社会公民为终极目标的一种社会文化现象或教育过程。

2. "体育教育"的本源

"体育教育"一词，早在20世纪30年代就曾有人使用过，后来也曾有人继续使用，由于受当时人们对体育认识的局限性和社会条件的制约，所以一直未能通用。50年代，我国体育理论界虽进行过"体育"名词概念的讨论和研究，但是一直没有解决"体育"与"体育教育"两个词混用的问题，在相当长的一段时间里"体育"与"体育教育"都是混用的。直到80年代末，"体育教育"一词才正式被用于国家教委颁布的法规性文件中。

从"体育教育"一词的出现至今，人们对"体育教育"不断的深入研究得知"体育教育"经过了与"体育"的混用时期，以及对"体育教育"的深入的研究探讨阶段，一直到现在的学术界对体育教育理论研究的相对成熟阶段。学者们对于"体育教育"概念的问题也从不同的角度、不同的历史时期提出了自己不同的解说。

归纳有关论述“体育教育”概念的材料，主要得出以下论述：

体育教育就是传授体育知识、技能、技巧的教育。

体育教育是接受政治教育和军事教育。

体育教育特指身体教育，以发展身体、增强体质为主要任务的教育。

体育教育是通过身体活动为媒介，增强体质、传授锻炼身体的知识、技能、技术，培养道德和意志品质为目的，有计划的教育过程，是教育组成的一部分，是培养全面发展人才的重要方面。

体育教育是对学生进行身体锻炼的教育，并指导学生增强体质，掌握体育知识、技术技能，培养学生思想品德的活动。它的内涵是促进学生身体全面健康发展的一种有目的、有计划、有组织的体育活动。

（二）体育教育概念的划分

由于受社会的制度、文化历史的背景、经济发展的水平及体育教育的观念等多方面的制约，国内外关于体育教育概念的争论喋喋不休。所以，要探讨体育教育的概念问题就要对体育教育的本质，应该从教育方面和社会方面分析其定义。

1.体育教育的教育特性

体育教育一直是教育不可缺少的一部分，体育教育主要是对学生身体方面施加一定影响的教育过程。体育教育是全面发展教育的组成部分，它具有教育性、教养性、发展性相统一的多质性。

体育教育以学生身体活动（运动）为根本特征，区别于学校中的德育过程和智育过程，它主要以身体教育或透过身体教育的角度来实现马克思历史观念中的人的全面发展。

体育教育是一个培养人和教育人的过程，它以其独特的形式——身体活动来达到培养全面发展人的目的。体育教育在全面发展教育中的地位和作用，必须从实现育人的目的出发，全面理解。

教育是以育人为目的，是通过德、智、体、美几个不同的教育形式来呈现的；是一项育人系统工程，各个子系统在自己特定的文化形态下施教于对象时均以育人为出发点和目的。从全面发展的观念出发，教育包括德、智、体、美几个方面。全面发展不等于德育 + 智育 + 体育 + 美育，但如果各自以自己一方面为目的，如德育以德为目的，智育以智为目的，体育以体为目的，那么尽管有全面发展的教育方针，也不能培养出全面发展的人。因此，各科教育（包括体育科在内）必须作为进行四育的过程，相辅相成，这样的过程才能称为教育过程。就是说，教育寄托于体育教育的不只是锻炼身体，而是通过体育实施全面发展教育。体育教育本身也具备这种条件。

2.体育教育的社会特性

体育教育受一定社会的政治、经济、文化所制约，同时体育教育还受制约于教育目的、任务，为培养一定社会所需要的人才服务。

从体育教育的产生与发展过程，可以明显地看出体育教育受一定社会的政治经济的影响和制约，并为一定社会的政治经济服务。例如，古希腊斯巴达教育制度中偏重于军事和体育训练，他们所追求的目的是：“绝对服从，承受艰难困苦，打仗和征服别人。”因而斯巴达人要接受严格、残忍的军事训练，并通过全面、多样的“五项竞技”（角力、赛跑、跳远、掷铁饼、掷标枪）等体育教育，来培养青少年一代的尚武精神，为战争服务。

文艺复兴之后的资产阶级教育，把体育教育视为资产阶级侵略扩张和掠夺战争服务的工具。例如，教育家洛克（1632～1707年）的“小绅士”教育中，提出要求儿童饮食要清淡、睡眠要充足，早睡早起；多做户外活动，洗冷水浴，会游泳；要忍苦耐劳，能适应各种气候的变化，要禁酒和禁用烈性饮料。洛克认为一个绅士的体格应锻炼成为必要时能拿起武器去当兵。

现代体育教育更加引起世界各国的重视，许多国家相继修改和补充了体育教学大纲，加强与改革体育教育，提高体育教育的地位，加强师资队伍的建设，投入一定的物力和财力，促进了体育教育的发展。苏联于1984年对学校体育教育提出了新要求，并进行了一系列的改革，从1985年开始制定和颁布了新的体育综合教学大纲，并采取了相应的措施。他们认为，在成长的一代人中，进一步发展体育运动是一项迫切的任务。进而指出：“通过科学的调查和分析，证实了只有通过身体练习、运动和旅行的系统锻炼，才能以最有效的因素抵御科技革命对体育运动所造成的不良后果，并以最好的方法增进人的健康，培养人们担负起高强度生产劳动和保卫祖国的职责。”

综上所述，一定社会时期的体育教育，是通过对学生身体方面施加一定影响的教育，并培养一定社会所需的体魄健康和具有一定道德意志品质的人，既能培养一定社会和阶级所需要的人才服务，又能增强身体健康、提高心理健康水平、增强社会适应能力。由此我们可以得出，体育教育是指在人类社会发展过程中，根据生产和生活的需要，遵循人体的生长发育规律，以身体练习为基本手段，以增强体质、促进人的身心全面发展而进行的一种有意识、有目的、有目标的身体教育过程。

三、体育教育及相关概念辨识

（一）学校的体育

1.学校体育概念及特征

学校体育是学校教育极为重要的一个环节，它是关于身体运动的教育，是关于学生德、智、美、体全面发展的重要一环，但并非仅限于身体的运动（活动）的教育。

学校体育的目的是通过身体运动进行的教育，以促进学生身体的完善，并为他们终身从事身体运动奠定基础。学校体育并不是单纯的体育教育或竞技运动，它是在教育的前提下，以增强体质为核心的综合体，既有体育教育又有竞技教育。从其各项工作的本质意义上看，既能增强体质又有娱乐功能，同时还包括两者相互的交叉环节——娱乐健身。但这不是所谓的“大体育”观，诸项工作都有各自的目标、性质、途径。

学校体育是各级各类学校中体育运动的总称，以体育课为基本组织形式，包括体育、早操、课间操、眼保健操、课外体育活动、课余训练和校外体育竞赛等方面学校体育的特点是注重教育因素，通过体育活动培养和塑造德、智、体、美等方面的人才。

学校体育是我国教育的一个重要方面，是按照我国教育方针的要求，以体育运动的形式，有目的、有计划、有组织地对受教育者的身体方面施加一定的影响，为培养合格人才服务的一种教育过程。简言之，学校体育是通过影响学生身体，培养合格人才的教育过程。

近年来，随着人们体育观念的转变，我国学校体育教学已开始走出单纯传授技术的误区，更加注重培养学生对体育的态度、理念、兴趣及体育参与意识和自觉进行锻炼的习惯。因此，我国学校体育在内容、方法和形式上出现了较多的调整，呈现出全新的形态、全新的特点，展现在学生面前。

(1) 学校体育是培养终身体育的关键因素。

当今社会快速的发展，体力劳动的逐渐减少，脑力劳动的逐渐增加，使人们的闲暇时间更少，同时现代文明又对健康问题产生了一系列负面影响，如绿色食品的减少、环境的恶化、生活节奏的加快等，都使人们倍感身心疲惫。为了适应现代生活方式，为了有更健康的体魄，人们需要不断进行体育锻炼，提高个体适应环境的能力，终身体育观应运而生。

终身体育是指人们一生所进行的体育锻炼和接受体育教育的总和，它包括学前体育、学校体育和学校后体育这样一个连续衔接的过程。学前体育和学校后体育是一种无组织、无计划的体育锻炼，它的实施主要依靠人们的自觉和个体的需要来进行的。这种自觉意识很大程度上是在学校体育阶段形成的。因此说，学校体育是终身体育观形成的关键期。

(2) 学校体育在向快乐体育转化。

近年来，随着我国经济的蓬勃发展，越来越注重素质教育，以至于素质教育渗透到各个学科中，培养学生的创新精神、创新能力成为学科教学的主旨。学校体育也开始科学教学，重视学习者的需要，从学习者的兴趣出发成为教学的主要着眼点，根据受教育者身心发展的特点，承认他们的差异性，开展丰富多彩的游戏、娱乐项目，并将学习的内容与他们的实际生活联系起来，让学生在开心、愉悦、放松的心理状态下完成教学内容，并达到增强体质、增进健康的目的，这就是快乐体育。它重视运动与生活的相互联系，体现个性，强调让学生快乐地、积极地参与到锻炼身体的行列中。当然，快乐教育并不是让教育者用片面的教育方式来满足学生的需求，引发学生的兴趣而丝毫不考虑实用性强、锻炼价值高的项目，而是将二者统一起来，让学生既有兴趣的同时又达到了快乐教育的目的。

(3) 树立“健康第一”的观念成为体育教学的主要目标之一。

培养学生的健康观是为其终身健康观的形成打基础，目前据资料显示青少年的健康状况不容乐观。尤其是近几年随着我国经济突飞猛进的发展，人民生活水平的不断提高，一些对健康的负面影响也日趋严重，如儿童患近视眼的比例逐渐增加、城市肥胖儿童数量的持续增长等。同时不正确的健康观长期伴随着人们的思想，使人们的卫生保健意识薄弱，因此必须提高全民“健康第一”的认识。学校教育尤其是学校体育应承担起健康教育的重任。在体育课中渗透正确的健康观，通过行之有效的体育锻炼，可达到学生身体健康的目的，让他们有一个健康的体魄，增加抵抗疾病、适应环境的能力。同时通过有组织的集体锻炼，还可使学生之间互相交流、团结协作，培养学生健康稳定的心理素质，并在互相学习中形成完美的人格。

(4) 学校体育走向竞技化。

现在学校对于体育教育方面存在很多纠结点。例如，体育教育该不该有竞技？竞技的比重占体育教育的比重是多少？竞技内容应在体育教育里以什么形式呈现给学生？ 这些问题一直处于争论中。其实体育的最大魅力在于竞技，当然现代学校体育也不例外。现代学校体育向竞技化方向发展已成为世界体育的一大热点，对此我们也有所见闻。竞技运动应是一种有规则、有竞争、有娱乐、有目的、有技巧的身体性活动。正是由于竞技的挑战性和竞争性才使其充满了无穷的魅力。而青年人正处在冒险精神和求知欲望最强烈的时期，恰好竞技很符合青少年这个时期的性格特点，因此学校体育教育绝对不能缺少竞技。

学生时代是人一生中最具活力的年龄段，一周几节体育课远远无法满足其身体需要，学校体育可通过开展一些丰富多彩的竞技运动来填充课余体育锻炼的内容。这样不仅可以巩固体育课所学知识，更有利于学生智力的发展。因此，学校体育必须在教学内容和教学方法上做出调整，把握好竞技运动所占的比重，开展形式多样的教学活动，让学生享受竞技体育的快乐。

2.体育教育与学校体育之间的相互联系

学校体育属于教育范畴，无论在哪种社会条件下，都受该社会的政治、经济、文化教育的影响和制约，并通过培养人才为之服务，学校体育也是运用身体运动、卫生保健等手段，对受教育者施加影响，促进其身心健康发展的有目的、有计划、有组织的教育活动。学校体育与学校德育、智育共同组成完整的学校教育体系，是培养符合社会需要的合格人才的一项基本内容和基本途径。由于社会制度、国家性质和教育目标的不同，各国的学校体育目标也不尽相同。一般有：促进学生身体生长发育、增进健康；使学生掌握一定的锻炼身体的知识、方法；培养学生运动的兴趣、能力、习惯以及良好的品行；发展个性。有的国家还将提高运动技术水平和为国防服务作为学校体育目标。中国学校体育的根本目标是通过增强学生的体质，促进其身心健康发展，为提高中华民族的身体素质和为社会主义现代化建设培养德、智、体全面发展的建设者和接班人服务。

体育教育作为社会总文化的组成部分，日益受到社会的重视，教育也必定将其作为重要的教育内容，学校体育也必定与体育运动产生密切的联系，以体育运动的形式作为教育学生的手段，为培养合格的人才服务。体育教育的发展和体育科学的建立，尤其是体育运动中的各种身体锻炼形式，为我国学校体育提供了科学的方法和手段。一定社会对教育的要求，使教育同其他社会现象、其他社会意识形态有着广泛的联系，教育把人类所建树的一切文化成果都用来培养人才，使受教育者得到多方面的发展。

对二者的分析可得出，体育教育其实是学校体育的一部分，即常称为“小体育”，是通过身体活动和其他一些辅助性手段进行的有目的、有计划、有组织的教育过程。体育教育的目的恰好和学校体育的目的相符合，所以二者之间的关系是微妙的、是相互联系的，并且是互相促进的。

（二）体育教学的概念以及特征

体育教学是一个广为人知的术语，对这个术语的理解，人们普遍认为它是一个教育过程。然而，体育教学究竟是怎样的一种教育过程，却众说纷纭，存有歧义。有人认为它是增强学生体质的过程，有人认为它是传授体育知识和技术的过程等。概念理解上的问题，一直在体育教学的许多环节中有所表现，且每当一种新的教学思想被提出或引入，都会重新审视体育教学的内涵。体育教学是体育教师与学生之间的教与学统一的活动，在这个活动中，师生间主要是通过运动技术的传授和掌握来促进学生身心和谐发展的，并使学生具有终身从事身体活动的能力和兴趣。

那么，体育教学的属性，顺理成章地应是知识的传习活动，尽管它所传习的是特殊的知识即运动技术。这种传习活动不能由一般教师来主导，它要由具备相应运动技术水平的体育教师来承担。这种传习活动也不以特殊学生为对象。所谓特殊学生如体育专业学生及职业运动员，他们从事活动的性质是专项深造或竞技训练。只有普通学生才有必要按部就班地从简单的运动技术学起，在学校体育课上完成这样一份学业。体育教学主要是在体育教师和普通学生之间展开的运动技术的传习活动。

体育教学在“育人”的过程中，有其自身的客观规律和特点，这些规律和特点已被许多体育理论专家所验证。从整体上分析具有以下五个明显的特点。

（1）体育教学的实践性。体育教学是实践性极强的教学科目。教师要言传身教，学生要亲自动手、动脑紧跟教师的步骤去实践。在体育教学中，要注重实践性，尤其是学生的主体性，只有充分发挥了学生的主体性，才能体现出体育教学的实践性。体育教学中体现学生的主体性，必须从两个方面来认识实践。一是整个体育教学过程中，学生处于主体地位，其他要素要统一服务于学生这个主体；二是在体育教学过程中教师要积极引导、鼓励学生，激发学生的兴趣，使其主动参与体育教学的行列中，并让学生真正成为主体。

（2）体育教学的形象性。直观形象会给学生的视觉、听觉、触觉一个良好的刺激。通过自己的各种感知获得生动的表象，并与思维结合起来，从而掌握体育的知识、技术和技能，同时，也培养了学生的观察能力和形象思维能力。体育教学就有很好的、明显的形象性。教师的讲解应运用生动形象的语言、贴切有趣的比喻，把所要传授的东西进行艺术性的描述，用生动的语言把复杂的技术动作形象化、简单化，加深学生对教学内容的感知，建立一个清晰的技术动作表象。当学生看到教师准确形象的示范动作，心中就豁然开朗起来。

（3）体育教学的审美性。体育教学的美，体现在符合教学规律的成功和富有实效的创造性教学上。教师把人类积累下来的体育知识技能，通过科学的概括和艺术的提炼，卓有成效地传给学生，使学生去感知、去体验，从中获得美的享受、美的启迪，净化心灵，陶冶情操，促使身心健康和谐发展。师生共创的课堂情境，给人以意境上的顿悟和精神上的启迪，令人回味无穷。

（4）体育教学的情感性。合理的师生关系和教师正确的引导方式，师生双方在心理上具有很大的相容性，学生喜欢、乐于接受体育教师所传授的知识和技能，乐于听取体育教师所提出的动作技能、技巧意见，对教师所采取的教育措施学生积极配合，学生从心理上接受教师，并易受到教师榜样示范作用的影响，促使体育教学有效地进行。因此教师和学生之间一条无形的通道便形成了并且相联系着，构成了教与学的系统。教师在传授知识的同时，伴随着师生间丰富而真诚的情感交流。

（5）体育教学的创造性。体育教学离不开教师的创造性，具体体现在整个教学过程中的“求新、求异、创造”上，从而激发学生的创造意识。爱因斯坦说：“人是靠大脑解决问题的。”创新思考是一切创新活动的“骨髓”和“基石”。

首先，我们既要掌握常规的逻辑性思考方法，又要掌握非常规的创新思考方法，并将这两者互相配合、作用互补、综合运用，才能举一反三，提出新问题和想出新办法；其次，要有设计创造性教学方案的能力，要善于根据体育教学的动态过程和学生实际水平及学习过程中体力消耗、情绪变化等波动过程进行全盘考虑、精心策划、周全设计、科学实施，才能达到预定目标；最后，要有应变能力。教师要善于在体育教学的动态复杂过程中，针对不同学生的个性特点、学习情况或各种教学情境中所产生的一些问题，敏锐地觉察并快速地做出正确的教学决策，巧妙地随机应变，迅速地给予恰如其分、恰到好处的处理，使教学左右逢源、得心应手，确保教学目标实现与教学质量提高。

（三）健康教育的概念以及特征

1.健康教育的概念

什么是健康？美国教育家鲍尔（W.W bower）认为“健康”是人们身体、心情、精神等方面都自我感觉良好，精力充沛的一种状态。1989 年 WHO 提出健康分四个层次：生理健康；心理健康，即心理所反映的客观现实在内容和形式上与客观环境相一致，同时还指个性心理特征的相对稳定；道德健康，即树立正确的道德观；社会适应性健康，即能胜任社会所赋予的角色，并能奉献社会，达到自我实现。

健康教育的特征是以传授健康知识、建立卫生行为、改善环境为核心内容的教育，即通过有计划、有组织、有系统的教育活动，促使人们自愿地采用有利于健康的行为，健康教育可消除或降低危险因素，降低发病率、伤残率和死亡率，提高生活质量，并对教育效果做出评价。真正的健康应该是全面的健康，健康教育应该从小开始，从小培养正确的健康观，因此健康教育的目的是使学生从小养成良好的生活习惯和行为模式，达到最佳的健康状态。学校健康教育以良好行为习惯和个体自我保护能力的培养作为重点，与学校体育共同完成增进学生健康，增强学生体质的任务。

健康教育绝不仅是一般的卫生知识传播和宣传活动，而是动员全民对健康教育有所了解，目的就是让全民对于疾病的预防、残疾和死亡率的减少，以及以影响行为因素为重点的实践。它的内容涉及心理健康教育、学习卫生、运动卫生、饮食与营养、行为健康（生活习惯与生活方式）、安全教育、性健康教育、戒烟与反毒教育等。健康教育的范围极为广泛，一般主要包括健康服务、健康的学校环境和健康教学三个方面。它的内涵是改善环境和生活质量，增进人们自我保健意识，养成文明卫生行为。

健康服务就是通常所说的保健，它直接关系到学生的健康状况，是整个学校卫生规划不可缺少的部分。主要包括：健康检查和发育监测；身体缺陷的矫治；传染病管理和常见病预防；突发性疾病与意外事故的简易急救；为特殊儿童（即伤、残、障儿童）提供必要的服务，心理咨询等。

2.体育教育与健康教育之间的相互作用

随着经济的发展，国家越来越重视体育教育。1979年10月5日，教育部和国家体委联合下发了《高等学校体育工作暂行规定》和《中、小学体育工作暂行规定》，要求各级各类学校体育教学要把增强学生体质和提高学生健康水平作为学校体育的主要目标。20世纪80年代，围绕这一目标，在提高体育课教学质量，选择重点教材，重视继承和发展民族传统体育，贯彻体育和卫生保健相结合及适当增加体育理论教学比重，改革教法、教具等方面都有新的突破，使其在这一阶段处于恢复发展的阶段。

经过几十年的发展，国家颁布了很多关于健康教育的大纲。例如，在2000年又颁发了《九年义务教育全日制小学体育与健康教学大纲（试用修订版）》《九年义务教育全日制初级中学体育与健康教学大纲（试用修订版）》《全日制普通高级中学体育与健康教学大纲（试验修订版）》，其中《全日制普通高级中学体育与健康教学大纲（试验修订版）》的主要特点是构建了课程内容的指导思想，大纲指出："以'健康第一'作为指导思想，以学生为主体，充分发挥体育与健康学科教育的综合功能，落实素质教育的要求，提高学生的综合素质，增强学生体质，促进学生的身心发展。"并明确了体育教学的总目标为："全面锻炼身体，增进学生身心健康""掌握体育与健康的基础知识、基本技能，提高学生的体育与健康意识和能力，为终身体育奠定基础""对学生进行体育价值观和思想品德教育"。

2002年，教育部和国家体育总局联合颁布的《学生体质健康标准》开始在全国大部分学校实施，进一步落实了"健康第一"的指导思想。以上这些法规的颁布和新举措的实行，对推动我国体育教育工作的开展具有深远意义。

第二节　体育教育的基本结构

一、体育教育的内部结构系统

体育教育是通过身体活动和其他一些辅助性手段进行的，是一种有意识、有目的、有组织的身体教育过程，它又需要借助一定的载体即体育教材来达到一定的教育目的，这样才能形成体育教育一个完整的教学系统。所以，体育教师、学生、体育教育目的及体育教材就构成了一个动态的体育教育的内部结构系统。下面我们就对这四个构成要素进行分析。

（一）体育教师

体育教师在体育教育中处于主导地位。根据贾冠杰对教师的分析，我们将体育教师在体育教育中的角色大致归纳为六种。

1.体育教师是传授者

教师最根本的职责是育人，广义的意义是传播知识、经验的人，其肩有提高民族素质的重任。体育教师同样肩负着传播知识、繁衍文化、发展科学、培养人才、提高学生身心素质的责任，一个教师无论他自己拥有多少知识，自己拥有多少阅历，都要全部传授给学生。自己拥有知识而不能很好地传授给学生的教师不是合格的教师。体育教育要把知识传授给学习者，并让他们认识到该学科的重要性。

2.体育教师是组织者

体育课主要在室外或操场上进行，学生须参加各种身体活动来实现课的教学目标。这些动态中的教学活动不仅范围大，且因素复杂多变。一个成功的课堂活动主要在于组织，使学生准确知道他要干什么。在组织教学活动时，教师最主要的目的就是告诉学生要做些什么，给学生明确的指导，使他们明确自己的任务，如何开展活动，活动结束后，如何组织反馈等，可以说整个体育教学过程就是一个组织过程。

3.体育教师是控制者

一个教师必须是个合格的控制者，使学生的一切活动都在他的控制之下顺利地进行，任何疏忽都会使课堂教学收不到理想的效果。传授知识的时候，教师要多控制；在培养学生能力时要少控制。体育教学的安全性问题是极为重要的，防止外来干预或伤害事故的发生，是一个体育教师重视的问题。教师应做到遇事后能乱中不慌，从容处理，不可失控。

4.体育教师是合作者

体育教师应经常和学生进行探讨交流，特别是要保持和学生以朋友的身份参加一些体育比赛或游戏，不能倚仗是老师的身份对学生产生居高临下的优越感，这样可以使学生轻松愉快，解除思想顾虑，在友好的气氛中帮助学生提高技术和学术能力。所以说从某种意义上来讲，老师又是一个合作者，配合学生，按照学生的需求进行对体育教育的讲解。

5.体育教师是创造者

教师应该创造一个良好的、适合学生学习的课堂气氛，使学生收到事半功倍的效果。写在书本上的体育教学法不见得是最好的方法，适应自己并能带来理想教学效果的方法才是好方法。体育教师应根据教学情况的变化，创造出学生最满意、收效最好的教法和技巧。

6.体育教师是心理治疗者

学生在体育学习过程中必定会遇到不少困难和压力，并直接影响体育教和学的正常进行。因此，教师要聆听，分析造成这些消极因素的原因，并从心理上帮助这些学生，克服妨碍学习的压力、焦虑等消极因素，使他们放下包袱，充满信心，使学生有积极健康的态度，不断提高运动技术水平。

以上关于体育教师角色的六种分析方法，足以体现出体育教师在体育教育中所起到的作用以及在整个体育教育过程中所体现出来的价值。

(二) 学生

1.学生是受教育的主体

随着体育教育的不断发展，学生在整个体育教育中所处的地位已经发生了很大的变化，学生由以前知识的被动接受者（听命于教师，自身缺乏能动性）转变为体育教育的主体，学生主观能动性的发挥在体育教育中的作用也日益重要。所以，体育教师在体育教学中充分发挥教学主导作用的同时，必须充分考虑到教学中学生的主体作用，也就是要考虑到学生的学法，即培养学会“自主学习、自我领会、自我锻炼、自我评价”等学习方法。教师在体育教育教学中，不仅要把学习体育的知识、健身等道理向学生传授，而且要对学生的学习方法进行有针对性的指导；同时，根据教学需要，还要考虑到学生的个体差异，指导学生结合自己特点制订适合自己的学习目标、学习计划、学习方法、评价标准等。在教师的指导、鼓励等作用下，让学生扮演“主角”。

学生的主体地位不仅体现为学生如何学习以及学习方法的重要性，更多的是体现为教师的教法选择、教学内容的选择、评价的方法等都要围绕学生进行。过去，体育教育的弊端在于“教者发令，学者强应，身顺而心违”。满堂灌的教学模式把学生置于“被锻炼、被训练”的从属地位，过多强调的是技术动作的传授与基本技能的训练，忽视学生能力的提高和思维的培养，忽视学生在认识过程中的主体作用，制约了学生思维的发展以及主体性的发挥，所以教师在教法选择、教学内容的选择、评价的方法等方面都要重视学生的主体地位，围绕学生的兴趣、爱好进行开展。

2.学生是创新的主体

当今世界的主题是以知识和高科技为主的信息时代，而时代的发展又呼唤与之相适应的人才，培养出具有思维敏捷、创新意识、综合能力强的学生是当前体育教育的一项重要任务。于是，在体育教育教学中如何培养学生的创新精神和实践能力应作为发挥学生主体学习积极性的一项重要内容。作为体育教师在体育教育教学中就要有意识地引入创新。事实上，在我们教育教学中许多方面需要创新，只不过还没有很好挖掘出来。

一个好的体育教师往往在教育教学中善于提出问题，创造情景，激发学生的学习动机，让学生积极地思考，勤于动手、乐于练习。例如，在对学生进行篮球教学时，学生最感兴趣的动作是行进间三大步投篮，此动作技术对学生来说相对较复杂，按常规教学，即讲解要领、示范动作、学生被动模仿、纠正动作等，需要花费很大精力才能使学生学会和掌握该动作，但只要改变一下传统教法，从启发学生思维入手，采用探究法、发现法、问题法、范例法、实践法、学导式教学等方法对学生施教与导教，就能最大限度地挖掘学生“自我学习、自我思考、自我创新”的潜能。那么，学生学习和掌握这一投篮要领就容易多了，学生练习起来就更感兴趣、更投入。实践证明，在体育教育教学中充分发挥学生主体能动作用，并通过学生的思维来解极的促进作用。

（三）体育教育的目的

现阶段，体育教育具有增强体质、竞争功能、教育功能、娱乐功能、促进个性发展功能和开发智力等功能。所以，在体育教学内部中对体育目的进行分析时，就必须对这些功能进行很好地理解和概括，只有这样，才能使整个体育教学内部具有良好的动态的体育教育内部结构。

总之，体育教育目的在整个体育教学内部结构系统中起着导向的作用，其目的的制定对体育教育有着深刻的导向意义。

（四）体育教材的选择

体育教材是体育教育实现的载体。它是根据教育部颁发的教育体育与健康课程的标准，体育教材是连接老师和学生的纽带，只有这个桥梁是坚实的、牢固的，那么它的桥一端——“体育教育目的”才有可能朝着健康、积极的方向发展，反之则大相径庭。于是在体育教材的安排上就要格外注意，它有别于其他课程的教材，其他教材的编排没有激发学生兴趣，没有达到学生需求的标准，只有一些枯燥无味的专业知识点，学生为了成绩还是要学习的，然而体育教材就不一样了，它是辅助学生身心健康发展的重要课程，所以编排体育教材要充分关注学生的兴趣，吸引学生主动阅读和学习体育教材，使教材成为他们的良师益友。

二、体育教育的外部结构系统

体育教育是学校教育的一个重要组成部分，依据学校教育的层次结构的划分，我们可以将学校体育教育划分为：学前体育教育、初等体育教育、中等体育教育、高等体育教育。

（一）学前体育教育的属性

学前体育教育主要是指幼儿体育教育，即3～6周岁的儿童在幼儿园所接受的体育教育。体育作为幼儿教育的重要组成部分，应着眼于幼儿素质的全面发展。可从三个层面界定幼儿体育的含义：生理层面、心理层面和社会层面。生理层面反映为幼儿本身的自然力，是幼儿素质发展的生物前提；社会层面反映为幼儿素质发展的性质、方向和水平；心理层面则表现为幼儿的社会实践活动和主体生命活动相互作用的中介，是外在的科学精神、道德规范即审美经验在幼儿身上的积淀。

1.幼儿的身心发展特征

幼儿的身心发展有着自身的特点，如他们的情感容易外露、肤浅、易冲动、不稳定，高级的社会情感刚开始萌芽。他们的思维特点主要以具体形象性为主。从内心品质来看，他们的行动目的性由不明确到逐渐明确，但坚持性的自制力较差。在这个阶段又是其语言学习的重要时期，正是由于以上的身心特点，所以对于幼儿这一群体来看，用合理的教育方式来培养、教育特殊时期的“学生”。

2.学前体育教育目标的选定

幼儿体育教育的目标，是指在一定的时期内，幼儿体育实践所要达到的预期结果，它是幼儿体育教育工作的出发点和归宿。

我国教育的总目标是要培养全面发展的人，所以单独确定一个幼儿体育教育的总目标是十分困难的。我们不妨考虑：由于各年龄段的幼儿身心特点不一，体育的具体目标不尽相同，要固定以某一种体育思想作为我国幼儿体育教育的总目标是不现实的。幼儿从小班到大班，时间跨度虽然只有几年，但是各年龄阶段的幼儿无论从心理上还是从生理上都有很大差异。由于各种幼儿体育教育思想具有相融性，它们既相互交叉，又互为补充，所以各阶段的幼儿体育教育目标又具有层次性和阶段性。有的学者认为促进幼儿身心健康发展是幼儿体育教育的终极目标。

3.学前体育教育性质

从上文可以看出幼儿自身成长发育有其特点，针对自身发育的特点，可以总结体育教育在施教的过程中有两个特性：

（1）场地的选择性。根据幼儿生理和心理的特点选择适当的方法和手段对其进行身体教育。由于幼儿处于生长发育过程中，其骨骼及软组织易受到损伤，不宜进行过大压力的负重练习，也不能进行过长时间的大强度训练，所以在设计体育教育课程时，不要安排难度过大、疼痛感较强的练习，甚至可以去掉。

在进行体育教学过程中，场地是至关重要的。如果要在有地板的室内或有沙土的平地上或有草坪的地方进行训练，就不要搞技巧性训练，这样可以降低地面对幼儿机体的反作用力，如果在水泥地上或柏油路面上进行锻炼时，一定要求孩子穿软底鞋，以减轻硬度高的地面的反震力对孩子肢体和肌肉群的损伤。

（2）施教的特殊性。幼儿和小学生相比较，小学生已掌握了基础知识，对新事物有自己的分析；和中学生相比，中学生已经掌握了大量的教育知识，而幼儿还是对未知世界懵懂的时期，对于任何事情不加分析地接纳。所以，我们幼儿教师要根据幼儿的这一特点施以特殊的教育，因势利导地培养他们对体育教育的兴趣。对体育内容要加强形象化的讲述，吸引幼儿的注意力。创造良好的环境，促进幼儿体育兴趣的发展。包括场地器材布置、体育设施条件、教师的精神状态和业务水平等。

（二）初等体育教育的属性

初等体育教育也叫小学体育教育。小学生的年龄一般在7～13岁之间，具有明显的年龄特点，可塑性大，模仿能力强，是接触新知识最佳的时期，具有自己的判断力，对新知识具有强烈的好奇感。但又往往在活动、行为方式上表现出其个性特征。故而针对小学生这一特殊群体，应该有一套适宜该年龄特点和素质教育要求的体育教育内容、方法和手段，来为其发展身体，增强体质，培养兴趣，培养思想品德和意志品质，为终身体育和终身教育打下良好基础，真正对小学生实施素质教育。

1.小学生发育特点

（1）外形发育逐步加快。小学生在上学期间发育很快，正是在长身体的时候，但小学中低年级儿童少年体格发育较为平稳，每年身高平均增加4厘米左右，体重平均增加2公斤左右，从外形来看其特点是头大、躯干长、四肢短，重心不稳。10岁以后逐渐进入青春发育期，身高每年以6～8厘米的速度增长，体重每年可增加4～5千克左右，上下肢的发育速度快于躯干速度，所以从表面看上去是不协调的。

(2) 骨骼开始骨化，肌肉力量还比较弱。这个时期的学生的骨骼正处于骨化过程，骨骼成分中胶质较多，钙质较少，富有弹性，但坚固性较差。骨骼硬度小、韧性大，不易折，但易弯曲变形、脱臼和损伤。其肌肉虽然逐渐发育，但主要是纵向生长，肌纤维较细，力量性较弱。

(3) 心跳速度慢，呼吸增强。青少年时期的心率是随年龄增加逐步降低的，如新生儿的心率大概是140次／分左右，5～6岁减至95次／分左右，7～8岁减至85次／分左右，9～10岁减至75次／分左右，与成年人的72次／分非常接近。而肺活量是随着呼吸的增长逐渐增强的，如7岁男童是1389毫升，10岁时达1909毫升；7岁女童是,1295毫升，10岁时达1777毫升，随着呼吸力量的增强，儿童少年对许多呼吸道疾病的抗御能力也不断增强。

(4) 脑细胞分化基本完成，感觉器官正在发育成熟。儿童少年大脑的重量，6岁时达到成人的90%，12岁时已接近成人1400克的水平。脑细胞体积增大，树突和轴突分支逐渐发育完全，细胞功能分化逐渐完成，分析、抑制、能力有所加强，但兴奋还不能持久。儿童少年的感觉器官迅速发育，视、听、嗅、触觉大大提高，但尚不精细、深刻。

(5) 生殖器官发育，性腺激素增加。儿童少年在10岁以前，生殖器的发育几乎处于停滞状态，到小学高年级时（其中女孩10岁左右，男孩12岁左右）生殖器官出现了迅速发育的势头。尤其女孩的卵巢、子宫迅速发育成熟，月经逐渐发生。

2.小学体育教育目标分类

小学体育教育目标分为运动知识目标、技能目标、情感目标、负荷目标。知识目标主要是使学生在记忆、理解的基础上能够简单地运用已学过的动作要领和有关知识做出相应的动作，并能回答其理论知识点。技能目标是能让学生做出该动作的标准以及有技巧的动作要领。

情感目标是使学生认识到运动的价值所在，在没有教师指导的条件下也能自觉地做，由不喜欢运动到把运动养成习惯的自觉表现。运动负荷是指学生在体育运动中身体所承受的生理负担量。适宜的运动负荷量，对增强学生的体质，掌握运动技术、技能，培养优良品质都具有重要意义。运动负荷的大小，是由练习的密度和强度即练习的重量、距离、速度、时间、数量和动作的质量等因素组成的。

3.小学体育教育特点细分化

初等体育教育主要是针对小学生（7～13岁）进行的体育教育，这一阶段的体育教育具有三个显著的特点。

(1) 儿童化教学。主要是针对儿童的年龄特点行体育教育。儿童是以机械记忆和形象思维为主，应尽量采用直观、形象的教学手段。儿童的“本性”往往毫无保留地反映在体育课中，在体育教育的过程中，体育教师要懂得儿童的心理特征，按照童心、童愿和童颜组织体育教学，才能防止体育教学的“成人化”。有些体育教师把现代竞技运动中的先进技术充实到小学教学中，是一个大胆的尝试，但必须进行科学的分析和研究，看这样做是否有利于增强学生的体质，切勿单纯以技术掌握程度来评定教育的成败。

(2) 有趣化。在这时期的小学生好动、爱新鲜、敢于尝试新鲜的事物，厌烦过多的重复练习。因此，只有教学手段的多样化，才能使体育课程有趣，推迟疲劳的出现。在以往的教学过程中，学生往往由于较长时间练习某一个动作而感到枯燥乏味，教师多是采用游戏法和比赛法激发学生的兴趣，活跃课堂气氛。还应做到生动形象的讲解和准确的动作示范，教学方法力求多样化、有趣化，以充分调动学生对体育教育学习的积极性，使体育课上得有生机、有活力。

（3）游戏化教学。游戏具有趣味性和竞争性，对小学生有着较大的吸引力，而且容易让小学生沉浸在游戏里，在轻松、易懂、竞争的环境中，学到知识。小学体育教学中很好地运用游戏教材，充分发挥游戏教材的教育因素，对完成体育教学任务有重要的意义和作用。由于这个阶段的小学生心理、生理的特点，因此要采用变换游戏方法，加深形象化教学，可以使每一个游戏都能吸引住学生。通过游戏，提高小学生对体育教学的兴趣，是进行小学生体育教育的一个比较显著的特征。

（三）中等体育教育的属性

中等体育教育作为初等体育教育与高等体育教育之间的过渡或中介，既是连接初等体育教育与高等体育教育的纽带，又是个人实现进一步深造和发展从而成为社会高级专门人才的必经之路。同时也是联系初等体育教育与社会、为社会输送中等专门人才和熟练劳动者的重要桥梁，可以说，中等体育教育在整个体育教育体系中处在一种比较特殊的地位上。

1.中学生身体发育的特征

（1）体型的骤变。正在青春期发育的中学生，生长发育最明显的都体现在体型变化上，这些变化常以身高、体重、宽度和围度等指标来衡量。身高是评定体格的基础，具有代表性；体重是身体发展量的指标之一，表明身体的充实程度和营养状况；宽度和围度也是衡量身体发展所必不可少的。

（2）机能发育增强。人的各种组织器官，分别具有不同的结构和生理功能，结构与功能相互制约，因而中学生的身体机能应正常发展，相互协调。

脑和神经系统逐步完善。人脑和神经系统在出生前就迅速发展。出生时脑重380～390克，一岁时达到700克，入小学时约1280克，12岁时脑重接近成人；脑容积与脑重的发展相似。之后，脑的发展由容积、重量转向功能的完善，即在青春期时，神经系统的结构更加复杂，功能更加完善。

心血管系统功能稳定、肺功能增强。代表心血管系统功能的两个参数是心率和血压。心率在青春期已接近成人，以后逐渐减慢，趋于稳定，每分钟60～70次；血压走出少年期的低谷，稳定在110～120／70～80毫米汞柱范围内。

（3）身体素质不断提高。身体素质是在神经系统的控制下对人体活动时肌肉所表现出来的力量、速度、耐力、灵敏、柔韧等机能。神经系统功能的完善、肌肉的增长等，使中学生的身体素质快速提高。其表现形式首先是对力量的提高，其次展现在速度上，速度是大脑兴奋的体现，最后是在耐力上，是对疲劳的抵抗能力的展现。

（4）认知能力逐渐加强。中学生的认知能力提高了，尤其是在观察方面，观察的时间更为持久，在概括性和精确性上有所提高；中学生思维已由具体的形象思维过程发展到抽象的逻辑思维为主，并且由经验型转向理论型，表现在逻辑思维的组织性、敏捷性、灵活性、深刻性、批判性的发展上；在面临困难问题的时候，能抓住问题的重点，可以独立地思考，解决事情，面对同学、老师、家长有自己的看法、很乐观的心态、很积极向上学习态度。

（5）丰富的情感。中学生的情感丰富、高亢而热烈，富有朝气、容易动感情，也容易激怒，情感体验比小学生深刻；对未来充满了憧憬和幻想，具有活泼愉快的心境；自我调节和控制能力提高，情感有时带有矛盾性和两极性；好交往、重友情，友谊迅速发展；由于性发育和对未来的向往，在异性交往中有时会遇到困惑。

(6) 毅力加强。中学生意志特点主要表现在目的性、果断性、自制力几个心理品质上，能够有目的、自觉地做出意志决定和努力；在果断性上有了显著发展；自控能力不断增强。

(7) 对人生观有所感知。年龄的增长、视野的开阔及受教育年限的延长，使中学生开始对人生及世界进行思考和探索。

(8) 道德品质的提高。学生的品德有一个完整的结构系统，对道德的认知，到道德行为，都是一层层相互联系、不可分割、相互促进的。道德认知表现在道德思维的发展和道德观念的建立上；道德情感是人的道德需要是否得到实现而引起的主观的内心体验，它伴随着道德认知的发展而加深；道德意志表现为战胜非道德的动机、排除困难执行道德动机而引起的行为是衡量道德品质高低的标志，它要通过一定的模仿、多次强化、有意识地练习和与不良行为习惯的斗争才能实现。

2.中等体育教育目标

在新一轮的中学体育教育改革中，明确提出了中学体育教育的目标。要求教育者要贯彻"健康第一"的教育思想。通过体育教育要激发学生的运动兴趣，使学生养成坚持体育锻炼的习惯，形成勇敢顽强和坚忍不拔的意志品质，促进学生在身体、心理和社会适应能力等方面健康、和谐地发展，从而为提高国民的整体健康水平发挥重要作用。

3.中等体育教育意义

(1) 可以增强体质。学生通过体育学习，能够提高对自身身体和健康的认识，掌握有关身体健康的知识和科学健身方法，提高自我保健意识；坚持锻炼，增强体能，促进身体健康；养成健康的生活方式。

(2) 提高心理素质。通过体育锻炼，学生将在友爱的运动环境中感受到集体的温暖和情感的愉悦；经历运动的痛苦，培养坚强的意志品质，增强自尊心和自信心，才能以正确的心态面对生活，形成积极向上、乐观开朗的生活态度。

(3) 增强社会适应能力。通过接受体育教育，学生将理解个人健康与群体健康的密切关系，建立起对自我、群体和社会的责任感，形成现代社会所必需的合作与竞争意识，学会尊重和关心他人，培养良好的体育道德和集体主义、社会主义、爱国主义精神，学会获取现代社会中体育与健康知识的方法。

(4) 获得体育的技能。学生通过体育教育，并根据自己的兴趣爱好和不同需求，选择个人喜爱的方法参与体育活动，挖掘运动潜能，提高运动欣赏能力，形成积极的余暇生活方式；学生可以提高体育运动中的安全防范能力，获得在野外环境中的基本生存技能。

(四) 高等体育教育的属性

高等体育教育是体育教育的重要组成部分，是一种相对比较特殊的高等教育，它既要遵循高等教育的规律，又要适应体育发展的形势；既要重视知识教育的主导性，又要强调竞技体育的重要性。既要跟上高校发展的趋势，又要关注体育院校发展的方向。高校教育是培养人才的最后环节，而高校体育教育因自身方法、手段的独特性，对培养具备坚强的个性和不屈的拼搏精神的社会所需人才又有着不可替代的作用。高校体育教育效果好坏与培养人才的质量密切相关。当代高等体育教育最显著的特点是为社会培养特殊部门的"劳动力"，使科研转化为生产力，为社会发展服务。根据这个特点，高等体育教育需要跟着社会发展的步伐，向社会培养高素质全面人才。

1.大学生身心发展的特征

（1）自我意识增强但有不足。狭隘的自我意识就是自己对自己的认识，广义的自我意识是指人对于自己与他人及社会的关系的认识，它包括自我观察、自我评价、自我检验、自我监督、自我教育、自我完善等。独立自主、个人魅力是当代大学生喜欢追求的个性形象。大学生是同龄青年中的佼佼者，一般都具有较强的自信心、自尊心。他们喜欢得到社会的认可，不喜欢别人干涉自己的工作、生活等，期待社会用成熟的标准来衡量他们，可以得到尊重，这种表现体现了学生的不足之处。

（2）思维有所发展但有主观片面性。随着年纪的增长，学到的知识越来越多，受到思维训练方式也越来越正规、复杂，这也促进了思维的迅速发展，并逐渐在思维活动中占据主导地位。他们在思考问题时，不再满足一般的现象罗列和获得现成的答案，而力求自己探讨事物的本质和规律。他们思维的独立性、批判性和创造性有所增强，主张独立发现问题和解决自己认为需要解决的问题，喜欢用批判的眼光对待周围的一切，不愿意沿着别人提供的方法去思考和解决问题，其思维的辨证性、发展性都有所提高。但是，他们抽象思维水平并没有达到完全成熟的程度，主要表现在思维品质发展不平衡，思维的广阔性、深刻性和敏感性发展比较慢。由于个人阅历尚浅，看问题没有那么深刻，思考问题角度单一，主要是以主观的态度对事物评价，所以带有片面性。

（3）拥有丰富的情感，但情绪波动较大。大学校园生活充满了青春活力，随着社会需求的不断增多，大学生的情感也丰富、完善和强烈起来。这种强烈的情感不但体现在学习和工作中，而且也体现在对待家长、同学和教师的态度等方面，更重要的是这种情感还具有明显的时代性、社会性和政治性。大学生热爱生活、热爱社会，富有理想抱负，关心国事，对于建设中国特色社会主义道路，振兴中华充满希望和激情，但由于这种过度的情绪，影响了正常的工作和生活。还未涉足社会的大学生，难以控制情绪，也是这个时期的不足。

2.高等学校体育教育目标

（1）对体育教育基本知识和技能的掌握。体育是一门实践性很强的综合性学科，与其他文化技术课相比，它将认识客观世界和改造主观世界融为一体。体育教育既是传授和掌握体育基本知识、技术和技能的过程，又是育人的过程。

（2）让大学生身体素质全面发展，提高适应能力。全面发展学生的身体素质、增强体质是高等学校体育教育的重要目标。高等学校体育教育为促进学生身体素质的全面发展、增强体质提供了极为有利的条件。因为它有一定的时间和物质条件的保证，有体育教学大纲和一定的教材为教学依据，所以大学生通过已掌握的知识和技能以及有积极乐观的生活态度，步入社会后，肯定可以很快适应社会环境。

（3）以培养和发展学生的体育能力为目的。所谓体育能力是指人顺利完成体育活动任务时经常、稳固地表现出来的心理特征，是知识、技能和智力的整体效应。体现在体育教育中，就是要重点培养学生有自我身体完美的要求，有终身锻炼身体的欲望，具有必要的活动技能及运用技能的能力。

（4）培养学生具有“终身体育”观念为最终目的。“终身体育”是指一个人终身进行身体锻炼和终身接受体育教育知识。高等学校体育教育应立足于现实，着眼于未来，使学生不仅在学生时代，而且在走入社会后，在任何时候、任何条件下都能够独立自主地从事体育锻炼，并养成良好的体育锻炼习惯。

（5）让学生运动技术水平有所提高。高等学校尝试组织高水平运动队，以我国建设体育教育与总战略为指导，根据各个不同的学校特征，引进相应的发达国家体育教育经验，并施教于学生，使其运动水平提高。培养出有知识、有文化、守纪律，有高尚情操，有较高运动技术水平，能为国争光的体育后备人才的科学育人途径。

3.高等体育教育特征

（1）具有非竞技性。高校体育教育训练还是有别于专业的运动员训练的，它是以提高身体素质、增强体质为目的的，具有非竞技性质，即普及性或大众性。学生对体育运动项目的了解应重在广度而非深度，有些高难度体育项目在老师做示范动作后，学生只需一般了解。高校体育教学的首选是对学生身体健康有益处的大众性体育项目。

（2）具有非统一性。按照国家教育部教学大纲的要求，高校必须开展体育教育。但不同于绝大多数中小学阶段体育教育的是，当今我国很多高校已经开设体育选修课，学生可以根据自身的偏好选修某种体育项目，而且学校也可以根据自身的特点，开设供学生选择的体育专项课。例如北方高校冬季多有滑冰或滑雪等体育项目。

第三节　体育教育的现实意义

所谓“意义”是指功效、作用，它是某一事物在环境中所能发挥的作用和能力。体育教育的意义则是指体育教育在一定的环境和条件下对人和社会所能够发挥的作用和功效，给人带来了极大的价值。研究学校体育教育的功能可以使人们更好地认识体育教育，理解体育教育的功效和作用，从而充分地发挥体育教育的功能，为人的全面发展服务。随着现代体育教育的不断向前发展，体育教育的意义也在不断地扩展和放大。体育教育作为一个复杂的系统，具有很广泛的意义，从逻辑学原理上讲，具有本质意义和一般意义两类。

一、体育教育的本质意义

在体育教育过程中，人体不仅直接参与一定的体育活动，并且承受一定的生理负荷，这充分体现了体育教育的特殊性，决定了体育教育的本质功能。刘清黎对体育本质进行了如下概括。

第一，体育教育是全面发展教育事业不可分割的一部分，它具有教育性、教养性、发展性相统一的多质性。

第二，体育教育受一定社会因素的制约而影响发展，如受社会的政治经济的影响和制约，但为一定社会的政治经济所服务。

第三，应该以多种角度和多维的体育观念和方法来研究体育教育的本质和意义。

总之，以上三点对体育教育本质的概括，无论从教育发展方面还是从社会经济、政治方面等，都对体育教育有完整性的理解，我们其实应该对体育教育的本质和功能意义进行深刻的研究，但由于受社会经济的发展，人们对体育的认识等制约，所以我们对体育运动有以下详细的解释。

（一）体育运动可以促进大脑清醒、思维敏捷

如果长时间进行体育锻炼，可以改善大脑供血、供氧情况，可以促进大脑皮层兴奋性增强，保持大脑清醒；抑制加深，兴奋和抑制更加集中，神经过程的均衡性和灵活性加强，对体外刺激的反应更加迅速、准确；大脑分析综合能力加强，整个大脑的工作能力增强。

（二）体育运动可以促进身体的正常生长发育，提高骨骼与肌肉的生长

体育运动有利于促进人体新陈代谢，人体骨骼、肌肉的生长，加速细胞的繁殖，引起细胞间质的增加，使人体的器官、系统结构产生适应性变化和技能的改善。对于处于生长发育关键时期的人来讲，通过接受体育教育和参加体育运动，能促使其骨骼的生长，使骨骼变粗、骨密质增厚，骨骼抗弯、抗折、抗压的能力增强，这对于青少年塑造标准人体形态和促进内脏器官的发育都有着十分重要的意义。

（三）体育活动可以提高人体的机能水平

体育活动能使人体内能量消耗增加，代谢产物增加，新陈代谢旺盛，血液循环加速，有利于血液循环系统、呼吸系统、消化系统、排泄系统的功能改善，如果长期进行体育活动，能使心脏产生运动性肥大、心肌增厚、心壁增厚、心容积增大等好处，在功能上来讲，还可以增加心肌，心搏频率减少，肺的功能也会因体育运动而得到提高，肺活量增大，呼吸深度加深，提高抗病能力，增强有机体的适应能力。

（四）体育互动会提高人体对环境的适应能力

长期的体育活动，可以改善人的免疫系统，提高抗病能力，提高人体适应现代生活的能力，还可以减压。通过体育锻炼，特别对青少年学生来讲，身体的可塑性大，这种提高就更为明显。

（五）体育活动还可以调节人的心理，促进心理健康

从事体育运动，可以使人心情愉悦，精力充沛，还可以舒缓情绪，调节心理疾病，特别是在现代激烈的市场竞争环境下，快节奏、高效率，很容易使人产生焦虑、不安、抑郁、烦躁、自卑、妄想等心理。因此，及时排遣不良情绪，对身心健康是十分必要的。从事自己感兴趣的体育活动，本质上是一种玩乐，是人的返璞归真，是人的本性的抒发，不仅可以找到儿时的感觉，还可以活跃人的情绪，调节人的精神。所以体育教育能有效从学校开始传输健康的人生观、价值观，用乐观的积极生活态度让青少年儿童从中了解到体育教育的意义。

二、体育教育的特殊功能

随着社会的发展以及我国体育教育事业的发展，人们已经逐步突破单一的以生物观看待体育教育的功能，生物—心理—社会的多维体育观已经逐步为体育教育界所接受。体育教育的多重功能也逐步地被认识和开发。

（一）教养功能表现

教养指的是使受教育者掌握一定的科学概念和规律，并有相应的实践能力，包括知识、技能和技巧，所以教养也是一般文化和品德修养。

体育教育的教养功能表现为：通过体育教育，使学生学习一定的体育、卫生保健等方面的知识、技术和技能，掌握“三基”，学会科学锻炼身体的一些方法。在这个意义上，体育对学生的智力发展有一定的作用，而且体育教育本身就是一种智力活动。体育教育不是单纯的身体活动教育，还必须在其过程中对学生进行体育基础知识、卫生保健知识等教育。

体育教育的教养功能的另一个表现是对体育文化的传递。体育文化不仅包括体育、卫生保健知识，科学锻炼的方法和技能，还包括体育精神、体育思想、体育价值观等。通过体育教育，使学生掌握一定的体育方法和技能，不仅可以自主地参加体育锻炼，另外还可以丰富课外生活和校园的文化活动，可以营造一种健康向上的人文氛围和环境，对学生的成长具有重要的意义。在体育教育过程中，体育文化被一代代传递、延续和继承。同时，体育教育对于体育文化的创新与发展也具有同样重要的作用。

（二）教育作用

体育教育有着德育的特殊功能，在学生中起着至关重要的作用：体现在思想品德上，能培养学生勇敢拼搏的精神；在培养学生爱国主义、集体主义精神以及严格的组织纪律性方面也具有重要的功能和作用。从体育活动方面来看，它具有对参加者和参观者进行共产主义思想品德教育的巨大潜力，体育运动已成为新时期对学生进行思想品德教育的良好“载体”，这就是“寓思想品德教育于身体活动之中”。作为教育系统的一种特殊形式，体育教育的教学过程同时也是影响学生思想道德品质的过程，这是不以人的意志为转移的客观规律。

体育教育是培养学生遵守社会公德和生活准则的过程，所以体育运动本身就是一个有章可循的社会活动。体育运动是一个特殊的社会活动，它不仅增强体质，而且还创建新的人际关系。在这一过程中，易于树立良好的道德品质观念。

当前，我国的现代化建设道路正在处于关键时期，所以要努力培养具有中国特色的社会主义现代化建设人才，要造就一大批有理想、有道德、有文化、有纪律并能面向现代化、面向世界、面向新世纪的一代新人，就必须牢牢地把握体育教育的德育功能，使学生们在人生观、价值观、道德观、爱国主义思想、集体主义思想、高尚品质和良好情操等方面受到全面的良好教育和培养。

（三）美育作用

现代心理学认为，人的心理结构由认识、伦理、审美这三大部分组成。从人的身心发展来看，教育目标中“五育”的结构，可将其分为心理发展（德、智、体）和生理发展（体、劳）两部分。前者为精神前提，后者则是物质基础。“五育”标是相辅相成的有机复合体，各种功能若因偏颇而失衡的话，将会影响整体功能的发挥。所以，美育是培养全面发展人才一个不可缺少的环节。它与智育、德育、体育是互相联系、互相依存、互相促进、相辅相成的。

学校如果要培养全面发展型的人才，那么审美教育（简称美育）是不可或缺的，而体育教育又与美育有着相互联系、重叠交错的关系，体育教育中渗透着大量的美育因素。实际上，体育教育中的美育，不仅有它自身独特的教育手段，而且有其独特的教育功能。学生在体育教学和体育活动中可以感受和意识到三方面的美的现象。第一，身体美是体育自然美的表现，人的身体生长发育是依美的规律进行的，它表现出身体、线条、姿态的造型美，筋骨、肌肉、肤色的肌体美和生命活力的生气美。人体美历来就是无数艺术家“代代耕耘美的沃土、美的矿源”。第二，从运动角度可以感受和意识到形态美、跃动美、韵律美、和谐美、敏捷美、柔韧美、力量美。体育中精湛的技巧与身体美、精神美交相辉映，形成一个体育健儿的完美形象。技巧美包括动作协调、节奏明快、反应敏捷等。这些运动中的技战术，把各种精湛的运动绘成动人的画卷，编成美妙的诗篇，如那飞驰旋转的滑冰运动员，转翻蹦跳的体操运动员，勇猛角逐的足球运动员，“横空出世”的跳伞运动员等。第三，从精神角度可以感受和意识到精神美，可以使体育运动放出光和热。由于体育运动有进取、竞争、对抗、承担负荷、战胜艰难困苦和经受胜败考验等特点，因此它有利于培养人们精神上追求优胜、追求祖国荣誉的理想美，勇敢顽强，坚毅果断，不畏艰难，不怕牺牲，不屈不挠，胜不骄、败不馁的意志美和体验爱国主义、国际主义的情感美。更重要的是，运动者在运动中可以在身体和精神上得到满足和充实，享受美。

总之，体育中的身体美、动作美以及精神美都是相辅相成、交相辉映的，这种审美意识不是天生的本能，而是人们后天参加体育运动的结果，这正是体育审美教育的独特功能之所在。所以不论是参加者，还是观赏者，都能得到精神调节，使人身心愉悦、陶冶性情，进入审美的境界，培养高尚的审美情感和意识。

（四）心理品质教育的体现

在体育运动中包含着情感、意志的教育。意志是能自觉地确定目标，能克服困难实现预计目标的心理活动。良好的意志品质是构成良好的心理素质的要素之一。但是一个好的意志不是天生具有的，是通过后天的培养，对意志的锻炼逐渐形成的。体育教育便是培养学生坚强意志力的最好途径。

（五）人文精神教育

人文精神是人类为争取自身的生存、发展和自由，以真善美的价值理想为核心，而不断追求自身解放的一种自觉文化精神。它是人类社会发展的强大精神支柱，是世界文明的金字塔，是民族守护的不朽长城。因此，在我们的教育中，人文精神的教育是我们教育的重要方面。在21世纪的今天，人文精神教育已显得尤为重要。

体育自诞生以来与人文精神就有着密不可分的关系，人文精神是体育的思想基础，是体育的精神内涵，是体育的生命线，它决定着体育的产生与发展。同时体育也是人文精神的形象体现。体育是一种形象，是人体活动直接创造的形象，在这一点上，体育与舞蹈是相似的。但体育的形象不仅是生物性形象，而且生动地显示着人文精神。总的来说体育源于人文精神，又反过来推动人文精神的发展。

学校教育的知识是以科学的技术层面为主，由于受这种现象的影响，长期以来体育教育也不自觉地偏向技术层面，如体育技术知识和技能、运动生物科学知识等。而对于体育人文科学类的知识，如体育理想、体育价值、体育艺术、体育审美、体育心理等方面的知识传授却十分薄弱。的确，就体育运动而言，最有特异性的知识就是人体运动技术以及有关的游戏规则，其他所有与之相关的知识都是由其本体知识的发展而扩张的。最先和运动技术产生结合的当属人体生物科学的有关原理，从而派生出运动生理学、运动解剖学、运动生物力学、运动医学等。在学校体育教育中，运动技术和运动生物科学的教育虽然重要，但是必须要有明确的目标，体育运动的发展，如果说真正起到推动作用的就是技术后面的人文精神因素，而不是所谓的运动技术本身。

因此，学校体育教育必须要加强人文精神的教育，使其充分发挥最大的功能，通过不断的学习、理解，发扬其内在的精神，使我国人文精神继续发扬光大，才能保证民族的发展和国家的振兴。

(六) 促进社会化作用

社会化是一个人学习他所属的社会中的人们必须掌握的生活技能、行为规范和价值体系，以取得社会生活适应性的过程。社会化是指由生物的人变成社会人的过程。社会化是个体趋同、融入群体的过程。

在人的社会化过程中，体育教育有着非常重要的作用，无论是作为内容还是手段，体育运动都是不可或缺的。体育课堂存在着特殊的社会组织、社会角色、社会活动和特定的社会规范。因此，师生、生生间在课堂社会中发生各种行为，如控制与自控、对抗与磋商、竞争与合作等。而学生从中体验着服从、竞争、合作、展示、成功、失败等，逐步经历着社会适应的过程，并在不断学习、调适的个体社会化过程中提高适应社会的能力。

(七) 完善学生个性发展空间

个性的领域具有多样性，不同的学科对个性具有不同的理解，所以要给个性下一个确切的定义就十分困难。从心理学角度讲，个性通常指个人所具有的比较稳定的、有一定倾向性的特征的总和，包括能力、性格、动机、兴趣、意志、情绪等。从哲学的角度讲，个性就是人的个体性，就是人和他人的不同特征，包括生理、心理和社会特征的总和。根据刘文霞对个性的研究，所谓人的个性是个体在一定的社会关系中，形成的生理特征、心理特征和社会特征，以独特的方式有机结合而使个体具有的独特社会性。简而言之，人的个性就是个体独特的社会性。

如果想让学生的个性得到完善，那么就要尊重学生的差异性、独立性和自主性。个性有两个区分，即健康的和不健康的，教育所提倡发展的是学生的健康个性。健康的个性不是天生的，它需要教育的引导、培植和塑造。参与体育运动本身就是一种个性的展示，知识经济的社会，尤其需要独具特色的个性。体育运动恰恰为老师和学生提供了一个轻松和健康的舞台。作为个性教育的体育教育，一方面在尊重学生个体差异性的基础上，要通过精心设计的各种情况去塑造学生的个性，另一方面还要给学生提供一定自主运动的时间和空间，使他们有可能充分发挥自己的独立性和自主性，在无拘无束的自主环境中磨炼个体。

体育教育的本质功能是其属性和特征的体现，而体育教育的特殊功能则是其他教育活动所共有的功能属性。这种本质功能和一般功能的关系，反映了矛盾的普遍性和特殊性，也是个性和共性的关系。体育教育的本质功能和一般功能并不是孤立存在的，它们是相辅相成的，既相互联系又相互促进，共同完成体育教育对学生的培养作用。多维体育观的确立为学校教育的发展和人才培养指明方向并提出更高的要求，作为体育教育重要的一部分，就更要与时俱进，充分发挥体育的多重功能，为培养高素质全面发展的合格人才做出应有的贡献。

第四节　体育教育与其他形式体育的内在联系

一、体育教育与学校教育之间的内在关系

全面发展教育，是指为促进受教育者的全面发展而实施的德育、智育、体育等多方面的教育。体育教育是全面发展教育的重要组成部分。随着素质教育的提出，体育教育在学校教育中的重要地位日益突出。

（一）全面推行素质教育的目的

素质教育的主要目的是促进学生的身心发展，是以提高全民族的思想道德水平、科学文化、身体素质等综合素质为宗旨的一种教学方式。素质教育是提高人的自然素质和社会素质的一种教育。素质教育是对教育本质深化理解的结果，是教育从社会本位向人本位发展的必然结果。素质教育具有十分深远的教育意义，它既符合当今世界教育改革的基本潮流，又有助于贯彻全面教育的方针，深化了我国教育的目的，同时有助于克服教育理论与实践中的某些片面性。

中共中央国务院《关于深化教育改革全面推进素质教育的决定》中指出："健康体魄是青少年为祖国和人民服务的基本前提，是中华民族旺盛生命力的体现。学校教育要树立'健康第一'的指导思想，切实加强体育教育的工作，使学生掌握基本的运动技能，养成良好的习惯，使其能运用到实际生活中，要保证学生有丰富的课外时间进行运动，举办多种多样的群体性体育活动，培养学生的竞争意识、合作精神和坚强毅力。""健康第一"作为教育指导思想的确立是基于对学校本质功能的认识。

二十多年来尽管大家对体育教育有种种解释，但是要增强体质、增进健康还是要通过体育锻炼才能得到，这是大家的共识。这种共识是中国传统文化赋予体育社会功能的反映，也是一百多年来民族体质衰弱屈辱地位形成的一种自强意识的反映。在意识形态层面上，"健康第一"的思想是马克思主义人学思想在教育领域中的体现，是人权思想、人道主义精神和未成年人保护原则的具体体现；在操作层面上，它是体育教育对"素质教育"的最重要的应答，当学生的学业、社会工作与他们的健康发生冲突的时候，要服从健康。在学校体育内部各种关系发生矛盾时，比如竞技与群体发生抵触时也要以健康为第一。这是今后学校工作的一个重要准则。自新中国成立以来，在20世纪50年代、90年代曾两次提出"健康第一"的口号，原因是因为学生学业负担过重、健康恶化，体质状况十分令人忧虑，所以我们要珍惜这一体育教育思想的来之不易，要抓住国家改革、经济发展、国家重视体育教育事业的契机，推动学校体育的改革，将体育教育与素质教育高度融合起来。

(二) 体育教育的地位

1.学生获得健康身体素质的基本手段是体育教育

健康包含身体、精神、社会、情感、伦理诸多方面，获取健康包括医疗、卫生、防疫、环保、营养和体育等许多手段，其中体育的方法手段对于健康的价值是最积极、最有效、最廉价、最适合青少年儿童的，是其他手段不可取代的。因此，体育教育对一个人的身体成长而言具有基础性的功效。

2.学生获得“学会生存”的主要途径是通过体育教育而得来的

体育教育的终点就是让学生终身可以体育运动和传播体育知识，是学生进入现代社会求得生存的基本条件之一。在现代社会，健康已经成为每个公民可以享有的最基本的权利。同时，体育参与也被视为人权的组成部分。让学生建立起良好的健康观、环境观、营养观、生活观、体育观、运动观、休闲观，以及相应的权利意识，并习得各种相关的知识、技术和技能，养成良好的体育运动习惯，将会有利于他们的一生。

3.市场经济所需健全型人格基本是被体育教育培养的

价值观念是文化观念的核心，也是文化精神的集中体现，它是指人们对社会经济活动的价值判断或价值取向，也是健全人格的关键。体育教育有助于社会价值观念的调整。竞争是体育运动的灵魂。体育运动将使一代自立、自强、自信的新型人格成长起来，取代了自我贬抑、自我萎缩的君子人格。新一代人不尚空谈，讲究实效；不追求虚名，而注重务实。

平等是指人与人之间的一种关系，是人和人之间的态度，是在精神层面上可以有权力的平等、地位的平等等。在市场经济条件下，平等观集中反映了市场交换的本质和交换当事人的基本关系。它要求每个人都享有平等生存、享受、发展的权利和机会。一切竞技体育比赛中所施行的规则、裁判、竞赛、选拔和奖励等，与市场经济的行事方式是如出一辙的。体育运动所负载与普及的平等观念对于整个社会接受市场经济的各种基本原则，无疑是有益的。体育运动给人们提供的情感体验是丰富多彩的，也是顺应了青少年对情感的多方面需求。例如，在体育教育的世界里，人们可以得到对集体、社团的信赖感、依托感；在娱乐体育里，青年人因愉悦感和快感，而情满胸臆；在家庭体育里，一家人有可以在和睦、欢乐中增进之间的情感，可以在温馨、欢乐中给孩子增添不少的乐趣；在探险活动中，人们在成功与失败、荣誉与耻辱、竞争与退让，乃至生与死之间拼搏选择，享受着各种复杂情感的“折磨”和冶炼，极大地提高了青少年承担风险、征服危险的能力。

4.体育道德可以让学生遵守法制纪律

随着社会的不断进步、经济的快速发展，社会成员不能因为放弃自身基本利益而追求崇高的道德，所以社会保护个人合法追求利益便由此产生，而且还具有正当性质。在市场经济条件下，人们的道德实践活动范围被拓宽了，道德观念更新了。然而也必须看到市场经济对人们的道德观念产生了一些消极的影响，如拜金主义的泛滥，唯利是图思想的作祟。体育教育是对没有正能量的行为有所限制，也坚决抵制，在体育教育过程中，对一些不利于学生本身的行为是有道德规范的，学生可以从中得到正确的、有正能量的观点，并且尊重社会道德和法制纪律。

5.塑造新时代民族精神的重要途径是通过体育教育

在现代社会中，任何模式都不能使民族文化摆脱愚昧的观点，都不能是自身摆脱灭亡的厄运。从总体上看中国传统的价值观是在自然经济、产品经济基础上的，其中缺乏竞争意识、科学观念，缺乏培养和发展个性的环境和条件都不能与新时代民族精神合拍。体育运动对弘扬民族精神的直观作用，就在于它树立了新的民族形象。而在体育运动中所表现出来的拼搏精神，极大地震撼了民族的心灵，成为亿万人民社会冲动的结晶。它牢固地维系着民族感情，使每一个成员都能享受到归属于它的荣誉感，认同于它的义务感。中国的现代体育始终与民族振兴的事业是血与肉的关系，天然般的亲密，是分不开的，体育的发展动力来自于民族的意识，反作用于民族的自强。所以，这对于新时代的民族精神具有感性和理性的价值。

二、德育与体育教育二者之间的关系

毛泽东在《体育之研究》中指出："德智皆寄于体，无体是无德智也。"从中我们可以看出，德育与体育之间存在一种彼此依存、互相促进的内在联系。

一位西方教育家说："教学如果没有进行德育教育，只是一种没有目的的手段，道德教育如果没有教学，也就是一种失去了手段的目的。"德育在素质教育中处于主导地位，起着决定作用。体育和德育作为素质教育的重要组成部分是目的与手段的关系。德育教育渗透到体育教育的全过程，而体育是为德育服务的。

体育作为学校素质教育不可缺少的组成部分，担负着提高青少年身体素质的重要任务，而思想品德教育也是体育的教育目标之一。体育蕴含着德育，德育的目的在于提高人的思想道德素质，培养人的创造性。体育教学过程中蕴含了德育的因子，不仅为德育对象提供了一个健康的体魄，甚至体育本身已具备了德育的功能。体育是德育发展的重要保障。

体育教育承载着德育的全面实施，体育活动具有丰富多样性，每项运动都有其特点和要求准则，同时也有许多思想道德育人的因素，从事不同运动项目的锻炼，都能实现对青少年思想品德和个性的培养。体育运动可以在较短的时间内，为学生提供大量的情感体验机会，使某种品质在一次或某一时期的训练比赛过程中得到反复的多次强化体验，从而促进优良品质的形成。体育运动中强烈的情感体验，能深刻触及人的精神。这是其他任何一门学科中渗透德育教育所无法达到的。情感体验是学生品德形成的关键环节，情感体验是学生道德发展的基础，情感体验能抑制"双重人格"的形成。青少年在这个时期具有自身的特点，同时也具有丰富的情感体验，对其道德品质的发展起着重要的作用。从这一点上来说，体育是德育的实践环节。

三、智育与体育教育二者之间的关系

智育是有目的、有计划、有组织地向学生传授系统的科学文化知识和技能，发展智力，培养能力的教育过程。体育教育与智育具有相互促进、相互渗透的作用。

（一）体育锻炼有利于学生智力的发展

智力是通过观察力、记忆力、想象力、思考力、判断力和分析问题、解决问题的能力表现出来的，而形成这些心理过程的物质基础是大脑。智力的发展，依靠大脑的发育，同时，还得依靠人的各种实践活动。

1.对大脑具有促进作用，使其正常发育

大脑发育良好，是青少年儿童获得思想和智慧的保证。科学实验表明，体育锻炼能使大脑的重量和大脑皮层的厚度有所增加，这就为智力的发展创造了良好的条件。

2.有利于增强大脑皮层的功能

经常参加各种体育活动，可使人体的视、听、触觉等感觉器官更加敏锐，增强大脑皮层各个区域之间的联系，提高大脑的反应速度。科学实验表明，测定一个人脑细胞的反应速度，就可以看出他的思考速度和智力。

3.对提高记忆力和思维能力也有很好的帮助

体育锻炼能增强消化系统的功能，提高吸收系数，增加血液中血糖的含量，有助于提高大脑的营养物质。科学实验表明，经常从事体育锻炼，大脑组织的缓冲性、抗酸碱能力增强，氧化酶系统的作用提高，这些都有利于增强记忆力。

4.有利于学生接受其他学科的知识和技能

体育锻炼除了能提高对外界环境的适应能力，使学生的身心素质得到多方面的锻炼和提高，而且还可以提高身体的灵活性、协调性和耐受性以及力量、速度等素质，这些素质和能力的提高对更快、更好地学习和掌握其他各种学科的知识、技能十分有利。科学研究发现：人在愉快、精神振奋的状态下，可以使大脑释放出激素，这样就有助于学习和记忆力的增加。

5.有助于提高大脑的创造性思维能力

近代生理科学研究认为，人的大脑左右两半球的功能不同，左脑偏重于语言、逻辑和计算等智力活动，右脑则以空间识别、几何图形、音乐等占优势。由于大脑对身体的运动和感觉是对侧支配的，所以，一般人右手较左手灵活，左脑比右脑发达。体育锻炼能有意识地加强左手的运动，有助于右脑的功能逐渐得到提高，促进大脑两半球均衡、全面的发展。

（二）体育教育与智育的关系

1.身体健康是智力发展的基础

身体健康是智力发展的保障。制约着智力发展的因素有好多种，如遗传条件、知识水平、智力实践等，身体健康是其中重要的原因。所谓智力实践就是多用脑子思考，勤奋刻苦的学习，把从各个方面所学的知识、所积累的经验，反复思考、反复运用，就能促进智力的不断发展。因此，身体健康状况的程度和智力发展水平的高低是相对的，不是绝对的，并不是身体越健康，智力就越好，而只是身体健康为人的智力发展提供了一个良好的条件。在实际生活中，有的学生身体健康状况并不好，患有慢性疾病，甚至肢体残障等，但是他们通过刻苦的智力实践，也可能表现出较好的智力。当然，这些人如果身体健康状况好一些，就会更好地发挥他们的智力，做出更好的成绩。所以，可以看出身体健康和智力发展有着密切的关系。特别是青少年儿童正处在生长发育的时期，体育锻炼对促进身体的健康成长和大脑的发育都具有积极作用，对他们智力的发展有良好的影响。

2.智育也是体育教育因素中的一部分

体育教育是理论与实践相结合的教育过程，不是单纯的蹦蹦跳跳的肢体活动，它还蕴含着丰富的人体科学、身体锻炼、卫生保健等多方面的知识、理论和方法，这个观点已越来越成为人们的共识。但是，教育过程中，体育教育与智育也确有矛盾的一面，这种矛盾主要来自时间和精力上。所以要合理、科学地安排体育教育课程的比重，在不影响学生学习的情况下达到体育教育和智育共同发展。

四、体育教育与美育之间的关系

美育即审美教育，是培养学生感受美、鉴赏美、创造美的能力而进行的教育活动。体育教育与美育有着密切的联系。

（一）体育教育是和身体的美相结合的

人们能否可以健康的生存，充满活力的运动，在很大程度上是决定幸福的关键因素，身体的健康是人物质性的支柱。如果在这个阶段，对在校的青少年进行引导，朝着健康美的方向发展，是体育教育的重要任务之一，这甚至关系到整个民族的身体素质和整个民族的健康形象。许多调查表明，片面追求升学率，轻视体育课，已对学生的身体发展造成了严重的后果，例如近视眼、脊柱侧弯等发病率都很高，许多男生不挺拔，女生不丰满，给人造成萎靡、迟钝、怯懦的感觉，所以，体育教育应在指导思想上参照美学研究的成果，即它的尺度标准和它的理想境界，制定出一系列具体的指标和措施（包括家庭作业），来保证广大学生的身体获得健与美的发展。这就是说，要通过系统的、科学的体育教育，使学生的器脏、神经系统、身高、体重等发育良好，具备适应外界环境的生命活力，同时又在动作、形体和姿态上具有体育美的风度，从而显示出活泼、大方、矫健的青春朝气。

（二）体育教育与技能的美相结合

就具体的体育项目而言，无论是直接发源于劳动、游戏还是健身，一旦能被公众接受，能被社会传播，它就会凝结成为社会的文化形式和社会的审美对象，由此其独特的竞技结构和独特的竞赛程序也就形成科学研究和体育教学的对象。正是从这个意义上说，体育教育中所进行的田径、球类、体操等技术的教学，就是一种非常严肃的知识传授和文化教育。例如它的动作构成在符合生物力学方面有着严格的科学规定。体育教育在具体的技术教学时，就不仅要追求动作的合理与准确，更要在此基础上要求动作在幅度、力度、节奏等方面获得一定的协调感、韵律感和自由感，使广大学生能在课上、课后以及将来的业余体育活动中，表现出优美的运动姿态和良好的运动技巧。

另外，在教师的指导下，学生通过学习和实践，能了解和领悟到体育运动技术结构和功能，可以浅显地判断出正确与错误之分，这样，学生既作为参加者，又作为观赏者，从而使表现体育美的能力和欣赏体育美的能力，在同一个教学过程中获得同步增长和提高。

（三）体育教育与人格的美相结合

长期以来，学校德育在强调对学生进行心灵美教育的同时，往往忽视了对学生的人格美即意志、个性等精神品质方面的培养，这实在是一个很大的失误。因为现代社会的发展已使人类的整个生活容量和整个生活节奏达到了高密度和高频率的水平，所以它也就对现代人（实际上也是对现代教育）的个性品质和心理品质提出了很高的要求。一个人是否具备良好的个性品质，将是能否适应现代社会生活，并为这个现代社会做出杰出贡献的必要条件。

当然，塑造学生的人格美，应由德、智、体、艺术、劳动等各个方面综合进行。但相比较而言，体育学科在这方面的教育功效将更为直接，更为显著。这主要因为体育一方面是以对抗和竞赛为内容，便于磨炼学生顽强、坚韧、自信、勇敢、机智等品质；一方面体育又以进步和友谊为目的，便于培养学生坦诚、宽宏、谅解、互爱等品质，以及使学生在组织性、纪律性和集体观方面得到加强和提高。由此，体育教育应毫不犹豫地承担这一任务，有目的、有意识地通过操演、练习、竞赛，去激励学生克服困难。从更本质的意义上说，这个过程就是在鼓励学生克服自我，战胜自我，在引导学生净化自我，提高自我，从而在一种体育行为的磨砺和体育精神的陶冶中，渐渐地形成积极、健康的心理定向，以完成人格的升华。把培养人格美纳入到体育教育的范畴，不仅拓展了体育教育的工作面，而且在发掘、提高其学科价值、内在功能即发挥体育所特有的教育优势方面，也显示出了强烈的现实意义。

(四) 体育教育与最佳结构和最佳程序的美相结合

首先，体育教学应以多层次的有机性呈现在学生面前。例如，从队列、操列到技术学习，从分队游戏到组织竞赛，都应在服从某一阶段教学重点的前提下，巧妙地构成一个整体。再例如，以短跑教学为重点，那么，准备活动、游戏活动等内容都应围绕着短跑技术来展开，同时针对学生的生理、心理负担，安排一些调节性的整理活动、娱乐活动来做补充。这样，教学形式难易交叉、繁简交叉、训练与游戏交叉、集体活动与个人活动交叉，从而确定出最佳的教学程式，即多种手段的相互配合、相互协调，显示出弹性和力度，在节奏上形成美的韵律，在结构上形成美的组合，就考虑到了多种手段组合的合理性和手段的运用与学生状况的适宜性。

其次，体育教学是一个自由度较大的动态系统，这是其他学科所不具备的特点。因为它是以室外活动为主要形式，是以身体活动为主要内容，不同于课堂的限制，所以，它也就对教师组织教学的能力提出了很高的要求。教师要努力使自己的教学程式在运动过程中显示出明显的有序性，活动的组织、项目的转换、队伍的调动，每一步骤紧紧相连，每一环节紧紧相扣，从而使整个教学组合流畅、通达，充分显示技术环节，并进行补充提高，使学生对技术的掌握、提高及运用过程不断整体化及同步化，从而加速了学生掌握技术动作的过程。

现代学校体育教育的发展进一步表明：体育不仅可以强身健体，而且能有效地培养学生的思想道德品质，开发学生的智力，提高心理素质，陶冶情操，发展学生个性和增强适应未来社会的各种能力。体育在素质教育中处于明显的基础性地位。

第五节 体育教育与其他形式教育的关系

一、体育教育与竞技运动的内在关系

(一) 竞技运动在体育教育中的意义

1.竞技运动与健康教育的关系

20多年来尽管对学校体育思想有种种解释，但对增强体质、增进健康的指导思想，“健康第一”思想的确立，是大家达成共识的。这种共识是中国传统文化赋予体育社会功能

的反映，也是多年来民族体质衰弱屈辱地位形成的一种自强意识的反映。在意识形态层面上，“健康第一”的思想是马克思主义人文思想在教育领域中的体现，是人权思想、人道主义精神和未成年人保护原则的具体体现；在操作层面上，它是学校体育对“素质教育”的最重要的应答。当学生的健康和学业、社会工作等发生冲突时，要服从健康，在学校体育内部各种关系发生矛盾时，也要以健康为第一。

对健康应是从身体、精神和社会三个方面理解。有一种思想很长的一段时间里影响颇深，持这种思想的人提出“体育，就是身体教育，身体教育就是体质教育，体质教育就是身体素质教育”。这是一种非理性的、望文生义的非逻辑推断，其结果会导致把学校体育的功能狭窄化，把学校体育的手段庸俗化，把体育教学搞成枯燥乏味的身体素质操练，最终把学校体育搞成应付体育加试的附属品。

2.是培养学生运动能力的主要手段

在体育课上传授技术的一个重要的任务就是培养学生的运动技能。我们不是以运动员的标准来培养学生，而是要提高他们身体活动的技能，使他们掌握更高的各种技术（包括生活技术、劳动技术、军事技术等）能力。一个生活在现代社会中的人，要经常学习新的技术以适应社会的发展，因此技能比技术更重要。任何一门学科都有自己的技能，但可以说没有一门其他学科像体育技术这样能全面地发展人的技能。一些简单的身体素质练习固然可以迅速地增加运动负荷，但是它把学生掌握技术的“过程”忽略了，而学生恰恰可以从这“过程”中得到极其宝贵的东西——技能。不少教学实验证明，学生并不欢迎那些过于简单的练习，缺乏娱乐性、竞技性的练习，是难以持久的，因为它是和少年儿童的身心特征不相符的，也是和体育运动的基本特征不相符的。

3.有助于培养学生终身体育能力

当前，我国高等学校体育教学正在进行改革，有的学校二年级的体育课就成了运动项目的专项课，有的学校新生一入学就实行运动项目的选修课，有的学校甚至实行了运动俱乐部制的改革，每个学生都要参加一个运动项目的俱乐部活动。因此，在中小学没有运动基础的人根本无法适应大学的体育教育。

据中国群众体育现状调查与研究提供的数据，我国城乡居民喜欢参加的体育活动项目前几位的有：散步、游泳、跑步、羽毛球、台球、保龄球、足球、篮球、排球、乒乓球、交际舞、体育舞蹈、体操、气功、太极拳。这些项目中竞技运动项目占了较高的比例，也占据了较前的位置。除了散步与跑步，羽毛球、乒乓球和三大球的参与者较多，说明大多数居民群众还是比较喜欢选择竞技性、娱乐性较强的活动项目。因此决不能削弱田径、游泳、球类活动的教学。现在有些人提出打破竞技体育的教材体系，似乎还缺乏来自我国终身体育的实践根据。

4.有助于培养学生的竞争观念

体育运动与保守性格势不两立，强烈的竞争性督促着每一个参与者不断去创新和变革。在竞技运动中，不讲门第，不排世系，不序尊卑。在竞赛活动中，不承认除个人身体、心理以外的任何不平等。体育运动最讲法制，不徇私情；最讲现实，不论资历；最讲务实，不图虚妄。这就要求每个人尽自己最大努力去竞争，从而增强了参加者的竞争意识。

竞技活动这方面的社会教育作用是其他任何文化活动难以比拟的。竞争是现代体育的灵魂，中国的传统文化中儒家思想所提倡的“夫唯不争，故天下莫与之争”的恭谦退让的民族精神和淡化竞争、耻谈竞争的社会心理，是极不利于市场经济社会和现代化社会青少年培养的。从广义上讲，提倡体育运动有振奋民族精神的现实意义，从狭隘上讲，是造就新一代民族个性的深远价值。

5.有助于学生树立良好的科学态度

体育的科学研究出现在人类社会为期不长，甚至还没有来得及将它写进科学技术史，然而它的发展速度却令人惊异。它不仅为人类研究自己提供了许多新的装备、仪器、技术、方法、经验和认识，而且向人们证实了对自身的研究也必须持有唯物主义世界观和辩证法的科学态度。

如果以科学实验的立场上来看待竞技运动，会很有趣地发现，各国或各方面的运动员都是互为实验对象和实验对照组的。他们因袭着不同的哲学思想，采用各异的方式方法，经过某一周期的专业训练，靠及时的、残酷的运动竞赛来检验其结果，得出对某种思想和方法优劣的判断。而隐藏在某项记录、成绩背后的就是一个或几个科学的命题，如背越式跳高优于俯卧式跳高。因此，可以说体育本身就是一项非常完美而无止境的科学研究工程。这一工程的进展，从现实意义上讲可能负载了民族、社会、集体、个人的某些价值，创造出了丰富的竞技文化；从科学进程来讲，它积累了人类对自身的认识，扩展了自身的能力。它用一种感性的形式模拟了科学实验的过程，向社会提倡了一种科学的态度。就这个意义而言，现代体育必须保证其全力以赴和公正无私，因为它既是参与者胜负的标志，还是真理同谬误的试金石。在这里，人的主体精神、竞争意识、民主观念和科学态度达到了高度的统一。

6.弘扬了民族精神和爱国主义精神

唤醒、激发、振奋民族意识的重要文化手段是通过运动竞技实现的，它对弘扬民族精神的直观作用，就在于它树立了民族形象。竞技运动牢固地维系着民族感情，它使每一个成员都能享受到归属于它的荣誉感，认同于它的义务感。中国的竞技运动是在那种充满民族屈辱和痛苦的形势下与世界汇流的，这就给中国现代体育的发展进程留下了深刻的印迹。振兴民族解放事业和中国的现代体育始终有着天然的、血肉般的联系，我们中国体育的发展动力来自民族的忧患意识，而反作用于民族的自强意识。无论是我们在奥运会上争取金牌，还是我们推行全民健身计划，都深藏着这样一个民族文化背景。

7.有助于培养学生的主体精神和团队意识

竞技运动高举着主体精神的旗帜，高度重视参加者自身的内在需要，高扬人的积极性、主动性、创造性。这个参与过程是人的自我完善的过程。在体育比赛的场合里，人的自由和个性得到充分体现，人的价值和尊严得到充分尊重，人的地位和作用，不因种族、肤色、性别、财产、门第、政治见解的不同而受到歧视。

培养学生的主体精神和团队意识可以通过运动竞技来实现。体育社团的存在和发展价值体现在发展体育事业和社会的发展。体育社团较少看社会背景，较少动用社会资源，成员的覆盖面较宽，因此有较大的社会容量，是社会成员实现社会参与的较好形式。在许多发达国家有意识地利用体育社团进行团队意识、协作精神等某些社会伦理道德的培养。

（二）竞技运动在体育教育中的身份地位

体育教育与体育之间存有概念上的属种关系和相同的内部结构，因此竞技运动也完全可以成为学校体育教育的重要内容。多年来，竞技运动已经在学校体育教育中发挥了巨大的作用。早在十几年前，日本体育学者就把这种以竞技运动为媒介所进行的教育称作“竞技教育（Sport Education）”，并把其归属于体育的范畴。近几年来，国内体育学者也提出了“竞技运动教材化”的观点。从学校体育教育的现实和发展趋势来看，竞技运动将作为学校体育教育的重要内容，越来越多地进入学校体育教育，这是不以人们的主观意志为转移的历史必然。

1.传送体育教育知识的载体

20世纪20年代，随着中国学校体育的需求进行了改革，借鉴欧美改革后的学校体育，废除了兵操，制订了学校体育计划，计划中将竞技体育列为主要教学内容，但由于种种原因，竞技运动在学校体育中未能发挥作用。新中国成立后，我国学校体育全面学习苏联，体育课以运动技术传授为主，强调组织性和纪律性。时至今日，我国这种过分强调技术传授、教师的主导地位及社会要求的“三段式”体育课教学模式仍停留在新中国成立初期的水平。尽管如此，竞技体育由于其趣味性、锻炼身体的高效益性等特征，仍为完成学校体育教育目的的首选方式。因为学校体育的任务，不仅是促进学生全面发展，还有增强体质、传授体育运动与健康保健知识等内容。在过程当中，竞技运动就是以充当教育知识载体的形式，通过这种载体，教师与学生达成了沟通。如果没有“载体”，师生之间将无法进行信息交换，更不用说完成学校体育的任务了。

2.教学内容的具体形式

按照教学大纲的内容，在传统学校教学内容有篮球、排球、足球、田径、体操、游泳等项目，然而都是偏重于运动技术的传授，还为教师预定了模式，就限制了体育的娱乐性和竞技性的发挥，同时也限制了教师的主导作用。体育的娱乐性是受很多学生喜欢的，也能展现体育的魅力，一旦失去了体育的魅力，体育活动的内容就没有生命力。体育的娱乐性又恰恰蕴藏在体育的竞技之中，所以人们应当转变思路，更新形式，使竞技运动的娱乐性更为突出，更能适应学生的需要。

另外，为了适应学生体育文化的需要，学校体育作为身体文化和社会文化的一部分，必须在“健康第一”的思想指导下，更有效地提高学生的体育意识和体育素养，增加一部分健身性、娱乐性较强的体育内容。同时，还应加强体育理论知识的教学，促进学生生理和心理的健康水平。

(三)“教材化”对竞技运动的影响

1.竞技运动“教材化”形成的原因

新中国成立以来一直作为我国学校体育教学主要教学内容的竞技运动受到多方面质疑，近年来，随着“终身体育”和“快乐体育”教育观念的引进和推广使用，有些学者提出竞技运动“教材化”的观点——即根据新的教学目标的需要，对竞技运动项目进行加工改造。通过对众多文献的查阅得出：目前阶段，提出竞技运动教材化，主要基于以下几方面的原因：

(1)竞技体育项目在体育教育中占据了主要的位置，而围绕竞技体育进行的教育，又过多强调系统性、完整性，特别是用大量的时间进行技术的“精细化”教学，不仅效果差，而且有悖于体育教学的根本目标。

(2)竞技体育项目，内容太多，技术复杂，必须用大量时间进行技术教学，而实际情况是体育教学的课时有限，完成那么多技术教学几乎没有可能。

(3)竞技运动项目规则繁多，过分强调技术规格，并因此影响了学生学习的积极性和趣味性，竞技运动项目具有“选择性、高度技巧性、体能极限性、训练专业系统性以及功利性、极端性、锦标性等倾向”。

2.竞技运动教材化的重要性

竞技运动教材化的重要性由体育教学所需要的和学生自身所需要的两个方面来说明。

首先，我国采用的运动项目是“大众化”的，目的是确保每一个学生都能上好体育课，低难度，但却缺乏趣味性、竞争性，使学生对体育课十分厌烦，而竞技运动的娱乐性、竞争性、挑战性等特征没能体现出来，不会吸引学生，这是从学校体育教学的方面总结的。

其次，从学生自身来看，现代社会的快节奏、时代感对学生的影响也是很大的，学生的负担越来越重，精神越来越紧张，他们需要发泄情感，因此，竞技运动的挑战性、不确定性对他们的吸引力极大。

最后，竞技运动还是目前社会生活的一个重要的文化娱乐领域，不管学校体育愿不愿意接受它，社会媒体已经全方位地传播、介绍其内容，学生从广播、电视、报纸上所接受到的竞技运动的影响大大超过了在学校体育课中的教育。所以说，竞技运动教材化势在必行。

3.竞技运动教材化包含内容

竞技运动本身所具有的规则性、竞争性、娱乐性等特性都可以吸引学生的喜好，激发学生的兴趣，所以它在体育教育中占有很重要的位置。但是作为教材是不能将其全部照搬到学校体育课堂上的，必须结合实际，根据教育规律，制定符合学生身心发展需要来进行改造、加工。在对竞技运动教材化的内容的选择上，大多数学者赞同毛振明教授的观点，即将竞技运动教材化内容分为以下四类：

（1）精教类：主要是那些与学生日常生活和终身锻炼联系较大的运动，如篮球、足球、乒乓球、网球、羽毛球等。

（2）粗教类：主要是那些在学生日常生活和终身锻炼中可能遇到的运动，如排球、游泳、跳远、体育舞蹈、武术等。

（3）常练类：主要是那些不需要多学，但需要常练的运动，如各种距离的跑、各种障碍跑、各种跳、基本体操、简单的器械体操等。

（4）介绍类：主要是那些学生需要了解，但不需要深学甚至不需要学的运动，如田径的投掷项目、撑竿跳、橄榄球、拳击等。

这样的分法，有利于学生对竞技运动的理解与把握，从而更好地投入到体育学习当中来。

二、体育教育与群众体育的相互联系

体育教育是全面发展身体，增强体质，传授体育知识技能，提高运动技术水平，培养道德为目的的，并且有计划、有组织的教育过程，与德育、智育、美育相结合，培养全面发展的人。群众体育在广义上是指社会进程中为了达到和保持自身的身、心等诸方面的健康状态，提高人口素质，自愿在余暇时间进行的与身体活动有关的社会活动，也可以说是社会成员在余暇时间进行的体育活动；狭义上是指除了体育教育和高水平的竞技运动、武装力量集团以外的各种体育。体育教育是群众体育的源泉，而群众体育能促进体育教育的发展，体育教育需要群众体育来强化学校体育的效果，将体育教育转化为终身体育，而群众体育则需要体育教育奠定基础。

（一）形成体育人口的重要前提条件是体育教育的发展

一个国家经常参加体育锻炼人口的多少，标志着一个国家的文明程度。我国体育人口（指每周锻炼3次以上，每次30分钟以上）总数约为31.4%，高于发展中国家的平均水平，但与发达国家和中等发达国家尚有显著差异（英国占45%，加拿大占48%，日本高达70%）。体育人口在学生时代就喜欢体育运动，并养成习惯，这说明体育教育是形成体育人口的一个重要前提条件。

因此，如果要想使学生产生终身锻炼的意识和习惯，就应该注重兴趣与习惯的培养，多考虑学生个人发展的需要，如果学生自己的运动需求没有得到满足，就谈不上对体育的兴趣，当他们20几岁刚从学校毕业的时候，身体正处于最健壮的时期，也不会有直接的动机来调动其锻炼的兴趣，在学校期间的那些间接因素已经不复存在，其体育锻炼就终止了，所以体育教育如果忽略了培养个体的体育意识，就容易造成其学校后阶段因为没有终身体育的意识而导致体质的恶化，中年人的健康问题甚至英年早逝原因也在于此。

（二）体育教育是终身体育的重要基础

终身体育是指人们在一生中所进行的身体锻炼和所受到的各种体育教育的总和。终身体育是在现代终身教育思想的影响下形成的。20世纪下半叶以来，社会革命和科学技术革命大大地改变了社会的生产方式和人们的生活方式，现代社会一方面对人体的质量要求，以及人们对健康、文明、愉快的休闲生活的要求越来越高；另一方面现代文明给人体的健康带来某些不良的影响。为了适应高速度、高强度、高节奏的工作和现代文明对人体提出的挑战，终身体育也就应运而生。

终身体育要经历学前体育、体育教育和学校后体育的连续过程，不能只局限于体育教育，由于社会中的每个成员都要接受学校的教育，而学校阶段体育是终身体育的关键环节，它不仅对终身体育具有承前启后的作用，更重要的是它是终身体育的基础。主要表现在以下两个方面。

1.要为终身体育打好体质基础

在学校学习的儿童青年，他们正处在身心发展的关键时期，遵循学生身心发展规律，施以良好体育教育，能有效地促进学生身体形态、机能和素质的正常发展，增进学生的健康，增强他们的体质，这既有利于学生在校期间的健康成长，使之精力充沛地投入学习，也可以为学生走上社会后的学习、工作、生活和从事终身体育打下坚实的体质基础。

2.要培养学生终身体育的意识、习惯和能力

在体育教育过程中，要掌握体育学科知识技能和科学锻炼身体的方法和原理，一方面可以促进学生身体健康、增强体质，另一方面可以培养学生终身体育的意识、习惯和能力。终身体育的意识，一般可理解为对终身体育的认识，只有认识了终身体育的价值，锻炼身体才能成为自觉的行动。终身体育的习惯一般可以理解为在认识的前提下，坚持体育锻炼而形成对体育锻炼的兴趣，进而形成习惯，这样才能坚持不懈。终身体育的能力，可以理解为从事终身体育的本领。有了体育锻炼能力，才能更好地从事终身体育。锻炼能力主要包括自学、自练、自评、创造等能力。自学能力是指学生掌握体育知识与技能的本领。根据自身的自身情况进行自练和自评，对体育锻炼的内容选择、计划、组织，以及生理负荷调控和效果评定等本领；创造能力一般是指学生创造性运用已掌握的体育知识与技能的本领；这些能力互相联系，构成了终身体育能力的整体。学生对这种能力的掌握与运用，能使学生终身受益，它对学生进行终身体育极为重要。

(三)要做好“全民健身计划”的准备

体育教育工作的首要任务是培养学生的正确体育观。体育观是人对体育在人类生活中重要作用的总体看法，它是人们对锻炼身体、增强体质、延长生命等认识过程的深化总和。体育观的核心就是终身体育思想。体育教育工作在培养学生正确体育观的同时对实施“全民健身计划”提供思想保证。对于参加健身活动的人除了应掌握锻炼身体的具体方法、内容、手段以外，更重要的是要有明确的锻炼目的和积极的态度，这样才能持之以恒收到实效。

体育教育工作的重要任务是培养学生的体育运动能力，养成终身锻炼身体的习惯。这不仅是衡量体育教育工作成绩的重要标志，而且是推行“全民健身计划”的先行条件。用科学的方法不间断地从事体育健身活动，通过自学、自练，主动参与体育的意识就是指学生能否利用体育教育所获得的知识、技能、技术，根据当时的生活环境和工作条件，有目的选择那些适合自己情况的锻炼身体手段和项目，只有那些对体育运动产生了深厚的兴趣和爱好，并在体育活动中获得快乐情感，人才能养成锻炼身体的习惯，才能使他的体育运动能力得到进一步发挥。

使学生掌握基本运动技能和学会锻炼身体的方法是体育教育工作的重要手段。从体育本身固有的规律进行分析，任何形式的健身活动都是通过运动技能和锻炼方法来表现的。体育运动本身的“健”与“美”、运动竞赛本身的“拼搏”与“对抗”以及体育游戏的生动活泼和趣味性强都是运用高超的运动技能，合理的锻炼方法来完成的。兴趣是一种心理倾向，一个人对运动技能和锻炼方法掌握的好坏，可直接诱发体育活动兴趣、爱好、习惯的形成。随着环境的变化和年龄的增长，一个人的喜好也是有变化的，但也要找到运动技能和锻炼方法。因此，体育教育工作使学生掌握基本运动技能和锻炼身体的方法能为实施“全民健身计划”打好技术基础。

以增进学生的身心健康、增强体质，为终身体育作为体育教育工作的本质，并为“全民健身计划”打好身体基础。根据青少年生长发育的生理、心理特征，有目的、有计划地上好体育课，抓好早间操，开展小型多样的课外体育活动，促进学生身心的健康发展，增强体质，这有利于学生走出校门步入社会，参与全民健身活动打好身体基础。

体育教育是提高体育人口数量，倡导终身体育和实施“全民健身计划”的基础，为终身体育和实施“全民健身计划”做好了思想、能力、身体和技术等方面的准备。

第二章
体育教育思想概述

第一节　体育教育思想的基本含义

综观体育教育的发展历程，体育思想的发展是跟随着时代的变化而变化的，我国的体育教育思想也跟着我国的发展经历了一次又一次阶级斗争，但在这个过程中体育教育思想的发展没有受到冲击，由单一的生物学科向生物、心理、社会等多元学科发展。无论体育教育发展是以某一种体育教育思想为主体，还是几种体育教育思想并存，都是单纯生物体育观、身心二维体育观，生物、心理、社会三维体育观及人文体育观四者之间的斗争，其结果直接决定了体育教育思想的取舍。究其根源，就是体育教育在其社会性与主体性之间选择的结果。只有充分地认识到体育教育的属性，它作为社会和教育系统的子系统时与其他子系统之间的联系，才能进一步认清体育教育在我国发展史中曾经扮演的角色，以及它在未来社会发展和人类进步中肩负的使命；才能理清我国体育教育思想发展演变的主线索，为体育教育思想在未来社会中的发展准确“把脉”。

一、体育教育思想的概述

（一）体育教育思想的含义

在词典中，对“思想”的理解是“客观存在的反映在人意识中，经过思想活动而产生的结果”，或者说是“念头、想法”“社会存在决定思想，思想又具有相对的独立性、对社会存在反作用”❶。受“思想”概念的影响，《教育大辞典》对“教育思想”的定义为：“教育思想即对教育现象的认识，主要包括教育主张、教育理论、教育学说。大致分为两个层次：一是零散的看法、想法、主张、要求与建议；另一是指经过深入探索和研究提出的系统的教育理论、教育学说”❷，其核心是对教育的价值观认识，是人们对各种教育现象的本质、价值、特性、功能及教育的过程、所含内容、评价方式等方面较理性的、系统的看法和主张，直接影响和决定着具体教育活动的发展和价值功效，属于意识形态范畴。从社会大系统的角度看，教育思想的形成受到特定社会环境、阶级利益、时代背景等方面的影响，从而具有社会性、阶级性、继承性、历史性、时代性及民族性等特点。从某一个人研究来看，它又受到个人的世界观、价值观、认识水平、思维方式等个体因素的作用，从而带有个性化色彩。

在一般认识上，通常将“思想”等同于“观念”。在词典中就指出：“观念，泛指客观世

---

❶ 商务印书馆辞书研究中心修订.新华词典（2001年修订版）[M].北京：商务印书馆. 2001，346.

❷ 顾明远.教育大辞典（简编本）[M].上海：上海教育出版社. 1999.

界在人头脑中的反映，与意识、精神、思想等相同”。许多研究者也有对“教育观念”的具体定义。例如：“教育观念是一种教育现象的认识集合。在教育哲学中，教育观念是人们对各种教育想象的观点、看法中比较稳定的深层内核，是人们较为稳定的教育价值和教育目标选择趋向构架，是具有广泛规范意义的教育价值评价标准的总和。”❶“教育观念是在一定的文化背景下对众多教育现象和教育实践一次又一次的判断活动后逐渐形成的关于教育的总的概括性认识”❷，等等。不难发现，教育思想和教育观念都是以与人的培养有关的方方面面的问题研究为核心内容的，在一定程度上二者并没有严格意义上的本质区别，只不过后者较前者更加具体化、感性化，但没有前者的系统性强。

由上可知，体育教育思想可以理解为：在一定的时代和社会背景下，受社会发展和人类进步要求的影响，从宏观、整体的角度在体育教育的目的、任务、本质、功能、特点及发展等方面所形成的相对统一、普遍、稳定的看法或主张，它对各种体育教育活动的开展具有纲领性作用。

（二）对教育相关概念的认识

1.教育思潮的概念

如果要解释这个概念，首先要了解什么是“思潮”。对它的定义是“某一时期内有较大影响的思想倾向”❸，或是“在一定时期内反映一定数量人的社会政治愿望的思想潮流”。所以思潮具有限时性、主流性、倾向性等特征。教育思潮作为思潮的下位概念，在《教育大辞典》中解释为“某个时期流行较广、影响较大的教育思想倾向。具有以下特征：①有一定的见解和主张。②有较大的声势和影响。③有产生、发展、衰落的过程。④有盛衰的社会原因。”从宏观上讲，教育思潮包含的范围广、时空大、社会基础牢固，直接影响着教育决策的形成；而在微观上，教育思潮则可以在一定程度上具体涉及某项教育活动的开展。在人类漫长教育史中，曾出现了教育的经济主义思潮、教育的科技取向思潮、教育民主化思潮、教育个性化思潮、终身学习思潮等教育思潮。它们的形成都与当时社会和教育的发展状况、社会和社会成员对教育的要求等因素密切相关，使教育思潮表现出明显的社会性、时代性特征。一定时期的各种教育思想和理论都是受一定时期的教育思潮所引导的，教育思想是教育思潮的具体表现形式，但不能将二者画上等号来理解，二者属于从属关系。

2.学校体育思想的认识

学校体育作为学校教育的一个重要组成部分，它是社会现象和体育活动的表现形式。在社会主流教育思潮及学校整体教育思想的影响下，学校体育也调整了具有本学科性质、发展需求等个性特征的教育思想。而今在学术界，对“学校体育思想”概念的界定也是多种多样。例如：“学校体育思想是指在一定历史时期内，研究者们对有关学校体育的基本认识，是学校体育观的反映。它是人们在一定社会背景和时代发展的学校体育实践活动中形成的，反映了研究者们对学校体育本质的认识与看法，甚至形成一种学术流派，对学校体育的管理和发展有着积极的指导作用。”又如：“学校体育思想是人们在一定社会和时代的

---

❶ 安徽大学高等教育研究室.教育思想教育观念大讨论资料汇编[M]. 1999，109.

❷ 安徽大学高等教育研究室.教育思想教育观念大讨论资料汇编[M]. 1999，110.

❸ 商务印书馆辞书研究中心(新华词典). 2001年修订版[M].北京：商务印书馆. 2001，27.

学校体育实践活动中，直接或间接形成的对学校体育的认识或看法。”

由上文例子可以看出，学校体育思想既是体育教育思想的一个子概念，又是社会大系统中的一个子系统。因此，学校体育思想是以教育思想为理论基础，在一定的历史时期内通过特定社会环境和时代背景下的学校体育实践活动，逐渐形成的对学校体育本质属性、基本规律、发展方向、目标等方面的看法与主张，具有显明的社会性、阶级性、民族性、时代性、预见性、制约性等特征，它是学校体育教育发展的蓝本，总领着学校体育的各项具体实践活动，指引着学校体育作用的发挥。

3.体育教学思想的认识

一般情况下，“教学”被认为是师生双方相互配合的过程，它以课程内容为中介，是教师把知识和技能传授给学生的过程，是学校实现教育目的的基本途径。由此看出，教学的主要特征就是教师的教与学生的学的双边共同活动，是以实现教育任务为目的的。因此，体育教学是实现体育教学目的和任务的基本途径，是师生双方存在教与学相互作用下达到传授和掌握基本运动知识、技术和技能，增进身心健康，获得全面发展的活动。不难得出：体育教学思想是以特定时期的社会状况和时代背景为前提，以学校体育思想理论体系为基石，依照人才培养的要求逐步形成的对体育教学活动的本质、功能、目的等属性的理性认识和看法，它反映了一定时期社会、教育、人们的需求对体育教学的要求，与学校体育思想有本质上的区别，不能混为一谈。学校体育思想是引导着体育教学思想，它是学校体育思想在人才培养上的具体反应，也是学校体育思想的实践形式，它将会随着学校体育思想的变化而做出相应的调整，以更好地实现和完成学校体育教育的目的和任务。

二、体育教育思想的属性

(一)体育教育思想的时代性

体育教育既是教育的重要组成部分，也是保证社会正常、快速运转的重要支柱。体育教育思想的确立不仅要符合教育改革和发展的趋势，也要体现社会现状及发展的要求。每当社会发展到一个新的阶段，就会表现出一个特定的时代特征，这种时代特征是各种社会现象和社会实践活动的综合体现，同时它也在这个特定的时期内对所有的人和事赋予了与之相吻合的特性，这其中就包括了体育教育。在战争年代，体育教育主要体现的就是培养军事人才的功效，但现如今体育教育已不再是主要为战争服务，而是为人自身的全面健康发展保驾护航。这说明，随着时代的变迁，体育教育思想也会产生与之相适应的变革。

(二)体育教育思想的指导性

体育教育思想不仅在当前体育教育中占有核心地位，也是对体育教育将来发展的判断。这种具有预见性的主张主要是根据时代发展特征和人们的共同需求，并结合体育教育自身的特点和功能而得出的具有科学性的结论，它从整体上规定了当今或未来一段时间内体育教育的总体发展方向，也控制着具体的实施过程，包括教育目标、任务的制订，教育内容和方法手段的选择等。

（三）体育教育思想的民族性

从清末到新中国成立初期，我国的体育教育思想基本上都是在借鉴别国，在这几十年中就出现了三种以上的体育教育思想能主宰当时的教育思想。究其原因，除了战争性质变化的影响外，最主要的就是没有将本土的特色与之相比较、相融合。在信息传递如此发达的今天，世界各国间的相互沟通和交流不断加强，我国对国外成功体育教育思想的借鉴也在增加。体育教育作为促进社会发展和民族进步的途径之一，就更应具有本国、本民族的特点。所以，在大量学习别国经验的同时必须充分考虑到我国自身的实际需求和现状，不能盲目地全盘吸收，而应将两者进行有机地结合，通过全面地分析和对比，去其糟粕，取其精华。只有经过这样的整合后所形成的体育教育思想才能反映出世界发展趋势，同时也体现了本国特色，切实地与本民族发展需求相符合。

（四）体育教育思想的阶级性

从体育教育发展的历程中不难发现，体育教育不仅有教育性质，还具有明显的社会属性，它不仅为社会发展提供支持，同时也必须服从、服务于统治阶级的需求。在一定程度上，体育教育思想也是统治阶级为了发展自身而在具体的体育教育实践中表现出的一种意愿和倾向。从古至今，无论是哪个国家，都没有任何一种体育教育思想能脱离统治阶级的利益要求而独立存在于社会发展之中，这是社会发展的规律和必然。比如，清末时期清政府使用军国民体育思想旨在培养能抵御外侵、平息内乱的军人，但这实质上起到的还是维持清政府封建阶级统治的作用。与其表现形式有所不同，当今我国的体育教育思想强调为人自身能全面健康的发展提供保证，但追根究底，它仍然具有一定的为国家利益服务的作用。

（五）体育教育思想的长期性

体育教育思想是受到社会普遍的认可，它是受特定时期社会整体状况的影响，是体育教育核心内的认识，能结合社会发展的特征对体育教育在一段时期内所能发挥的功能和价值做出正确的判断。体育教育思想还能对未来体育教育的发展做出科学、合理的预测，它从宏观上深刻阐述了体育教育的本质和终极目标。因此，体育教育发展方向是受社会环境的变化而变化，社会环境决定了体育教育长期稳定的发展。

第二节　体育教育的产生与发展

一、体育教育的产生

体育教育内容是体育教育核心价值观的体现和载体，同时也是实现体育教育目标的基本途径，是教师和学生发生各种教学关系的纽带，也是学生接受完整教育内容必不可少的组成部分。

体育教育的内容是根据体育教育目标和实施要求来制定的，也是结合学生的需要和客观实际条件，以身体运动为基本形式，使学生德、智、美、体和社会适应等方面都获得全面健康发展，并形成运动技能的各种有关体育与健康、健身和生活的基本知识、原理、方法等内容的总称。

因此，可以得出体育教育内容必须符合以下条件：

(1) 它以身体运动知识、原理、方法以及运动技术的掌握和运动技能的形成主要内容。

(2) 它以身体的各肌肉群活动为媒介和方式进行教育和学习，并在此过程中机体要承受一定的生理负荷和心理负荷。

(3) 它以增强体质、调节心理、形成一定的运动技能和习惯为目标，以促进人的全面健康发展为最终目的。

(4) 它必须符合体育教育目的的要求，并适合学生的身体条件、运动能力、生活需求以及具体的实施环境。

虽然体育教育内容是以运动知识、技术的传承和运动技能形成核心和目标的，但它与竞技运动存在较大的差异。

(1) 体育教育内容以促进人身心得到积极发展为目的，使人保持健康的状态。但是竞技就是以开发人的最大运动潜能、争取优异成绩为目的，并且在这个过程中还会对人体产生一定的伤害。

(2) 体育教育内容对人体健康的促进和维持作用是长期的，具有实用性和终身性，而很多竞技运动项目由于自身特点的限制很难在人的日常生活中开展，导致所获得的运动效果和技术水平不能恒定保持较长时间。

(3) 体育教育内容的选择必须依据体育教育目的和参与者的实际情况等因素，并可以此对运动技术及其评价标准等进行一定的改造和重组。但竞技运动不能因为参与者的条件、参与目的以及物质环境的不同而改变其本身的技术结构、要求以及评判方法和标准等。

二、体育教育内容的特征

由于受体育教育特性的影响，体育教育内容具有以下特点：

(一) 体育教育内容具有实施性

体育教育是以教师传授运动技术、形成运动技能为主体的，它与其他学科学习一样，也需要看、听、记、想，单靠单一的教学方法是完全学不会的。对体育教育内容的学习要让学生以自身锻炼和教师传授的动作示范，以标准的、直观的、形象的展示在学生面前，使其容易接受，在这种亲身体验的过程中，从感官感受、模仿开始，只有在一遍又一遍的练习后才能摸索和体会到运动的技巧和方法，明晰其原理，使运动技术的学习逐渐趋于成熟。此外，体育教育内容中的运动知识、健康和卫生知识、锻炼原理及方法等，以及体育道德和良好个性的形成都必须建立在对运动技术的学习和实践之上。反之，运动技术学习效率和水平的提高也需要这些基础知识作为铺垫和保障。

(二) 体育教育内容具有健身性

由于对体育教育内容的学习是要通过身体的运动为媒介，在运动过程中机体所动用的不只是单独的某一块肌肉或一种身体素质，而是运用综合性的运动技术使其发挥整体效用。这在一定程度上给肢体提供了锻炼的机会。同时，机体也承受着一定量的运动负荷，这种刺激能有效提高机体各种器官和组织的功能，以及它们之间的协调工作能力，对学生身心积极的促进作用。另外，随着当今社会发展以及教育改革的需要，体育教育内容的选编要符合学生的实际身心特点和生活需求，这将使体育教育内容在种类、性质、运动负荷、难易程度、安排顺序等方面都更好地体现出了对个体发展和健康需求的关心，这也是体育教育内容所特有的。

（三）体育教育的娱乐性

体育教育的主要任务是传授学生运动知识和技术，表面上看它们是比较固定、单一的形式，但探究其本质，娱乐性是它们与生俱来就有的特性之一。在传授体育教育内容的过程中，不仅方法多样，而且形式也丰富，如各种体育游戏、运动竞赛等，它们都蕴含着极强的趣味性。在参与的过程中，不仅能学到运动知识和技术，还能使学生在心理上获得积极的体验，主动表现出竞争、合作、坚韧等个性特点，从而进一步激发他们的运动动机和欲望。同时，在这种轻松愉快的氛围中，参与者的情绪、情感、态度、价值观等也得到升华，并能使不良心理状况有所改善。

（四）有利于人际交流开放性

体育教育活动的组织形式具有多样性，如集体活动、分组练习和个人练习等，而且由于运动技术本身的技术特征和学生的需求，教师和学生的身体位置和活动范围运动环境等会随着运动的进行而有所改变，这就会导致频繁的人际交流，其中有教师与学生之间的交流、学生与学生相互之间的沟通，也包括与陌生人之间的交流。由于部分体育教育内容在初期的学习和锻炼的过程中会需要别人的帮助或保护，这也为人际交流的扩大提供了机会。另外，体育教育培养和形成的集体主义精神、协同配合能力、竞争意识、友爱互助的品德等也在一定程度上促进了人与人之间的交流，密切了人与人之间的联系，也是消除隔阂的有效途径之一。

（五）体育教育目标多元化

体育教育内容与其他教育内容不同，它不仅传承着对体育知识和文化，而且也担负着对受教育者全面发展以及社会适应能力培养的责任。通过体育教育内容的实施，既要使参与者的思想品德、意志、情感、个性等非智力因素也能获得提高，并形成一定的社会适应能力，增强参与者的身体体质和心理素质，发展其智力水平，培养审美观念和能力，还要使参与者能健康且全面的发展，提高自身综合素质，这也是素质教育赋予体育教育内容的使命。

（六）内容丰富多彩

体育教育内容是理论和实践相结合综合的体现，不仅通过身体的实践，从中领悟和形成的运动方法、技术和技能，而且还有理论知识原理的引导。在众多的体育教育内容中，不仅有与健康有关的健身类、娱乐类、休闲类、保健类知识、方法和技术，也包含具有强烈对抗性的竞技类内容和观赏性内容。除此之外，中华民族的传统体育项目和少数民族传统体育项目在我国体育教育内容结构体系中的地位始终未变。国内外也引进了一些新型的运动项目，开始和实际生活相结合。例如攀岩、板球、跑酷、壁球、软式排球等。

(七) 时空特殊性

体育教育是具有时空的特殊性，从学前教育开始，一直到终身，体育教育是唯一没有间断的教育过程。另外，体育教育内容的设置和安排还明显受地湿条件、季节和气候的变化因素。在空间上，体育教育内容大部分都在户外实施，很多运动所需要的场地是固定的，如田径、篮球、排球、乒乓球、沙滩排球、游泳等，而且它们也有各自特定的器材。一旦离开了这些特定的空间和器材，运动技术将可能会发生本质上的改变，甚至不复存在。

虽然体育教育内容和体育及体育教育具有相适应的特征，但作为教育内容的有机组成部分，它与其他教育内容有一定的共性。具体表现在以下几方面。

(1) 教育性。体育教育内容能使受教育者在各个方面获得一定的提高和发展，主要表现为：①增强体质，提高心理素质；②促进道德、意志、品质、个性等方面的发展；③完善知识结构，逐渐形成完整知识结构；④适合于大部分地区的体育教育实际情况和要求，并受大部分体育教育活动参与者的接受和认同；⑤为学生能获得较好的独立发展能力和更多的成功提供保证。

(2) 系统性。体育教育内容内在的各种知识之间、各种运动技术之间都存在着一定的联系，它们互影响、相互制约，具有一定的辐射作用。此外，由于体育教育内容的安排考虑到各个年龄段受教育者的身心特征、教育环境和条件，这充分表现了体育教育内容的逻辑性和阶段性，这些使体育教育内容在宏观和微观上都显现出它是一个具有客观性、层次性、系统性的有机整体。

(3) 科学性。由于体育教育内容目的是要使学生产生良性变化和发展的，因而在选择体育教育内容时应该以学生的自身特点科学施教。体育教育内容是体育文化的具体表现之一，也是对体育科学的继承和发扬，其中包括运动知识、技术原理、身体锻炼原理和方法、健康知识、体育价值观、体育道德等。此外，在组织体育教育内容时还必须遵循相关的教育原则与要求，并符合教育规律。

三、体育教育内容的具体分类

由于人们对体育教育内容的价值取向和认识角度的不同，使得对体育教育内容的分类也存在较大的差异。但就目前常见的划分方法来看，比较集中于从体育教育内容的价值、功能、目标、性质和形式等方面着手，现介绍几种常见的分类方法。

(一) 根据人体机能进行分类

这种分类方法是将体育教育内容按照人体基本的活动能力，如走、跑、跳、投、攀、爬、负重、平衡等进行划分，我国2000年颁布的《九年义务教育全日制小学体育与健康教学大纲》就是按照此类方法划分小学体育教育内容的。在该大纲中将小学一、二年级的体育教育实践内容分为基本运动、韵律活动和舞蹈、游泳三大类，其中基本运动包括走、跑、跳跃、投掷、队列和体操队形、徒手体操和轻器械体操、跳绳、技巧、攀登、爬越、平衡等。

这种方法着重于形成和发展学生的各种正确基本活动能力，比较适合低年级的体育教育需要。但对于高年级受教育者来说，则不能较好地满足他们对体育学习和运动锻炼更高、更多的需求，从而影响到他们运动动机、兴趣和习惯的培养。

（二）根据运动项目的属性进行分类

这是比较常见的分类方法，它主要依据的是各种运动项目的名称和内容，如田径、球类、体操、武术、体育舞蹈等。我国1996年实行的《全日制普通高级中学体育教学大纲》就将体育教育内容中的限选内容分为韵律体操和舞蹈、足球、篮球、排球和游泳五类，在目前我国各阶段的体育教育中这种分类方法表现得最明显。

采用这种划分方法有利于受教育者可以全面地了解各个运动项目的知识，从中找到自己喜好和方向，便于对某一项目的深入学习，从而提高个人专项运动能力。但其弊端也比较明显。首先，在体育教学过程中会排挤或忽视对一些非正式比赛项目、新兴运动项目及民间运动项目的教授，容易使学生的体育学习与社会生活需要相脱离。其次，对运动场地、器材、规划和学生的技术、技能水平有较高要求的运动项目进行改造和重组，这将影响到学生对这些运动项目原本的技术结构、运动方法、规则、功能和价值等的理解和学习。再次，容易导致学生对体育教育内容学习缺乏全面性和完整性，对某些项目的学习易产生恐惧、厌烦或抵触情绪。

（三）根据身体特点进行分类

在1 992年颁发的《九年义务教育全日制初级中学体育教学大纲》中，对体育教育实践内容的划分就是按照力量、耐力、速度、灵敏、柔韧等身体素质进行的。这种划分方法保障了学生各项身体素质的培养，有利于学生明确各种运动项目的功能，以及它们与身体发展之间的关系。但是这种分类方法不能使学生对运动项目自身的特性有更深入和全面的认识，容易造成对身体素质发展的片面追求。

（四）根据目标进行分类

在新颁布的《课程标准》中，将体育教育内容按照运动参与、运动技能、身体健康、心理健康、社会适应五大目标进行分类，这也是在当今国际上逐渐趋于主流的体育教育内容划分方式。在新西兰，体育教育内容被分为健康与身体发展、与其他人的关系、运动概念和技能、健康目标和环境四个部分。而在日本则主要分为两大块，体育学习领域和保健学习领域。再如美国加州，体育教育内容分为运动技术和知识、自我表象和个人发展、社会发展三个方面。

（五）根据综合表现形式进行分类

这种分类方式有一定的综合性，每一种类型都包括广泛的具体内容。它根据体育教育内容对学生产生作用和效应的表现形式，以及影响的持久性和程度，将体育教育内容主要分为显性和隐性两种。其中显性体育教育内容是学生在学习后通过实际的运动行为可以直接表现和被他人感知、评价的，它一般都能促进教育对象的积极发展，改变其不良行为，具有直观性、快捷性等特点。但隐性教育内容主要是指在体育教育的实施过程中，体育教育的各种组成要素对学生内在心理因素所产生的影响，包括动机、态度、兴趣、习惯和价值观等，它对学生行为的影响速度相对显性教育内容比较慢，但影响范围和深度则较大，形式更加隐蔽和灵活，产生影响的时间也更具随意性，其影响效应可以直接指向学生的意识形态等核心心理因素，它以潜移默化的形式对学生的行为产生积极或消极的影响，具有长期性、不确定性及间接性等特征。

第三节 我国近代的体育教育思想的构成

近代以来，伴随着体育教育事业的发展，我国的体育教育思想逐渐成熟和完善，并符合我国发展奠的定时代特征。从全方位的概括来讲，体育教育思想的蜕变史以清末时期作为正式发端，主要经历了完全效仿—摸索前进—相互磨合—明确方向—多元发展几个阶段。从我国近代教育体制的建立开始，体育教育思想主要经历了效仿军国民体育思想，如德国和日本的军统思想体制；吸收了的自然主义体育思想，如欧美；借鉴苏联体育教育思想到具有我国特色的体质教育思想、健康教育思想、终身体育思想等观点提出的过程，不仅见证了体育教育思想的坎坷发展，同时也描绘了体育教育与社会和人的发展逐渐适应、融合的进程。

一、军国民体育思想的产生

鸦片战争之后，清政府于1903年颁布了由张之洞、张白熙等人拟定的《奏定学堂章程》，即癸卯学制，这是我国近代第一个正式、统一的教育学制，其中就规定各学堂必须开设“体操科”，主要练习兵式体操，以增强当时国家的军事力量。在此期间，军国民教育思想在社会各界也得到广泛的推崇，并成为当时的主流教育思想。军国民体育思想是军国民教育思潮在体育教育过程中的具体应用，而军国民教育又是军国主义的一种表现形式，它们都属于国家主义教育思潮的范畴，是为国家利益服务的，这就意味着军国民体育思想实质是一种社会本位观，其目标价值取向主要为“工具论”，它突现了体育教育的社会功效，而对人的个体需要有所弱视。

在军国主义思想中，国家被完全置于军事控制中，它体现的是一种为了获得战争的胜利而肆意扩充军队实力的一系列军事思想、政策和制度，其体现在教育上亦称军国民教育。它以为实现国家侵略为目的，其中的典型代表是希特勒时期的德国和20世纪20～40年代日本的教育形式。在德国，军国民教育强调对青年意志和身体的锻炼，使其像猛兽一样，并宣扬暴力思想及法西斯的顺从教育；而日本强调的是教育为“圣战”服务，灌输人们“尽忠报国”“灭身切腹”的“武士道精神”。

军训同是开设的主要教育内容，学生的生活、学习都采用了强制服从军事管理体制，主要目的是钳制人们的思想，培养青少年成为实现侵略政策和达到目的的后备军，虽然是从当时正积极提倡军国主义的日本传入的，也同样以军训作为主要的内容和手段，由于当时面对帝国主义列强企图瓜分我国的野心，以及国内民众的起义，军国民教育被统治者和一些教育思想家视为强种保国、抵御外辱和对内剿贼的最有效途径。我国的军国民教育思想和德国、日本教育思想基本相似，但也有不同点。我国强调对尚武精神的培养和教育，无论是继续维护和实施封建统治的统治者，还是怀有一腔为民族解放激情的爱国者，都主张对全社会军事教育的实施。因为他们的最终愿望都是要达到救国图存、挽救民族危难等目的，并无德日那种为对外侵略扩张服务之意。

当这种教育思想传入我国时，当时我国的国情正处在清政府力图维持统治地位，爱国民众试图曲线救国的状态，受各种迫切社会需要的影响，匆忙地开始接触和认识到它强国、强种、强兵的表面作用后就被广泛地推行，并也效仿日本以兵操为主要内容进行教学，并没有来得及对这种教育思想及体育教育的实际功能、作用等进行细致的理解和研究。由于军国民体育思想无论是在管理制度的建立、组织形式和教育内容、方法的选取，还是师资的培养等方面都渗透了浓厚的军事色彩，因此在教育过程中该思想强调整齐、严肃、统一的军人作风，再加上这种教育思想对兵式体操的过分偏爱，也导致了体育教育过程容易出现枯燥、乏味和机械的状况。学生仅仅是为实现国家利益的顺从奴隶，他们享受体育、创造体育的权利被剥夺，不仅丧失了自我，还严重影响和损害了身心健康发展。但在当时社会环境下，军国民体育思想的推行，在一定程度上改进了当时溃散的不良社会风气，引起了人们对国民体育的关注，同时也因为它受到统治阶级的重视和强调，就为以后体育教育在社会中地位的确定及其体制的形成发挥了促进作用，也在一定程度上推动了我国尚武风气的形成，在我国体育教育思想的发展史上也具有一定的积极作用和进步意义。

由此可见，军国民体育思想无论在什么样的国家、在什么样的社会环境下都是以实现国家、民族的利益和发展目标服务的。它的突出特点是体育教育的社会属性，即在国家政治、军事、经济、阶级利益等方面所发挥的功效，其价值取向正好迎合了国家急于发展和壮大的社会心理，但同时它也抹杀了体育教育的真义，从而掩盖了体育教育的人文属性，是一种典型的工具主义教育思想。

二、自然主义体育思想的传入

源于近代西方的自然主义体育思想，是在自然主义教育思潮基础上发展形成的一种有关体育教育的学说。文艺复兴时期形成了一种教育理论的来源是亚里士多德所提出的教育要和儿童自然发展相适应理论。自然主义思想所提倡人性解放，主张教育要遵循儿童的自然发展规律进行，强调人的自然本性和价值，所反对的是宗教神权对人权的侵犯。第一个提出遵循自然教育原则的教育家是夸美纽斯（捷克资产阶级民主主义教育家），之后，法国伟大的启蒙思想家、教育家卢梭在进一步提倡自然教育的同时，延伸了“自然”的含义，将其从夸美纽斯认为的“自然界”扩展到了儿童身心发展的自然顺序。在他的著作《爱弥尔》之中凸显了自然教育理论。卢梭认为人们所应受的教育来源于自然、人和事物三者，自然环境能使儿童获得全面锻炼和发展。该教育思想主张教育的出发点和归宿在于满足和发展儿童的生活需要、兴趣和能力，在教育过程中要遵循儿童生长发育的自然顺序，尊重儿童的自由选择，不过多干涉和约束的任其发展，并明确了体育教育与学校教育的关系，并且形成了一套通过自然环境的磨炼使儿童在大自然中成为具有较强自主性的“自然人”“自由人”的体育锻炼方法，也强调锻炼要按照学生的年龄和身心特点进行。这种体育思想突出的特点就是运动的选择要顺应锻炼者的需要和兴趣，利用自然条件进行各种身体活动，以发展儿童的自由个性。在大自然中就利用自然界原始的各种障碍、条件及环境的变化，采用跳跃、爬树、游泳、跑步、徒步等方式方法，不仅锻炼了身体，磨炼了儿童的意志，还增强他们对自然界的适应能力，培养了自由、自主的能力与习惯。此外，瑞士资产阶级民主主义教育家裴斯泰洛齐主张教育必须激发和发展儿童的天赋，更加明确了教育要遵循儿童自然的原则。英国唯物主义哲学家、教育家洛克在其著作《教育漫话》中提出健康的精神来源于健康的身体，认为在增进儿童健康的过程中，最好是在自然环境中用顺应儿童自然发展规律的方法锻炼他们的意志。之后受美国实用主义哲学家杜威实用主义教育思想影响，自然主义体育思想明确指出体育应为人们的生活服务，并成为生活的一部分，以提高生活质量和水平。该思想主张体育不仅要注重运动技能的学习，更应培养学生正确稳定、长期的体育思想、态度和习惯，使他们能够把在学校学到的各种知识和技能有效运用于生活中，并能持续进行体育活动。

此后，这种自然主义体育思想对18世纪末德国和瑞典的学校体育教育产生了积极的重要影响。1774年，德国教育家巴泽多创设了博爱学校，主张在假期采用自然的环境和手段对学生进行身体、意志、技能的训练。另一位德国教育家古茨穆斯将体育教育有计划地纳入到日常的教学活动中，促使德国早期的体育教育形成了自然主义教育体系下相对比较完整的理论研究和实践体系。他们都验证了卢梭的“回归自然”教育理论，使自然主义体育思想在学校教学中得到了实施。

在五四新文化运动期间，对科学、民主、自由的思潮大力宣扬和倡导，开始意识到军国民体育教育思想是为帝国主义所服务的，他们的思想以侵略为主要目的，呆板和枯燥、兵操训练的机械严重影响了学生健康成长，国民开始抨击和否定，这种思想继续在社会中发展。此时，欧美国家盛行的自然主义体育思想伴随着基督教青年会体育活动在我国的广泛开展，以及留美回国学者的积极宣传而在当时社会中逐渐获得人们的认可并被推广，最终成为人们反对以兵操为主要内容的军国民体育思想的有力武器。在进步思想的“催讨”下，民国政府教育部于1922年11月1日发布了《学校系统改革令》，教育史上称为“壬戌学制”。这个学制受美国教育思想的影响较深，在学校体育方面此学制和次年公布的《新学制课程标准》都把“体操科”改名为“体育课”，教学内容正式废除了兵操，代以田径、球类、游戏等，体育课和课外活动内容一致，并且开始了对学校体育全面、系统的认识。至此，自然主义体育思想成为当时的主流体育教育思想地位，我国体育教育思想的发展翻开了新的一页。与军国民体育思想相比，自然主义体育思想的具有更明显的优势，更能符合当时时代的特征、社会的发展，如表2-1所示。

表2-1 自然主义体育思想与军国民体育思想的比较

类别 内容	自然主义体育思想	军国民体育思想
目的	发展个性，增进健康，教育人	强种强国，救亡图存，富国强兵
教材选择依据	符合学生的个体实际，包括兴趣、运动能力和水平、个体需求；遵循学生自然发展顺序、身心特点、接受能力	符合国家、社会和民族利益的需要
理论依据	培养全面发展的人	强烈的忧患意识及渴望民族自立、国家强盛的爱国热情
所属性质	人文主义	国家主义
教学内容	田径、球类等竞技运动及游戏、游泳等	普通体操和军事化兵式体操
教学过程中的主体	以学生为中心	以教师为中心

续表

内容＼类别	自然主义体育思想	军国民体育思想
教学手段	教师积极引导，学生自主学习	教师强制灌输
学生学习方式	有选择地积极主动接受	无自主性地被动接受
教学气氛	活跃、愉快	呆板、机械、枯燥
近期效益	发掘学生体育潜能，发展个性和特长，使其全面健康发展	抵御外侮，救民族于存亡
远期效益	培养体育理想，为学生终身参加体育活动打基础	振兴国势、国富民强

自然主义体育思想的传入，对我国近代体育教育事业的发展起到了积极的作用，不但丰富了教学内容和形式，而且还能让学生课堂的氛围有活力，激发学生自觉地参与体育活动项目中，很快地掌握其知识要点，燃起了学生对学习的热情，同时也为人们创造体育提供了良好的氛围。由于自然主义体育思想对田径、球类等竞技运动的推崇，为西方体育运动在我国的广泛发展创设了条件，各种运动竞赛制度也相继建立起来，较好地促进了课外体育活动及业余训练的开展。另外，自然主义体育思想的推行还拓宽和加深了人们对体育教育及体育的认识和理解，积极地推动着体育教育朝着健康、科学的方向发展。它所提倡的发展儿童的个性、教育必须适应儿童身心发展的特点，强调体育的教育作用、培养儿童的体育意识及终身参加体活动的习惯、促进个体的全面发展等观点，无论是当时还是现在，甚至对以后体育教育的发展都具有进步性和指导意义，但是也不能忽视自然主义体育思想对体育教育的负面消极影响。

第一，由于自然主义体育思想强调体育的育人作用，认为在学生受到运动教育的同时，自然而然地就会获得健康的身体，增强体质是体育运动的副产品。

第二，自然主义思想主要是以学生为中心，片面地强调激发学生的兴趣和需求，削弱了学生与教师的互动，容易产生松散、散漫的学习状态，会影响学生终身锻炼的发展。

第三，自然主义体育思想力推实施“自然”的体育活动，强烈反对在体育教学中采用体操这种运动方式，认为其是人为加工的结果，对体操的否定必然容易忽视对学生进行基本的身体形态训练。

第四，它对竞技运动的过分偏爱，使体育教育逐渐脱离了大部分学生的健身需求，为选手体育思想的产生铺设了“温床”。由于自然主义体育思想在极大程度上符合当时的社会需求，并要求最大限度地满足学生的兴趣和自由发展，因此它比较趋向于与军国民体育思想完全相反的价值观——本体论，且在实践过程中同样带有极端性。

三、终身体育思想概述

终身体育思想产生于教育思潮，最早萌芽是古希腊哲学家和教育家关于对哲学思想的论证，在20世纪20年代所受影响，广泛流传于60年代。此后的亚里士多德提出的闲暇教育思想也具有现代终身教育思想的本质性特征。终身教育的大规模出现，最早开始于文艺复兴时期成人教育理论和实践的广泛形成和开展，它不仅打破了传统的学校教育思想体系，也在一定程度上标志着终身教育思想的初步确立。1965年联合国教科文组织成人教育局局长、法国成人教育家保罗·郎格朗在其《论终身教育》报告书中认为，接受教育应是一个人一生当中永无休止的事情，而将人的前半生用于受教育，后半生用于工作的这种观点是毫无科学根据的，教育应当在人需要的时候以最佳的方式提供给人必要的知识和技能。终身教育思想主张教育应贯穿于人一生中的各个阶段，而不是只在儿童和青少年时代，被联合国教科文组织认为是"知识社会的根本原理"。日本在20世纪70年代提出了"生涯体育"的观念，并在中小学体育大纲中有了"一辈子参加体育活动"的论述，且把它作为体育教育的宗旨，这使终身体育思想得到了初步的形成，到80年代中后期便开始在我国得到较为系统的传播。终身体育思想的提出也与其他教育思想的状况一样，都受到了社会、教育等方面因素的影响。

第一，现代科技的高速发展使人们的生产方式和生活方式发生了巨大的变革，人们的体力劳动越来越少，而脑力劳动逐渐增加，出现了大量的文明病和亚健康，这就要求人们要不断地坚持进行身体活动，以缓解和改善日常工作、生活中脑体发展不均衡的现象。

第二，随着人们空闲时间的增多以及人们对闲暇生活和自身身体健康关注的逐渐升温，迫切要求现代学校体育教育培养学生能在各种环境下持续、独立进行身体锻炼的能力，以适应现代社会发展和变革的需求。另外，终身体育思想是现代教育新思想对体育教育的新要求，它主张将有意识、有目的、有计划的体育贯穿于人的整个生涯。

终身体育的基本含义主要包括两个方面：一是社会成员从出生开始直至死亡，都要不断地学习和参加体育锻炼，使体育成为陪伴人一生的重要内容；二是使体育系统化、整体化，将学前体育、家庭体育、学校体育、社会体育等不同的锻炼、教育方式连接起来，提供给人们在不同的时期、不同的生活领域参加体育锻炼的机会和条件，改变以往认为学校体育是人一生中参与体育活动的开始和终结的错误观点，从而保证体育教育的连续性、完整性和一体性，使之对人的终身有利。

终身体育思想强调，学校体育应为终身体育服务，是为学生能终身从事体育锻炼奠定基础的。认为要使他们对体育锻炼形成正确的认识和态度以及坚持锻炼的习惯，并培养他们进行自主身体锻炼的意识及能力，学校体育教育是一个不可或缺的重要阶段。此外，学校体育教学还应与家庭及社区体育活动相联系，不仅要传授各种运动的基本技能和知识，还要使学生学会根据不同的锻炼环境和条件来选择合适的体育活动方式和方法，并能对自己的体育锻炼做出正确的设计和效果评定，重视培养形成自我锻炼的思想、习惯及能力，其理想在于建立一个体育社会。因此，终身体育思想具有明显的全民性、终身性、社会性特征。

我国在1995年6月颁布的《全民健身计划纲要》中就要求学校要对学生进行终身体育教育，培养他们主动、积极、正确地进行体育锻炼的意志、技能和习惯。虽然终身体育思想是偏重从社会对人才的需求角度提出来的，或多或少地会带有工具论的含义，但在它追求人的终身健康以便能更好、更长久地为社会发展做贡献的远期效益的同时，也强调了对作为社会和体育主体的人进行体育意识、体育知识和技能培养近期效益，它有力地推动了学校体育向着人文化与社会化并重的方向发展。此外，终身体育思想自身带有的强烈时代性以及它与现代社会发展对人的要求之间的高度一致性，使其在学校体育教育中受到普遍的关注和重视，并且日益得到加强和完善。

四、快乐体育思想的概述

我国的快乐体育思想是在20世纪80年代产生的，是受愉快教育和日本的快乐体育思想的影响，它以感性的教育理论，以终身体育思想为最终目标，并认为情感是智力转化，是师生关系的桥梁。快乐体育思想主张体育教育要从学生的心理和情感入手，着重培养学生的非智力因素，充分激活学生积极主动地进行自我教育和身体锻炼的各种内部因素，以便能使他们充分体验到体育运动蕴藏的价值和意义。该思想强调在教学中应将快乐的课堂气氛和个人情绪贯穿于各种身体活动之中，这样就有助于学生认识体育运动的本质，充分品尝到体育运动的乐趣，以培养他们的体育运动行为，促进学生身心和独立、自由个性的发展，并形成积极、乐观向上的生活态度，其内涵包括以下内容：一是使学生通过对运动技术学习和掌握而获得一种成功的快乐感受，这是一种重要的学习心理体验。二是在学习过程中始终注重创设愉悦的课堂教学氛围，让学生在快乐轻松的教学环境下体会到参与体育运动的快乐，即寓教于乐。

由于快乐体育思想在具体的教学过程中是以小集团为主的学习形式开展的，学生可以根据所在集团中大部分同学的兴趣、爱好、特点来决定学习的内容、进度，极大地体现了体育教学的因材施教原则。因此，它能有效地激起学生积极主动地学习体育知识和技能的激情，学生的主体地位也得到了尊重与发挥，这不仅提高了学生自主学习的能力，增强了学生的创新能力，有利于学生终身体育意识和能力的培养。

由上文可以看出，快乐体育的出发点是研究学生的情感需要、快乐需要、体育需要，所面向的是终身体育。这种教育思想先从学生的情感入手，然后从学生内心深处激发对学习的动力，再从身体锻炼中感受乐趣和团结的精神感受，这样将育体和育心相结合的教育方式，使学生重视体育以及人际关系的建立。在教学中尊重学生的个性特征，强调学生的主体地位，认为体育教学是知、情、行的统一，改变了以往体育教学中单纯注重技能传授的观念，用启发式的教学方法给学生留出了宽阔的自由发挥空间。在教学过程中，教师的教不再是强行灌输，学生的学也不再是机械的被动接受，生动活泼的课堂气氛为学生的健康、自由发展提供了条件，但并不因此而盲目地推崇单纯性轻松、愉快的教学氛围，还必须结合严密的课堂纪律。

由于快乐体育思想是一种体育心理教育思想，是以情感体验为主，其教学效果难以用客观数据表示和评价，这就意味着在教学过程中将会较难准确把握它的实施尺度。因此，在实际的教学活动中就容易出现一些不良现象。

首先，快乐体育思想强调和极力主张的是学生按照个人的兴趣自主、积极、主动地进行学习和探索，并依据个人的特点确立学习的目标、方法、内容、评价方式等，这就在一定程度上制约和影响了学生系统完整的学习和掌握体育知识技能。

其次，由于对“快乐”含义认识的不足和偏差，导致了在教学过程中会过多地注重课堂气氛的表面快乐，容易出现学生怎样高兴就怎么上体育课、学生想玩什么就上什么的状况，教学目的似乎就是老师要营造出让学生笑出最大声的课堂气氛，而那种经过克服自身或外界困难才获得成功的深层快乐体验荡然无存。

再次，因为一些教师对学生个体和主体地位的片面和极端认识，严重损害了学生的健康，也滞缓了学校体育的发展。

最后，快乐体育思想主张以小组的形式进行教学和学习，而且还要尊重学生对教学内容的选择，因此它对班级人数、场地器械的数量和规格及教师具备的知识和能力等有较高的要求。但在我国目前的中小学甚至大学中，教学班级普遍规模大、人数多，而且地方政府、学校对体育场地的建设和器械补给支持不够，很难满足每个学生不同的学习和运动需求，在很大程度上限制了快乐体育的发展。

总的来说，快乐体育思想在注重运动技能传授的基础上，进一步强调了个体运动体验、情感感受等心理因素的发展，但由于其自身的局限性而容易对体育价值的取向过于偏向本体论，以致一些不良教学现象出现。

五、体质教育思想概述

体质教育思想是各学派有关学校体育本质属性争论的热点之一，也在我国学校体育思想发展史上一直占有重要的地位。在新中国成立初期针对全国形成的全民族体质普遍较差、不能满足国家建设的需要而提出了增强学生体质教育思想，这一思想正好适用于急需发展生产和加强国防力量的特定历史时期，但没多久就被“苏联潮流”带来的运动技术教育思想取代。到了20世纪70年代末扬州会议的召开，增强学生体质教育思想才又被用于针对我国学校体育过于注重竞技功能、忽视广大青少年体质以至学生体质普遍下降的状况而提出，从此也就建立起了坚实的发展根基。

体质教育思想道德唯一目标是增强学生体质，这一思想并和日本的运动处方相结合，进行学生的身体锻炼，这就使得学校的体育教学目标明确，比较专一的进行教学安排和评价。由于它与我国当时的国情相适应，因此在很长一段时间里占据了学校体育思想的主导地位，使学校体育在一定程度上确实实现了增强学生体质的愿望和目的。同时，体质教育思想的提出也标志着我国学校体育开始进入独立发展的时期。尽管如此，体质教育思想理论及其实践也存在着严重的不足。

首先，人们进行的强身锻炼无论是为了提高社会生产力还是军队的战斗力，都是由于人们对“增强体质”的认识受到政治、军事等因素的干扰而被扭曲，从而使其表现出强烈的功利性目的。在近代增强人民体质主要服务于为了强种强国、救亡图存的军事上，到现代则主要反映在为国家政治、经济等方面的发展服务。

其次，由于对增强体质直接效益的崇尚和迫切追求，忽视了对学校体育其他功能的探求，对学校体育目标的认识也过于表浅和单一，使学生身心不能得到协调发展。

再次，它直接导致了教学方法手段的机械性，教学内容的枯燥乏味。在教学过程中较多地强调增加运动负荷对增强体质的促进作用，忽视了同时也可能出现的消极影响。

最后，由于这种教育思想主要是以学生身体形态和运动能力为评价依据的，评价的方法、要求和标准相对统一、单调，在一定程度上忽视了对学生个体实际情况的研究。

所以，体质教育思想受在当时有限的教学实施条件和诸多不利因素的影响下，自身理论体系中出现了较多的不完善，使得当时的学校体育着重关注学生单纯体质的改变，不能有效促进学生的全面发展。

六、运动技术教育思想概述

新中国成立初期，国情处于非常复杂的状态，严峻的国内外形式，在国际地位上受帝国主义的排斥，国内各个行业百废待兴，急需先进的技术来引导我国。就在当时，世界上发展实力较强的苏联社会主义国家具有建设经验、方法就成了我国所要参照的模式和标准。“以俄为师”“苏联的今天就是我们的明天”等向苏联学习的“一边倒”口号在社会各行各业中较为流行。学校教育在制度、管理、组织、教学内容等方面也出现了对苏联教育理论系统的全盘移植，这一时期，苏联主智主义教育思想对我国各学科教学产生了深刻而长期的影响。主智主义教育思想主张学习真知，提升思维水平，增强甄别能力，提高和发展重复性思考能力，并推动人们去积极发挥个体认知能力在教学过程中的作用。其代表人物是赫尔巴特，他认为在教学过程中，用自己已有的观点和吸收新的观点相结合的方式，就能积累越来越多的新知识，各个学科教育思想就因为以传授知识为本，中心地位是教师、教学组织形式和教材以及教学过程。

在这种教育思想以及当时我国所处的国内外环境的影响下，当时我国体育教育逐渐形成了以竞技运动技术传授为主的运动技术教育思想，该思想主要的理论依据是：第一，体育教育的特点应是通过系统知识、技能的传授与掌握，促进学生身心发展，而作为学校教学组成部分的体育教学自然也就必须具有这样的特点。第二，学校体育是竞技体育的基础，它的开展要为国家选拔和培养高水平运动员和竞技运动的后备人才，从而能为国争光，为建设体育强国服务。运动技术教育思想认为竞技体育的内容是不可抹杀的一种文化。学校体育不仅要学习这些运动技术，关键还应将它们代代相传，因而在教学过程中尤其重视对基本运动知识、技术和技能的传授，并强调运动目的论和运动手段论的统一，突出的是教师、教材、课堂的中心地位，旨在通过大量高水平运动人才的培养使我国能在世界体育竞技场上扬眉吐气，向各国展示出自己的实力，改变帝国主义国家在过去的战争年代以及新中国成立初期对我国的错误认识，以提高国家和民族的国际地位和声誉，并借此突破国际社会对我国的封锁，开启我国与世界各国交流和沟通的新局面。

运动技术教育思想在那个特定的时代、特殊的社会环境里，对我国各项体育事业及国家的发展的确起到了独特而积极的促进作用，这个不可否定，但由于在教学过程中要求统一的学习和评价方式，以教师为中心的地位，阻碍了学生自觉学习、创新和主动学习的特点，并且这种教育思想将学生体质的增强认为是在掌握基本知识、技术和技能过程中自然会出现的结果，在一定程度上影响了当时社会对体育、体育教育的正确认识和态度。虽然在评价方法和手段上容易把握，但同时也忽视了学生的个体实际情况，不能较好地做到区别对待。由于这种教育思想受到社会政治因素的影响较深，由于强烈要求在短期内让学生的体育水平有所提高，结果导致了学生竞技水平恶性发展，也导致了广大青少年学生体质的下降，学校体育也因此而陷入了发展困境。

七、健康教育思想概述

在毛泽东《体育之研究》中就曾提出学校体育应该是学生发展的保证。新中国成立后，由于之前国家长期处于战争状况，社会各项事业发展较慢，学生营养不足，体质和健康状况比较差，不能较好地适应新中国建设的需要。在这样的境况下，1950 年 6 月毛泽东写信给当时的教育部长马叙伦，指出学校教育应将学生健康放在第一位，学习必须以健康的身体为基础。之后，他又于 1951 年 1 月再次写信给马叙伦强调学校教育应坚持“健康第一、学习第二”的方针。在 1951 年 8 月公布的《关于改善各级学校学生健康状况的决定》中指出：“增进学生健康，乃是保证学生完成学习任务，并培养出有强健体魄的现代青年的重大任务之一。”并提出了具体的实施要求。但之后的万次运动使刚刚发展起来的健康教育受到较严重的阻碍，直到 1990 年 3 月《学校体育工作条例》的颁布实施才将“增进学生身心健康，增强学生体质”作为学校体育工作的基本任务写入条例的总则中。之后，1993年发布的《中国教育改革与发展纲要》提出了素质教育，使体育健康教育思想的内涵从单纯的身体健康向身体、心理、道德和社会适应能力全面发展的多维健康观转变。1999年6月13日颁布的《中共中央国务院关于深化教育改革全面推进素质教育的决定》中明确指出：“学校教育要树立健康第一的指导思想，切实加强学校体育工作”，学校体育也因此详细、明确地确立了“健康第一”的总体思想发展方向，并深刻阐明了学校体育在素质教育中的重要地位和作用，为我国学校体育改革和发展指明了方向。所以说健康教育思想的产生并不是突然的，而是有一个演进过程。

健康教育思想的提出及其内涵、实质的改变和发展，不仅与“健康”含义的完善有关，而且与社会环境的变化也有密切的联系。解放初期所提出的健康教育主要针对的是学生柔弱的体质状况，片面地认为健康的身体只是为整个民族、社会所有的，而并不属于个人。“健康”指的也仅是单纯的机体没有疾病和不柔弱，是为了发展社会主义生产力和加强国防力量服务的。而20世纪90年代后提倡的健康教育思想则是以对健康科学、全面地认识和理解为理论基础的。此外，由于社会竞争日趋激烈，知识在社会发展中的地位也日益突出，这无疑就导致了学生脑力活动与体力运动之间被迫出现了巨大的不平衡，并给广大青少年背上了沉重的心理“负担”，身体得不到完全健康和全面发展。另外，都市化产生的各种现代文明病逐渐向学生群体侵袭，这就使学生已经下降的健康状况雪上加霜，此时的健康教育目的也不再仅仅只为国家、社会的利益服务，而较多地注入了对受教育者个体的关心和个性的尊重，强调突出学生的个体本位价值取向，体育教学的内容也由过去单一的身体锻炼转变为向学生传授基本的运动知识、技术和技能、卫生保健知识等，并在教学过程中不断培养学生良好的意志品质及进行终身体育的意识和能力。

新时期“健康第一”教育思想的提出，对学生身心全面发展起到了积极作用，对社会来讲都是提升人们的生活质量、文明的生活方式为基础的，不仅提高了现代化学校的素质，而且还促进人与社会协调发展。“健康第一”教育思想较好地处理了人文性与体育教育工具性的关系，使体育教育思想向着社会本位与个体本位相结合的道路科学、合理、全面地发展，这也是体育教育在未来社会可持续发展的基本保证和前提。

第四节　体育教育思想的演进与未来发展

我国早期体育教育思想虽然从不同的层面有一定的育人目标和功效，但它们由于受到特定的历史背景所限制，因而没能将育人的二要素——“育体”和“育心”较好地结合起来，也就不可避免地出现了不同程度的偏颇，导致了我国体育教育的扭曲发展。军国民体育思想、体质教育思想、运动技术教育思想等学校体育思想都着重于对机体锻炼效果的追求，强调的是“育体”；自然主义体育思想、快乐体育思想等则偏重于个体的心理体验，突出的是“育心”功效。这些教育思想由于出发点不同，又有各自不同的理论依据，在实践的过程中容易导致片面性，在满足个体需求和社会需要的过程中也会导致极端的现象，影响了人才质量的培养和人们对体育正确的认识、科学的学习，也阻碍了体育教育实质功能的发展。

正确、合理、科学的体育教育思想，既要能反映出体育教育的为社会发展服务的功能，也不会忽视体育教育对社会主体人的关心。只有这二者和谐、平等地融合在一起，才能给体育教育旺盛的生命力和可持续发展的能力和空间，才能创建出具有中国特色的现代体育教育思想。

一、知识经济时代基本属性

在21世纪之初，虽然我国工业经济发展经历了相当长的时期，但是随着知识信息时代的到来，我国也在逐渐扩大，并逐渐强大起来。21世纪我国的现代化建设除了要依靠市场经济以外，还要随着世界的潮流，向知识经济发展，并成为增长我国经济的主要方式，对知识和能力的重视将成为突出的时代特点，知识的经济功能将会得到最大限度地挖掘。

知识经济的产生是科学技术发展成果，“知识经济”概念的正式提出源于1990年的联合国研究机构，到1996年经合组织（OECD）又对这一概念加以明确的界定，将其定义为以知识为基础的经济，是建立在知识和信息的生产、存储、使用和消费之上的经济形态。它以高技术产业为支柱，以智力为主要资源，知识是社会发展的基础，而且还是所有财富的核心。但知识的产生、发展、传播、运用、创新等都是以人为载体的，这也就意味着这种新型经济形态必须以创新能力强、知识广的人为主要依托，以人类知识和科学技术知识相结合的特征，并以人力资源和人力资本作为经济增长和发展的根本因素，这就显出了知识经济时代是以人为本的能力社会，以人的知识、人的智力、人的创新能力代替了资本、土地和劳动力，并成为主要生产要素。它与传统的农业经济时代、工业经济时代具有明显的不同特征，具体如表2–2所示。

表2–2 农业经济时代、工业经济时代、知识经济时代的差异

特质	农业经济时代	工业经济时代	知识经济时代
主要财富	谷物、家禽	原料	知识
创造财富	条件季节、天气	资本、劳力	网络、智能
知识基础	传授经验、历法	训练、手册	各种信息资料
特质	农业经济时代	工业经济时代	知识经济时代
地点	田野	城镇	任何地方
生活形态	自给自足	时制工效	信息高速公路
流动性	较小	需要部分移动	固定或移动
社会单位	大家族	家庭	个人 / 家庭
社会交流	最有效率的人	资本家、政客	高知识智能人
成功特质	力气	流通	高科技应用

通过以上的论述，就可以大致得出知识经济具有以下的特征：

第一，知识经济时代的一切都以知识为基础，所有的经济行为都依赖于知识的存在，

知识成为最基本的生产要素，具有无限性、快捷性、敏感性、辐射性和替代性等特点。

第二，知识通过信息表现于世，并伴随着信息和通信产业的蓬勃发展，以及网络化进程的加快而得到快速的传播与更新。

第三，在知识经济时代，经济效益的提高主要依赖知识的创新、技术的革新。创新是知识经济的核心，创新的速度、价值取向决定着知识经济最终的成败。人及其知识、智能和能力成为全社会运作的主体和核心力量，是社会的第一资本、第一资源和首要目的。归根到底，知识经济就是一种人本主义经济。

第四，学习化社会的形成也是知识经济的重要特征和必然要求，也是知识经济成败的关键因素之一。

二、知识经济时代对人才的基本需求

1.需要渊博的知识

在词典中“知识”解释为：①人们经过阶级斗争、生产斗争和科学实验的实践活动获得的对客观事物的认识。②指有关学术文化。而国外，亚太经济合作发展组织在20世纪60年代发表的《以知识为基础的经济》报告中，将“知识”解释为“4W”，即知道是什么（Know-What）、知道为什么（Know-Why）、知道怎么去做（Know-How）、知道是谁（Know-Who）。基于此认识，我国学者吴季松根据国情将“知识”的内容在“4W”的基础上添加了“2W”和“1Q”，即知道什么时间（Know-When）、知道什么地点（Know-Where）和知道是多少（Know-Quantity）。总的来说，知识经济时代所需主要是指先进科学技术知识。只要掌握了先进且丰富的科学技术知识，才能给创造力的发挥奠定基础，才能进行创新活动。另外，和中华民族几千年的传统文化知识相结合，也是知识经济时代所需要的。传统文化知识是与自然的相互作用和斗争中形成、经过多个时代的筛选而积累和沉淀下来的，也是现代科学技术知识发展的根基，它们对中华民族的历史发展进程有积极的推动作用。

2.创新能力

心理学认为的“能力”是“人的综合素质在现实行动中的表现，正确驾驭某种活动的实际本领、能量和熟练水平，是实现人的价值的一种有效方式，也是左右社会发展和人生命运的一种积极力量。它包括了体力、智力、道德力、审美能力、实践操作能力等一般能力，从事某种专业的特殊专业才能为社会奉献的创造能力”。❶ 而创新能力则是指能够使人们产生新的愿望、想法、思想，并在实现这种新愿望、验证这种新思想的实际行动过程中所表现出来的能力，它是一个国家、组织、个人拓展生存空间、谋求更好的发展和进步的根本力量和能力。知识经济时代是以知识作为最根本的生产要素和资源，而知识的来源正是创新活动的开展，知识资源的开发程度本质上就取决于创新能力的强弱。因此，创新成为知识经济时代人们竞相追逐的重要目标。所以，创新能力是知识经济时代社会成员必需的重要能力和条件之一，它关系到知识经济社会的发展进程及人们生活质量的高低。

3.意志力的坚定

普通心理学认为，“人的意志的坚定性，主要表现为长时间坚信自己决定的合理性，

---

❶ 韩庆祥.构建能力社会——21世纪中国人的发展图景[M].广东：广东教育出版社. 2003，135.

并坚持不懈地为实行决定而努力。”❶这也是知识经济时代人所必需的基本品质和条件之一。

在实践活动中，无论是烦琐的实践还是简单的实践，都隐含着失败的因素，这也是客观必然的。创新活动，它本身就是一种困难极大，风险较高，失败随时都可以发生，一个创新理论的产生是经过几次、十几次、几十次、上千次甚至要经过几代人的努力才能产生，所以要具备不屈不挠的意志和坚持不懈的精神，才是将创新活动进行到底直至成功的品质保证。

4.要具备终身学习意识和能力

在知识经济社会个人所具备的知识水平尤其受到重视，因此所应掌握的知识量必然会“爆炸式”的增长，新旧知识的更替周期也会大幅度地缩短。有关研究表明，在人的一生中大学阶段只能获得人一生知识需用量的10%左右，而其余的知识都是要通过在工作过程中的不断学习获得。这说明了只有将原有的学习时间和空间进行延长和扩展，才能在社会实践中及时地给予人们必要知识、技能的补充。

终身学习概念的提出，实质上是综合了终身教育和学习化社会两大概念的精髓，其基本内涵包括：①终身学习意识的形成，是要具备浓郁的学习化社会氛围中，所以社会要为人们进行终身学习创造条件和机会。②开展终身学习对狭小的学习范围的突破是有必要的，要扩展到家庭、社区等社会组织中。③它是伴随人一生的终身性学习方式，并不以学校教育的结束为终结。在实际活动中，这种终身学习的行为并非是对原有知识的反复学习，而是在原有已掌握的知识上接受新的知识，新的事物，逐渐发现和挖掘自己的创新能力，通过日积月累对自己知识构架的沉淀。终身学习具有的这些特点，在较大程度上与知识经济社会的发展要求相适应。从整体上看，创新知识是经过不断的学习，积累知识而产生的，知识经济时代才能体现出经济增长和资源独特以及先进性，社会才能发展。相反而言，如果一个人在离开学校后就不进行继续性的再学习、再改造，很容易成为时代的遗弃物。因此，具有终身学习意识的人才也是知识经济社会必不可少的建设力量。

5.拥有健康的体魄

1989年，世界卫生组织对“健康”的概念做出了最新的阐述，即一个人只有在躯体健康、心理健康、社会适应性良好和道德健康四个方面都健全，才是完全健康的人。在现代社会，随着生产工具的不断进化，人们逐步从大量烦琐的体力劳动中解脱出来，取而代之的是一些自动控制机器，需要人们直接从事的肢体活动越来越少，社会生产将会逐渐倾向于脑力劳动，肢体运动与大脑活动处于极端不平衡状态。另外，现代社会优胜劣汰的选择性迫使人们还要承受来自于社会、家庭、工作、他人等方面的巨大精神压力，这就使得人们长期处于忙碌的工作和生活环境中而得不到及时的调节，致使心理上出现一些病态，亚健康现象日趋严重。

没有健康的身体，就没有进行各种生产、实践活动的基本条件和机会，不仅影响了个人的发展，不能使个人的能力得到较好的展示，还滞缓了社会前进的速度。

❶ 湖北省教育科学研究所.迎接知识经济的教育创新[M].武汉：华中理工大学出版社. 1998，17.

三、体育教育思想发展方向

(一) 提倡以人为本，注重人文关怀的体现

在全球范围内，21世纪知识经济时代的教育在宏观上将向着终身教育的方向发展，它所倡导的是“以知识为前提，以素质为基础，以能力为根本，以人为目的”的教育思想，其基本走向是不断提升人的主体地位和主人翁意识。紧跟这种世界教育趋势，我国政府在1994年发布了《21世纪议程》白皮书指出“可持续发展以人为本位”，这就意味着我国的各项事业将从“物化”进入“以人为中心”的新时期，也提示未来社会中的体育教育要想得到健康、持续的发展，必须抓住世界教育改革的潮流，加强对学生的个体实际情况的重视，切实关注学生的长期发展需求。此后，在1999年6月颁布的《中共中央国务院关于深化教育改革全面推进素质教育的决定》(以下简称《决定》) 中就明确指出:“学校教育要树立健康第一的指导思想，切实加强体育工作，使学生掌握基本的运动技能，养成坚持锻炼身体的良好习惯。”虽然在《决定》中“健康第一”的教育思想是对学校教育的整体而言的，但作为学校教育重要组成部分的学校体育自然也必须首先坚持以“健康第一”的教育思想为发展主线，对我国学校体育的改革和发展具有纲领性意义。《决定》扬弃了单纯生物观念的体育教育思想，将“健康”的真义有效地融入体育教育之中，不仅符合人的全面发展和现代社会的需求，也能满足未来体育教育及终身体育发展的要求。同时《决定》也表现出了对受教育者充分的人文关怀，使人文精神在体育教育中得到凸显，真正体现出学校体育“以人为本”的主旨，发扬了体育教育的人文传统。

上述表明，未来体育教育对受教育者主体地位的尊重和个体需求的关注将会有明显的增加和提升，人文主义教育思想在学校体育教育中的应用已是一个不可改变的、必然的发展势态。

(二) 对运动文化的传授，是为学生健康发展奠定了基础

作为教育的重要组成部分，体育教育是对学生的知识全面发展，系统的传授知识，以及培养学生学会独立、学会生活、学会生存有责任的，所以，体育教育在今后的发展过程中仍然坚持强调掌握知识为主、科学的教育观和学科系统知识的传授，这样既是体育教学持续的、健康的发展所必要的条件和保证，也是科学主义教育思想的体现。该教育观念能系统、完整地将各种科学知识传授给学生，正好符合了知识经济时代推崇知识的掌握和积累的特征和需求，为学生走出校门后能有效地从事终身体育奠定了坚实的理论和技能基础。

大量研究表明，机体的多种身体素质和运动能力发展的敏感期在总体年龄范围上是在6～18岁之间，而这个时段恰好也是基础教育阶段，如表2-3所示。因此，在学校体育教育过程中适时地传授给学生各种提高和挖掘机体素质和运动能力的基本理论和方法手段，这样就能最合理、最充分地利用学生提高身体素质和运动能力的最佳时机和条件，从而使学生在校期间能展现出自己的各种运动潜能。

表 2-3 发展体育素质的敏感期[❶]

身体素质	发展的最佳年龄 / 岁
平衡能力	6 ~ 8
模仿能力	9 ~ 12
反应能力	9 ~ 12
协调性	10 ~ 12
灵活性	10 ~ 12
柔韧性	10 ~ 12
节奏	10 ~ 12
速度	14 ~ 16
力量	13 ~ 17
耐力	16 ~ 18

(三)人文主义教育思想与科学主义教育思想相互联系

1.符合社会发展和知识经济时代

在体育教育思想的演变过程中，由于受到我国特殊的社会背景、经济状况、文化特征等因素的影响，体育教育经常被强化其社会本位的工具价值倾向，而弱视其个体本位的价值取向，使体育教育长期处于缺乏人文关怀的尴尬境况。我国未来将会以知识、能力为发展基础，以人为本，以人的发展为前提的全面知识经济时代，终身教育是符合知识经济时代发展的趋势和要求，反映在体育教育过程中就是对基本运动知识、技术、技能和卫生保健知识的掌握，以及有效地进行终身锻炼的意识、能力、习惯的培养，而这一切的实现都必须借助科学主义教育思想在体育教育中的实施。

2.是教育发展的迫切需要

对于人文主义教育思想和科学主义教育思想两者在体育教育中的地位，二者没有主次之分，二者对体育教育的发展都起着举足轻重的作用，所以应该辩证地去认识和理解二者的作用和价值。如果一味地强调和重视人文主义教育思想，体育教育必将走入自由、涣散的发展极端。这与人文主义教育思想的本质，以及未来人文主义社会的实质和发展不相吻合。反之，如果只注重竞技运动理论知识、技术、技能的传授和对学生的强行灌输，不关心学生的个人发展需求，只以教师、教材为中心，进行施教，“学生喜欢体育，但不喜欢上体育课”的现象将越来越严重，体育教育的发展必将会被引入“死胡同”。如果想避免这种现象的发生，体育教育和人文教育相结合，传授二者教育的积极性，使学生产生积极的作用。因为科学主义教育思想具有的对科学知识的崇尚特性，将在一定的程度上限制人文主义教育思想对个体本位的无限扩大，从而遏制了人文主义在体育教育过程中的极端发展，并使人文精神在学校体育教育过程中得到合理、正确的发扬和充实，也有效地弥补了由于

❶ 王志敏，杨旭东，蔡宝忠 . 解读“健康”与“健康第一”思想 [1]. 北京体育大学学报 .2005.7.

加大对学生个体的关注而出现的对运动基本知识、技术和技能及卫生健康等知识掌握的不足和不全面。相反，大力提倡人文主义教育思想，可以对学科主义教育思想的“物化”现象有所克制，改变学生以往的地位，改变学生的学习环境，可以淡化科学主义教育思想的负面影响，引向人性化的发展道路上。

华南师范大学体育学院陈琦教授关于“最需要通过体育培养学生的能力”问题的研究中，通过对1711名大中小学生和368名教师进行的调查，其结果就已经明显表现出了人文主义教育思想与科学主义教育思想在体育教育过程中的重要性，以及人们对它们的迫切需求（见表2–4）。具体体现为以下几点：①社会需求与主体需求相结合；②运动知识、技术的掌握与学生能进行终身体育能力的形成相结合；③利于学生身心全面发展；④增强学生体质与学生终身体育意识的培养相结合等。

表2–4 师生关于“体育能力培养”的比较分析[1]

选项	学生		教师	
	比率	排序	比率	排序
A.坚持体育锻炼的意识、习惯和能力	52. 19	1	79. 62	1
B.体育兴趣	46. 93	3	65.49	2
C.体育健身方法	46.70	4	57. 61	3
D.自我评价体质、健康的能力	25. 48	7	38. 04	6
E.规范的运动技术动作	36.41	6	11. 14	7
F.团队合作精神	41. 03	5	45. 66	5
G.坚强的意志品质	49. 39	2	54. 35	4

整体而言，人文主义教育思想与科学主义教育思想在本质上是截然不同的，但是任何一方都不能代替，因此，在未来社会中体育教育要正常、积极、充分地发挥出自身对社会和人类进步与发展的功效，并实现其终极目标，就必须兼顾人文主义教育和科学主义教育，并将二者进行整合和优化，利用各自的优势相互弥补，并在不断的冲突中相互融合，这才是体育教育思想在新时期与社会、人类和谐发展的有效途径，将有利于尽善尽美地发挥体育教育的功能和价值，指引体育教育朝着全面、和谐、可持续的方向健康发展，与社会同轨，与人类需求同步，切实体现出体育教育人文价值与社会价值的协调发展。

[1] 陈琦.学校体育的根本目的 [J].体育学刊. 2003. 6.

第三章 体育教育教学研究

第一节　体育教育教学研究的任务

体育教育教学研究工作的根本任务，是发现和研究体育教育教学有关的理论与方法问题，探索解决体育教育教学问题的途径和方法，揭示体育教育教学中各种现象和关系的本质与规律，为提高体育教育教学质量服务。

具体地说，体育教育教学研究工作的任务通常包括以下几个方面：

一、发现未知的事物与未知的过程

人类对客观世界的认识是逐步深入的，并且深入的程度是永无止境的。尽管现在教育教学研究技术已经相当发达，但是，在体育教育教学中，始终存在着大量的未知现象与未知过程需要探索。

二、揭示未知的规律

体育教育教学研究的重要任务之一就是透过事物的表面现象揭示事物的内在发展规律，只有了解了事物发展的内在规律，才有能利用它、干预它甚至是改造它。在许多体育教育教学过程中，已掌握了大量的事物现象，但不知道事物的本质以及发生的原因，所以有必要进一步的研究。例如，体育锻炼有助于促进人体生长发育，培养健美体态，提高机体工作能力，消除疲劳，调节情感，防治疾病，益寿延年乃至提高和改善整个民族体质，都有重要作用。其特点是群众面广，各种年龄、性别、不同职业和健康状况的人，都可根据个人情况进行适宜的锻炼。但是对于它的作用，有许多问题还是没有彻底地搞清楚。例如，它是通过提高免疫力发挥作用还是通过改善机能系统或者改善其他系统功能来发挥作用，这些问题都需要进一步的研究和探讨。

三、探索已知规律发挥的应用

发现未知的事物和揭示未知的规律只是对大自然一种表面的认识，而通过利用自然规律，能动地适应和改造自然则是人类一项重要的使命，亦即科学研究的一项重要任务。所以，根据体育教育教学研究，探索其本质规律，用来提高学生的运动能力、增强学生的体质、增进学生的身心健康，成了其根本的任务之一。例如，为了增强人民的体质，就要研究各种体育运动的动作，增进人体健康和增强肌质，得出方法和科学的理论依据；在通过研究提高运动项目运动员竞技能力的途径和方法，为充分认识和控制运动训练和运动竞赛过程，提高运动训练和运动成绩水平服务；通过研究体育锻炼对少年儿童生长发育的影响规律，探索儿童、少年体育锻炼的有效手段和方法，为提高儿童、少年的健康水平服务。

四、用已有的理论和学说对体育教育研究进行验证和发展

实践是检验真理的唯一标准，科研实践是检验教育教学研究理论、学说和假说的唯一标准。已有的教育教学研究理论是前人根据客观事实所做的归纳或推论。这些理论在一定历史阶段发挥过作用，然而由于历史与教育教学研究技术条件的限制，不可能不带有一定的局限性。因此，任何真正的教育教学研究理论与学说，都需要不断修正、补充与发展。

第二节　体育教育教学研究的基本方法

一、体育教学研究的调查法

调查法是科学研究最基本的使用方法之一。它是有目的、有计划、有系统地搜集有关研究对象的现实状况或历史状况材料的方法。调查法综合运用历史法、观察法等方法，以及问卷、谈话、个案研究、测验等科学方式，对教育现象进行有计划的、周密的和系统的了解，并对调查搜集到的大量资料进行分析、综合、比较、归纳，从而为人们提供规律性的知识。

调查法中最常用的是问卷调查法，它是以书面提出问题的方式搜集资料的一种研究方法，即调查者就调查项目编制成表格，分发或邮寄给有关人员，明示填写答案，然后回收整理、统计和研究。

二、体育教学研究的观察法

观察法是指研究者根据一定的研究目的、研究提纲或观察表，用自己的感官和辅助工具（如照相、摄像等）去直接观察被研究对象，从而获得资料的一种方法。科学的观察要具备四个特性，分别是目的性和计划性、系统性和可重复性。在科学实验和调查研究中，观察法的作用可概括为以下几个方面：扩大人们的感性认识，启发人们的思维，得到新的发现。

三、体育教学研究的实验法

实验法是通过控制条件、研究对象来发现与确认事物间的因果联系的一种科研方法。其主要特点是：

（一）主动改变条件

观察与调查都是在不干预研究对象的前提下去认识研究对象，发现其中的问题。而实验却要求主动改变实验条件，人为地改变对象的存在方式、变化过程，使它服从于科学认识的需要。

(二) 控制性

科学实验要求根据研究的需要，借助各种方法技术，减少或消除各种可能影响科学的无关因素的干扰，在简化、纯化的状态下认识研究对象。

(三) 因果性

实验是发现、确认事物之间的因果关系的有效工具和必要途径。

四、体育教学研究的文献研究法

文献研究法是根据一定的研究目的或课题，通过调查文献来获得资料，从而全面地、正确地了解掌握所要研究问题的一种方法。文献研究法被广泛地应用于各学科的研究中。其作用有：

(1) 能了解有关问题的历史和现状，帮助确定研究课题。

(2) 能形成关于研究对象的一般印象，有助于观察和访问。

(3) 能对现有的资料进行比较。

(4) 有助于了解事物的全貌。

五、体育教学研究的实证研究法

实证研究法是科学实践研究的一种特殊形式。它用科学的理论和实践为依据提出科学的设计，再利用先进的科学设备和仪器，在自然条件下，有目的、有步骤地操纵，通过观察、记录、测定和此时的现象变化，来确定条件和现象之间的因果关系。其目的主要说明各种自变量与某一个变量之间的关系。

六、体育教学研究的定量分析法

在科学研究中，通过“量”的分析法，可以使人们对研究对象的认识进一步精确化，以便更加科学地揭示规律，把握本质，理清关系，预测事物的发展趋势。

七、体育教学研究的定性分析法

定性分析法就是对研究对象进行“质”的方面的分析。具体地说，是运用归纳和演绎、分析与综合，以及抽象与概括等方法，对获得的各种材料进行思维加工，从而能去粗取精、去伪存真、由此及彼、由表及里，认识事物本质，揭示内在规律。

八、体育教学研究的跨学科研究法

运用多学科的理论、方法和成果，从整体上对某一课题进行综合研究的方法，也称“交叉研究法”。科学发展运动的规律表明，科学在高度分化的同时又高度综合，形成了一个统一的整体。据有关专家统计，现在世界上有两千多种学科，而学科分化的趋势还在加剧。但同时各学科间的联系却愈来愈紧密，在语言、方法和某些概念方面，有日益统一化的趋势。

九、体育教学研究的个案研究法

个案研究法是对研究对象中的某一特定对象加以调查分析，弄清其特点及其形成过程的一种研究方法。个案研究有三种基本类型：

(1) 个人调查，即对组织中的某一个人进行调查研究。

(2) 团体调查，即对某个组织或团体进行调查研究。

(3) 问题调查，即对某个现象或问题进行调查研究。

十、体育教学研究的功能分析法

功能分析法是社会科学用来分析社会现象的一种方法，是社会调查常用的分析方法之一。它通过说明社会现象怎样满足一个社会系统的需要（即具有怎样的功能）来解释社会现象。

十一、体育教学研究的数量研究法

数量研究法也称“统计分析法”和“定量分析法”，指通过对研究对象的规模、速度、范围、程度等数量关系的分析研究，认识和揭示事物间的相互关系、变化规律和发展趋势，借以达到对事物的正确解释和预测的一种研究方法。

十二、体育教学研究的模拟法

模拟法是先依照原型的主要特征，创设一个相似的模型，然后通过模型来间接研究原型的一种形容方法。根据模型和原型之间的相似关系，模拟法可分为物理模拟和数学模拟两种。

十三、体育教学研究的探索研究法

探索性研究法是高层次的科学研究活动。它是用已知的信息，探索、创造新知识，产生出新颖而独特的成果或产品。

十四、体育教学研究的信息研究方法

信息研究方法是利用信息来研究系统功能的一种科学研究方法。美国数学、通讯工程师、生理学家维纳认为，在客观的世界中存在一种联系，叫作信息联系。此时，正处在“信息革命”的新时代，有大量的信息资源可以开发利用。信息方法就是根据信息论、系统论、控制论的原理，通过对信息的收集、传递、加工和整理获得知识，并应用于实践以实现新的目标。信息方法是一种新的科研方法，它以信息来研究系统功能，揭示事物的更深一层次的规律，帮助人们提高和掌握运用规律的能力。

十五、体育教学研究的经验法

经验总结法是通过对实践活动中的具体情况进行归纳与分析，使之系统化、理论化，并上升为经验的一种方法。总结、推广先进经验，是人类历史上长期运用的较为行之有效的领导方法之一。

十六、体育教学研究的描述研究法

描述性研究法是一种对事物简单的描述研究，它将已掌握事物的现象、规律以及理论通过自己的理解和经验解释出来。它更多的是解释别人的论证和对理论进行一般的叙述，可这种方法在科学研究中是不可以缺少的。它有目的地指出问题所在，揭示事物的弊端，描述事物的现象并介绍经验。它有利于普及工作，如有带揭示性的多种情况的调查，有对实际问题的说明，也有对某些现状的看法等。

十七、体育教学研究的数学方法

数学方法就是排除研究对象的特殊情况，使用数学工具对其进行一系列的研究，从而有正确的判断和说明，得出数字形式的结果。科学研究的对象是质和量是紧密联系的，他们的质和量是统一体，量变一定程度就会引起质变，两者相互制约。要达到真正的科学认识，不仅要研究质的规定性，还必须重视对它们的量进行考察和分析，以便更准确地认识研究对象的本质特性。数学方法主要有统计处理和模糊数学分析方法。

十八、体育教学研究的思维方法

思维方法是人们正确进行思维和准确表达思想的重要工具，在科学研究中，最常用的科学思维方法包括归纳演绎、类比推理、抽象概括、思辨想象、分析综合等。它对于一切科学研究都具有普遍的指导意义。

十九、体育教学研究的系统科学方法

20世纪系统论、控制论、信息论等横向科学的迅猛发展，为发展综合思维方式提供了有利的条件，使科学研究方法不断地完善。以系统论方法、控制论方法和信息论方法为代表的系统科学方法，又为人类的科学认识提供了强有力的主观条件。它既突破了传统方法的局限性，又深刻的改变了科学方法论的体系。这些新方法的具体体现形式有两种即为经验方法和理论方法。经验方法，是获得感性材料的方法来使用；理论方法，作为分析感性材料上升到理性认识的方法来使用，而且作为后者的作用比前者更加明显。它们适用于科学认识的各个阶段，因此，称其为系统科学方法。

在研究过程中，常常是以一种研究方法为主、多种研究方法配合。如实验法中可能涉及跨学科研究法、数学方法、思维方法、描述性研究法等。

第三节　体育教育教学的现状、存在问题及解决策略的研究

当前我国学校体育教学中体育教学改革研究、体育教学内容研究、体育教学方法研究和体育教学评价研究诸方面进行了综述现状，提出了学校体育教学研究存在的问题，对体育教育研究中存在的问题进行了全面、客观的分析，并积极寻求解决策略。这对从事体育基础教育工作者进行体育教育教学研究有较强的参考作用。

一、体育教学现状的概括

自《新课标》实施以来，体育教学根据其要求进行了改革。一些专家对体育教学有不同的见解，如有的专家认为体育教学的改革应该遵循育人的观念进行全面的教学，其理念是健康，教学中心是学生，激发学生的兴趣，目的是培养终身锻炼的习惯。关于改革的方向，有专家认为，要在教学形式、思想、内容、方法等上面注重个性差异性，朝着这方向进行改革。

但也有专家认为，改革方向应该注重培养学生的学习能力。对改革的原则、内容等方面进行的研究，能很好地为体育教学的改革把握好方向，使其向正确的方向发展。但是，教学的改革没有同课外活动有效地联系起来，这是一个值得注意的问题。

（一）体育教学内容研究的现状

“体育教学内容是为了达到体育教学目标而选用的体育知识和技能的体系。它是在体育教学实践中教师教与学生学的实际材料，体育教学内容通常集中体现在国家颁发的各级各类学校的体育教学大纲和体育教材中。”通过查阅文献得知，现阶段对体育教学内容的研究主要集中在对教学内容的选择上。专家认为：体育教学的内容应与社会的发展紧密相联，体育教学内容的安排和选择要符合现行的“三级课程管理体制”，在各地、各校科学地安排教学内容。有些专家还研究了隐性体育课程的开发与利用的重要性。在现阶段，体育教育教学内容的实践性大于健康知识。如果按照这样的模式继续教学，会导致学生只学会了动作的要领，却不理解这样的技术动作为什么要去做，以及怎么做才能对身体有益处，就违背了“健康第一”的指导思想，不利于学生整体健康水平的提高，不利于“终身体育”观念的形成。

（二）体育教学方法研究的现状

教学方法即为达到教学目的、实现教学内容、运用教学手段而进行的，由教学原则指导的一整套方式所组成的师生相互作用的活动。根据所查阅的文献资料，对于体育教学方

法的研究主要体现在对体育教学方法分类和对体育教学方法的选择上。

按照体育教学方法的外部形态，可把教学方法分为：信息传递的教学方法，身体练习的教学方法，直接感知的教学方法，比赛活动的教学方法，探究性活动的教学方法。按照专家个人观点看，把体育教学方法分为：教授方式、学习方式、教授学习相互作用方式、组织方式。按照体育教学方法的依据又可分为：依据体育课的任务，依据教材内容的特点，依据学生的实际情况，依据教师本身的素养。按照不同的发展阶段，如认知阶段、联系阶段、自动化阶段等，采用不同的体育教学方法。

体育教学方法是完成体育教学任务的保障，是教学理论与实践的中介环节，对教学思想的体现和教学目标的实现，有着非常重要的意义。随着教学改革，学校体育教学方法，无论是在分类上还是在实践运用中，都有了一定的进步，但是也存在着理论体系不完善、与实践脱节的问题。只有深入认识这一问题，才能有效地进行改革和发展。

（三）体育教学评价研究的现状

体育教学评价的依据是体育教学的目标及相关的标准，对其整体系统的调查，得出客观的评价，对其价值和优缺点进行改进的过程。体育教学评价直接关系到整个体育教学的实际效果。通过深入的研究和分析，可从两个方面将体育教学评价进行分类。一方面是根据主体性分类，包含评价目的性、教学评价时间和作用、教学评价的判据、教学评价；另一方面是按照目标、内容、主体、方式、方法对教学评价进行分类。分类是研究体育教学评价的主要手段，它集中反映了研究者对其性质的基本认识。对教学评价进行分类，可以更好地认识、分析、掌握它们，以便更科学地选择和运用。还有一些别的学者对体育教学评价进行了分类，但基本上都与上述分类大同小异，不具有代表性。

在评价方法上，有些专家认为体育教学评价要体现出学生运动技术的运用与运动参与过程；要对学生的最终成绩和进步情况以及学习过程中进行评价，这个评价可以是学生的自我评价、生生评价和师生评价。另外一些专家把不同类型的评价有机结合形成体育教学评价的分类理论，如定量评价与定性评价相结合、终结性评价与过程评价相结合、即时评价与跟踪。

现阶段体育教学评价的研究是一个热点，为我国体育教学评价的合理发展提供了机会，但是，现阶段的研究却忽视了对评价指标的研究，要是没有合适的评价指标，体育教学评价的好的理念、方法就没有实际意义。所以，应加大对具体评价指标的研究，以此来从教学实践的现实出发，理论和实际相结合，真正促进整个教学评价体系的完善。

二、体育教学存在的问题及解决策略

（一）太注重理论问题的讨论，忽视实践问题的解决

体育教育改革一个突出的问题就是理论和实践相脱离。由于理论具有抽象化，而且不具备直接的应用和可操作性，只对教育实践起指导作用。对如何实现体育教学目的，怎样贯彻原则，贯彻原则的具体操作方法和步骤是什么，理论和实践是相背离，没有结合在一起。关于学生体育能力的研究，大多是从体育能力的分类、结构和功能等方面进行理论研究，却忽视了对其进行具体的分析。如：①体育能力的特征和衡量指标的研究；②体育能

力的表现形式；③体育能力发展的途径和方法；④实施体育能力训练的策略；⑤检验和评价学生体育能力发展水平的方法的研究等。因而，大大地削弱了其对体育教学的指导价值。例如，探讨所谓的体育课堂教学的理论模式及体育教学最优化方法等，也往往不切合我国中小学体育教育的实际。实践得知，历史上不存在理想的体育教学模式，最好的选择也是相对而言的，加上我国的特殊国情，地大物博，民族众多，气候和各民族的风俗、地理环境各异，文化背景存在着很大的差异，如果想在体育教学方面进行统一要求或统一的标准，是不切合实际的。

1. 通过理论为指导，在实践中解决所出现的问题

我国教学方式过多的依赖于书本的知识，很少对实践中产生的问题进行研究，将自己的体育教育思想进行试验研究，传播体育教育思想更是少之又少了。因此，所谓的研究就是在现有的理论基础上，进行适当的调整教学，难于摆脱书本的约束，不能在实践的过程中解决现有的重大问题。

2. 教师自身条件的不足

我国从事体育教育实践的广大体育教师，由于缺乏足够的理论支持，既不善于运用理论指导体育教育实践，也不善于把成熟的体育教育实践成果上升到理论高度来认识，因而导致我国体育教育实践在低水平上徘徊的局面。

（二）太重视普遍性特征研究，忽视学科性特有问题的研究

体育教学主要是研究大中小学的教学方法、教学的结构、教学的原则、教学的过程等。其中对学科理论依赖的生长点即为学科性的教育学、心理学、体育理论、逻辑学、美学、教育哲学、体育史以及体育教学本身的特点。它是普遍性和学科的性有机结合，忽视其中的任何一方，都会影响体育教育理论的完整性。然而在现实研究中，过度的注重普遍性，忽视了体育教育本身学科性的现象大量存在。

对于体育教学原则的研究，从教育学、心理学中移植，或从哲学、认识论中总结；从体育教学经验中提炼了一些原则，既有其合理性的一方面，又有片面性（由于理论依据不同）。

而从自成体系的体育教学原则看，体育教育都是带有普遍性，即对各个学科都是适宜的一些教学原则。引发这种现象的主要原因是：

1. 体育教育缺乏对学科特性的认识和研究

我国体育教育界对体育学科的特性还缺乏一个深刻的认识，认同于一般教育学理论的几种不同看法，导致对本学科特性采取一种模糊的结论。从而在研究和建立本学科的理论和方法时，只能制造一般性的东西，而不能将体育学科本身特有的许多理论与相关学科分离开来，只能处于水乳交融的状态，这就造成体育学科的理论、原则和方法与其他相关学科如出一辙的怪现象。

2.普遍性与特殊性两者之间的辩证关系

普遍性反映学科之间的共同之处，也是体育教育必须遵循的东西。特殊性则是反映体育学科独有的东西。它们之间有着密切的联系，也有着很大的不同。由于探寻体育学科的特殊性是非常困难的，很多研究者采用折中态度，使用现成理论解释体育学科特殊性问题，这种研究态度最终造成了普遍性和特殊性问题的混淆。

(三) 盲目地移植引进，缺乏选择改造的问题

传统的体育教学法和教学论的内容是现象的描述，是停留在经验的水平上的议论，甚至以引证代替论证；以政策代替原理，致使理论性不强，科学性不足。因此，必须进行研究方法上的革命，以改变这种状况，即使用现代先进的科学方法，研究体育教育领域内的一些问题。例如：近年来，通过系统科学来研究体育教育获得了许多喜人的成果，引进西方的体育理论和思想，开阔了人们的研究视野。但是，我们还应清醒地看到，移植其他学科的先进理论和方法于体育教育的研究，如果忽视了体育教育本身的关键问题，对体育教育实践过程中存在的问题缺乏深入的了解，以及对先进理论和方法的使用范围、对体育教育的适用性缺乏比较分析，那么，就无法把先进的理论和方法与体育教育不同层次问题所构成的问题系统有机地结合起来。其结果只能在一定程度上改变了知识的表现形式，但却不能增添多少新的、实质性的内容，这在我国体育教育界的许多方面表现的是比较明显的。

有的专家不顾中外文化背景与国情的不同，盲目简单地引进一些并不适用我国体育教育实践的理论和思想；还有的研究者对国外的体育教育理论和思想并未完全吃透或领会其精神实质，就一味地强调可行性，还有的对引进的体育教育理论不进行系统、全面的研究，而是断章取义，各取所需等。诸如此类，对于体育教育研究都是无益的。导致这种现象的主要原因是：

1.盲目地崇洋，缺乏国情意识

在我国体育教育发展史上，由于对我国国情的认识不足，盲目引进国外体育思想和方法，这对建立符合我国国情的体育教育体系造成了很大的理论和实践上的障碍。20世纪80年代以来，体育教育西化的思潮是表现得比较明显的，在一些人的心目中，总有一种思想是觉得外国的体育教学都是先进的，都是发达的，但他们对国外的体育教育理论的来历缺乏深刻认识，对我国国情是否相符，也没有深刻的思考，就盲目地引进和移植。

2.机械唯物主义思想对我国的影响

20世纪80年代以来，各学科都涌现出了大量的先进理论，体育教育研究过程中也注意吸收了这些先进的理论。但由于受机械唯物主义思想的影响，我们在引进移植时缺乏科学的论证，仅仅采取生吞活剥的方法，致使许多先进理论的引进，只不过是给一些陈旧的体育教育理论或思想换上一套美丽时髦的外套，除此之外，并没有给体育教育带来什么新鲜的东西。

(四) 对体育教改实验简单和操作能力差的问题

体育教改实验是检验体育教育理论的有效途径之一，它要求教要扎实地深入体育教育实践的第一线，把握实践中存在的现实问题，不断地总结积累经验，为体育教育理论研究者修正体育教育理论提供可靠的实验为目的。这些年来，体育教育界也确实产生了一些有价值的实验研究成果，但就总体而言，离人们的要求还有一段距离。有些教改实验者为了达到某种事先设计好的结果，就让实验跟着结果转；有些教改实验者急于求成，实验的结论使人不能信服；有些体育教改实验设计的人为因素过多，缺乏可操作性，使再实验者难以仿效。之所以会出现这种现象，主要原因是：

1.对实验的本质缺乏认识

体育教改实验究竟有什么作用，该如何去应用和操作它，在我国体育教育界是一个尚

未得到解决的问题，许多应用者在还根本不掌握体育教改实验的理论和方法的基础上，就匆忙搞起了实验。这样的实验结果，实在是令人难以接受。

2.思想有些急功近利

一些体育教改实验者为了能早日获取研究成果，人为地改变实验程序，缩短实验时间，使一些体育教改实验的过程和结果被研究者急功近利的行为所歪曲。

（五）端正体育教育研究的态度，形成实事求是的作风

考察我国体育教育研究发展的历史，我们可以发现，我国体育教育研究工作者和实践者在进行研究工作时，始终都存在着一些态度是否科学的问题。这对发展我国的体育教育研究事业是极为不利的。为此，我们认为，在以下几个方面应树立正确的科学态度：

1.要树立国情意识

我国体育教育的历史现状是一切体育教育研究工作的基础，任何脱离现实的研究都是不足以解决实践问题的。为此，对于体育教育理论研究者来说，面对我国体育实际去选择研究课题，深入体育教育第一线去解决问题，是最重要的。

2.引进国外体育教育思想要和我国国情相符

应当承认，国外的一些体育教育思想，对我国的体育教育研究确有可借鉴之处。但在引进时，必须对差异进行科学分析，再确定方案，既不盲从，也不轻易否定，避免形式化做法。这样才能解决我国体育教育中存在的实质问题，使体育教育的理论和实践不断得到发展。

3.教改实验要科学化和规范化

这就要求教改实验者在设计实验时，要持科学的、客观的态度，排除人为因素的干扰；在分析实验结果时，要做到实事求是，从成功中总结经验，从失败中吸取教训。只有这样，才能使体育教改实验为社会所接受，才能从广泛传播中不断地加以完善。

（六）建立我国体育教育研究的科学框架

目前，我国体育教学研究还处于一个比较低的水平，缺乏积极有力的组织，一些从事体育教育研究的人员，都是出于对体育教育事业的忠诚，在艰苦的条件下坚持研究，所研究的课题多数是从本人的实际情况出发选择的，因此便出现重复的状态。如果要想改变这种状况，必须要有一个权威的组织统一领导，建立一个全国范围的体育教育研究框架，使国内各种体育教育研究组织和部门联合起来，共同开发课题。只有这样做，我国的体育教育研究才能取得突破性的成果。

近些年来，国家教委体育卫生司、中国教育学会体育研究会、中国体育科学学会体育研究会等组织，正在逐渐朝此方向努力，希望通过他们的工作，能够建立起中国体育教育研究的大框架，使我国体育教育研究能朝着科学化、高水平的方向发展。在此，应着重做好下列几方面的工作：

1.组织规划好体育教育研究纲要

这个纲要对于指导全国体育教育研究工作者开展研究工作具有极为重要意义，它可以帮助研究者选择当前国内最急需、最前沿的研究课题，避免不必要的重复研究。

2.组织课题合作研究、联合攻关

全国性或区域性的合作研究，是提高我国体育教育研究水平的最有效的办法。它能克

服我国体育教育研究工作者比较分散、工作方式原始的缺点，在较短时间内取得较大的研究成果。

3.建立研究基地和筹集研究基金

新中国成立以来，由于受到国情的限制，对体育研究的投入是有限的，对体育教育课程的研究更少，这样就影响了我国体育教育研究水平的提高。当前体育教育的研究正处于大范围的实验研究阶段。所以，筹措研究基金，争取国家立项研究，应该成为这些组织的头等大事。只有争取到了政府的重视，有了较大的经济投入，我国的体育教育研究才可能在较高的水平上展开，才可能取得较大的成果。

同时，国家和地方应该建立体育教育研究基地，在这些基地上开展一些专门课题的研究，以解决体育教育实践中遇到的一些重大问题。也可开展一些超前课题的研究，为我国体育教育的远期发展做一些探索性的工作。

(七) 形成有效的研究成果及评价体系

在我国，对体育教育成果价值没能正确地确定，原因是没有一套完整的评价体系。这在很大程度上也影响了我国体育教育研究水平的提高。因此，积极迅速地建立起一套行之有效的体育教育研究成果评价体系，是具有极为重大的意义的。它对于规范我国的体育教育研究具有如下几项作用:

1.具有导向作用

体育教育研究成果评价体系的首要功能，就是引导和决定体育教育研究者的研究方向。一项体育教育研究要达到的基本水平，在科学性、实用性、新颖性、独创性等方面的完备要求，必然给体育教育研究一个明确的研究导向，使他们在选择研究课题时，要做全方位的考虑。例如，一个研究者要搞一个理论课题的研究，他不仅要考虑该课题的科学性、新颖性、独创性，还必须考虑他选择的课题必须具有实际使用价值，否则，他的研究成果就很难得到社会的承认；同样，引进和移植国外先进的体育教育思想和理论，也必须考虑实用性的问题，否则，也同样难于得到社会的承认。同理，一个体育教改实验者，在选择教改实验课题、设计实验方案、进行实验方案实施、验收实验成果等，也需要充分考虑上述四性，不可能只顾一方面。这对于克服教改实验的盲目性、不科学性将起到巨大的规范作用。

2.具有激励作用

目前，我国的体育教育研究，一方面由于受市场经济大潮的影响，处于比较低潮的阶段；另一方面，由于缺乏一个客观的评价标准，使体育教育研究者的研究成果难于得到社会的公正评价，这也在一定程度上影响了体育教育研究者的研究积极性。而建立起一个国家性权威的体育教育研究成果评价标准，对体育教育研究者来说，无疑将起到一个巨大的激励作用，也将对繁荣我国的体育教育研究事业起到一个推动作用。

3.具有鉴别作用

体育教育研究成果评价体系，对我国的一切体育教育研究成果的价值具有重大的鉴别功能。一个已完成的研究成果，可以用这个评价体系去甄别它的真伪、先进还是落后、理论价值和作用价值的大小。这对于一个体育教育研究成果来说，可以得到正确的评价，能使有科学价值的成果得到肯定和推广，没有科学价值的成果迅速被甄别而淘汰。由此，将推动我国的体育教育研究沿着科学的轨道健康地发展。

总之，我国的体育教育研究工作只要注意及时清除不健康的东西，坚持实事求是的科学工作态度，一定会逐步建立起一个有中国社会主义特色的体育教育研究系统。

第四节 体育教育教学研究的发展趋势

现代教育教学研究的发展使得学科的分支越来越细，学科之间的联系越来越密切，各学科之间出现了相互交叉、相互渗透的发展趋势。作为体育教育教学研究本身，对现代人文社会学、生物学等学科的理论知识、方法技术借鉴和吸收速度越来越快，研究的领域越来越宽，研究的问题也越来越深。

一、学科之间的相互联系，影响着体育教学研究

综合性研究已成为体育教育教学研究工作的主要发展趋势。体育学科是应用性学科，大多数学科是母学科在体育领域中的分支，因此，体育教育教学研究对人文社会学、生物学等学科有很大的依赖性。体育教育教学所研究的对象主要是人体的活动，而人体是复杂的生物体，是由多种属性构成的，所以，要对人体研究需要多方面的综合技术手段才能实现，这就使得体育教育教学研究工作必须进行综合性的研究才能取得成效。

二、借鉴和引入研究方法，提高教育教学研究水平

随着现代生物教育教学研究技术、医学教育教学研究技术等学科的迅猛发展，体育科研工作者受到启发和得以借鉴，缩短了盲目探索的时间。限制着教育教学研究发展的两个因素是研究技术和研究方法，只有这两个因素不断融合和借鉴地发展，体育教学研究才能发展。例如，随着近代生物医学理论与技术的发展，运动形态学研究从大体研究逐步深入到组织、细胞、亚细胞，以及分子水平的微观研究，尤其是20世纪80年代以来，由于现代细胞与分子生物学技术、方法的建立、发展，使运动形态学的微观研究取得了长足的进步，实现了从定性研究到定量研究的飞跃、从死细胞研究到活细胞研究的飞跃以及从形态研究到功能研究的飞跃。

从目前体育教育教学研究的成果看，一方面体育科研借鉴和引入其他学科研究方法的速度越来越快，另一方面，借鉴和引入其他学科研究方法的范围也越来越宽。其他学科的科研方法与技术的渗透、移植、引入，将会对体育教育教学研究的快速发展起到积极的推动作用。

三、精密的体育科研仪器，加深了体育教学研究

研究仪器在实验主体和实验客体的相互作用中起着中介的作用，研究仪器可以增强实验主体的感受能力，可以变革实验客体的结构和条件。通过教育教学研究仪器建立起实验主体和实验客体互相作用的链条。感官是人类通向外部世界的窗户，是人类接受外界信息的通道。但是，人的感官有着生理上的局限性。教育教学研究仪器可以弥补人的生理感官

的不足，帮助人们克服感官的局限，从而在广度和深度上大大增强了人的观察能力，使感性认识更加客观、精密、准确。

近代教育教学研究史表明，教育教学研究技术所取得的成绩是和精密的仪器分不开的，如同有了精密天平，才有真正的定量分析化学；有了显微镜，才有巴斯德的细菌致病学说。同样的，随着用于体育教育教学研究的测试仪器越来越精密，研究工作将会不断地深入和发展。例如，电子显微镜和同位素技术的应用，已使对人体肌纤维的研究达到分子水平；使用气相和液相色谱仪进行兴奋剂检测，可使分析精度达十亿分之一的浓度；全自动运动动作分析仪通过自动标示人体运动关键点，实现了运动数据的自动采集和分析，从而大大提高了运动动作分析的效率和精度，使生物力学的运动分析手段发生了一次新的革命；核磁共振技术在对人体运动时的代谢、疲劳、身体成分等研究中发挥着重要作用；放射免疫技术、超声诊断技术、PCR 技术、基因技术、纳米技术等，这些新仪器、新技术的使用，对体育教育教学的深度研究将起到积极的促进作用。

四、群众体育活动的开展，扩大了体育教育教学研究的范围

随着经济的发展和社会的进步，健康与健美已成为一种广泛的社会需求。现代社会广大体育教育教学研究工作者在重视竞技体育研究的同时，对大众体育、康复体育的研究也有了进一步的发展；通过研究提出了运动有益健康的理论，并正在研究适合不同对象的行之有效的塑造健康与健美体魄的方法。运动与优生、运动与少年儿童的生长与发育、运动与老年保健等方面的应用研究和开发研究课题所占的比重越来越大，而且有些已经取得了可喜的成果。

五、现代信息技术的发展，提高了体育教育研究的效率

随着现代信息技术的高速发展，正影响着体育事业的发展，对因特网信息的利用，给科研带来了极大的方便，各类国际体育数据库的网上查询、网上信息公布与交流、网上问题讨论、网上报刊阅读、网上文献复制服务，使科研工作者能够更快地掌握信息，从而减少不必要的投资、重复劳动，选定主攻方向，提高科技持续创新能力，实现技术跨越式发展，对提高运动训练的教育教学研究化水平，推动全民健身运动的教育教学研究化进程提供了保证。

近些年来，国际性的学术组织和学术活动不断增加，学术交流活动日益频繁，学术期刊的质量逐年提高，学科建设不断加强，研究领域不断拓宽，研究方法不断更新，促进了体育学术的繁荣与发展，使体育教育教学研究的整体水平得到迅速的提高。

第四章
体育教育管理

第一节　体育教育管理的概况与目标

一、体育教育管理的概况

体育教育就是把体育教育和管理结合起来，根据体育教育的特点，以相关的法律、法规、要求、方法为依据，为达到体育教育目标为目的，对各种体育教育活动进行计划、组织、协调、控制和监督的工作，以便充分发挥体育教育管理的作用。它是体育教育工作的重要组成，其本质在于提高体育教育工作的效率和成果，并最终为了促进体育教育的健康发展，圆满完成体育教育目的和任务。

进行体育教育管理，从大方面讲，有利于体育教育主管部门对体育教育进行系统性的计划、调整和安排，统筹规划各项体育教育活动的开展，使体育教育的管理更加科学和有序；从小方面讲，有利于发挥有限的体育人力、物力、财力及其他体育资源的最大效益和整体效用，以保证各项体育教育工作的顺利开展和相互之间的衔接。

(一)体育教育管理的基本属性

1.体育教育管理的计划性和及时性

学校体育管理必须科学地制订一系列成套的计划，才能使教育管理成为一个严谨有序、层次分明、具有严格规范的管理。而学校体育是一个受多因素影响的动态系统，在其运转过程中，要求根据反馈原理不断获取各个方面的瞬时信息，及时调节各个方面的关系，使整个系统正常地运转，以提高人力、财力以及场地、器材等的利用率和效能。

2.体育教育管理的周期性和连续性

体育教育管理要按教育周期组织实施，使其适合不同的学生体质、季节气候，因此具有鲜明的周期性。学校体育过程是一个循序渐进、逐步提高的过程，对这个过程的管理要连续进行，不能中断，不能脱节，对一些常规不能随意更改；从时间上看，虽然学校体育管理分为不同的环节和阶段，但是管理不能放松，要持之以恒。

3.体育教育管理的综合性

体育教育管理需要各个方面进行协调发展，具有综合性的特征管理因素，才能把握整体的效果。体育教学管理的主要内容有师生、场地、设备、体育经费、教材文件、课程时间表等。学校体育管理和其他学科管理具有共同性，包含了四大流股（人流、物流、信息流和时间流），这几个流股关系密切，协调发展。学校体育管理的综合性还表现在既要管教，又要管学，既要管工作任务，又要管承担任务的人的思想，做到“管理有人”。

4.体育教育管理的强制性

体育教育是国家促进受教育者全面发展的一项基本措施，也是国家对人才培养质量的重要衡量标准之一。因此必然要采取一定的强制性手段，体现国家控行体育教育的意志，确保其贯彻落实。

大中小学生参加各种体育活动，除启发其自觉性外，各级各类学校还必须根据国家对学生所制订的课程标准、教材和《国家体育锻炼标准》强制进行，严格按照规定要求安排体育教学，并组织课外体育活动，以达到普遍增强学生体质、促进健康的目的。因此，学校体育管理必须辅之以行政管理、学籍管理、升学加试体育等许多有强制性的管理手段。

5.体育教育管理的教育性

从根本上说，体育教育及其管理都是一个育人的过程，都必须把育人放在首位。这种鲜明的教育性，既是体育教育本身的要求，也是体育教育管理的本质特征。

学校体育管理主要是对人的管理，调动师生及有关人员的积极性是学校体育管理的重要职能。这就客观地要求在采取一切管理措施时都要有教育性，并且要在管理过程中，使有关人员都明确自己的工作或学习的目的性与责任感，提高其自觉性。

（二）体育教育管理的基本任务

体育教育管理必须按照体育和教育的基本规律与要求，在管理观念、组织体制和运行机制、人员管理以及管理措施手段等方面达到最优化的效果。为此，必须完成以下各项管理任务：

（1）科学制定和实施各类体育教育工作计划，使之主动适应教育和体育事业发展的需要。

（2）建立健全体育教育的组织领导，制定严格的管理规范，明确划分各有关机构和人员的管理职责。

（3）合理地组织与安排体育教育的各项工作和活动，确保其顺利实施。

（4）协调体育教育的内、外部各种因素，不断优化育人环境，为体育教育创造与提供良好的物质技术基础条件。

（5）对体育教育工作进行有效的检查与评估，不断改进各项工作，努力提高体育教育的质量。

（三）体育教育管理的根据

1. 理论基础及管理对象

体育教育管理的理论基础出自管理学。现代意义上的管理是指通过一定的方式整合资源，以实现组织目标的活动。管理是通过“组织”为载体，是存在于一定的组织之中的。“组织”与“管理”是相互依存、不可分割的两个概念。组织是完成管理活动的有力工具，是管理活动的实体，是管理活动实现的场所。管理的对象是资源。资源包括人、财、物、时间、信息等类型，现代管理的核心活动是对人力资源的管理，组织所需要的资源不仅仅只包括内部资源（属于组织所拥有的各种组织），还包括外部资源（不属于组织所有但可以为组织所调动的其他组织资源或组织）。资源作用的发挥是借助资源整合的方式（包括了计划、组织、控制、各种管理的知识、技能、方法、手段、工具）。目标是管理活动的出发点和最终归宿。制定不同层次的管理目标最终是为实现组织的既定目标服务。任何群体或组织都有社会赋予的既定目的，而既定目的的达成，均需要建立在一系列子目标实现的基础上，并为每个子目标的实现提供资源的保障。管理学的发展为体育管理学的发展奠定了良好的基础，进而为体育教育管理学的发展提供了有力的理论支撑。

2. 法律依据

(1)《教育法》的颁布。1995年9月1日起施行的《中华人民共和国教育法》第一章第五条明确规定:“教育必须为社会主义现代化建设服务，必须与生产劳动相结合，培养德、智、体等方面全面发展的社会主义事业的建设者和接班人。”

(2)《体育法》的颁布。1995年颁布的《中华人民共和国体育法》作为我国第一部体育界的基本法，它对于树立全社会的体育法制观念，进而形成履行法律义务的氛围以外，还让社会各界进一步认识树立体育法制观念对现实生活所产生的重要影响和意义。它对一切体育活动都有着法律指导意义，是一切体育活动的法律准则。

(3)《学校体育工作条例》的发布。它是学校体育教育工作的最高法规，包含了体育教学、课外体育活动、课外运动训练和竞赛、体育教师、场地器材设备和经费、组织机构管理奖励与惩罚等内容，特别明确规定学校体育工作应当作为考核工作中的一项基本内容，普通中小学的体育工作应当列入督导计划。明确了学校各部门的管理职责。

(4) 其他依据。为了加强学校体育工作的管理，教育部、国家体育总局、卫生部等部门相继制定下发了一系列政策、规定、通知等，如:《国家体育锻炼标准实施办法》《全国普通高等学校体育课程指导纲要》《学生体质健康标准》《中共中央国务院关于加强青少年体育增强青少年体质的意见》等。

(四) 体育教育管理的基本原则

学校体育管理在决策和实施中，应遵循的原则主要是导向性原则、整体性原则、计划性原则、可控性原则和有效性原则。

1.导向性原则

学校体育管理的导向性原则，是指在开展学校体育各项工作的管理中，必须有明确的目标与方向。

2.整体性原则

学校体育管理的整体性原则，是指在培养全面发展的学生这一目标上，学校将体育管理纳入学校教育管理，摆正学校体育的位置，处理好局部与全局、全局与局部的关系。

3.计划性原则

计划性原则，是指在开展学校体育各项工作的管理过程，必须先拟定具体内容和步骤。学校体育活动的周期性和有序性特点决定了学校体育要执行计划管理。

4.可控性原则

可控性原则，是指在实施目标过程中，通过不断检查调整和控制，保证整个系统顺利地开展工作。

5.有效性原则

有效性原则，是指在学校体育管理工作中，合理而有效地利用人才、物力、财力、时间和信息，使有限的“资源”充分发挥作用，从而使学校体育获得最佳的效益。

以上原则关系很密切，它们在运行过程中互相渗透、相互促进，紧密相连，它们组成一个指导学校体育管理的原则体系，导向性原则要求抓住根本，整体性原则要求总揽全局。计划性原则是基础，可控性原则是保证，有效性原则是归宿。认真掌握这些原则的基本精神，指导管理实践，就能提高科学管理水平。

二、体育教育管理的目标

学校体育管理的总目标就是正确处理学校体育中的各种关系，协调各种关系的发展，科学地组织、控制管理过程，以最合理的方式和途径，最大限度地保证教育方针以及国家对学校体育工作有关法规、条例的贯彻执行，有效地实现学校体育的目标。具体来讲，学校体育管理主要有下列基本目标：

（1）通过科学预测和决策，正确确定和修订不同时期我国学校体育的发展目标和计划，保证我国学校体育的发展速度与规模，适应社会发展的水平和需要。

（2）科学地组织实施学校体育发展规划与计划，合理安排体育教学、课外体育锻炼、课外运动训练与运动竞赛等工作，确保学校体育发展目标全面、顺利实现。

（3）不断改革和完善学校体育管理体制，合理地组织、分配、使用人力、财力和物力，创造性地系统运用学校体育管理的各种方法，以及现代体育运动管理的先进技术与手段，保证学校各项体育工作低耗、高效率地顺利进行，推动学校体育的发展。

（4）做好学校体育宣传和科学研究工作，不断总结经验，扩大学校体育的影响，根据学校体育的社会地位，加速实现学校体育科学化、现代化。

第二节　体育教育管理的基本方法

一、体育教育管理的法律方法

体育管理的法律方法是指运用各种有关的学校法律法规来管理学校体育的方法。学校体育法规是指有关学校体育的法律、法则、条例、决议、规章制度等。

由于法律与法规的特点限制（普遍性、规范性和强制性），所以在适用的范围内也具有普遍的约束力，它有利于维护学校体育管理秩序，以促进学校体育事业的发展。目前，我国在学校体育方面实施的法规有：《教育法》《体育法》《学校体育工作条例》《国家体育锻炼标准实施办法》《学生体育合格标准》等。国家教委颁发的中、小学教学计划和体育教学大纲，是中小学教学及体育教学的规范性文件。国家体委颁发的《运动员技术等级制度》《裁判员技术等级制度》《体育运动竞赛制度》等，对学校体育同样具有法规的效力。在学校体育管理中，要适当运用法律法规，充分发挥其作用，就必须加强学校体育立法，建立、健全各种学校体育法规，做到“有法可依，有法必依，执法必严，违法必究”。

二、体育教育管理的行政手段

学校体育管理的行政法是指上级部门按照行政隶属关系，依据国家的学校体育方针政策及发展规划对下级进行管理的一种方法。由于行政法具有指令性、针对性和纵向性等特点，能有效地发挥组织、控制、调节的作用，是一种常用的管理方法。

学校体育行政的管理可以通过4个方面来达到管理目的。

（1）颁发有关学校体育的法规、条例、规定、规划、计划、通知及有关规章制度。

（2）召开行政会议。

(3) 由下级向上级汇报或报告工作。

(4) 通过分级（上级对下级）的指导、检查督促和评估有关文件的落实情况。

正确运用行政管理法，主要应注意两点：一是下达任务与检查落实紧密结合。二是教育、体育部门应相互尊重、相互协作。凡是教育、体育部门配合得较好的地区和单位，学校体育工作就有起色。

三、体育教育管理要开展宣传教育

宣传教育法是指运用各种形式的宣传教育手段或途径，对学校体育工作进行管理的方法。由于宣传教育法具有说理性、引导性、多样性、灵活性等特点，可以启发管理者和被管理者的自觉性和积极性，使管理制度和办法得以顺利地贯彻和推行，并使管理具有教育意义。

宣传教育法的手段主要有：①举行各种会议（校会、班会、专题报告）；②利用广播、录像、放映体育科教影片、黑板报等。；③举办竞赛活动 [体育周节、体育月、体育表演]。宣传教育法主要是通过宣传教育的方式，以统一思想，调动积极性，发挥他们的表率作用；还有一种方式是受教育者的宣传教育方式，使他们理解认识管理者的意图，明白并意识到自己的责任，从而自觉地服从管理并参与管理。

四、体育教育管理的奖励与惩罚

学校体育管理的奖惩法是表彰、奖励先进，批评或惩戒后进的激励方法。

表彰、奖励是对集体和个人的体育工作和成绩进行肯定、表扬的方法，能起到激励、示范和推动学校体育工作的积极效果。我国由各级评选群众体育先进学校、优秀体育传统项目学校、优秀体育教师等活动，对提高学校体育和体育教师的社会地位起到了重要作用。在学校内部评选体育先进集体、先进个人、体育积极分子，也起到积极推动作用。

批评和惩戒，是对学校体育工作后进的集体或个人进行批评教育、惩罚处理的方法，能起到教育、告诫、鞭策的作用。有条理规定，对违反的单位和个人，根据情节的轻重做出了具体的处理规定。实施本方法时，要求批评应实事求是，以理服人，惩戒应依据罚则实事求是，适度掌握，惩前毖后。正确运用奖惩法要注意：表彰和奖励要全面，表彰和奖励相结合，奖励与惩戒相结合。

五、加强体育管理调查研究与实验

加强调查研究与实验是将管理与研究有机结合起来，它对加强体育教育管理，提高管理水平具有督促的作用。体育教育管理中的调查研究形式很多，如看课、听课、评教评学、家访等，不仅可以深入了解实际情况，更重要的是能够通过研究，逐步解决存在问题。同时，从管理的角度，运用教育科学实验的方式，去探讨某些先进的管理方法、新鲜的管理经验、有效的规章制度，以及科学的组织形式等，也是十分必要与可行的。它有利于进行试点，摸索经验，收集数据，做出论证，进行调整，逐步推广，不断提高体育教育的管理水平。

六、要引进现代化技术

随着信息时代的到来，互联网信息的飞速发展以及普及应用，有利于对传统学校体育管理手段和方法进行相应的改进和完善。运用先进的仪器，紧跟着科学的步伐，进行时效的管理，是学校体育管理者应当注重的方面。因此，学校体育管理工作科学现代化，尤其是引进现代化技术辅助管理，对实现学校体育目标有着重要的意义，是提高工作效率、管理质量的有效方法和手段。现代科技辅助学校体育管理也在广泛得到应用，就目前来说，它在辅助学校体育管理中可以用于计算机网络化、教学管理、数据处理、体育信息的存储和自动检索、智能管理。随着体育管理软件的不断研制和开发，学校体育工作向科学化、标准化、自动化方向日益迈进。

第三节　体育教育管理的内容与组织形式

一、体育教育管理的内容

（一）体育教学管理

体育教学活动是在体育教育活动中师生互动的过程，它是学校体育中不可分割的一部分，是为了实现学校体育目标的基本途径，而体育教学管理是学校体育教育管理的中心环节，是按照体育教学的客观规律和特点，运用合理的管理手段和方法，对体育教学工作进行控制和监督的活动。如果对体育教学实施科学的管理，就能充分发挥各种教学资源的优势和相互作用，为提高教学质量、实现教学目标提供保证。

1. 计划管理

体育教学计划是体育教师遵循国家对学校的有关规定和要求，并结合实际情况和学生的需要而制定的教学工作文件。它是对体育教学活动构思，并组成框架，也是检查、评估教学质量的重要依据。对体育教学计划的管理主要包括以下几个方面：①对制定体育教学计划的全面、综合管理；②对体育教学计划实施的组织、监督和调控；③对体育教学各种资源的规划和调配；④对体育教学计划执行程度和实施效果的监测和评估。

2. 实施过程的管理

(1) 对教务管理。

教务管理是课堂管理前的一项基础性工作。包括编班、安排课表、教师任务分配等工作。编班时应考虑到男女学生的比例，体育基础好与差的学生要适当分配，对每班的人数控制。根据体育教学的特点和学生生理特点，体育课应该安排在什么时间段，同时要使同一个班级的各次体育课之间保持合理的间隔时间，同一进度的内容宜集中安排。因受到天气气候等客观因素的影响，课程安排需要有一定的弹性。同时要留出理论课的时间，课表制定以后下达到体育教研室，由教研室把课分给各位教师。

(2) 对课前的准备。

上好体育课的先决条件就是体育教师要做好上课前的准备工作，它是提高教学水平和教学效果的一项重要措施，可分为个人备课和集体备课两种形式。课前准备工作包括以下三个方面：

①了解学生的整体实际情况，如学生人数、男女生比例、健康状况、运动基础、学习态度、兴趣爱好、认知能力、组织纪律性等，以及教材特点和场地器材条件与环境等。

②认真学习和掌握《课程标准》的实施要求和核心思想，深入研究教材和教法特点，分析教材的重点、难点和关键，并结合学生的具体情况和教学条件，确定教学的重点和难点，合理安排教学内容、教学步骤、教法措施等。

③学校对每一名教师的基本要求就是要在课前做好教案的编写，也是体育教师课前准备的意向重要工作，是为了提高体教师的教学能力、教学水平和教学经验的积累。教案的编写应简明、扼要、翔实，符合实际、突出教学重点和教学特色，各部分衔接紧密，教法科学、新颖、全面、有效，运动负荷安排适宜，安全预防措施全面、准确。

(3) 对课堂教学的组织管理。

体育教学是一种具有开放性特征的教育活动，教学影响因素较多、较复杂，并存在一定的危险性，因而更需要通过各种合理、安全、有效的组织形式来加强对课堂教学的管理。体育教学常见的教学组织形式主要有班级教学、分组教学、个别教学三种，其中各有利弊。当前，由于各种因素的限制和影响，我国学校体育教学的组织形式仍以班级教学为基本形式，但它也正在朝着多样化、综合化和个性化的方向发展。

①个别化教学。这种教学形式的优点在于能顾及学生之间的差异性，可以有针对性地对每个学生的特点以及个人能力进行教学指导，激发学生的最大潜能，切实做到区别对待、因材施教，有益于提高每个学生的学习效率。但这种组织形式的不足之处是实施过程中需要耗费大量的人力和教学时间，容易导致教学效率低下，也易使学生对教师的依赖性增加，与我国现今的基本教育状况和现有的人力资源条件不相符合，增加了体育教学的难度。

②班级化教学。班级教学又称班级授课制，是学校体育教学组织的基本形式。它能提高单位时间的教学效率，较好地体现教师的主导作用，有利于体育教师对课堂教学进行组织与管理。虽然班级教学注重了效率，但在实施过程中教师对学生的统一性要求比较明显，不仅难以体现对个体差异性的区别对待，也不能使学生的个性、运动潜能得到较好地发展。

③分组化教学。分组教学是把一个教学班分成若干小组，以小组为单位进行教学的形式。这种组织形式既保留了班级教学的优点，又能在一定程度上发展学生的特长，培养他们的交际能力，具体的方法有：

a. 同质分组。分组是指体育教师按照学生的体能状况、运动技术技能水平或兴趣爱好等进行分组，同质分组使同一小组内的各成员在体能、运动技能以及兴趣爱好等方面有一定的相似性，相互间的差异较小，便于他们相互之间的沟通和交流。其优点在于能增强学生之间的相互尊重、平等意识，有利于提高学生的参与积极性和兴趣。其不足之处在于容易使学生之间的竞争意识下降，参照标准模糊，不利于学生及小组整体学习和运动能力的提升。

b. 异质分组。所谓异质分组是体育教师有意识地将不同层次和水平的学生分成同一个组，使小组成员之间的差异性增大，但又保持各个小组间基本同质，实现小组内学生互帮互学的组织形式。其优点是有利于不同体能、不同运动技术技能水平、不同学习能力的学生相互交流、相互学习和帮助，使学生明确自己的发展方向和学习榜样。但由于学生之间在诸多方面存在明显的差异，在学生中容易造成等级观念、优劣感或自卑感等，不利于构建和谐健康的学习环境。同时，这种分组教学方法也给因材施教带来一定的困难。

c.友情分组。友情分组是学生可以自主选择与自己关系较为密切的同学为伴进行学习和练习的方法，由于学生相互之间的紧密关系，使得他们在教学过程中容易形成良好的情感交流和协调配合，能更好地充分发挥各自的作用，齐心协力完成学习目标。但是，由于学生之间有共同的爱好和兴趣，这种分组教学的方法也容易助长不良的学习态度和风气，导致涣散学习现象的产生，从而影响整体的体育教学效果。

3.对课后要进行管理

在教学结束时教师应对本次教学做出课后小结，包括教学任务的实现情况、课堂纪律、学生的学习行为和态度、教学过程中出现的不良现象以及值得表扬的人和事等，并提出改进方法和要求。另外，组织学生归还器材、清理场地，及时记录学生的学习表现，做出自我评价，并积极听取他人意见。

4.对体育教学管理的评估

体育教学管理评估是指按照一定的标准对整个体育教学管理工作和体育部、体育教研室（组）工作的效率和质量做出客观的判定。提高体育教学工作的管理水平是学校管理者（特别是教务部门）和体育部、体育教研室（组）管理者极为关注的问题。体育教学管理评估是解决这个问题的有效手段之一。

体育教学管理评估的种类，可分为：校内评估即学校自我评估，目的在于获得本校体育教学管理的有关材料，为学校管理者对改进和提高体育教学管理水平做决策和措施时提供依据，同时也对有关人员（教师及场地器材管理人员）起检查、督促作用。这类评估可以每年进行一次。校外评估即由上级有关部门或兄弟单位组成的评估组的评估，这类评估的目的主要是检查和了解各校体育教学管理的水平和存在的共同问题或突出的问题，以便采取措施，促进相互学习，取长补短，推动各校体育教学工作。这类评估需要花费较多的人力，可以两三年进行一次。

5.成绩考核

体育教学成绩考核管理主要包括对教师教学成绩考核管理和学生学习成绩考核管理，它们一般可以由体育教研室、体育教师和学生进行评价和成绩管理。

（1）对体育教研室的考核管理。

体育教研室应根据体育教学计划和《课程标准》的规定，结合教师与学生的实际情况确定具体的考核内容、标准和评分方法，审订体育教师上报的考核实施计划和方案，对考核成绩进行审核和汇总、分析，建立成绩档案，及时上报学校教育主管部门。

（2）对体育教师的考核管理。

此时的体育教师具有两种身份特征，既是体育成绩考核的制定者，也是其实施者。体育教师应该遵循学校的教学计划，组织各年级、各班级的教师制定详细、具体的考核办法和要求，并熟悉考核工作程序、方法和标准，以客观、公平、认真、严谨的态度进行测评，之后做好成绩的登记和分析，建立自我教学成绩考核档案，及时发现在自己的教学和学生的学习过程中的问题和矛盾，认真总结，并拟定改进措施、计划和方法，并按规定将考核成绩上报体育教研室或其他部门。

（3）对学生的成绩考核的管理。

体育教育也随环境的变化而变化，体育教育评价主体是多元化发展的，所以学生也逐渐成为体育教学成绩考核的实施者，其主要责任是对体育教研室的组织与管理工作、体育教师的教学及自身的体育学习进行监督和评价。学生应根据相关的评价标准和方法对其职责范围内的各项活动进行综合性、即时性的定性与定量评价，及时将评价结果反馈给体育教研室或体育教师、班主任。同时也根据他人的评价结果及自我主观感受全面、真实地分析自己在学习过程中的主要问题和不足，建立学习档案，对自己的学习方法及下一阶段的学习目标进行调整和完善，也培养了自我监督、自我管理和自我评价的能力。但在此之前，体育教研室和体育教师应组织学生学习体育教学成绩考核的相关规定和要求，端正评价态度，并在实践中掌握和熟悉考核的步骤和方法之后，方能让学生参与具体的体育教学成绩评价和管理活动。

(二) 对体育课程和体育教材的管理

体育课程是体育教育的价值和目标的体现，随着体育教育事业的不断发展，体育课程也有进一步的完善和发展。2001 年 6 月教育部颁布文件指出："改变课程过于集中的状况，实行国家、地方、学校三级课程管理，增强课程对地方、学校及学生的适应性。"它作为一种国家性质的体育教学指导文件提出了体育课程的实施目标和建议，要求实行国家、地方、学校三级课程管理体制，放宽了国家对中小学体育课程和教材的统一管理和规定。既有利于发挥国家宏观管理、控制和指导职能，也有利于体现地方和学校的积极性、自主性和灵活性，给地方和学校较大的课程内容选择权和创新空间，充分体现出地方和学校的优势和特色，确保课程的实施在整体上体现出统一性、针对性、灵活性和差异性特征。三者结合，充分发挥各自的优点，及时弥补不足，构建了符合当今体育教育发展趋势的体育课程结构和体系。

国家体育课程是由国家教育行政部门以我国国情为出发点，结合教育事业和社会的发展，充分考虑我国各地之间的差异后对体育课程进行总体规划、制订相关政策和制度，并对不同教育阶段制定了相应的课程实施标准和要求，提出具有普遍适应性的教学实施建议，以规范体育教育行为。

地方体育课程是在国家《课程标准》的指导下，以国家体育课程为基础和依据，由各地区教育行政部门结合本地实际情况，制定适合本地区特点的课程类型、内容和实施计划。它能较好地开发本地的教育资源，体现出本地区的体育教育特色，以增强体育课程的地域适应性。

学校体育课程则更为具体和灵活，在本地体育课程和教学指导纲要的引导下，学校根据师资、学生、物质条件、地理环境、学校发展目标和办学思路等实际情况，主要由体育教研室和体育教师选择、编排和实施的课程。它是国家课程和地方课程的具体体现和延伸，能突出地表现各校的教学特色。三者虽然在实施范围、组织者、职能等方面有较大的差异，但它们又是一脉相连的，具有稳定的内在联系。

体育教材作为体育课程的内容载体和表现，集中反映国家对体育教育的要求和体育教育的目标。在体育课程三级管理体制的影响下，体育教材的多样化及编制的灵活性和个性化特征日益突出。《基础教育课程改革纲要（试行）》规定："完善基础教育教材管理制度，实现教材的高质量与多样化。实行国家基本要求指导的教材多样化政策，鼓励有关机构、出版部门等依据国家课程标准组织编写中小学教材。"并指出："加强对教材使用的管理。教育行政部门定期向学校和社会公布经审查通过的中小学教材目录，并逐步建立教材评价制度和在教育行政部门及专家指导下的教材选用制度。"在编制和选择体育教材的过程中应该遵循健康性、娱乐性、教育性等原则，其内容应符合本学科的特殊性及实施要求，重视对学生体育学习和运动实践的启发和指导，与学生的身心发育特征和全面健康发展要求相适应，利于学生学会学习，形成终身体育。

（三）对意外伤害事故进行管理

对学生的体育意外伤害事故的理解主要是指在学校组织和实施的各种体育教育活动中，对在校学生造成的人身伤害或死亡事故。体育教育活动是以身体运动作为媒介，学生在反复的练习过程中，才能完成学习的任务。由于运动技术本身就具有一定的危险性，这些都加大了体育意外伤害事故的发生概率，所以在学校体育教学过程中应重视和加强对体育意外伤害事故的管理。“健康第一”指导思想的提出强调了对体育教育安全性的要求。并且，还对学生伤害事故的认定和处理方法等做出了具体的规定。对学校体育意外伤害事故的管理应加强以下两个方面的工作：

1.加强预防教育，强化安全意识

学校应根据国家和地方政府的要求，采取相应的预防措施，使在体育教学过程中将危险系数降到最低。根据国家对体育器材和场地配备的要求，保证体育器材和场地的规格与学生的身心发育程度及运动能力相符合，并加强日常管理和维护，定期组织检查，及时更换和维修，确保体育教学设施、器材和场地等物质条件的安全性。另外，在课前，教师对教学环境和条件应有足够的了解，对教学过程中可能发生的危险做出详细、全面的预测，并制定相应的处理措施。并且，体育教师应对学生进行经常性的安全教育，建立规章制度约束他们的不良运动行为，并培养他们鉴别运动环境的能力。在组织和开展大型文体活动时要配备专门人员进行随时的安全检查，严格按照操作规程和制度要求参与者的行为，一旦发现学生有危险性动作或过激动作应立刻制止，并加以纠正和教育。

2.对伤害事故现场处理和管理

（1）正确判断意外伤害的性质、特点、损伤程度及可能出现的恶劣后果，采取有针对性的保护和抢救措施。对轻伤者可就地指导学生进行处理或送医务室，对重伤者应做及时准确的急救，同时送医院救治。与此同时，借助其他教师或班主任、班委、体育骨干组织和管理好其他学生，以免造成新的伤害事故或恐慌。

（2）针对不同性质和程度的伤害事故应向体育教研室、学校、家长或当地派出所通报，必要时请相关部门和人员进行具有法律效应的伤害鉴定，并对伤害事故发生和处理的过程做详细汇报。

（3）及时对伤害事故全过程做出认真、全面的总结，实事求是，并以翔实的报告形式递交给上级主管部门或其他相关部门。

（四）对学生的管理

学校体育的重要任务就是促进学生的健康，增强学生的体质，学生是国家的未来，他们的体质及健康状况，直接影响到学校培养人才的质量。根据教育部对青少年的检测结果显示目前我国青少年的体质状况不容乐观，多项指标呈下降趋势，这一现象引起了全社会的普遍关注，学校体育部门更是责无旁贷。因此，必须加强学生体质与健康管理。学生体质与健康管理的基本要求是：

1.要建立健全组织机构

学校应在校长的带领下，由体育研究室和卫生部及班主任的协助下，建立组织，定期地对学生进行体检，并在工作计划里体现，具体的操作方法是在新生入校时或者毕业时进行全年的检查，主要针对学生的生理情况、体能情况、身体素质以及运动水平进行检测入档。

2.要建立各项管理制度

《学校卫生工作条例》规定："学校应当建立学生健康管理制度。根据条件定期对学生进行体格检查、建立学生体质健康卡片。"此外，还要建立体弱、伤残学生体育活动制度，开设保健康复体育（医疗体育）课，加强检测，切实增强他们的体质和健康。

3.学生的健康教育要加强

要加强对学生进行宣传健康教育工作，如疾病意外伤害的预防教育、营养与膳食卫生教育、公共卫生与环境教育、清洁卫生和生活习惯教育、青春期教育、心理卫生教育、性教育和艾滋病教育等。在宣传教育的同时也要开设健康教育的课程，另外，要加强对学生体育活动的训练，如开设游戏、讨论、表演、示范、参观和实验等多种方法可使健康教育丰富多彩，为学生所喜爱。

4.对学生档案进行归档

对学生体质与健康的档案应分班、分人进行整理，编写登记，然后汇入总登记册。要分年级、教学班定位陈列，以利于随时查阅。

5.对检查的结果进行评估

要对学生体质与健康进行经常性检查与评估，并对全体学生的体质与健康状况进行深入的分析研究，据此开展宣传教育，采取各种针对性的措施，改善学生的卫生习惯和卫生条件，增进学生健康。

（五）对课外活动的管理内容

课外体育活动是指学生在课堂以外的课余时间里，运用已掌握的练习方式和方法，进行锻炼身体，使其身心健康，提高运动技术水平和丰富业余文化生活为目的而进行的各种形式和内容的活动。课外体育活动是学校体育工作的重要组成部分，是实现学校体育目的的基本途径之一，也是实施素质教育的内容和手段，具有增强体质、培养终身体育意识和能力以及发现和培养优秀体育运动后备人才等诸多作用。

新中国成立以来，课外体育活动得到党和政府的高度重视，早在1951年7月政务院通过的《关于改善各级学校学生健康状况的决定》中就明确规定："学生每日体育、娱乐活动或生产劳动时间，除体育课及晨操或课间活动外，以1小时至1小时半为原则。"1964年8月国务院批转了教育部、国家体委、卫生部《关于中小学生的健康状况和改进学校体育、卫生工作的报告》，要求学校体育在保证上好每周2节体育课的同时，要坚持做早操和课间操，并安排好每周2次的课外体育活动。1982年，教育部在《关于保证中小学生每天有1小时体育活动的通知》中要求学校应开展多种课外体育活动，保证每个学生每天有1小时以上的体育活动，并要搞好学校课余训练，提高学生运动技术水平和成绩。1995年颁布的《中华人民共和国体育法》第二十条明确规定："学校应当组织多种形式的课外体育活动，开展课余训练和体育竞赛。"此外，1995年7月21日国家教委在《贯彻〈全民健身计划纲要〉的意见》中再次明确要求"要抓好体育课、早操、课间操、课外体育活动等学校体育工作的各个环节，保证学生每天能参加1小时的体育锻炼"。可见，课外体育活动在学校体育工作中的重要性和必要性。课外体育活动具有参与性广、自主性高、娱乐性强、选择性宽和社会性强等特点，其内容包括早操、课间操、课间体育活动、全校性体育活动、班级体育锻炼、俱乐部（协会）活动、运动队训练、运动竞赛、社区体育、家庭体育等。因此，加强学生课外体育活动管理，对于全面贯彻执行《全民健身计划纲要》《学校体育工作条例》以及《课程标准》等都具有重要意义，对于完善学生的体育知识技能，促进他们身心的健康发展，增强体质，培养终身体育能力，养成良好的生活习惯以及提高他们的适应能力等都具有重要的作用。

1. 对课外体育活动工作计划管理

课外体育活动工作计划是全校体育工作计划的一个重要分支，通过加强对课外体育活动的宏观调控指导，重视和加强活动的计划性，科学、合理地配置各种体育资源，促使课外体育活动能顺利、有序地进行，对达到学校体育预期目标具有重要意义。

课外体育活动计划主要包括全校性活动计划、年级活动计划、班级活动计划、俱乐部活动计划、“两操”活动计划和运动队训练计划、体育竞赛计划等。在课外体育活动计划的具体制定过程中，应根据学校体育工作计划的总体安排和预定目标，结合学校的实际情况和学生的身心发展规律及特点，科学合理地安排不同的活动内容和措施，并且与学校宣传、后勤等相关部门进行有效的沟通和合作，以确保计划具有全面性、针对性、科学性和可操作性。

2. 对课外体育活动内容管理

早操是指在早晨或上午第一节课前进行的体育锻炼活动，坚持早操活动有利于提高学生的身体机能、适应能力和健康水平，有助于形成良好的生活作息制度以及体育锻炼的习惯。它的目的是可以使学生保持良好的身心状态投入到更好的学习中，有效地提高学习的效率。早操的时间一般持续15~20分钟，运动负荷以中小负荷为宜。早操的内容较丰富，一般有广播体操、健身操、徒手操、保健操以及跑步、球类、太极拳等，学生可以根据自身的情况进行选择，可以以班级、小组或个人的形式进行。

课间操是我国中小学校最普遍、最有保障的一种课外体育活动形式，也是落实学生每天1小时体育活动的最重要措施之一。它一般安排在上午第二节课后的休息时间内进行，时间一般在30分钟左右，其运动负荷不宜过大，各校可以根据自己的实际情况选编活动内容，一般有广播操、徒手操、器械操、游戏、跑步、舞蹈等。课间操既锻炼了学生身体，消除学习中产生的疲劳，又使他们得到有效的身心放松，调整了心理状态，达到积极性休息，从而保证学生能以良好的状态投入到后续的学习中，提高学习效率。

3.对班级的体育活动管理

班级体育活动是指以班级为单位或将全班学生分成若干锻炼小组，在体育教师或班主任的指导和协助下，由班干部和各锻炼组组长带领学生进行的一种经常性的课外体育活动，它可以根据体育课教学内容、体育考试项目、学校传统体育项目以及学生的兴趣爱好选取活动内容。为了保证学生有充分的时间进行体育锻炼，不少学校把班级体育活动列入正式课表中，一般每周安排两次，每次一小时左右，其运动负荷以不影响学生的正常休息和学习为原则。

4. 对体育节、假日的有效管理

体育节一般有“体育周”和“体育日”（健康日）两种形式。“体育周”是集中利用一周下午的课外活动时间，组织各种宣传教育、锻炼、比赛等活动。如体育专题报告，体育讲座，体育知识竞赛、体育表演、比赛、体育游戏等。开展“体育节”活动应列入学校体育工作计划，成立临时性指挥机构，取得各有关方面的支持与配合，并做好充分准备。体育周结束后要做好总结工作。“体育日”一般是结合有意义的节日或体育形势（重大的国际、国内的体育活动)，利用一天或半天的时间，开展专题性的体育主题活动，进行体育教育和锻炼。一般可以组织全校性的活动，也可按年级、班组进行，充分发挥学生的积极性与创造性。

利用节假日组织开展各种体育活动。可以在校内进行，也可以到大自然中去组织进行。校内活动，可充分利用现有的场地器材等活动条件，尽可能满足学生的兴趣爱好。校外活动可组织郊游、旅行、登山、游泳、远足、野营等活动。在进行这一活动时，要加强领导，搞好组织工作，注意安全和卫生，防止伤害事故。

5.对全校性课外体育活动的管理

全校性课外体育活动是指作息制度以外的全校性的体育锻炼活动，如校运动会、各单项比赛、体育日、体育周等。体育日是利用一天或半天的时间开展主题性体育活动，一般可以结合重要的节日或国内外重大的体育活动来安排。体育周是利用一周的课外时间组织进行各种体育活动，其内容主要有体育知识讲座与竞赛、体育表演、体育比赛、体育游戏以及各种形式的体育与健康知识的宣传等。这两种活动的参与性较广，内容丰富，不仅是针对学生，全校教师和家长都可以参与其中，形成较好的运动氛围。校运动会是最常见的一种全校性课外体育活动，其内容设置广泛，规则性较强，开展时间相对比较固定，具有较强的规则性和竞技性。此外，学生也可以通过参与各种单项比赛提高自己的专项运动技术和能力，更好地形成运动兴趣和习惯。

6.对课外运动训练的管理

课外运动训练是利用课余时间，对部分具有较好运动能力和运动潜能的学生进行系统的业余训练，充分挖掘学生的运动才能，提高运动技术、技能水平，培养良好的心理品质，并以提高运动成绩为目的的一种专门性教育过程。它以身体训练、技术训练、战术训练、心理训练、思想意志品质训练以及比赛和测试为主要内容，具有业余性、基础性、广泛性、针对性、专门性等特点。

课外运动训练不仅能为国家发现和培养优秀的体育后备人才，还能活跃和丰富学校的课余文化生活，培养体育骨干和积极分子，带动学校课外体育活动的发展。对课外运动训练的管理应建立和严格执行以下规章制度：训练制度，奖励制度，比赛制度，教练员责任制，学习检查制度，档案制度。

(六) 课余运动训练的内容和竞赛

课余运动竞赛是指在课余时间内，在校内或校外开展的各种形式、目的和性质的学生运动竞赛活动。它不仅能发挥学生的运动专长和技战术能力，发现和培养竞技运动后备人才，提高学生的运动激情，也是体育教学和课外体育活动的重要组成和形式，并在一定程度上反映出了体育教学的质量。

1.课余运动训练的内容

课余运动训练是指利用课余时间，教练员对部分在体育方面有一定才能的学生进行系统的训练，全面发展他们的身体，不断提高专项运动成绩，培养体育骨干而专门组织的一种教育过程。它是全面贯彻我国教育方针实现学校教育目标和体育目标的一项重要措施，也是我国体育运动普及与提高的中间环节。课余运动训练的组织形式有学校运动队、体育传统项目学校、基层运动训练点、体育运动后备人才试点校和青少年体育俱乐部。课余运动训练管理是对学生而进行的，在管理中有以下基本要求：

(1) 对竞赛组织机构及领导的管理。在校内开展的各项运动竞赛的组织机构应以主管学校体育工作的校领导为第一负责人，相关部门和人员应积极配合，并由体育教研室和体育教师做具体的实施和安排。

(2) 根据学校的需要和实际条件、学生的整体运动水平和能力以及体育教师的组织竞赛和裁判能力等，制订切实可行的全校性、年级性竞赛计划和竞赛内容。

(3) 加强对运动竞赛的宣传工作，动员和鼓励更多的教师和学生参与其中。

(4) 做好充分的赛前准备工作，包括组织方案、竞赛规程、人员安排和职责分工、比赛场地和器材、设施的配备等。

(5) 在竞赛过程中注意对场地、器材的专门管理和检查，确保竞赛的安全性。

(6) 在竞赛过程中加强对裁判、观众和比赛秩序的管理。

(7) 把课余体育竞赛纳入课余体育训练之中，使竞赛为促进、检查指导课余体育训练工作服务。

(8) 加强教育部门与体育部门的紧密配合，处理好学校课余体育训练与体委业余体育训练之间的关系，课余体育训练与整个体育运动训练之间的关系，处理好运动训练与文化学习的关系，运动队训练与课外体育锻炼的关系，使参加训练的学生得到全面发展。

2. 课余训练竞赛

课余训练竞赛是指利用课余的时间，组织学生参加运动项目，这些运动项目以游戏的形式展现出来的比赛活动。课余体育竞赛是学校课外体育的重要组成部分，是推动学校群众性体育运动广泛开展，增强学生体质和提高运动技术水平的重要措施。

(1) 组织者。

学校组织和开展运动竞赛工作，应在主管体育工作的校长直接领导下，由各有关部门和人员 [体育教研组 (室)、总务处、卫生室、共青团、学生会等] 参加，组成相应的机构来负责组织领导体育竞赛工作。

(2) 基本要求。

课余运动竞赛的基本要求包含：①明确课余运动竞赛的宗旨；②宣传教育工作；③坚持竞赛的业余性和经常性；④依靠领导与组织，发动群众、培训骨干；⑤课余运动竞赛要与课外体育锻炼密切结合；⑥厉行节约、勤俭办竞赛。

(七) 体育教育管理的科学研究和信息管理内容

1.学校体育科研管理的内容

加强学校体育科研管理的目的在于有效地组织开展学校体育科研活动，提高科研管理水平，调动广大体育教师体育科研的积极性，提高科研效率；获得更多更好的科研成果，促进学校体育事业的发展。

学校体育科研管理的基本内容有：①制定体育科学技术政策；②选择制定体育科研计划；③科学地组织学校体育科研队伍，并按科研工作需要和个人能力组织科研人员；④建设相应的研究室、实验室、课题组；⑤为学校体育科研工作提供必要的物资条件；⑥提供体育科研工作所需的图书与情报资料；⑦加强研究人员的培训工作；⑧组织成果鉴定、推广和评奖。

学校体育科研组织管理制度，包含的内容有：①设立学校体育科研机构。学校体育科研机构的设立随科研项目、课题的来源不同而不同。一般应由科研项目、课题批准部门作为最高管理部门，学校科技处 (社科处) 和体育教学部 (室) 均应根据学校有关科研管理政策加以管理，项目、课题负责人为具体管理者。②明确学校体育科研职责。学校体育科研职责权限，同样因项目、课题的来源不同而不同。但主要职责应由项目、课题负责人承担，并对研究成员进行具体分工。但是任何体育科研课题都需要划分为课题前期管理、中期管理和后期管理三个阶段。各阶段的管理要求也有所区别，前期管理要准，中期管理要紧，后期管理要狠。③建立学校体育科研管理制度。制定学校体育科研工作管理规定，一方面是为了保证项目、课题任务的顺利完成，另一方面也是鼓励和约束广大体育教师自觉主动地参加体育科研工作的需要。除了按照国家、地方科研管理部门颁布实施的有关科技法规，制定本单位的相应规定之外，还可以结合学校人事分配制度改革（岗位津贴），制定体育教师岗位职责和体育科研工作任务，明确科研奖惩管理规定。

2.体育教育的信息管理

学校体育信息管理是指对学校体育各种信息的收集、加工、利用和储存的一系列活动过程。学校体育信息的主要表现形式是反映学校体育发展状况与趋势的情报、资料。例如体育教学档案，学生体质测定，业余运动训练的各种资料、数据，学校各种体育活动和竞赛活动的情况记载、成绩记录，体育教师科研情况及科研成果，有关学校体育发展状况的各种统计资料、报表，以及各种体育报刊等。学校体育信息管理应加强对各种信息的收集、汇总、加工、处理、分析、储存与传递，使之形成相互协调、密切结合的运转机制。还应创造条件，逐步推广运用电子计算机，建立一个“灵敏，准确、及时、适用”的学校体育管理信息系统。在学校体育信息管理中要做好体育管理的统计工作，如体育统计报表是按照国家或上级统一规定的表格形式、内容、上报时间和报送程序，定期向国家或上级报告计划执行情况和重要体育工作情况明一种报告制度。它是获取体育信息的重要来源和渠道。

体育管理统计的具体工作，主要是收集并记录、整理和分析有关体育事业的各种数据统计资料，为各级体育领导决策研究提供可靠依据，对国家体育事业的发展状况做出客观的反映，对各项体育政策、计划、措施的执行情况进行检查和监督。体育统计与报表要及时、准确、系统、齐备。它要求建立严格的规范，包括报表的格式和指标体系，建立和完善统计组织体系。学校体育的统计与报表按照原国家教委发布的《教育统计工作暂行规定》实施。体委系统所实施的统计与报表制度，也包括学校体育工作的某些指标与数值，如《国家体育锻炼标准》达标率，经常参加体育活动的学生人数，体育传统项目学校布局情况和学校参加业余训练的运动队数与运动员数等。

(八) 对教育者管理的内容

1. 对管理者的管理

主要针对的是教育行政部门中分管体育教育的领导或体育教育部门领导，以及在学校分管学校体育工作的专职或兼职行政领导和体育教研室的主要负责人，他们对体育教育的决策、实施和规章制度的建立具有宏观指导性和监督性。所以，对他们的管理首先应是使他们具有对体育教育工作的责任心和事业心，以及一定的领导才能和体育教育、体育教育管理的专业知识。其次，明确各自的管理职责和权力范围，并制定相关的I作和管理制度。再次，建立、健全考核和选拔制度，并以适当的奖惩形式激励个人的主观能动性和体育教育管理综合素质及能力的提高。

2. 对教师的管理

(1) 体育教师管理的主要内容主要有：①教师队伍规划。在科学预测的基础上，对体育教师的数量和结构制订长远的、全面的发展规划。内容一般包括对现有体育教师的数量、结构、能力等各项指标的分析，通过科学预测，确定各项规划指标，制订实现规划的措施。②教师编制。根据学校规模和规格、体育教育任务，制订岗位规范，确定体育教师配备数额，制订合理的编制。③教师使用。按照用其所学、用其所长、量才使用的原则，根据学校体育教学、训练、科研等项工作的需要，对体育教师进行合理的组织，调配和激励，最大限度地发挥每个体育教师的才能。④教师培训。教师培训包括岗位培训和在职培训，前者指按照岗位工作的需要和人员素质的要求，对体育教师进行的一种有目的、有组织的培训活动，使之获得从事本岗位工作所必需的基本知识和技能，更有效地开展本职工作，后者是一种在不脱离原岗位职务的条件下参加学习和培训的形式，通常采用指定专人传、帮、带，业余时间自学或进函授学校、夜大学、电视大学进行脱产与半脱产的学习等方式。⑤考核和晋升。建立、健全体育教师的岗位责任制、教师工作量制度、业务档案管理制度和考核奖惩制度，为体育教师考核工作的制度化、规范化打下基础，并在全面考核的基础上做好体育教师的晋升工作，以达到合理使用人才的目的。

（2）体育教师队伍规划主要包括：①教师队伍的数量；②教师队伍的质量；③教师队伍的结构；④师资队伍的培养；⑤要健全考核制度，做好考核工作，提高管理水平。

学校教师队伍建设的目标一旦确定，就应当要求有实现规划目标的具体措施；要把好选录教师的"进入"关，做好教师的补充工作；做好中青年教师的培养工作，分别提出培养的方案、措施。要做好教师队伍的调整工作，要加强学术梯队建设。

（3）体育教师的培训内容有：短期培训班、教材教法合格证书培训班、专业合格证书培训班、学历证书班（包括中师班、大学专科班、大学本科班）、助教进修班、研究生班以及岗位培训等。培训方式主要有脱产、半脱产、函授、电大、夜大以及自学等。

（九）对体育教育的财务管理

1. 对体育教育管理的物质条件概括

体育教育物质条件主要包括体育场地、体育器材和体育教学设备等，它们是体育教育实施的基本物质保证。对体育场地、器材和教学设备的管理能较好地提高它们的利用率、使用寿命以及整体作用，使体育教育能用最经济的成本换取最大的效益。在《学校体育工作条例》中指出："学校的上级主管部门和学校应当按照国家或者地方制定的各类学校体育场地、器材、设备标准，有计划地逐步配齐。学校体育器材应当纳入教学仪器供应计划。新建、改建学校必须按照有关场地、器材的规定进行规划、设计和建设。"另外还强调"学校应当制定体育场地、器材、设备的管理维修制度，并由专人负责管理。任何单位或者个人不得侵占、破坏学校体育场地或者破坏体育器材、设备"。对体育场地、器材和教学设备的管理应做到：

（1）合理规划构建，并挖掘和开发各种体育场地、器材和教学设备的潜在作用，加强综合运动区的开发和建设。

（2）建立完善的体育场地、器材和教学设备的使用规定和管理办法，并安排专门人员进行日常管理和定期、科学的维护和保养。

（3）合理布局，优化配备，提高物质条件的使用率。

（4）做好器材和教学设备的借出及归还登记，管理者与归还者应当面清点和检查体育器材、教学设备的数量和质量，发现遗失或损坏可及时按规定要求赔偿或维修。

（5）根据学校规模的扩大速度和程度，以及器材和设备的正常使用磨损情况，进行定期清查并及时做出修复或补充计划，上报体育教研室和上级有关部门。

(6) 加强对体育场地、器材和教学设备的安全性检查，避免伤害事故的发生。

(7) 加大正确、安全使用场地、器材和教学设备的宣传和教育，动员更多的使用者能自觉保护和合理使用这些物质条件。

此外，有条文规定："各级教育行政部门和学校应当根据学校体育工作的实际需要，把学校体育经费纳入核定的年度教育经费预算内，予以妥善安排。地方各级人民政府在安排年度学校教育经费时，应当安排一定数额的体育经费，以保证学校体育工作的开展。国家和地方各级体育行政部门在经费上应当尽可能对学校体育工作给予支持。国家鼓励各种社会力量以及个人自愿捐资支援学校体育工作。"对体育经费进行管理时应始终以节约为基本原则和指导，制定科学、实事求是的管理目标、任务和方法。另外，加强对体育经费使用的预算及创收设计。严格执行国家和学校的财务制度，规范个人和部门对经费的使用行为。

2. 对体育教育经费的预估

学校体育经费的预估，一般只是按照年为计算单位，来预估关于体育项目的各项收支情况。主要内容包括：①国家和学校有关的财政制度；②指导思想是年度学校经费预算；③内容要求是学校经费预算；④财务分析是上年度收支情况；⑤本年度开展学校体育工作所需要的经费预测或者与上年度相比主要增减的项目；⑥本年度学校体育自我创收经费估计；⑦熟悉预算科目和预算表格。

体育教学部 (室) 在体育经费的使用和管理中，应当严格执行国家和学校制定的财务制度与经费使用办法，应本着勤俭节约的原则依据财务管理的规定和权限，履行相应的报批手续。

(十) 对场馆、器材管理的内容

学校体育场地、器材设施管理是加强学校体育物质保证的重要环节。在其管理过程中，只有做到按计划购建、合理保管、及时供应、充分利用、科学保养、修旧利废、余缺调剂，才能有效地发挥体育场地器材的最大效用。国家有明文规定：学校的上级部门和学校应当按照国家或者地方制定的各类学校体育场地器材、设备标准，有计划地逐步配齐。体育器材应纳入教学仪器供应计划。新建、改建学校必须按照有关场地、器材的规定进行规划、设计和建设。

1.学校体育对场地设施的管理

(1) 管理制度与使用计划。

管理制度包括学校场地使用规定、场地管理人员岗位责任制、场地目标管理条例等。使用计划主要指场地修建维修计划、教学、训练、锻炼、竞赛使用计划、经费预算等。体育场地必须由专人管理，可根据各学校场地的大小，按情况决定管理员工数量。

(2) 对场地保养和维护。

首先，要保证场地的安全性，如足球场地坑洼不平的地方要进行修复。跑道上的石块要清理干净，保证跑道的平整。单杠等一些健身器材要定期检查，拧紧螺丝。游泳池要订立专门的安全守则。做到悉心检修体育场地设施，保证场地的标准化使用，并做好防火、防盗等安全保卫工作；其次，还要延长场地设施的使用寿命。

(3) 加强管理。

在保证开展学校体育各项活动正常使用体育场地设施的前提下，可向社会开放体育场地，扩大学校与社会的联系交往，提高场地使用率并适当提高其经济效益，但必须加强管理，统一安排。

(4) 场馆的清洁卫生与环境美化。

学校体育场地设施的优化配备，以及良好的环境条件，是促使学校体育管理目标顺利实现的重要因素之一。

2.对体育器材的管理

(1) 体育器材的保管。

学校体育器材应设专人进行管理，应对所有体育器材的种类、名称、性能、用途、数量、单价、金额和存放地点等登记编号，分类编制目录、设置账卡、详细记载。对购入、自制、领用、借用、变价、调拨、报废、报损、盘亏等严格进出手续，保持账目与物品、卡片相符。管理部门应设置"固定资产明细账""材料明细账"和"低值易耗明细账"三本账簿，对体育器材实行统一、严格、有序的管理。

(2) 体育器材的使用管理。

要建立体育器材设施使用的规章制度，并设专门机构及人员负责严格执行和遵守规章制度。对体育器材的领用和借用，要认真履行借领手续。归还时，管理人员应和借领人员一起检验物品的数量与质量，如有损坏，要严格按规定赔偿或修好后方可归还；体育器材使用过程中，要经常检查清理，除进行数量的清点外，还要检查器材使用、维修情况，检查有无长期闲置或损坏的器材，对闲置或积压的器材设施可变价处理；对使用不当或保养不当而导致损坏的器材可先行修理，对已损坏且不能修复的器材及时报废或报损，以防止使用中发生事故。

(3) 定期对器材保养。

定期保养体育器材可以大大延长器材的寿命，还能保证器材的使用质量。一方面，不同器材的维修周期不同，一些比较耐用的器材，维修周期可以长些，可以以月、季、学期为标准，一些损耗较大的器材维修周期要短些，以天、星期为标准，另外一些损耗特别严重的如乒乓球、羽毛球则要以一节课为标准。另一方面，为了防止和学生自带的器材发生混淆，可在学校的器材上留下标记，以便区分。

(4) 要定期对器材进行补充。

由于器材有必然的损耗，一种是使用过程中的正常损耗所导致，另一种则是由于个别学生的恶意破坏导致，这就要求教师对学生要严格要求，给予正确的指导来尽量避免。另外，在器材补充当中，被淘汰的器材要集中存放。补充器材要根据需要，不要造成浪费。

(十一) 对体育教育的成效管理

对体育教育科研成果和信息的管理能有效地开展各种体育教育科研活动，提高对体育教育科研成果和信息的使用和获取效率，从而利于提高体育教育整体科研水平、个人科研能力及体育教育的发展。对体育教育科研成果和信息的管理应做到：

(1) 建立科学的管理制度，设立专门的体育教育科研组织及信息收集机构，配备专门的管理人员，明确每个部门和管理者的工作职能和目标，并加强相互之间的联系。

(2) 制订体育教育科研计划，根据科研领域和信息类型、个人专长划分课题小组或研究室。

(3) 结合现代信息管理和统计技术、方法，加强对各种科研成果及信息的收集、分类、汇总、处理、分析、储备及传播、共享机制。

(4) 及时做好体育科研成果和信息管理的整体分析工作，保持优势，弥补缺陷，完善发展，以简单、明了的形式向上级主管部门做出详细和深入的汇报。

(5) 配合使用奖惩管理方法。

二、体育教育管理组织形式

建立与健全体育教育管理体制是保证政令畅通、充分发挥各方面积极性的重要措施，也是为体育教育提供组织保证的重要措施。我国现行的体育教育管理体制可分为政府行政部门、社会体育组织、校体育组织三个方面。我国体育教育管理的组织机构设置具体如下图所示。

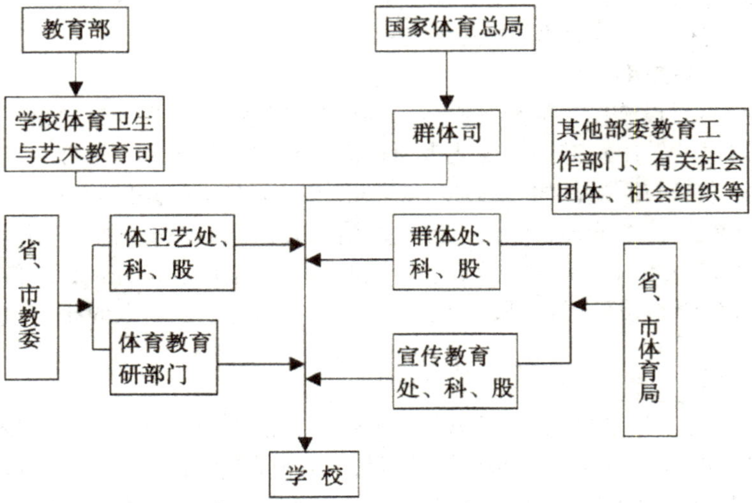

我国体育教育管理组织机构设置

(一) 政府的相关部门

1.各级教育行政部门的设置

教育部学校体育卫生与艺术教育司是全国各级各类学校体育工作的最高行政领导机构，负责领导、监督、检查学校体育的总体工作。具体职责是：制定学校体育总体发展规划和总目标；制定学校体育工作的方针、政策及有关的规章制度、管理办法、督促检查贯彻落实情况；审批和颁布体育教学大纲和体育教材；制定学校体育人员编制、经费比例；培训体育师资、卫生人员；领导和组织全国学生运动会，组织参加世界性学生体育竞赛；指导学校体育教育科研机构及社会团体的业务工作；组织学校体育发展战略研究，开展国际性体育学术交流。

各级教育行政部门，均设有相应的体育管理机构，省、直辖市、自治区教育部门设有体育卫生处；市、地、县教育行政部门设有体卫科、股，乡（镇）一级教育行政部门也配有体育专职干部。

我国各地的高等院校 [大学、师范大学（学院）、教育学院、体育学院、师范专科学校]，中等师范学校、教育（学校体育）科研所是我国学校体育教育、科学研究的主要机构。它们担负着培养和培训体育教师及体育管理人员，编写学校体育教材及有关专著，开展学校体育教学、科学研究等工作的任务。

2.地方对学校体育管理的部门

国家体育总局群众体育司设有专门的学校体育管理部门，协同领导和组织全国学校体育教育工作。其他有关部委也设有专门管理学校体育工作的机构和人员。各级地方体育局、局委也相应设有学校体育工作的机构和人员，负责管理学校体育工作。

（二）社会体育组织的内容

我国学校体育的社会组织是由学术研究团体和学生体育团体构成。学校体育社会学术团体是中国教育学会学校体育研究会及中国体育科学学会学校体育专业委员会。前者属于教育部门的社会团体组织，后者属于体育部门的社会团体组织。各省、市、自治区，地、市、县教育部门或体育部门一般也设有相应的学校体育的研究组织。它们负责开展学校体育学术交流活动；组织有关学校体育现状及发展重点科研课题的研究，普及及宣传学校体育工作，开展学校体育工作的调查研究，向教育、体育行政管理部门提供咨询材料及合理化建议，举办各种培训班及学习班，组织出版和推广有关学校体育书刊及科学研究成果，开展学校体育国际学术交流活动等。

学生体育团体有全国大学生体育协会和全国中学生体育协会两部分。全国各地也相应地建立了大学生体育协会和中学生体育协会，其基层组织是大、中、小学的学生体育协会或学生体育俱乐部。学生体育团体的任务是：第一，组织学生参加体育锻炼，增强学生体质；第二，有条件地选拔学生参加课余体育训练，发现优秀体育人才和培养优秀体育后备人才；第三，组织全国性大、中学生体育竞赛，进行学校课余体育训练工作的评估及培训各级各类学校负责训练的体育教师；第四，承接世界大学生、中学生体育协会有关比赛任务，参加世界性学生体育比赛和体育交流等。

此外，我国各社会团体（工会、共青团、妇联、青联、学联等）和体育组织（中华全国体育总会及所属各单项运动协会、中国体育科学学会等）均设有对体育教育进行指导、研究和协助管理学校体育工作的机构或组织。这些团体在全国也都有相应的机构，它们接受上级的领导，在全国和各地的学校体育工作中发挥自己的作用。

（三）学校体育组织的内容

1.学校体育管理的人员结构系统

（1）校长或副校长的职责。

作为学校的领导者，其具体职责有：第一，提出学校体育工作的总目标、制定学校体育工作计划；第二，加强对体育教研室（组）和体育教师的领导；第三，经常深入实际，检查体育教学和课外体育活动；第四，根据学校的规模与结构、配备体育教师；第五，关心体育教师的生活，帮助他们提高政治思想和业务水平；第六，加强体育宣传、明确体育在学校教育中的地位和作用，动员全体教职工关心学生健康；对学校的体育工作提供必要的物质保障；第七，充分依靠共青团、少先队、学生会组织，协同一致搞好学校体育工作。

（2）教导处或体育卫生处的具体职责。

其具体职责是：在校长授权下，管理全校体育工作；配备体育教师，推荐体育教研室主任，提交校长任命；安排全校的体育教学和课外活动时间表；督促检查日常体育工作研究教改措施；安排体育教师进修，不断提高教师的思想业务水平：组织学生进行体格检查和体质测定；审查学校体育工作计划。

(3) 总务处的具体职责。

其具体职责是：合理安排体育经费，购置必要的体育设施和器材；负责场地建设和维护、设备维修；教育后勤人员支持体育工作，做到服务育人。

2.学校体育管理的分配系统

学校体育工作骨干，包括教研组（室）的体育教师、医院（医疗所、卫生室）的保健教师以及班主任、辅导员，其职责具体为：①体育教研室（组）具体负责全校的体育工作；②体育教师是学校体育工作的具体执行者，他们的工作直接关系到学校体育任务的完成情况；③班主任是班级的组织领导人，对学生的全面发展负有直接责任。

他们的主要任务是：按照体育工作计划的具体要求实施；组织学生体质健康检查和评价工作；完成学校体育教学任务；组织学生参加课外体育活动；安排好课外运动训练工作；组织学校运动竞赛；积极开展学校体育宣传、教学和科学研究工作；组织体育教师进修与提高业务水平；及时总结经验，定期向学校负责体育工作的领导小组汇报。

3.学生体育活动组织系统

学校少先队、共青团、学生会、学生体协（体育俱乐部）是开展学校体育工作的主要活动组织。学校体育工作开展得是否活跃，与学生组织对体育工作的参加、管理有直接关系。其主要职责和任务是：①根据学校及体育教师的有关工作安排，积极组织学生参加各种体育锻炼，运动训练活动。②积极做好学校体育的宣传工作。③在体育教师指导下，组织各种丰富多彩的体育活动，积极开展班级之间的体育竞赛，并热情为同学服务。④选拔学生组织中体育优秀人才，担任体育干部，积极参加学生体育的组织、管理工作，以发挥团、队组织的骨干作用和模范作用。

第四节　体育教育管理的实施

一、体育教育管理实施方法

(一) 政策法规管理法的实施

政策法规管理法是指运用国家对于开展体育教育工作所颁布的各种有关的法律、法规、法令、条例、决议、规章制度等实施管理的方法。

体育法规具有强制性、稳定性等特点，同时也具有规范性和统一性的性质，它有利于维护正常的体育教育管理秩序，确保体育教育工作应有的地位，以促进各项体育教育活动的健康发展。比如:《中华人民共和国体育法》《学校体育工作条例》《学生体质健康标准》《全民健身计划纲要》等。另外，国家体育总局颁布的《运动员技术等级制度》《裁判员技术等级制度》《体育运动竞赛制度》等对体育教育活动同样具有法规效力。

(二) 行政管理法的实施

行政管理法是通过有关部门发布指令、规定、条例等方式，运用行政组织和机构的职能与手段，对各种形式、性质、目的的体育教育实施宏观管理的方法。它具有权威性、指令性、强制性和针对性等特点，能有效地发挥体育教育管理活动所具有的组织、指挥、协调、调控和监督的作用。

(三) 教育管理法的实施

体育教育的最终目的和职责是“育人”，因而对体育教育的管理也应以教育为主、以教育为最高要求和目的。教育管理法是通过教导、劝说等方式，做到说服、教育，并根据教育对象的实际情况和所处环境，有针对性地采用不同的教育方式达到体育教育管理的目标。

(四) 目标管理法的实施

目标管理法是指根据体育教育工作的有关规划及要求，结合教育对象和实施环境的实际情况，确定不同阶段体育教育工作的目标，并通过检查目标的实施和完成情况而进行管理的方法，这种管理方法比较适合于对体育教学、体育竞赛、课余运动训练和课外体育锻炼等活动的管理。

(五) 奖励与惩罚的实施

该法主要是对体育教育目标的完成情况和过程做出价值判断，并根据判定结果和实际状况给予不同的奖励或惩罚的方法。它是对业绩的表扬以及激励，对体育教育工作具有推动作用。而对成绩较差或者出现错误的进行批评或者做出适应的处罚。在运用时应做到实事求是，公平、正确、公开、公正，奖励与处罚一定要恰当并符合实际。

二、体育教育管理的分配

(一) 体育教育宏观结构

在我国对体育教育具有最高领导权的机构是中华人民共和国教育部，它也与国家体育总局有关部门协调配合对体育教育发挥领导作用。其中，在教育部下设了体育卫生与艺术司，主要负责对全国各级学校的体育教育、卫生、艺术工作进行宏观管理。国家体育总局群众体育司下设的青少年体育处则能对全国学校学生的业余体育训练、竞赛和体育后备人才的培养施行管理和安排。在地方，各省、市、自治区、直辖市、县教育行政部门均设置体育卫生工作管理机构及专门的管理人员和工作制度。

(二) 体育教育微观结构

1.学校体育教育主管领导的职责

根据国家相关要求，学校体育工作必须列入学校工作计划当中，各级各类学校的体育教育工作都应由校长或一名副校长主管，其主要职责是：

(1) 按照上级主管部门的要求以及学校实际情况，制定学校体育工作的目标和要求，并决定重大的体育教育活动。

(2) 加强宣传，切实保证学校体育各项活动的有序、正常和科学开展。

(3) 协调学校体育与学校其他教育工作的关系，明确学校体育的工作职责和地位，并形成相互促进、相互监督的整体工作机制。

(4) 指导制定各种具体的学校体育工作计划和规章制度，加强对体育场地设施建设和各项体育经费使用的科学、合理规划。

(5) 重视体育教师队伍的建设。

2.各级学校教导处的职责

教导处能对全校各学科的教学工作和全校教学工作整体安排具有一定的管理和监察职能，它对体育教育的管理职责具体表现为：

(1) 配备和加强体育师资力量。

(2) 对体育（与健康）课程和课外体育活动的开展时间进行统筹安排。

(3) 检查、监督并敦促日常学校体育工作。

3.体育教研室的职责

体育教研室的主要职责有：

(1) 根据国家和上级教育和体育主管部门的要求，以及学校工作计划和发展需要，制定切合实际的各项学校体育工作计划和规章制度。

(2) 对各种具体的教学工作计划进行审批、监督和检查。

(3) 组织学校的早操、课间操和课外体育活动，结合实际组织开展各种课余训练和比赛。

(4) 组织教师集体学习和研究体育教材、教法、教学组织管理、教学评价等，加强教学研究活动和学术研讨交流，提高教师的专业素质和科研能力。

(5) 协助学校相关部门做好学生定期身体健康测试工作，积极推行《学生体质健康标准》。

(6) 协助做好体育场馆和器材以及教学设备的购置、维护、使用、保管和维修工作，对体育经费的使用做到透明、公开、合理。

(7) 加强对体育教师的政治教育和业务培养，以及对体育骨干教师的选拔和培养。

(8) 与学校教务、人事等部门配合，制订合理的体育教师配备计划，并对体育教师进行公正、客观和准确的考核。

4.体育教师的职责

体育教师对体育教育实施管理的职责主要有：

(1) 根据学校的工作计划及教研室工作计划，制订各项具体教学活动计划，并报教研室审核。

(2) 学习和领会《课程标准》，认真钻研教材，充分做好上课准备，不断研究和改进教法，并及时做出课后总结，提高教学水平和质量。

(3) 切实组织好课外体育活动，认真实施《国家体育锻炼标准》，并积极做好运动训练和竞赛工作。

(4) 协助校医进行学生体质测试工作，并对学生综合体质进行及时、准确的评价和分析。

(5) 做好体育宣传工作，积极培养体育骨干，充分发挥他们的榜样性和典型性作用。

(6) 加强教学科研能力，积极从事体育教育学术研究活动。

第五章 体育教育的评价理论研究

体育教育评价是以体育教育为对象，对教育效果进行的价值判断，即指依据教育目的对体育教育过程及效果进行判断，以提供体育教育反馈信息，实现导向、激励、竞争、协调、控制、管理等方面功能的过程。它能为体育教育提供及时的信息反馈，便于对教学和学习过程进行监控、调整和完善，以提高体育教学质量和学习效率。主要运用于对体育教育行政管理工作、体育师资队伍、体育教学工作、体育场地设施、体育学习效果、课外及校外体育活动、体育教育成果与科研能力等方面进行评估和检测。体育教育评价是检验体育教育活动是否有效或成功的过程。

第一节 体育教育评价的基本意义

一、概念及其基本特点

(一) 体育教育评价的概念

评价通常是指对事物价值高低的判断，包括对事物的质与量所做的描述以及在此基础上做出的价值判断，是一个运用标准对事物的准确性、实效性、经济性以及满意度等方面进行评估的过程。自19世纪末开始，西方一些教育家和心理学者为了适应社会对人才培养的需求，在教育科学化运动的推动下，借助教育学、心理学、统计学等学科知识和研究方法，对学校的传统考试进行了改革：他们力图用客观的评定标准排除试题编制的片面性和评定的主观性，大力提倡客观性的测验，进而使客观性测验标准化，成为可信的教育测量，这种新型的教育测量方式在扭转和改变注重考试的客观化、定量化与标准化等方面取得了重要的进展。之后，在20世纪30年代，在艾金的领导下，为了改革旧教育，美国进步主义教育联盟根据时代的要求，以全面发展为目标设计了一套新的课程及教育体系，在1933~1941年的八年间选取了七所大学、三十多所中学进行实验，这就是美国教育史称的“八年研究”。为此还成立了一个由泰勒负责的评价委员会，该委员会于1940年指出评价教育效果不能只测量学生的某些能力和特征，而应根据教育目标全面评价学生发展成长的进程和水平，认为评价对实验的成功起了重大的作用。这为之后各国教育评价的改革和发展提供了借鉴和依据，是现代教育评价的开始。

自1957年苏联人造卫星发射成功后，各国开始着重关注苏联的教育方式，与此同时，各国大力发展、改革和提高教育质量，日益重视对教育的检查和教育效果的评价。从此，教育评价受到世界各国的高度关注，并把教育评价的技术水平作为衡量一个国家教育发展水平的重要尺度。

教育评价是根据一定的教育目标，运用有效的技术手段，对教育活动的效果和影响进行判断，改善和优化教育活动的过程。换言之，教育评价是指按照一定的价值标准和目的，对教育活动的发展变化及构成因素所进行的检查和评定。在教育评价形成系统学科的今天，体育教育评价也引起了广泛的重视。体育教育评价是以体育教育为对象，对教育效果进行的价值判断，即指依据教育目的对体育教育过程及效果进行判断，以提供体育教育反馈信息，实现导向、激励、竞争、协调、控制、管理等方面功能的过程，其目的是为制订科学的体育教育决策和更好地发展体育教育提供依据。体育教育评价的实施必须遵循目的性原则、客观性原则、统一性原则、全面性原则、发展性原则等原则。

(二)体育教育评价的基本特点

1. 全面性

体育教育评价是一种特殊的综合检查和总结活动，它是对体育教育及其过程进行全方位、多角度、多层次的一种检验、反馈和调控活动，是一项有组织、有计划、有目的的综合性活动，并涉及体育教育主管领导、体育教师、学生、体育教育环境、体育教育条件、体育教育效果以及组织、实施和管理等诸多方面。

2. 指导性

体育教育评价是按照一定的教育目标，确定一定的标准，通过搜集、整理各种资料，经过对体育教育活动效果存在的不同性质影响的各种因素进行分析与综合，形成最后的结论，并以此为体育教育的一系列活动提供科学有效的指导，它能明确地反映出体育教育的评价理念、方法和措施、发展趋势等，引导体育教育的调节、改善和发展。

3. 全体性

体育教育评价具有鲜明的动态性和差异性，是一项多方参与的群众性的工作，需要评价者与被评价者之间相互密切合作，同时要动员与之相关的人员共同参与，共同参加检查、评估和总结，这样才会产生真实、准确、客观、全面的评价效果。

4. 综合性

体育教育评价的过程是测量教育效果的过程，同时，也是对各种评价信息进行综合研究的过程。在评价过程中，根据评价的标准和目的，用一系列的手段和方法采集、整理和分析信息。由于不同的意识形态和价值判断标准，人们必然会对这些研究信息产生不同的看法和观点，这能进一步地推动人们去进行深入的思考、分析和探讨，从而可以有效地促进体育教育的研究与发展。

二、体育教育评价范围与内容

(一)体育教育行政管理工作

对体育教育领导工作的评估，主要看领导对体育教育工作的重视，能够全面统筹管理各种体育教育活动，以及在人力、物力、财力等方面给予必要的支持和保证。就学校体育教育而言，对体育教育管理工作的评价内容主要有：

(1) 学校是否把体育教育工作纳入议事日程，定期研讨体育教育工作，使之成为学校教学研究的重要内容，并有切实可行的具体发展规划。

(2) 是否有领导专人负责体育教育工作，并经常参与调查和研究学校体育教育工作，解决出现的问题和不足。

(3) 学校对体育师资队伍的培养、管理与使用情况。

(4) 学校是否加大体育经费投入，保证体育经费的合理需求，是否保证体育场地、设备和器材能满足全校体育课和课外体育活动的开展。

(二) 体育教学工作

体育教学工作评价应围绕在教学计划的运行过程中存在的问题与不足，以及最终的教学效果而开展，主要涉及以下几个方面：

(1) 教学工作计划的相关文件是否翔实、齐备。

(2) 实施体育教学过程中是否结合学校的实际情况，做到区别对待。

(3) 岗位职责与分工是否明确。

(4) 是否重视对体育教学的改革和创新，并不断提高教学质量。

(5) 是否定期或经常组织开展体育教研活动，包括公开课、优质课、教学观摩与教学检查、教学研究成果讨论等。

(三) 体育师资队伍

对体育教师队伍的评价应从教师的事业心和工作态度、职业道德、专业文化素养、教学能力及其他业务水平，结合年龄结构、学历结构等方面进行，其内容主要有：

(1) 学校是否按照国家教委的有关规定合理配置体育教师。

(2) 现有的体育教师队伍能否保证学校体育教育工作的正常进行。

(3) 学校是否有完善的体育教师队伍管理措施，是否有切实可行的体育教师培训进修工作计划，并能有组织、有计划地落实到位。

(4) 体育教师的地位是否得到尊重，其工作待遇等是否与其他学科教师同工同酬，体育教师队伍是否稳定。

(5) 体育教师队伍是否具备合理的人才结构。

(6) 是否能对体育教师的科研水平、能力和成果进行定期或经常性的检查与总结等。

(四) 体育场地设施

体育场地设施应按国家的相关要求配置，从而保证体育教学工作的顺利实施。对体育场地设施进行评价的内容主要有：

(1) 体育场地设施的配置是否符合上级的有关规定和要求。

(2) 体育场地器材设施是否符合安全要求和有关卫生标准。

(3) 体育场地器材设施是否有专人负责布置、管理和维护。

(4) 每年是否有一定的资金投入，不断修改完善、补充和更新体育器材。

(五) 体育学习效果

可以以学生的运动行为作为客观检测指标之一，以此来判断体育教育是否圆满地完成预期的目标和任务。因此，学生的学习结果也是体育教育评价的重要内容，主要包括体质状况、运动参与程度、运动能力、体育锻炼达标程度、学习态度、运动技术掌握情况、情意表现和合作精神等。

（六）课外及校外体育活动

对课外和校外体育活动的开展情况可以从以下几个方面进行评定：

（1）是否严格按教学计划使“两课、两操、两活动”得到合理的安排和落实而没被挤占，即每周2节体育课、每天做好课间广播体操和眼保健操、每周上好2节课外活动。

（2）是否经常组织与开展学生身体锻炼和达标活动。

（3）能否严格贯彻执行《学校体育工作条例》的要求，保证学生每天1小时的体育活动时间。

（4）每学年是否举办1次学校体育节或校运动会。

（5）参加市、县级以上各种体育活动的评比和体育竞赛情况。

（6）是否组织学生积极参加社区体育活动或各种群众性社会体育活动。

（七）体育教育成果和科研能力

体育教师和学校不仅是对体育教育的具体实施，更应该是进行体育教育科研的基地和主要力量，对他们科研能力的评价内容具体分为：

（1）是否有明确、具体的教学研究与科研计划和实施方案，以及科学的管理制度和合理的人员分配和安排。

（2）学校或教研室具备的科研信息和资料的数量及种类。

（3）是否定期举办公开的教学课评比或主动参加县级以上优质课的评选，在学校和社会上产生良好效应。

（4）每年是否在省级期刊杂志上公开发表有关体育教学或运动训练等方面的论文。

三、体育教育评价原则

体育教育评价原则是体育教育评价活动必须遵循的基本准则，是人们对体育教育评价规律的认识和经验的总结。正确理解和运用体育教育评价原则有利于不断提高教育质量，改进教学方法，调动教师的工作积极性和学生的学习兴趣，保证体育教育目标的实现，促进体育教育发展。根据体育教育的规律和特点，在进行体育教育评价时应遵循以下原则：

（一）目的性原则

体育教育评价就是对体育教育系统进行全面、综合的管理和调控，其根本目的主要是通过评价来提高体育教育工作的质量和效率，它揭示出体育教育工作中的优势和不足，从而对体育教育活动加以肯定和否定，为体育教育决策提供科学依据，通过评价来指导和促进体育教育工作朝着正确的方向发展，达到体育教育活动预定的目标。但是，因为不同的评价目的往往会导致在选取评价标准、实施者、步骤及方法与手段等方面都存在差异。因此，在评价活动开始之前必须明确评价的价值取向及最终目的。

（二）客观性原则

在体育教育评价过程中不能掺杂个人情感，甚至凭主观臆断进行，否则将会导致评价脱离实际，不仅无法发挥评价的功能，还会丧失评价的意义。只有做到公正、科学、尊重事实、实事求是，评价的结果才能如实地反映出教育的效果和存在的问题与不足，进而成为改进和推动教育工作的依据。

（三）统一性和灵活性相结合原则

在开展体育教育评价时，一般采用相对比较统一的标准进行检查与评定。但在进行具体评价时也可以根据评价对象的特殊性和现实状况，在一定层面上采用经过适度调整、切合评价实际的评价标准和要求，各级各类学校的评价标准就可以根据本校的实际情况而定，但针对同一层次、水平或性质的体育教育活动进行评价时就应有统一的标准。只有这样，才能科学有效地区分出评价对象之间的差异，反映出评价对象的真实状况和特点，从而有利于改进和完善体育教育工作，达到体育教育预定的目标。

（四）全面性原则

体育教育评价的内容、范围应该是全面、客观的。体育教育评价要全面描述评价对象的各个方面，要体现其活动的全过程。对于评价指标中各个指标的信息都要一一收集，并做到全面而翔实，尽量避免主观因素造成的干扰和影响，从而做出科学而客观的判定，真实地反映教育工作的实际情况。

（五）发展性原则

优与差、好与坏并不是体育教育评价的直接目的，而应是通过对整个体育教育活动效果的价值判定，优化教育过程，最终实现体育教育目标。体育教育评价应重视对评价对象提出改进意见和建议，并给予他们鼓励，关注其以后的进步与发展，而不仅仅是对当前状况的甄别。

四、体育教育评价方法

（一）相对评价与绝对评价

相对评价法是以被评价对象为集合，考虑该集合目前实际的状态，选取其中一个或若干个作为基准，然后把集合中的其他各个对象与基准进行比较，从而评出各个对象在这个集合中的相对位置的评价。相对评价的特点在于所使用的评价标准是根据评价对象的整体状态确定的，该标准比较适用于所选定的评价对象的集合，在该集合中具有较高的可行性，但不一定适用于其他集合。它只考虑评价对象在某个整体中的位置或层次，容易导致评价标准与外界总体评价情况的差异较大，从而影响该集合和集合中各个个体的发展方向。例如：在班级授课过程中，教师往往会以班级中一位或者几位学生完成动作技术的情况作为全班学生学习的参考和标准，这既是教师对班级其他学生学习情况进行评价的基准，其他同学也将以此为标准，检查自己的动作技术完成质量，从而确定自己在班级中所处的学习层次。另外，在各种运动项目比赛中，对名次的排序也是相对评价法的体现。

而绝对评价法是以被评价对象为集合，但不考虑该集合的现状，在被评价集合之外重新确定一个客观标准，将评价集合中的各个对象与这个客观标准进行比较，从而判断各个个体与目标差距的一种评价方法。

绝对评价相对来说比较客观，评价标准也不会因为评价对象的不同而发生改变。通过绝对评价每个被评价者可以明确与客观标准的差距，但这种评价方法较难对客观标准进行测定和选取，也难以照顾到个体的差异性，不能充分体现体育教育的因材施教、区别对待要求。例如：在对学生进行体质测试过程中用于对照评价的各种机能评价标准，以及体育锻炼达标标准中的各种标准值等。

(二)个体内差异评价

个体内差异评价法是把被评价集合中的各个元素的过去和现在进行比较，或者是一个元素的若干侧面相互进行比较。该评价方法在运用时主要有两种表现形式：一种是将被评价对象的过去和现在进行比较，另一种则是将被评价对象的几个指标进行比较，考察确定其优点或缺点与不足。这种评价方法能充分考虑到个体的差异性，但它既不与外界客观标准进行比较，也不与同一范围内其他被评价对象进行比较，就很容易导致被评价对象形成自我满足、不求上进的心态，使之形成“封闭”的学习状态，难以找出自己真正的差距，因而往往不容易选择。

(三)自我评价与他人评价

传统的教学评价较多注重他人对评价对象进行的评价，而忽视评价对象对自身的评价。他人评价虽然能较为客观地反映出评价对象的水平和能力，但其评价结果主要是通过观察评价对象的一次或几次活动而得出的，相对于那些具有隐藏性的评价内容就无法做出真实判断。而自我评价是自己对自己在价值观、态度、动机、完成效果等方面进行的评价活动，它能涉及对评价对象核心意识形态领域各要素的评定，但受评价的心理压力以及其他主观因素的影响，容易过高或过低估计自己的实际状况，个人情感和主观性较强，容易造成不够全面的客观性评价。因此，只有将自我评价与他人评价相互结合，使评价双方充分沟通和了解，调动双方参与的积极性，从而全面、客观地开展评价活动，才能获得全面、真实、正确的评价结论，有助于提高体育课的教学质量。

(四)诊断性评价、形成性评价与终结性评价

诊断性评价是一种在教学活动开始之前，对教师的教学准备情况和学生的学习准备情况进行评价的方法，它可以分为两种形式：一是症状诊断，二是原因诊断。前者要求对评价对象的状态做出判断，着重找出存在的问题；后者则不仅要查找问题，还要求对存在的问题做出分析，着力寻找出产生这些问题的原因，并对其发展变化的可能性进行预测，以便能采取切实有效的措施加以改进。诊断性评价在学校教学工作中通常是在学年初、学期初或进行单元教学前进行，其目的在于弄清楚学生的学习基础，为教学内容、教学方法、组织与管理、评价标准及方法等方面的选择和安排提供依据，以便为实现新的教学目标做好全面准备。

形成性评价又称过程性评价，是一种在教学活动过程中，为使其活动效果更好而对教学的各个方面进行评价的方法，主要目的是为了查找教学过程中存在的问题与不足，明确改进方向，及时调整或修改教学活动计划，以期获得更加理想的效果。形成性评价重视评价的反馈机能，不仅可以使学生明确“学得怎么样了”“今后如何学”，而且有助于教师及时获取反馈信息，可以使教师明确教学所取得的阶段性效果及存在的不足，有针对性地提出教学改进措施，利于实现教学目标。

终结性评价是一种在某一阶段的教学工作完成后，为判断其效果而进行一次性全面而综合的评价，从而确定教学的最终水平和教学目标达成程度的评价方法。它可以是对上一阶段体育教学所进行的性质评价，是对教学活动最终效果所进行的评定，并确认达到目标的状态。同时，也可以作为对下一阶段的教学和学习进行诊断性评价的依据。

(五) 定性评价与定量评价

体育教育评价内容丰富，不仅有相对比较稳定、能直接表现且可以以数据衡量的内容，也有具有隐蔽性、受个人思想意识左右、难以真实表现的内容。因此，对这些内容的评价应有所区别。定量评价是主要以量化指标为依据的一种评价方法，能起到较好的甄别和选拔作用。但它也具有不足之处，由于一定的绝对性，评价者和评价对象都容易被表面数据蒙蔽而不能真实反映个体的实际能力和水平，从而产生片面追求数据的现象，极大地影响了那些运动能力差但学习态度较好的学生的学习积极性和学习热情，这就需要定性评价正确引导和加以弥补，对隐藏在评价对象内部的各种心理因素做出性质判定，如学习动机、学习态度、情感、体育价值观、人生观等，二者结合才能使评价对每个评价对象做到公正、客观、全面、真实。

(六) 单项评价与综合评价

根据实际需要组织和选择一些具有代表性的具体教学或学习项目进行评价，有利于发现具体存在的问题和不足，并能有针对性地制订改进方案和措施。但也不能刻意将体育教育过程仅以若干个运动项目进行单独评价，这不仅不利于评价的实施和效率的提高，也容易形成以偏概全的错误观念。因此，应将单项评价与综合评价结合使用，以单项评价为基础和起点，以综合评价为目的和宗旨，有利于突出主要问题和矛盾，明确改进和完善的方向及目标。

五、体育教育评价标准

(一) 体育教育评价标准的构成

1. 效能标准

效能标准主要由效果标准和效率标准构成，它是体育教育评价的主要内容，也是体育教育最终要实现的目的体现。效果标准主要是针对体育教育工作所获得的实际效果进行的评价。由于体育教育是一种全面的身体实践过程，它受动作技能形成规律等因素的影响较大，其最终、真实效果的体现往往需要经过时间的考验和锤炼，而时间的长短主要取决于该动作技术的特点、使用者个人情况及运动条件等因素。因此，体育教育的效果表现具有综合性、不稳定性和迟缓性。此外，效率标准主要是指在一定的时间内体育教育所完成的工作量与该时间内使用的人力、物力和财力等客观条件的比值，是用体育教育的产出与投入的比例来解释体育教育的质量。这两种评价标准各有利弊，既不能只为追求效果而不计实际的消耗，也不能为了提高单位时间工作效率而不顾体育教育最终实现效果的要求，必须将二者结合考虑，才能为体育教育最优化发展提供可靠的依据。

2. 职责标准

职责标准主要是以评价对象所应承担的责任和与之相对应的工作及学习任务作为评价的主体内容，它能使评价对象更好地明确自己的职责及工作范畴，并以此来激发工作及学习的热情和积极性，明确行为方向和工作方法，增强责任感。通过职责标准的评价，也能使评价对象能及时发现工作和学习中的不足及需要改进的地方，并找到正确的解决办法和措施，利于评价对象更好地履行自己的权责。

3. 素质标准

素质标准是对评价对象承担或完成各种工作和任务所具有的自身综合条件进行评定的准则，同时也是鉴定评价对象是否与体育教育岗位和职责相匹配的基本依据。从素质标准的具体内容也能反映出体育教育对从业人员的基本要求，并影响到对体育专业人员的培养过程，主要包括政治素质、业务能力、教学能力、专项技能技术、心理素质、思想品德素质等。

（二）体育教育评价标准的制订依据

1. 体育教育的目的与任务

体育教育评价在一定程度上就是检查体育教育目的与任务的完成情况，并发现实施过程中存在的问题，寻求快捷、有效解决措施的过程，其最终指向是体育教育取得的终极效果和发挥长远效用的潜能。因此，制订体育教育评价标准首先应与体育教育预期要达到的目的和需要完成的各层次、各阶段的教学任务相一致，使其具有正确的发展方向，并能够指导具体内容的形成。

2. 体育教育基本理论和规律、方法

体育教育是一项复杂的综合性教育活动，它不仅包含了许多学科的基本理论知识，还具有独特的实施方法和规律，如动作技能形成规律、人体生理活动变化规律、心理活动变化规律等。体育教育评价标准应以它们为理论基础，切合体育教育的本质特征，才能使体育教育评价标准更具科学性和实用性。

3. 评价对象的实际状况

体育教育评价主要是对体育教育的整体工作和实施状况进行检查与调控，其本质是要使体育教育实施者与参与者发现自己的问题，在今后的工作和学习起到调控、激励等作用，促使他们获得更好的发展，而不是简单地评选好、中、差。这就要求体育教育评价的内容及评定标准应与评价对象的总体水平和学习状况相吻合，评价标准过高或过低、评价内容过多或过少都不能真实地反映评价对象的实际水平和状况，相反还会对今后的教学和学习产生误导。

（三）制订体育教育评价标准的要求

1. 指导性

体育教育评价标准以体育教育目的为基本依据和前提，结合社会、国家对体育教育的要求，对体育教育活动发挥反馈、鉴定、激励以及甄别的作用，是对体育教育社会价值、教育价值的判断，并为体育教育的调控和发展指明方向。

2. 发展性

当今素质教育的实施以及基础教育改革的推进，都对新时期体育教育评价的基本理念提出了更新、更高的要求。体育教育评价应通过合理的方法及一系列的步骤使评价对象能形成准确的自我概念，了解自己的优势与不足，其最终目的是以评价获得的反馈信息为参照，对评价对象下一阶段的学习和工作以及今后的发展提出意见和建议，并能立足当前制订切合实际的改进措施和发展目标。

3. 可行性

体育教育评价标准的制订必须以实际为出发点，并能真实地反映评价对象的实际情况，包括评价者、评价对象、评价条件、发展目标等。评价标准偏高不仅在一定程度上会影响评价对象的参与程度，挫伤其自信心，造成心理负担，甚至是恐惧，还会使体育教育呈现泡沫发展。而评价标准偏低则不能真实、准确地反映出评价对象的实际能力及水平，不能激发他们的学习积极性，容易出现骄傲自满的情绪，影响心理素质和道德品质的培养，也阻碍了体育教育的向前推进。另外，评价标准不宜烦琐或过于细化，这会增加评价的实施困难，力求简便易行，综合评定。

4. 灵活性

体育教育的实施需要一定的客观条件作为保障，主要是教师、场地、器材、资金等，其成效也会因为这些因素的变化而发生相应的改变。因此，体育教育评价标准应在统一规则的要求下，根据各地、各校的实际条件做出相应的调整，做到区别对待、张弛有度。

5. 科学性

对体育教育的评价除了基本的理论知识和运动技术技能内容以外，还有运动负荷、心理发展、体质状况等内容，这些内容当中有的是可以以直观数据为评价标准的，如运动素质、身体机能、技术水平、生理负荷等；而有的还依赖于评价者对评价对象的主观评价，如学习态度、心理负荷、情感交流能力、社会适应能力等。因此，对各种评价内容所采用的评价标准都要求以大量的科学理论为基础，并经过实践验证，充分体现出体育评价标准本身所具有的科学价值。

六、体育教育评价改革

（一）评价理念的转变

传统的评价比较注重对体育教育结果的判定，关注的是学生最终的学习获得，并以此作为衡量教师教学效果的重要标准，这既对学生会有不公平判断的倾向，也容易助长教师不良的教学态度和行为。《基础教育课程改革纲要（试行）》明确指出要使评价体系的构建能促进学生的全面发展，体育教育评价应着眼于评价对象的长远和可持续发展，采取多种方法，客观、科学、全面地对当前体育教育发展各个方面做出准确认定，其目的是以这些反馈信息为体育教育今后的改革和发展提供调整、改进和完善的可行性建议，使其能获得更好的发展效果。因此也可以认为，体育教育评价是一项长期、不间断的教学监测、评定和改进活动。

（二）评价内容的全面性

体育教育评价必须对评价对象做出全面的判定，它是促进评价对象发展的活动。由于体育教育目前仍是以运动技术为主要传授内容，容易导致体育教育评价内容的单一性，即只针对运动技术的掌握进行评价。但体育教育本身又是一项集健身、健心、育人功能为一体的综合过程，因此对体育教育的评价必须做到全方位、多角度的综合体现，对学生的体育学习评价不仅针对运动技术，还需扩展到他们的体质状况、运动素质发展程度、学习态度、学习交流、心理健康等方面；对教师教学的评价也应包括教学态度、教学方法、教学技巧、教学水平等，而不仅仅依靠学生的学习成绩或达标率来表现。总之，体育教育评价内容既有具体的成绩评定，也有涉及身体形态、生理机能等非体育成绩内容。

(三) 评价方法的灵活性和综合性

以往的体育教育评价多采用定量评价和终结性评价的方法，由于现今体育教育必须关注评价对象的未来发展，以及《课程标准》对体育教育课程的价值定位，促使体育教育评价方法应在原有的使用范围和数量上有所增加，加强重视过程性评价、定性评价及相对评价等方法的使用。并加强对运动知识实际运用能力的培养，使体育教育评价结果的客观性和全面性有较大的提高。

(四) 评价形式的多样化和评价主体的多元化

在很长时期内体育教育评价在评价目标、评价内容、评价标准和实施等方面基本都是由教师独立制订和完成的，且仅采用教师对学生的单向、外部成绩评价方式，这不仅容易使体育教育评价染上主观感情色彩，也不利于教师较好地了解和认识学生。《课程标准》在沿袭了教师对学生进行评价的权威性，以及按照客观评价标准鉴别学生运动技能、技术水平、身体素质等状况的同时，还积极引导学生、家长、班主任成为体育教育评价者，并倡导学生对自己、学生之间、教师之间、教师对自己、学生对教师的多样评价形式。

第二节 体育教育课程的评价

一、体育教育课程评价概述

体育教学评价涉及教学准备评价、教学组织和实施过程评价、教学效果评价等诸多方面，是一项极其复杂的工作。体育教育课程是学校体育教育的基本形式，也是体育教学评价的重点，重视对体育教育课程的评价是搞好体育教学工作的中心环节。

(一) 体育教育课程评价的概念

体育课课程评价依据体育教学目标和教学原则，运用各种评价方法，对体育课程的教学给予价值上的判断，以不断提高体育教学质量和教学效果。体育教育课程的评价是以一定的教学目标及有关的标准为依据的，而体育课程的教学目标又是多维的，因此，对体育课程的评价应从思想教育、知识教育、个性发展、体能发展等诸多方面予以综合考虑，以多维的体育发展观去衡量和判定体育教学的价值。

（二）体育教育课程评价的作用

1. 教学信息反馈

对体育教育课程教学无论进行哪一方面或哪种类型的评价，都必然会得出丰富的教学信息，如运动负荷的大小、学生的满意程度等，这些信息都会在评价中真实地反映出来，将这些信息及时地反馈给教学参与者，并作为不断调整和改进教学活动的依据。通过评价活动得到的反馈信息，可以对教师与学生共同参与的教与学的互动做出客观的分析，使教师和学生更加明确教学目标实现与预定要求的差距程度。教师可以通过反馈信息来协调、整合教学程序、改进教学方法、做出正确的发展决策，使教学沿着预定的教学目标向前发展。而学生则可以通过信息的反馈来检测自己的学习是否存在问题与不足，以及如何进行改进和提高。

2. 教学考察和鉴定

体育教育课程教学评价除了对教师的教和学生的学产生促进作用外，还具有对教学水平和教学质量、教学过程、优点、缺点以及存在问题的考察和鉴定作用，以及对学生的学习活动、学习能力和发展水平的考核和鉴别作用。另外，体育教学评价可以明确体育教学的优点，有效指出体育教学过程中存在的问题与不足，为管理者提供了有关决策的客观、真实依据。此外，由于体育教学评价能对教师和学生的能力和水平做出全面的检查和判定，所以它也是教学管理的重要环节和手段。

3. 动机强化与激励

一般来说，科学、公正、合理的教学评价，特别是肯定的评价，可以充分调动教师的教学积极性，更好发挥学生的主体作用，有效维持教学过程处于一个适度紧张而又发展的状态。反之，不具备真实性、准确性和客观性的教学评价或比较尖锐的否定评价，教师“教”和学生“学”的积极性会有一定程度的降低，但有时适度的否定也会激起不甘落后、积极奋发的良好心理和行为。因此，对于不同的评价对象要考虑和照顾到他们的个性特点，巧妙地使用各种教学评价，才能激励和强化师生双方的积极性和自信心，从而不断提高教学质量和学习效果。

二、体育教育课程教师教学评价

（一）体育教育课程教师教学评价内容

1. 教学准备

对教师的教学准备工作进行评价一般包括以下几方面：①对课程目标的理解。②对教学内容的研究、分析和熟悉程度。③课程教学设计和编排。④教学实施方案和计划的制订。⑤对学生实际运动能力和水平的掌握情况。⑥教师具备的现代教育理论和专业知识、技能。⑦对体育骨干的培养。⑧场地、器材等设施的安排和布置。⑨对可能出现的问题和危险以及应对措施的预测。

2. 教学能力和水平

教师的教学能力和水平可以从以下几个方面体现：①教学方法的选择是否科学、合理。②教学组织和管理能力。③教学语言的组织和运用是否恰当。④教学应变能力。⑤示范等演示是否规范、正确、大方、生动。⑥教学时间分配是否合理，并能突出教学重点和难点。

⑦教学创新能力。⑧师生之间的交流和沟通状况。

3. 教学效果

对教学效果的评定是一个综合、全面的过程，既有教师的教学结果，也包括学生的学习成效，具体有：①是否发展了学生的身心健康。②是否能激发学生的学习和锻炼积极性。③学生主体作用是否体现。④是否提高了学生的运动技能、技术水平。⑤教学任务的完成情况。⑥运动负荷是否合理、适宜。⑦道德品质教育效果。⑧社交能力的发展程度。

（二）体育教育课程教师教学评价常用方法

1. 等级评价法

等级评价法是指依据评价内容的要求确定不同的等级，按照确定的等级标准来评价体育教学质量。等级评价法对等级的划分有多种形式，常用的有上、中、下三级制，也可划分为优秀、良好、中等、及格和不及格五级制。等级评价法的优点是准备简单、易操作，但其评价结果相对比较粗糙，随意性较大，评价结果容易混杂个人情感或其他主观因素，不利于评价结果的真实性和客观性。

2. 标准积分评价法

标准积分评价法是把体育教学分解成若干项目，每个项目又拟定出相应的标准分值，在评价时按项目分等级评分，然后再将各项得分相加，最后以总分来衡量体育教学质量。这种方法把积分评价和等级评价相结合，不仅有定性的要求，也有定量的指标。该评价结果比较全面。能客观反映教学质量和水平，但这种评价方法力求在评价表中全面地反映出体育教学的各个环节和细节，并且使各项目的分值分配科学、主次分明、突出重点。不仅对评价表的制作要求较高、较细，也对体育教师的教学评价研究能力提出了更高的要求。

3. 教师自评与他人评价

教师在教学结束后应及时对本次教学做出总结。将实际教学效果与课前教学设计和实施方案进行逐一对照、检查、分析和反思，发现不足和有待改进的地方，就以一定的形式和方法进行记录和积累，从而不断丰富个人的教学经验。另外，教师还应积极听取他人对自己教学的评价意见和建议，以弥补自我评价的局限性，包括领导、同行和学生等。但是，领导评价和学生评价较容易受个人的体育教学评价能力、体育价值取向、个人体育知识、主观态度等因素的影响而使评价的水平、价值和公正性发生偏差。而同行评价则相对比较准确和科学，但由于不能对被评价教师的教学活动进行随时评价或跟踪观察，也会使评价结果带有一定的局限性和片面性。

三、体育教育课程学习评价

（一）体育教育课程学习评价内容

1. 体能评定

对学生的体能评定主要从以下两方面展开，第一是与健康有关的体能，这也是《课程标准》所强调的评价内容之一，它包括心肺耐力、肌肉力量、柔韧性、肌肉耐力和身体成分等。第二是与动作技能有关的体能，主要有速度、力量、灵敏性、神经肌肉协调性、平衡能力、反应等。

2. 体育知识与技能评定

对学生体育知识与技能方面的评定主要包括运动技术基本原理、体育与健康重要性和价值认识、体育保健和卫生知识、体育与健康基本知识及实践能力、运动技术掌握程度和运用能力、运动性疾病的预防和处理方法、健康的生活和运动方式等。

3. 体育学习态度评价

学生良好的体育学习态度有助于终身体育意识和习惯的形成，它包括以下几个方面：①能否主动、自觉地参加体育活动。②能否认真接受老师的指导。③能否积极主动思考，为达到目标而反复练习。④在体育活动过程中能否全身心地投入等。

4. 情意表现与合作精神评定

学生的情意表现包括学生在学习过程中的信息与自尊心、学习意志力、学习胆识、自我价值观认定及调控情绪的能力等，是反映其心理健康状况的重要途径之一。而对他人的尊重、与他人的人际交往能力及合作意识和能力，以及对社会责任的认识和理解等都是社会适应能力的具体表现。

(二) 体育教育课程学习评价方法

首先，转变体育课程学习评价观念，弱化传统体育学习评价注重选拔和甄别的作用，加强对评价对象的激励和反馈价值，不能过多注重以考试的形式和结果来判定和衡量学生的学习效果。

其次，由于学生个体之间存在较大的差异，因而在进行学习评价时体育教师应对评价标准有明确的认识、理解和尺度掌控能力，做到把握全体，区别对待，以激发学生的学习信心和主动性，培养挑战自我的决心和能力。

再次，采用多种方法进行综合评价，将定性评价与定量评价相结合、终结性评价与过程性评价和诊断性评价结合，并针对评价对象的实际合理运用相对评价和绝对评价，以求最大限度地反映学生的学习和进步状况。

最后，在教师评价的同时，适当结合学生的自我评价、家长评价、班主任评价和学生之间相互评价等方式，达到学习评价的主观性和客观性相结合的要求，指导和培养学生自主体育锻炼的实际操作能力，但也需要在实施过程中注意区分评价结果中的感情和人际关系因素。

四、体育教育课程建设评价

(一) 课程建设评价目的

根据《课程标准》的要求，体育教育课程建设评价的目的主要是对体育教育课程的执行情况进行评价和分析，发现课程在设置和实施过程中存在的问题和不足，及时对课程内容和具体的实施步骤和方法做出调整，改进教学管理方式，提高教学质量，促进体育教育课程的不断完善。

(二) 课程建设评价内容

在《课程标准》中，对课程建设的评价主要是从以下方面进行：

(1) 是否制订了课程规范性文件，包括课程实施计划、课程实施方案、班级教学计划等，以及这些规范性文件的完善程度。

(2) 是否建立了课程及教材的审查管理制度和课程评价制度，以及这些制度的实行情况。

(3) 课程体系、课程结构的完善程度和课程内容的先进性。

(4) 教材建设评价，包括教材建设的完善程度，教材在使用中表现出的优势与不足，教师、学生和学科专家对教材设计和编写的反馈等。

(5) 课程实施保障状况，包括合格师资配备、师资培训、场地器材和经费方面的保障状况等。

(6) 课程目标的达成程度。

(三) 课程建设评价的实施

课程建设评价主要是对国家、地方和学校三级课程进行的同期性评价，它必须以《课程标准》为基本依据。根据国家、地方和学校三级的管理权限和级别的不同，对国家课程及各省、自治区、直辖市的课程评价是由国家教育部组织进行。对地、市、县级课程建设及学校课程建设进行评价时，应由被评价地区和单位先进行自评，得出自评结论和改进意见，然后交上一级教育行政部门进行检查和验收，并将评价结论和整改意见及时反馈给被评价地区和单位。另外，还应注重实地考察和调研，广泛听取学生、教师、家长及社会有关方面的意见和建议。

第六章 奥林匹克视角下我国体育教育与竞技体育

第一节　奥林匹克运动及其在我国的发展

奥林匹克运动起源于古希腊的奥林匹克运动会，由于当时在雅典的奥林匹亚镇举办而得名。它与古代希腊文化有着密切的关系，古代奥林匹克运动会是一种宗教性质的庆典活动，以竞技的形式表达人们对神灵和英雄的崇拜。奥林匹克运动有一系列独特而鲜明的象征性标志，这些标志有着丰富的文化含义，形象地体现了奥林匹克理想的价值取向和文化内涵，对当代世界的政治、经济、哲学、文化、艺术等诸多方面产生了一系列不容忽视的影响。奥林匹克在中国的传播经历了曲折的过程，直到2008年北京奥运会的成功举办，实现了中华民族奥运历史性跨越，受到全世界的瞩目，同时也唤起了中华儿女强烈的民族自豪感，激励了中华民族向前不断进取的时代精神。

一、奥林匹克运动概述

古代奥林匹克运动会从公元前776年有文字记载的第一届开始，到公元394年止，历经1 170年，共举办了293届。然而古代奥林匹克运动会同希腊文化一起，随着奴隶制的崩溃而消亡了，但它所保留下来的竞技传统、理想和精神，受到14世纪以来的文艺复兴、宗教改革和启蒙运动的影响，通过现代奥林匹克运动的先驱者——法国教育家皮埃尔·德·顾拜旦先生的不懈努力得以重见天日。1896年，在希腊首都雅典举行了第一届现代奥运会，此后每4年轮流在全世界各国举行一次。到2016年，现代夏季奥运会已经举行了31届。

强调精神文化对奥林匹克运动运动的重要意义是其一个突出的特征，它以体育运动为基本活动内容，将多种文化形式结合在一起，形成奥林匹克文化。奥林匹克文化有广义和狭义之分，广义方面包括奥林匹克运动的全部思想体系和活动内容，是奥林匹克运动在实践过程中所创造的物质与精神财富的总和。狭义方面指奥林匹克运动对人的内心世界、社会行为的影响以及与之相关的各项文化艺术活动。奥林匹克文化是体育运动与文化和教育相融合的产物，奥林匹克文化是以体育为载体、以教育为核心的文化，是催人向上的世界先进文化，是以西方文化为主导的多元文化。

（一）奥林匹克主义

奥林匹克运动先驱者顾拜旦首先使用了“奥林匹克主义”（olympism）一语，但是他却从来没有直接为自己创造的这一术语提出明确的定义。“奥林匹克主义”一词出现在1991年6月16日生效的《奥林匹克宪章》中，这也是国际奥委会首次给“奥林匹克主义”正式定义：奥林匹克主义是将身、心和精神方面的各种品质均衡地结合起来并使之得到提高的一种人生哲学。它将体育运动与文化和教育融为一体，奥林匹克主义所要开创的人生道路是以奋斗中所体验到的乐趣、优秀榜样的教育价值和对一般伦理的基本原则的尊敬为前提的。

这次定义明确指出：①奥林匹克主义的中心思想是人的和谐发展。②奥林匹克主义强调人的和谐发展的关键是生活方式的改善。③奥林匹克主义将体育运动作为实现人和谐发展的途径。④为达到人的和谐发展的目的，体育运动必须与教育、文化相结合。⑤奥林匹克主义强调奥运选手的榜样作用。

（二）奥林匹克精神

《奥林匹克宪章》指出，奥林匹克精神就是相互了解、友谊、团结和公平竞争。奥林匹克精神对奥林匹克运动的指导作用主要表现在以下方面。首先，奥林匹克精神强调对文化差异的容忍和理解。其次，奥林匹克精神强调竞技运动的公平与公正。在每个人是平等的基础上，实现更高、更快、更强的理想。正如已故美国著名黑人田径运动员杰西·欧文斯所说："在体育运动中，人们学到的不仅仅是比赛，还有尊重他人、生活伦理、如何度过自己的一生以及如何对待自己的同类。"

奥林匹克精神强调相互了解、友谊和团结，其就是要形成一种精神氛围。在这种氛围中，人们可以摆脱各自文化带来的偏见，在不同文化的展示中，看到的不是矛盾与冲突，而是人类社会百花齐放、千姿百态的文化图景，从而使文化差异成为促进人们互相交流的动因，而不是各自封闭的藩篱；使矛盾成为互相学习的动力，而不是互相轻视的诱因。也只有在这种氛围中，人们才能打破各自狭隘的眼界，以世界公民的博大胸怀，去认识和理解自己民族以外的事物，领悟到各个民族都有着神奇的想象力和巨大的创造力，学会尊敬其他民族，以比较客观和公正的态度去看待别人和自己，虚心地吸取其他文化的优秀成分，不断丰富自己，从而使奥林匹克运动所提倡的国际交流真正得以实现。

（三）奥林匹克的口号

奥林匹克的口号也称奥林匹克格言。奥林匹克的口号是："更快、更高、更强（cities，altus，forties）"。是国际奥委会对一切属于奥林匹克运动的人们的号召，鼓励他们在奥林匹克精神的支持下坚持奋进。顾拜旦将这句口号理解为："参与比取胜更重要。"这或许是对奥林匹克精神最好的阐释。奥林匹克口号将奥林匹克运动所倡导的不断进取、永不满足的奋斗精神进行了充分的表达。虽然只有简短的六个字，但包含的意义却非常丰富，它不仅表示在竞技运动中要不畏强手、敢于斗争、敢于胜利，而且鼓励人们在自己的生活和工作中不甘于平庸，要保持朝气蓬勃的状态，将不断进取、超越自我的潜能最大限度地发挥出来。

（四）奥林匹克的宗旨

《奥林匹克宪章》中的"基本原则"部分指出，奥林匹克运动的宗旨是"通过没有任何歧视、具有奥林匹克精神的体育活动来教育青年，从而为建立一个和平的更美好的世界做出贡献"。

奥林匹克运动宗旨包含两方面的含义：一方面，奥林匹克运动的目标是促进人类社会向更美好的方向发展。进入工业社会以来，人类社会在开始大规模、全方位交往的同时国际间的冲突也逐渐凸显且有愈演愈烈的趋势，再加上人类掌握了毁灭其自身的武器手段，使得今天的社会面临着前所未有的威胁。此外，当代世界各国面临着环境、难民、地区冲突、贸易壁垒等诸多要靠共同协作才能应付的问题。奥林匹克运动试图架设一座沟通各国人民之间联系的桥梁，以便增进不同民族、不同文化的人们之间的相互了解，从而促进世界和平的进程，减少战争的威胁。另一方面，奥林匹克运动试图以富有人文精神的体育运动作为实现自己宗旨的途径，在世界各国青年间建立起友谊的纽带。正如国际奥委会第四任主席埃德斯特隆所说："奥运会无法强迫人们接受和平，但是它为全世界的青年人提供了一个像亲兄弟一样欢聚一堂的机会。"事实也是如此，如在伊拉克和科威特战争结束一年后举行的巴塞罗那奥运会上，伊、科两国的运动员就同时出现在赛场上。这一画面将体育运动的作用提高到不仅促进人的全面发展，而且与社会的发展联系起来的高度。这不仅反映了进入现代社会以来体育运动功能的增加和内涵得到不断扩展，也反映了人们对体育运动有了一个全新的认识。

（五）奥林匹克的标志

奥林匹克的标志是由单独使用的五个奥林匹克环组成的，五环的颜色规定为蓝、黄、黑、绿、红，从左到右相互套接，蓝、黑、红环在上，黄、绿环在下，整体如图 6–1 所示。五个不同颜色的圆环代表的是参加现代奥林匹克运动会的欧洲、亚洲、非洲、大洋洲和美洲五大洲。奥运五环的标志不仅象征着五大洲相互团结，而且代表着全世界的运动员相聚在奥林匹克的大家庭。

奥林匹克标志最早的设计灵感来源于 1913 年顾拜旦的提议，起初国际奥委会采用蓝、黄、黑、绿、红色作为五环的颜色，是因为它能代表当时国际奥委会成员国国旗的颜色。1914 年，在巴黎召开的庆祝奥运会复兴 20 周年的奥林匹克全会上，顾拜旦先生解释了他对标志的设计思想："五环——蓝、黄、绿、红和黑，不仅象征着准备参加奥林匹克竞赛的五大洲，同时也意味着世界上承认奥林匹克运动；第六种颜色为白色——旗帜的底色，意指所有国家都毫无例外地能在自己的旗帜下参加比赛。"因此，这 5 个衔扣在一起的圆环作为奥运会的象征，体现出的思想便是顾拜旦提出的可以吸收殖民地民族参加奥运会，为各民族间的和平事业的发展贡献力量。

随着奥林匹克运动的发展变化和时间的推移，对奥林匹克标志的阐释也在发生改变。《奥林匹克宪章》规定，奥林匹克标志是奥林匹克运动的象征，是国际奥委会的专用标志，未经国际奥委会许可，任何团体或个人不得将其用于广告或其他商业性活动。国际奥委会还要求各国采取必要的措施，对奥林匹克标志进行保护，以确保奥林匹克运动的权威性，避免奥林匹克标志被随意使用。

图 6–1　奥林匹克五环标志图

（六）奥林匹克的会歌

1896年，第一届夏季奥林匹克运动会开幕式上奥林匹克圣歌首次唱响，但当时并未确定为会歌。国际奥委会在1958年于东京举行的第55次全会上通过用《奥林匹克圣歌》（撒马拉斯颂歌）作为奥林匹克会歌。其乐谱存放于国际奥委会总部。此后，在每届奥运会的开、闭幕式上都会演奏这首悠扬的古希腊乐曲。

（七）奥林匹克的会旗

奥林匹克会旗由顾拜旦于1913年亲自设计，旗为白底，无边。旗长3米、宽2米。1914年，为庆祝现代奥林匹克运动恢复20周年，会旗在巴黎举行的奥林匹克代表大会上首次升起，并在1920年的安特卫普奥运会上正式使用。

二、顾拜旦的体育思想

我们在学习和宣传现代奥林匹克运动的时候，首先要了解的是它的创始人皮埃尔·德·顾拜旦（Pierre de Coubertin）的体育思想。《奥林匹克宪章》基本原则第一条指出："现代奥林匹克主义是皮埃尔·德·顾拜旦提出的。"

（一）顾拜旦生平简述

1863年1月1日，顾拜旦出生于一个法国贵族家庭，并享有男爵爵位。他曾获得文学、科学和法学3个学位。他的贵族家庭希望他进入军界、外交界或政界，但他立志要"把自己的名字和伟大的教育改革联系在一起"。他坚信只有改革教育，增强青少年体质才是救国之道。他多次到英国考察，十分推崇被誉为现代体育之父的英国教育家托马斯·阿诺德（Thomas Arnold）的教育改革。阿诺德主张"没有身体运动的教育就不能成为教育"，他首先把竞技运动列入学校体育课程，使学生在体育锻炼中培养刚毅、果断、尚武、勇敢、遵守纪律和公正无私的品质。顾拜旦在1888年和1889年先后发表两篇主张在法国学生中开展体育活动的重要论著，并以体育为重点来改革教育，因此教育思想是顾拜旦体育思想的核心。顾拜旦也是一位历史学家，1890年，他在欧洲陆续访问，在到达古代奥林匹克运动会的发源地希腊雅典的奥林匹亚，并看到了古奥运会的遗址后，便萌生了复兴奥林匹克运动会的念头。然后于1892年11月25日在巴黎大学发表了"重建奥运会"的构想。在他不满32岁时，成功地组织了"巴黎国际体育代表大会"，从1894年6月16日至23日，会议讨论并决定了恢复奥运会的原则，选定希腊雅典作为举办第一届现代奥林匹克运动会的城市，同时还成立了国际奥林匹克委员会，制订了第一部《奥林匹克宪章》。只是第一任国际奥委会主席并不是由顾拜旦担任，而是希腊诗人德米特里尤斯·维克拉斯。顾拜旦从1896年第一届奥运会后便开始担任国际奥委员会主席，直到1925年主动引退，重新投入到教育改革工作中。正因为他对现代奥林匹克运动所做出的杰出贡献，国际奥委会授予其终身名誉主席的称号，而且这一殊荣是前所未有的。

顾拜旦的一生都是在为国际奥林匹克运动奉献的。1937年9月2日，顾拜旦与其夫人在日内瓦公园的林荫道上散步时，由于突发心肌梗死而离开了人世，享年74岁。他的遗体安葬在瑞士洛桑的国际奥委会总部附近，心脏根据他的遗嘱于1938年安放在希腊雅典的奥林匹亚村。他一生是光辉的，甚至可以说为奥林匹克运动的发展鞠躬尽瘁，是世界文化史和体育史上的不朽篇章。

(二)“参加比取胜更重要”是对顾拜旦体育思想的真实阐述

顾拜旦体育思想贯穿于整个奥林匹克运动中，是相对比较完善的思想体系，而顾拜旦在1907年7月24日第4届伦敦奥运会期间提出“参加比取胜更重要”的名言，这是对其体育思想的真实阐述。他强调说：“请牢记这铿锵有力的名言，这个论点可以扩展到诸多领域，对于人生而言，重要的绝非凯旋而是战斗。这意味着主要不是已经获胜而是进行战斗。传播这些格言，是为了造就更加健壮的人类——从而使人类更加严谨审慎而又勇敢高贵。”他把奥运会的参加与取胜引申到如何看待人生的高度。这一哲理推断使我们清楚地认识到，这是以全人类的自我不断完善为出发点的，顾拜旦提倡和复兴奥林匹克运动具有非常广阔的胸怀，而不仅仅是号召人们单纯地为了争取名次和荣耀。

(三)《体育颂》是顾拜旦留下的伟大篇章

顾拜旦于1912年的斯德哥尔摩第5届奥运会文艺比赛中，用笔名发表了《体育颂》这一历史诗篇，以饱满的热情歌颂了体育的教育、健身与娱乐功能。顾拜旦眼中的体育是神圣和至高无上的，他以浪漫主义手法，满怀激情地赞美体育是：“天神的欢娱。生命的动力。……你像是高山之巅出现的晨曦，照亮了昏暗的大地。”

当时资本主义兴起，随之而来的是种种社会不良现象，面对这一现状，他多么渴望通过体育来拯救人类的灵魂，改变这不合理的世界。因此，他在《体育颂》中用了许多高尚词句来赞美体育。他心目中的体育是荣誉、乐趣、活力、美丽、正义、勇敢、进步与和平的化身。每一段落都贯穿着教育这根主线。例如，“啊，体育，你就是美丽！你塑造的人体变得高尚还是卑鄙，要看它是被可耻的欲望引向堕落，还是由健康的力量悉心培育。”在歌颂体育是正义时，他写道：“体现了社会生活中追求不到的公平合理，任何人不可超过速度一分一秒，逾越高度一分一厘。取得成功的关键，只能是体力与精神融为一体。”当发现有人为追求荣誉而不择手段时，他说：“荣誉的赢得要公正无私，反之便毫无意义。有人玩弄见不得人的诡计，以此来欺瞒同伴，他内心深处都受着耻辱的绞缢。有朝一日被人识破，就会落得名声扫地。”

顾拜旦在《体育颂》最后一段中，用诗的语言将他复兴奥运会的宗旨进行了阐述。他说：“啊，体育，你就是和平！你在各民族间建立愉快的联系，你在有节制、有组织、有技艺的体力较量中产生，使全世界青年学会相互尊重和学习，使不同民族特质成为高尚而和平竞赛的动力。”

三、古代奥林匹克运动会

有人认为，现代奥林匹克运动是对古希腊奥运会的继承和发展，这一说法是不够确切的。因为现代奥林匹克运动是在古代奥运会终止1503年之后又在新的历史条件下重新兴起的。它们在宗旨、目的、形式和内容上都存在很大的差别。但也不可否认，现代奥林匹克运动与古代奥运会有不可分割的关系。

（一）古代奥林匹克运动会的历史

古希腊作为欧洲文明的摇篮，对世界文化也做出了重大贡献。它地处巴尔干半岛南端的欧、亚、非三大洲交汇处，漫长的海岸线和许多良港构成了其优越的自然条件，为航海交通、对外贸易及文化交流提供了便利。由于古希腊引进东方文化较早，因此它在科学、文化、艺术、教育等方面成为古代欧洲最发达的地区之一。

古希腊民族信仰泛神宗教并崇拜英雄，这正为古代奥林匹克运动会在希腊的兴起提供了历史条件：因为古代奥运会是作为宗教祭祀而逐渐演变而来的。

古代奥运会中的圣火和橄榄枝编织的桂冠都有它们的神话传说，圣火是心地善良的普罗米修斯背着宙斯从太阳引来火种，温暖了人间，成为希望的象征。橄榄枝是智慧女神雅典娜奉献给人类的，因为它全身是宝，意喻生活和生命，成为加冕冠军的奖赏，至今奥运会奖牌上都有橄榄枝的图案。因此古代奥运会可以说是理想和寄托的象征。

（二）古代奥林匹克运动会的兴衰

关于古代奥林匹克运动会开始的确切时间，历史上并无可靠记载，据传在公元前1100多年古代运动会已盛行。但直到公元前776年才正式定名为第1届奥林匹克运动会。从此以四年一度的奥林匹亚德为纪元的奥运会一直延续到了1173年，共举行294届，直到公元393年才宣告结束。

古代奥运会从兴起到衰败，大致经历了三个阶段：第一阶段（公元前8世纪～公元前6世纪），奥运会从只限于伯罗奔尼撒西部城邦参加的小范围的祭祀赛会，逐渐发展成为希腊各城邦参加的盛会；第二阶段（公元前6世纪～公元前4世纪），为古希腊城邦奴隶制的全盛时代，古奥运会也达到鼎盛时期；第三阶段（公元前4世纪～公元4世纪），古希腊先后被马其顿和罗马帝国征服，城邦奴隶制逐渐崩溃，古代奥运会逐渐进入衰落期。古代奥运会和整个古希腊文化一样，随着奴隶制的繁荣而兴盛，随着奴隶制的崩溃而走向衰落。古代奥林匹克运动会的概况如下。

1.比赛场地

最初的奥运会比赛是在奥林匹亚村的阿尔齐斯神域内进行的，后来在神域的东北角修建了一块长方形运动场，周围有顺势修成的看台。运动场跑道宽32米，每次可由20名选手同时比赛，长为192米。起跑线用石条铺成，上面刻有两道平行的小槽，为运动员起跑时起到助力作用。

2.盛况

古代奥运会在它延续一千多年的时间里，在作为古希腊人的一个全国性节日的同时，也是一种竞技大会。“神圣休战”宣布之后，成千上万的人便向奥林匹亚涌去，在那里，各城邦的代表参加祭祀活动和游行；政治使节缔结条约；艺术家展出作品；学者和教师研讨学术；雄辩家发表演说；商人展售商品；人们穿着最华贵的衣服，带着最珍奇的珠宝，彼此炫耀自己的富裕。

各城邦派出的优秀选手则在竞技场上奋勇拼搏，他们赤身裸体进入赛场，向神和观众展示他们超人的体能、健美的身体和良好的教养。

奥运会是希腊宗教、政治、经济和文化的重要组成部分，其盛况大大超出了竞技比赛的范围，它对政治交流、贸易发展、繁荣希腊文化、融合民族感情都起到了推动作用，它使得全希腊人民在和平的气氛中欢聚一堂，形成了全希腊内容丰富和壮观的最盛大的节日。

3.授奖仪式

古代奥运会的授奖仪式是非常庄严而隆重的。授奖台设在宙斯像前，橄榄冠放在一个特制的三脚台上。授奖时，先由报导官宣布运动员的姓名、比赛成绩、所属的城邦及运动员父母的名字。然后由司仪把优胜者领到主持人面前，主持人起身，将橄榄冠从三脚台上取下来，给优胜者戴上。这时，观众唱歌、诵诗、奏乐、欢呼，并向运动员投掷鲜花。古代奥运会对获胜运动员虽然多次改变奖励，但原则都是以精神奖励为主，物质奖励偶尔也有，但是很少。

随着古希腊的衰败，古代奥运会也走向灭亡。公元前4世纪，马其顿征服希腊，这时奥运会虽仍按期举行，但其规模和人们对它的热情已大大下降。到公元前146年，罗马人征服了希腊，希腊成为罗马帝国的一个行省，古奥运会更进一步衰落，公元1世纪，罗马统治者拉和尼禄先后破坏奥运会传统，篡改比赛规则，使奥运会面目全非。公元393年，罗马皇帝狄奥多西立基督教为国教，下令关闭一切异教活动场所，从此，历时1173年的古代奥运会便随着奴隶制的崩溃而宣告结束。

4.圣火

古代奥运会召开之前，人们依照宗教规定聚集在奥林匹亚宙斯神庙前，举行庄严肃穆的仪式，从祭坛点燃火炬，然后奔赴希腊各个城邦。火炬手高举火炬，一边奔跑，一边呼喊：停止一切战争，参加运动会！火炬像一道严格的命令，有至高无上的权力，火炬到哪里，哪里的战火就熄灭了。即使是在激烈厮杀的城邦也都纷纷放下武器，神圣休战开始了。希腊又恢复了往日的和平，人们忘记了仇恨，忘记了战争，都纷纷奔向奥林匹亚去参加奥林匹克运动会。

（三）古代奥运会对后世的精神指导

古代奥运会虽早已衰亡，但它给人类社会留下了宝贵的精神财富，在世界文化和体育史上占有十分重要的地位，对现代奥林匹克运动有深远的影响。

（1）创造了一种综合性的运动竞赛模式。古代奥运会从运动训练到竞赛制度，形成了一种独特的体系，而且它的活动又与经常性体育锻炼相结合，并与文化、科技、艺术等活动相联系，这对现代竞技体育与奥林匹克运动的发展起到了启蒙和推动作用。

（2）形成了一种奥林匹克精神。这种精神包含和平友谊、公平竞争、追求健美、奋发上进、崇拜英雄等内容，是现代奥林匹克运动继承和弘扬的精神财富。

此外，它还揭示了奥林匹克运动会的教育功能。只是，古代奥运会是在奴隶制时代发展起来的一种体育文化，它剥夺广大奴隶参加奥运会的权利，不富裕的自由民也不得参加，女子不仅不能参加也不能观看，这一切都带有浓重的奴隶社会色彩。

四、现代奥林匹克运动会

现代奥林匹克运动兴起于欧洲资本主义工业化时代。它以坚实的社会经济、政治、文化基础为依托，顺应了社会发展的需要和体育发展的潮流，是人类社会进入工业文明后开始的一项伟大的社会实践。

（一）现代奥林匹克运动的起源

1889年顾拜旦代表法国参加在美国波士顿举行的国际体育训练大会，他认为近代体育的发展正在走向国际化，应该借助古希腊体育的经验和传统来推进国际体育发展，于是产生了复兴奥运会的想法。为了实现这一想法，他遍访欧洲，宣传奥林匹克理想。同年11月25日，在庆祝法国体育运动协会联合会成立5周年大会上，他发表了著名的演说，首次正式地提出创办现代奥运会的倡议。

由于国际上各种因素的促进和顾拜旦本人的不懈努力，创办奥运会的各种准备工作开始有条不紊地进行。1894年6月16～24日，根据顾拜旦的建议，来自美国、英国、俄罗斯、瑞士、西班牙、意大利、比利时、荷兰和希腊等12个国家的49个体育组织的代表，参加在法国巴黎举行的国际体育运动代表大会。这次会议通过了成立国际奥委会的决议，并从79名正式代表中选出15人任第1届国际奥委会委员。大会还决定由奥运会举办国的国际奥委会委员担任国际奥委会主席。由于首届奥运会定于1896年在希腊首都雅典举行，因此希腊委员维凯拉斯当选国际奥委会第一任主席，顾拜旦任秘书长。1896年4月6～15日，第一届现代奥运会终于如期在雅典举行。它是现代奥林匹克运动正式诞生的重要标志，具有划时代的意义。至此，奥林匹克运动终于又重新登上历史舞台，开启人类文明史的又一新篇章。

（二）现代奥林匹克运动的发展过程

1. 奥林匹克运动的发展初期（1894～1914年）

1894～1914年第一次世界大战爆发前，当时世界性的政治经济关系正在发生着急剧变化，各种民族主义和排外心理对正常的国际交往形成了一定的阻碍作用。现代体育仅在少数欧洲国家有所开展，世界范围的体育竞赛活动则很少。此阶段的各届奥运会大都是根据主办国的意愿安排，具有很大的随意性；而且各种设施及比赛规则都很不完善。国际奥委会及一些单项体育运动组织只是一种松散的机构。这种状况一直到1908年伦敦奥运会后才有所改善，运动竞赛也向规范化发展，为未来奥运会奠定了基础。在这一时期中，最成功的一届奥运会应该是1912年的第5届奥运会，在运动员人数、参赛国家、比赛设施到组织等方面都有了相应的提升。

2. 奥林匹克运动的成型时期（1914～1939年）

奥林匹克运动的组织者意识到其规范化的重要性，因此基于第一阶段初步形成的框架，逐步使奥运会的各种制度更加健全，在组织化、规范化等方面都取得较大进步。整个奥运会的基本框架、运行机制和基本特征在这一时期基本形成。具体表现在比赛项目逐渐合理、比赛设施进一步完善、比赛时间有了限制、先进的技术充分利用到比赛中去，如电子计时、终点摄影、自动印刷、有线电视等。自1928年女子田径项目正式纳入比赛，这一重要变化对奥林匹克运动的普及性和号召力起到了很好的推动作用。这段时期的另一重要发展是1924年开始有了冬季奥运会，将奥林匹克运动扩展到寒冷的冬天。两次世界大战期间，奥林匹克运动的组织机构也获得了发展，国家奥委会由第一次世界大战前的29个增加到后来的60个。与此同时，各国际单项体育联合会也相继成立，初步形成国际奥委会、国际单项体育联合会和国家奥委会“三大支柱”各司其职的局面。后来，国际奥委会逐渐从奥运会具体技术事务中解脱出来，而是对协调、领导、决策等更高的层次起到指导作用。

3. 奥林匹克运动的发展时期（1946～1980年）

一方面，第二次世界大战结束后，世界的格局是东、西方两大军事集团进入“冷战”，这也在一定程度上影响了奥林匹克运动的发展。另一方面，世界经济振兴和科技发展为奥林匹克运动的发展创造了良好时机。由于苏联和新兴国家的涌现，每届奥运会的参赛国家和人数都在增加，正如顾拜旦所期望的那样，奥运会已在不同的大洲举办，各洲的地区运动会和残疾人运动会也相继举办；随着奥林匹克运动的普及，竞技水平迅速得到提高；非洲体育运动开始受到世界人民的关注；美国和苏联争夺奥运会霸主地位的局势也愈演愈烈；随着体育场馆的改善和先进运动器材的引进，奥运会的规模在壮大，艺术性在增强；先进电子器材的使用和对运动员性别和违禁药物的检测使比赛的公正性得到保障；举办奥运会的城市的市政建设也在逐步改善。

4. 奥林匹克运动的改革时期（1980年至今）

20世纪80年代后，新任奥委会主席萨马兰奇针对奥林匹克运动所面临的各种问题进行了大规模的改革。人们对奥林匹克运动有了更多的要求，而不仅限于每四年一度的奥运会。更重要的是在文化教育、科学技术等方面注重了奥林匹克思想的传播。通过一系列活动，如举办奥林匹克艺术节、建立博物馆、举办“奥林匹克日”纪念活动、定期召开奥林匹克体育科学大会等都起到积极的宣传作用。1996年亚特兰大奥运会规模空前，参加国家和地区达197个，举办项目达271项。这一时期发生的一个重要变化是肯定奥林匹克组织与各国政府进行合作的必要性，同时也明确指出国际奥委会保持自己的独立性，不受任何一个国家的指挥，并且，允许商业的介入。这种务实的态度对奥林匹克运动的健康发展起到了积极的指导作用。

奥林匹克运动经历了初期的探索、形成阶段，到第二次世界大战后奥林匹克运动的发展和停滞阶段，再到21世纪的改革发展阶段，奥林匹克现在已进入了一个蓬勃发展的时期。

（三）现代奥林匹克运动会的一般仪式

1. 开幕式

（1）进场。

奥林匹克运动会应由主办国国家元首宣布开幕。国际奥委会主席和奥运会组委会主席在体育场入口迎接国家元首，然后引导国家元首在官员席的包厢就座。接着除希腊和主办国国家代表团外的各代表团按主办国语言的字母顺序列队入场，希腊代表团最先入场，主办国代表团则最后入场。

（2）讲话、升国旗。

国际奥委会主席在奥运会组委会主席的陪同下，一同登上设于官员席前方运动场上的讲台。奥运会组委会主席率先讲话，之后国际奥委会主席讲话，并最后邀请举办国国家元首宣布运动会开幕。奏《奥林匹克会歌》，同时奥林匹克会旗以水平展开方式进入运动会场，并从赛场中的旗杆上升起。

（3）点燃火炬。

奥林匹克火炬经接力跑送入体育场，最后1名接力跑运动员沿跑道绕场一周后，点燃奥林匹克圣火，该圣火一直到奥林匹克运动会闭幕时才可以熄灭。点燃奥林匹克圣火后，接着应放飞象征和平的鸽子。

(4) 运动员宣誓。

各代表团的旗手围绕讲台形成半圆形，主办国的1名运动员登上讲台，用左手执起奥林匹克旗的一角，举起右手，庄严宣读以下誓言："我以全体运动员的名义保证，为了体育的光荣和我们这些运动队的荣誉，以真正的体育精神参加本届奥林匹克运动会，尊重并遵守运动会各类运动的规则，致力于一种没有兴奋剂和毒品的运动。"

(5) 裁判员宣誓。

紧接着，主办国的1名裁判员登上讲台，和运动员宣誓同样的方式宣读以下誓言："我以全体裁判员和官员的名义保证，以真正的体育道德精神，完全公正的态度执行我们在本届奥林匹克运动会的职务，尊重并遵守运动会各类运动的规则。"

(6) 奏乐退场。

然后，奏或唱主办国的国歌。旗手到为他们保留的座位就座，以便观看后面的文艺节目。

(7) 文艺表演。

文艺表演在开幕式的上述仪式结束以后，这是历届奥运会开幕式工作量最大、准备时间最长、花费最多的项目。例如，2008年北京奥运会开闭幕式运用资金就超过8亿元人民币。主办国往往提前一两年就开始准备，并精心设计，希望能以气势恢宏的、独特的民族精神为世界各地的来宾呈现一场视觉盛宴。

2. 闭幕式

闭幕式必须在全部赛程结束后在体育场内举行。

首先，由各代表团的旗手按开幕式的顺序站一列纵队进场，并站在与开幕式相同的位置，在讲台后形成半圆形，他们身后的是不分国籍的运动员。

其次，国际奥委会主席和奥运会组委会主席登上讲台，在希腊国歌声中，希腊国旗从中央旗杆右侧用于升冠军国旗的旗杆上升起。接着，在奏主办国国歌的同时，主办国国旗从中央旗杆升起。然后，下届奥林匹克运动会主办国的国旗在其国歌声中从左侧旗杆升起。

再次，主办城市市长登上讲台，把奥林匹克会旗交还给国际奥委会主席；再由国际奥委会主席把会旗委托给下届奥林匹克运动会主办城市的市长。而这面旗必须陈列在下届主办城市的市政大厅里。

最后，国际奥委会主席在奥运会组委会主席讲话后致闭幕词，紧接着鸣号奏乐；奥林匹克圣火在号声中熄灭，在演奏《奥林匹克会歌》的同时，奥林匹克会旗从旗杆上缓缓降下，以水平方式展开并送出运动场，旗手紧随其后退场，同时奏响欢送乐曲。

3. 颁奖仪式

在奥运会期间，奖章应由国际奥委会主席（或其选定的委员）在有关的国际单项体育联合会主席的陪同下颁发。一般情况下，每项比赛结束后，应立即在举行赛场以下述方式颁奖：获得第1名、第2名和第3名的运动员身着正式服装或运动服，登上领奖台，面向官员席。冠军站的位置比右侧第2名的位置和左侧第3名的位置稍高。然后宣布他们的名字和其他奖状获得者的名字。冠军代表团的旗帜应从中央旗杆升起，第2名和第3名的代表团的旗帜应分别从紧靠中央旗杆的右侧和左侧旗杆升起。奏冠军所属代表团的国歌时，奖章获得者应面向旗帜。

(四)冬季奥林匹克运动会

19世纪，随着国际体育的兴起，冬季运动也相应得到迅速发展，冰雪运动受到欧洲和北美一些国家的青睐，各种滑冰、滑雪和雪橇组织在荷兰、挪威、俄罗斯、法国、奥地利、捷克斯洛伐克、匈牙利、丹麦、芬兰、德国、瑞士、美国、瑞典以及加拿大等国家纷纷建立。与此同时，一些跨国性的冬季运动单项赛会也相继举行，如1880年美国纽约布鲁克林区（Brooklyn）举行的国际速度滑冰对抗赛、1883年挪威举行的霍尔门科伦（holmenkollen）国际传统滑雪赛和瑞士达沃斯（devos）国际无舵雪橇赛，以及1885年德国汉堡和荷兰吕伐登举行的国际速度滑冰冠军赛等。这些冬季运动组织的建立和比赛的举行，使世界冰雪运动的发展得到进一步推进。然而，由于冬季运动自身的特点，在最初举办的几届奥运会没有将冬季项目列入规程里。这对一些爱好冬季运动的人来说，显然缺乏公平性。

随着冰雪运动越来越普及，现代奥运会的创始人顾拜旦建议单独举办冬季奥运会。19世纪末，国际奥委会为贯彻奥林匹克运动的宗旨，曾决定在适当的时候吸收一些冬季项目到奥运会中去。1908年，在伦敦举行的第4届奥运会，终于将花样滑冰纳入了竞赛规程。4月27日，来自瑞典、德国、俄罗斯、奥地利以及英国的21名花样滑冰运动员，在伦敦的普林西斯人工冷冻滑冰馆（princi Skating）进行了男子规定滑、男子自由滑、女子单人以及双人4个项目的比赛。这次比赛，吸引了2 000余名观众，特别是花样滑冰运动所特有的高雅艺术魅力，给各国运动员和观众带来了视觉享受的同时也留下了深刻的印象。从此，一些热衷于冬季运动的爱好者便开始了积极的努力，争取早日实现单独举办冬季奥林匹克运动会。

1911年，当时任国际奥委会委员的意大利人康特·布伦内塔·迪瑟乌希（Count brunette D usseaux）在布达佩斯第11次国际奥委会会议上首次提出了单独举办冬季奥运会的建议。然而，他的建议遭到了当时以开展冬季运动而闻名的挪威委员波尔科夫尼克·斯韦雷（polkovnik sverre）和瑞典委员格拉夫·德罗曾（Graf de dozen）的反对。他们认为，冬季项目已经有了各自的国际性赛会，没有必要再另行举办冬季奥运会。当时，挪威人和瑞典人之所以会反对迪瑟乌希的建议，实际上担心的是举办冬奥会将会对传统的霍尔门科伦滑雪大赛以及北欧运动会（Nordic shelen）的国际地位造成影响。到1912年的会议，瑞典人虽然妥协了，但迪琴乌希的建议又遭到了大洋彼岸国家的抵制。而特别让人意外的是，第5届奥运会的组织者瑞典既不支持花样滑冰，也没有建造人工冷冻滑冰馆，他们拒绝将花样滑冰列入奥运会项目。

尽管如此，冰雪运动爱好者依然没有放弃努力，1920年第7届奥运会又再次将花样滑冰列入了比赛项目，同时还增加了一项冰球。

1920年4月20～30日，来自加拿大、捷克斯洛伐克、芬兰、法国、德国、英国、挪威、瑞典、瑞士、美国以及比利时11个国家的90余名运动员在安特卫普体育馆进行了花样滑冰男、女单人和双人以及冰球的比赛。这一比赛当时吸引了比利时以及欧、美各国7000余名观众前来观看。这次比赛在展示了世界冰上运动的发展的同时，也扩大了冬季项目的影响力。就在这次奥运会上，法国代表提出了关于单独举行冬季奥林匹克运动会的设想。他们提出，1924年第8届奥运会在巴黎举行，法国决定在举办奥运会的同时，在夏蒙尼单独举行一次冬季运动会。法国的提议立即得到了国际滑冰联盟、国际冰球联合会、国际滑雪委员会以及一些国家和奥委会委员的积极响应。

1921年7月2日，第7届奥林匹克代表大会在洛桑举行。就在这次代表大会上，讨论并通过了法国的提案，并向国际奥委会建议单独举行冬季奥运会。国际奥委会采纳了大会的决议，但由于对比赛的结果及其可能产生的影响还不能确定，因此决定将这次比赛定名为“奥林匹克周冬季运动会”。由此开启了冬奥会的新纪元。

1924年1月24日~2月4日，来自16个国家的258名运动员（其中女子13人）在勃朗峰（Blanc，Mt.）山脚下的夏蒙尼（Chamonix）进行了越野滑雪、跳台滑雪、北欧两项、有舵雪橇、速度滑冰、花样滑冰以及冰球7个项目的比赛。这场比赛进行得既激烈而又呈现出一派友好的气氛。

在夏蒙尼举行的这次“奥林匹克周冬季运动会”，在体育界掀起了一股强烈的讨论热潮。冬季运动的奥林匹克精神和气氛也由此盛行起来。比赛的成功，使1925年在布拉格举行的国际奥委会第22次会议一致决定冬奥会从1928年起在奥林匹克年定期举行，并追认1924年的夏蒙尼“奥林匹克周冬季运动会”为第1届冬奥会。这一决定于1928年在布拉格举行的第8届国际奥委会代表大会上得到了批准。实践证明，建立在奥林匹克思想基础上的，以弘扬奥林匹克精神，推进人类文明，倡导和平、友谊与关爱，关心下一代，尊重大自然为宗旨的冬季奥林匹克运动会，对人类文化、教育及社会生活产生的影响，是任何规模、层次和形式的冬季运动会都无法比拟的。

从1924~2010年，冬奥会先后在欧洲、美洲和亚洲12个国家成功地举行了21届。出席冬奥会的国家和地区由第1届的16个，发展到第21届的82个。比赛的项目也由最初的4类、14小项，发展到2010年的7类、86小项。

2011年4月，国际奥委会确认2014年索契冬奥会将新增U形槽滑雪（男子和女子）、女子跳台滑雪、冬季两项混合接力赛、花样滑冰团体赛和雪橇团体接力赛六个正式比赛项目。

五、奥林匹克运动对中国体育的启蒙

由于不同社会背景的差异，奥林匹克运动传入我国并获得发展，经历了一个漫长的过程。随着社会变革的深入和现代体育的日渐兴起，奥林匹克运动终于攻克各种难题，冲破重重阻碍，在这个有着悠久文明的东方大国传播开来。

（一）奥林匹克运动在中国的传播历程

1. 启蒙阶段（1919年以前）

顾拜旦在雅典的第1届现代奥运会召开时，就曾经向清政府发出过邀请，只是当时这个封建王朝对奥林匹克一无所知。1908年伦敦奥运会前夕，一些基督教青年会和教会学校人士开始在社会上宣传奥林匹克运动。我国著名教育家、体育家张伯苓先生在天津青年会第五届学校运动会的演讲中，建议中国加紧准备，争取早日参加奥运会。这一年，《天津青年》在一篇题为《竞技运动》的文章里提出了争取在中国举办奥运会的建议。两年以后，在“争取早日参加奥运会”和“争取早日在中国举办奥运会”口号的鼓舞下，1910年10月18~20日在南京举办了“全国学校区分队第一次体育同盟会”，这可以说是中国历史上第一次全国性的运动会。

1913年，中国作为发起国之一在远东举办了运动会，这是奥林匹克运动在亚洲的首次尝试，同时也是亚洲运动会的前身。举办全国运动会和发起远东运动会都是中国体育向奥林匹克运动迈出的第一步。

2. 参与阶段（1919 ~ 1949 年）

1924 年 8 月 1 日，中国成立了第一个全国性的体育组织——中华全国体育协进会，这就是中国早期的奥林匹克组织，它标志着奥林匹克运动在中国的发展进入全新阶段。这一组织是为参与奥林匹克运动与国际体育竞赛，并管辖国内的竞技体育而成立的，这样就结束了相当一段时间内由外国人管辖中国体育的局面，这对中国奥林匹克运动的发展起到很大的促进作用。在全国体协成立之前，由于中国积极筹办和参与远东运动会，开始与国际奥委会建立了联系。1915 年，国际奥委会致电远东运动会组委会，承认远东体协的合法地位并邀请中国参加 1916 年在柏林举行的第 6 届奥运会，但因为第一次世界大战的爆发而没有举行。

1922 年，王正廷担任国际奥委会委员，他是我国第一个国际奥委会委员。

1924 年，全国体协成立后，陆续参加了田径、游泳、体操、网球、举重、拳击、足球、篮球等 8 个国际单项运动联合会。

1928 年，旧中国首先获准参加在荷兰阿姆斯特丹举行的第 9 届奥运会，但由于准备不充分，只有宋如海 1 人作为观察员出席但是没有参加比赛。

1931 年，全国体协被国际奥委会正式承认为中国国家奥林匹克委员会，从此中国奥委会与国际奥委会有了组织联系。

1931 年，中华全国体协被承认为中国奥委会后，联系日益密切，而后中国参加了第 10 届、第 11 届和第 14 届奥运会，由于当时中国体育十分落后，参加奥运会也得不到政府的支持，所以从未有一个项目进入决赛。

3. 更新阶段（1949 ~ 1979 年）

新中国成立后，党和政府十分重视体育运动的发展，从而使国民体质得到提升，这都为奥林匹克运动在中国的推行提供了良好的社会基础。1949 年 10 月，在原中华全国体育协进会的基础上，召开了全国体育工作者代表大会，改组为中华全国体育总会（即中国奥林匹克委员会）。1979 年后，由于形势发展的需要，中华全国体育总会和中国奥委会分立，从此进入一个新的发展阶段。

新中国与国际奥委会的关系也是一个曲折的发展过程。1952 年，中国奥委会宣布将派出运动员参加赫尔辛基奥运会，但遭到拒绝，直到开幕前两天才收到邀请，而同时收到邀请的还有我国台湾的体育组织。此后，国际奥委会在多次会议上，都对中国代表权问题进行激烈的辩论。直到 1954 年 5 月，在雅典召开的国际奥委会第 49 次会议上，承认中华全国体育总会为中国奥林匹克委员会。但国际奥委会主席布伦戴奇仍把“台湾”体育组织以“中华民国”的名义列入国际奥委会承认的国家奥委会名单，从而制造出“两个中国”的概念，这是我们所不能接受的。为此，1958 年 8 月，全国体总和有关单项运动协会不得不宣布中断与国际奥委会和有关 9 个国家单项运动联合会的联系，从此中国被迫选择和国际奥委会中断联系。

直到 1979 年 11 月，国际奥委会全体委员以通讯表决方式通过决议，规定中华人民共和国的奥委会为“中国奥林匹克委员会”，会址在北京。设在台北的奥委会名称为“中国台北奥林匹克委员会”，其会旗、会歌和会徽均须经国际奥委会批准，这为海峡两岸的体育交流首开先河，也为“一国两制”创造了先例。

1959 年 4 月 5 日，容国团在德国多特蒙德举行的第 25 届世界乒乓球锦标赛上，打败了曾 7 次获得世界乒乓球男子单打冠军的匈牙利运动员西多，获男子单打比赛冠军。这是中国在世界性的体育比赛中首次获得世界冠军。

4. 发展阶段（1979年至今）

1979年以后，奥林匹克运动在中国进入蓬勃发展阶段。1984年7月29日，中国射击选手许海峰在男子自选手枪项目上以566环的成绩战胜各国选手获得该项目的冠军，这在中国奥运史上写下浓墨重彩的一笔。这一天对中国人民来说是永远难忘的，在中国体育史上永远值得庆贺。他这一枪，是中国自1932年参加奥运会以来首次夺得金牌，实现了中国奥运史上金牌“零”的突破。

1980年2月，中国体育代表团参加在美国普莱西德湖举行的第13届冬季奥运会，这是中国体育代表团第一次参加冬奥会。

1992年7月，第25届奥运会在西班牙马德旦开幕。中国运动员一举夺得金牌16枚、银牌22枚、铜牌16枚。名列金牌总数第四。

2000年第27届悉尼奥运会，中国奥运代表团在所参加的24个项目中，获28金、16银、15铜，列金牌榜第三位。

2004年，第28届奥运会重回故里在雅典举行，中国神话也再次在希腊上演，获得了32枚金牌、17枚银牌、14枚铜牌，列金牌榜第二名，特别是男子110米栏运动员刘翔，实现了中国及亚洲人在该项目金牌“零”的突破。

2008年，第29届奥运会在北京举行，中国获得了51枚金牌、21枚银牌、28枚铜牌，列金牌榜第一名。实现了历史性跨越，受到全世界的瞩目，同时，奥运会在北京的成功举办，唤起了中华儿女强烈的民族自豪感，激励了中华民族自强不息的进取精神。

2012年，第30届奥运会在伦敦顺利举行，中国获得了38枚金牌、27枚银牌、23枚铜牌，列金牌榜第二名，美国居首。中国运动员在奥运会中的良好表现赢得了世界的高度好评。

2016年，第31届奥运会在巴西的里约热内卢举行，中国获得了金牌26枚，银牌18枚，铜牌26枚，列金牌榜第三名。

（二）中国的申奥历程

1. 北京申夏奥之路

北京曾经于1993年申请举办2000年夏季奥林匹克运动会，但最终在最后一轮的投票中以2票之差败于澳大利亚悉尼。

1998年，北京再次提出申办2008年奥运会，以“新北京，新奥运”为竞选口号，并提出“绿色奥运”“人文奥运”“科技奥运”的理念。与第一次申办时一样，北京的申办得到了超过90%以上北京市民和全国人民的支持。

2000年6月20日，北京奥申委秘书长王伟在瑞士洛桑向国际奥委会正式递交申请报告。报告回答了国际奥委会向申请城市提出的22个问题，并陈述了北京关于筹办2008年奥运会的计划和构想，这是北京市为申办2008年奥运会而向国际奥委会递交的第一份正式答卷。

2001年1月17日上午，北京奥申委代表团将申办报告交到国际奥委会总部，两天后，国际奥委会通知北京奥申委，北京的申办报告完全符合要求，可以将剩余的报告寄给120多名国际奥委会委员和28个国际单项体育组织。从1月21日开始，北京奥申委向世界各地寄出182套北京2008年奥运会申办报告。

北京虽然在环境问题上遭到某些媒体的质疑，但还是在与伊斯坦布尔、大阪、巴黎及多伦多4座城市的竞争中脱颖而出，在2001年7月13日莫斯科举行的国际奥林匹克委员会第112届年会中，由奥委会主席萨马兰奇宣布北京成为2008年奥林匹克运动会的主办者。这代表着北京人民的胜利，是中国人民的胜利。

2. 北京申冬奥理念

北京申办冬奥会，其坚持的理念主要包括以下几个方面。

首先，北京坚持以体育和运动员为中心的理念。计划形成三个相对集聚的场馆群，北京奥运村距冰上项目场馆群最长不超过20分钟车程。位于张家口和延庆的奥运村距赛场均不超过15分钟车程。北京—延庆—张家口三地由高速铁路、高速公路等交通路网连接。京张高铁建成通车后，从北京市区20分钟可到达延庆，1小时内可到达张家口。该理念除了在交通出行上有所体现外，还将体现在餐饮、医疗、住宿、安保等各项赛事服务中。

其次，坚持可持续发展的理念。改建和新建的场馆，在冬奥会后将作为运动员训练比赛、大众冬季休假健身、商务会展及其他大型活动的场地。所有场馆及配套基础设施均采用节能环保技术和可再生资源，从而使城市的可持续发展能力得到提升。

最后，坚持节俭办赛的理念。计划启用12个竞赛场馆，需要新建5个场馆；其余场馆均是在改扩建的基础上来满足赛事需要。冬奥会开、闭幕式将在北京的国家体育场举办。北京国际广播中心、主新闻中心和媒体住地均使用现有设施，山地场馆群媒体中心将以临建设施为主，节省公共开支，便于赛后利用。

北京联合张家口申办2022年冬奥会，得到了中国各级政府和广大民众最强有力的支持：冬奥会理念及相关计划与中国政府和北京市、河北省及张家口市正在实施的国民经济和社会发展第十二个五年规划，以及制订后续长期规划所遵循的核心价值在理念上是高度一致的，能够很好地与中央和地方政府长期的战略规划相契合。

冰上项目场馆群选址在北京奥林匹克中心区，主要考虑北京具有一定的冰上运动基础，且可以充分利用2008年奥运会的遗产。雪上项目场馆群选址在张家口，因为张家口开展滑雪运动已有近20年的历史，5个雪场集聚度高，并已建成比较完备的体育服务设施。延庆位于京张两市之间，具备举办高山滑雪项目的条件，且京张高铁和高速公路从这里经过，交通便捷。奥运会期间，北京将全力奉献一届精彩、安全、纯洁、欢乐的冬奥会和冬季残奥会。

高铁和高速公路是连接三个场馆群的重要枢纽，公共交通专线直达每个赛场，使赛事运行更为便捷顺畅。奥运村及指定医院将为所有运动员提供全方位、高质量的住宿、餐饮和医疗服务。

北京具有做好重大国际赛事安保工作的充足警力和丰富经验，将采取一切必要的措施确保冬奥会安全有序的举行。

此外，还有一些场馆坐落于长城脚下，精彩的赛事和沿途丰富多彩的风景名胜，将给各方来宾带来不一样的视觉享受。

第二节　2008 北京奥运会对我国体育教育的影响及前景展望

现代奥林匹克运动会不仅是当今世界上历史悠久、规模宏大和水平最高的综合性国际体育赛事，而且也是影响深远、参与人数最多的社会文化活动。因此，它的举办对举办国的政治形象、经济效益、文教发展和科技进步等产生的积极影响都是不可估量的。北京奥运会是我国体育发展过程中的一个鲜明标志，是我国体育进一步发展的千载难逢的契机，它必将对我国的体育事业的飞跃发展起到关键的促进作用。

一、2008 北京奥运会简述

2008 年 8 月 8 日 ~24 日，第 29 届奥林匹克运动会在中华人民共和国首都北京举行。这届奥运会是中国首次举办夏季奥运会，也是继 1964 年东京奥运会与 1988 年首尔奥运会后，亚洲国家第三次举行夏季奥运会。大部分比赛项目在北京举行，上海、天津、沈阳、秦皇岛承办足球项目。而帆船比赛项目由青岛承办。2005 年 7 月 8 日，在新加坡举行的国际奥林匹克委员会第 117 次全会上，决定由中国香港协办 2008 年奥运马术项目。

(一)2008 年北京奥运会的口号

“同一个世界，同一个梦想”（One World，One Dream）这个口号集中体现了奥林匹克精神实质和普遍价值观——团结、友谊、进步、和谐、参与和梦想，表达了全世界在奥林匹克精神的感召下，追求人类美好未来的共同愿望。尽管世界人民肤色、语言、种族各不相同，但可以共同分享奥林匹克的魅力与带来的欢乐，拥有追求人类和平的共同理想。我们同属一个世界，我们拥有同样的梦想和希望。

“同一个世界，同一个梦想”，是对北京奥运会的核心理念的深刻反映，体现的是将“绿色奥运、人文奥运、科技奥运”三大理念作为核心灵魂的人文奥运所蕴含的和谐的价值观。建设和谐社会、实现和谐发展是我们追求的梦想，并且充分表达了中国人民与世界各国人民共有美好家园，同享文明成果，携手共创未来的崇高理想；表达了一个拥有五千多年文明史，正在大步走向现代化的伟大民族致力于和平发展、社会和谐、人民幸福的坚定信念；表现中国人民为建立一个和平而美好的世界而努力贡献力量的心声。

(二)2008 年北京奥运会的会徽

2008 年北京奥运会的会徽——中国印，如图 6-2 所示。她似印非印，似“京”非“京”，整个形象潇洒飘逸，充满张力，寓意是舞动的北京；她是有中国精神、中国气派、中国神韵的中国汉文化的符号，象征着开放的、充满活力的、具有美好前景的中国形象；她体现了新北京、新奥运的理念和“绿色奥运、人文奥运、科技奥运”的内涵，是奥林匹克友谊和平进步、更快更高更强的精神的具体再现。

图 6–2 北京奥运会会徽

(三)2008 年北京奥运会的吉祥物

2008 年北京奥运会的吉祥物——福娃，如图 6–3 所示。其色彩与灵感来源于奥林匹克五环、来源于中国辽阔的山川大地、江河湖海和人们喜爱的动物形象。福娃向世界各地的人们传递友谊、和平、积极进取的精神及人与自然和谐相处的美好愿望。

2005 年 11 月 11 日傍晚，北京工人体育馆披上了节日盛装。夜幕降临时分，北京进入了 2008 年奥运会倒计时 1000 天。而第 29 届奥运会吉祥物也在这个重要时刻的纪念活动中揭开了神秘面纱。

福娃是五个可爱的亲密小伙伴，他们分别融入了鱼、大熊猫、奥林匹克圣火、藏羚羊以及沙燕风筝的造型，形象生动且富有灵性。

每个娃娃都有一个朗朗上口的名字：“贝贝”“晶晶”“欢欢”“迎迎”和“妮妮”。在中国，叠音名字是对孩子表达喜爱的一种传统文化方式。当把五个娃娃的名字连在一起时，你读出的是北京对世界的盛情邀请——“北京欢迎您”。福娃是梦想以及中国人民的渴望的象征。

图 6-3

(四)2008 年北京奥运会的比赛项目

2008 年北京奥运会比赛共设 28 个大项、302 个小项。这 28 大项分别为：田径、赛艇、羽毛球、垒球、篮球、足球、拳击、皮划艇、自行车、击剑、体操、举重、手球、曲棍球、柔道、摔跤、水上项目、现代五项、棒球、马术、跆拳道、网球、乒乓球、射击、射箭、铁人三项、帆船帆板和排球。

其中，有些项目没有分项，分项最多的是水上项目，包括游泳、花样游泳、水球和跳水 4 个分项。田径虽然没有分项，却有 46 个小项，其中男子 24 个小项，女子 22 个小项，是奥运会中占据金牌最多的项目。其次是游泳，虽然没有分项，却有 32 个小项，男女分别为 16 项。

(五)2008 年北京奥运会的奖牌榜

本届夏季奥运会共有 87 个国家或地区赢得奖牌。中国以 51 枚金牌居首，是奥运历史上首个亚洲国家登上金牌榜首，而美国列金牌排行榜第二位，俄罗斯列第三位。奖牌榜前十名如见下表。本届奥运会共有 3 个国家赢得她们历史性的首枚奥运金牌，包括在田径场上摘金的巴林、巴拿马，以及在柔道馆中折桂的蒙古；另外，阿富汗、多哥、毛里求斯及塔吉克斯坦等 4 国则于本届奥运中首度赢得奖牌。

2008 年北京奥运会奖牌榜（前 10 名）

名次	国家	金牌	银牌	铜牌	总数
1	中国	51	21	28	100
2	美国	36	38	36	110
3	俄罗斯	23	21	28	72
4	英国	19	13	15	47

续表

名次	国家	金牌	银牌	铜牌	总数
5	德国	16	10	15	41
6	澳大利亚	14	15	17	46
7	韩国	13	10	8	31
8	日本	9	6	10	25
9	意大利	8	10	10	28
10	法国	7	16	17	40

二、2008奥运会对我国体育教育的影响和带来的机遇

2008年北京奥运会的成功，标志着我国体育的发展进入一个全新的阶段，是一个历史的转折点，其对我国的体育教育的影响主要表现在以下几个方面：

（一）关注体育教育的发展

长期以来，只强调“增强体质”的体育教育，一直将人体生理机能变化规律作为体育教育过程的基本规律、人体机能适应性规律作为体育教学的基本理论依据，而一些生物学的指标便成了衡量学生体育学习的标准，从而使得体育教育的其他功能被忽视，最终沦落为运动技术的传授和身体素质的提高。北京申奥成功后，教育部于2002年发布的《全国普通高等学校体育课程教学指导纲要》，提出了高校体育课程运动参与目标、运动技能目标、身体健康目标、心理健康目标和社会适应目标，界定高校体育课程的性质“是实施素质教育和培养全面发展的人才的重要途径”。教育部、国家体育总局又于同年7月颁布《学生体质健康标准（试行方案）》，提出了从身体形态、身体机能、身体素质等方面综合评定学生的体质健康状况。两个文件的公布及实施，标志着我国体育教学向前迈进了一大步，进入了一个全新的阶段。体育教育的目标取向将由参与运动、养成习惯、掌握技能、学会保健、提高素质、增进健康取代原来的以技能学习为主的目标取向。体育教育作为实现“促进学生身心健康全面发展”目标的主渠道，其学科性将继续受到关注。

（二）深刻理解奥林匹克的教育价值

国际奥委会前主席萨马兰奇先生在为我国编著出版的《奥林匹克运动》教材作序时指出：“离开了教育，奥林匹克主义就失去了它的意义。”1927年4月17日，顾拜旦曾在《致各国青少年运动员书》中强调，“当今世界，充满发展的极大可能，但同时也存在着危险的道德衰败：奥林匹克主义能建立一所培养情操高尚与心灵纯洁的学校，也是发展身体耐力和力量的学校，但这必须在进行强化身体练习的同时，不断加强荣誉观念和运动员大公无私精神条件下才能做到。未来属于你们青年。”顾拜旦一直将竞技体育训练过程视为教育的过程，他认为竞技体育作为一种身体训练，在以全身心为非物质目标进行的努力奋斗中，人就从其动物性的属性中分离了出来，并得到升华。他的运动训练即教育过程的观点是高尚的、充满诗意的，是人类精神文明的宝贵遗产。北京举办奥运会理所当然是在我国发扬

奥林匹克精神的最佳时机，我们应当更好地挖掘奥林匹克的教育价值，使国民对体育教育重要性的认识得到提高，促进体育教育在中国的大幅度开展。

(三) 全面认识体育教育的功能

体育具有教育和文化的双重作用，是一种复杂的国际文化现象。奥林匹克运动不仅强调体育的教育作用，还强调了它的文化作用。《奥林匹克宪章》明确指出："奥林匹克运动谋求把体育运动与文化和教育融合起来，创造一种在努力中求欢乐、发挥良好榜样的教育价值并尊重基本公德原则为基础的生活方式。"我们从中可以了解到，奥林匹克运动不仅蕴涵着单纯的体育，而且还包含着文化与教育，只有将这三者进行有机的结合才可以算得上是真正的奥林匹克运动。

我们会清醒地认识体育的本质特征，会深刻地挖掘体育的其他社会功能。体育的本质功能就是教育、健身和娱乐，这是任何一种体育形态所共有的。我们通常所说的政治、经济、文化、科技等其他社会功能只是利用体育发挥其作用的，而为了达到某种目的是体育的非本质功能。北京奥运会是全方位发挥体育功能的大好机会、大显身手的大好舞台，这是提高体育地位的一次最佳展示，也是对全面认识体育功能、增加体育感性知识的绝好机会。

(四) 提高国民对体育教育的重视程度

英国学者约翰·安德鲁斯曾用三个等边三角形的叠加形象地解释高水平竞技体育和大众体育及学校体育的内在关系，他首先想说明的是大众体育和学校体育是高水平竞技体育的基础，第二点是基础越大尖子越尖。《奥林匹克宪章》规定："奥林匹克运动的活动是持续的、全球性的。其最高层次的活动是使世界上的运动员在奥林匹克运动会上相聚一堂。"这些都说明大众体育与高水平竞技体育密不可分。北京奥运会为我国体育教育的普及提供了一次难得的机会，不但使青年学生担负大量服务工作而直接参与奥运会，而且能够促进青少年对体育的热情，使他们在模仿、学习、崇拜明星的过程中使其从事体育锻炼的兴趣得到增强，因而在全国大、中、小学将会掀起一场重视体育教育的新高潮。

(五) 促进东西方文化的交流和融合

现代奥林匹克运动在某种程度上是对古希腊奥运会的历史文化传统的延续，可以说北京举办2008年奥运会开启了东西方文化交融的大门。可见2008年奥运会不仅使西方国家领略到了中国的民族文化，而且也使中国人民感觉到中国传统文化既是民族的也是世界的。通过北京奥运会把奥林匹克主义、奥林匹克理想和奥林匹克精神留传下来，在中国乃至亚洲大地上生根开花。奥林匹克运动是促进东西方文化融合的载体，并不会因为北京奥运会结束的结束而终止，而是将继续影响我国体育教育事业的发展。

三、北京奥运会之后我国体育教育的前景展望

(一)"自主发展"体育思想的确立

现代社会人们对体育教育的理解包括：成功体育思想、终身体育思想及"健康第一"

指导思想等不同的概念，虽然各种思想对体育教育有着不同的认识，但归根结底还是体现在体育教育可持续发展和体育教育促进人的可持续发展这方面。20世纪70年代兴起的自组织理论，其核心在于强调客观世界的复杂性，指出开放系统的演化是自组织的，其演化前景取决于系统内部要素间复杂的非线性关系，外在的控制力量并不起到决定性作用，复杂性重新被确认为系统的本质特征，从而为我们反思和重新审视复杂的体育教育提供了新的视角。建立以发掘和形成体育教育的“自主发展”体育思想，既能促使体育教育可持续发展，又能促使人的可持续发展。它不仅使我们能够形成以解释和引导以非单纯预测与控制为特色的体育教育解释框架，而且可以使我们找到方法以便摆脱近代以来由“工具主义”带来的恶性循环，其中包括以下方面的含义。

首先，“自主发展”的体育思想应不断与外界联系更新思想内容。“自主发展”的体育思想要求体育教育要与时俱进，建构“自主发展”的体育教育模式。在科学发展观的指导下，要求体育教育在实践中不断地寻求自主创新。

其次，“自主发展”的体育思想应不断更新体育教育内容以便满足学生的需求。“自主发展”的体育思想会根据学生发展的需求，对其体育教育内容进行更新，通过身体的活动以及体质与健康、生理与心理、休闲与生活、安全与生存、生命与衰老等文化和知识的传授，向学生表达一种关爱和珍惜生命的信息，并将这种关爱从自我向家庭、社会、国家乃至世界扩展，最终达到使学生的精神与身体和谐发展，而不是一味地进行理性知识与实用技能的堆积。

最后，“自主发展”的体育思想应真正把促进学生全面发展放在首位。在体育教育过程中强调学生精神与身体的完美发展，强调在整个教育活动过程中对学生个体的人性、人生、人权、价值的尊重与重视。体育教育不仅要重视学生的需要、兴趣、创造和自由与发展学生的个性，还要使其在身体活动中得到淋漓尽致地张扬、表达，进而可以主宰自身，激发他们参加体育运动的动力，让体育教育真正摆脱“工具主义”的束缚。

(二) 坚持以人为本，促进和谐发展

根据马克思主义人的全面发展的观点，人是与生产力和社会关系的不断发展和丰富成正相关的关系的，未来社会随着经济、科技的发展，人的全面发展与社会发展的关系将日益密切。人的全面发展与社会发展是辩证统一的，一方面人的发展与社会发展互为前提和基础，另一方面人的发展与社会发展相互促进、共同发展。正如马克思和恩格斯所指出的那样，“只有在集体中，个人才能获得全面发展其才能的手段，也就是说，只有在集体中才可能有个人自由”。如今，随着经济全球化、信息网络化的普及，将对促进人的本质和全面发展提出更高的要求。

有学者在论述21世纪的教育时认为，“归根到底，21世纪最成功的劳动者将是最全面发展的人，是对新思想和新的机遇开放的人”。目前，我国正由应试教育向素质教育转变，而要发展学生个性就是素质教育的核心。体育教育在整个教育发展的大背景下，应从生理、心理、社会适应方面进行教育，只有重视“以人为本”的全面发展，以“个性化发展”作为全面发展的核心，培养出与21世纪身体强健的高素质的人的要求相适应，才能彻底摆脱国家需要高于个体需要以及“教育的选择就是社会的选择”。在坚持以人为本、全面发展的同时，还要考虑到各地区、各学校以及学生个体与社会之间存在的差异化，以使整体达到和谐发展。

（三）以身心健康为本，重新制定评价标准

长期以来，我国体育教育始终坚持得分是技能教学，并以其达到一定标准为目标。这势必会导致体育教育的"达标化"和"技术化"。如果不加区别地仍以传统的"技术化"教学为主，而不是从目的、性质、任务、对象、培养方式的不同角度考虑采取差异化方式，一味采取"技术化"教学，必将导致以运动技术的学习与掌握视为目的，使体育教育成为"为技术而技术"的教育，这样学生参加体育活动的积极性将受到限制，身体锻炼的效果也与预期目标不一致。因此，未来体育教育的发展首先还要从学生身心健康发展的角度出发，真正做到以学生的身心健康程度为评价标准，为学生的全面发展而服务。

（四）以本土化为基础，面向国际化

现代社会的发展使国家间的联系日益密切，任何一个国家都不能完全脱离于国际社会而独立生存和发展。同样，我国体育教育的发展也要面向国际体育教育的开放性系统，一方面体育教育要向全社会开放，将触角延伸至广阔的社会生活领域中；另一方面要面向世界开放。体育教育的国际化除了意味着了解和掌握国外的竞赛制度、竞赛项目、竞赛规则外，还要从全球观点的角度出发，去理解国际体育社会，关心和包容异国体育文化。

以体育教育本土化为基础，使体育教育植根于我国社会的土壤之中，从我国的政治、经济、文化和历史环境研究我国体育教育的问题，这是我国体育教育发展的前提。另外，还要与国际体育教育共同的普遍原理相契合，积极融合世界各民族的优秀体育文化传统与先进知识，使我国的体育教育与国际实现真正意义上的融合。

（五）展望未来，重塑体育教育体系

如今我们处于社会多元文化的格局中和信息的爆炸时代，物质生产和人们的精神世界均处于迅速的变化之中。传统的体育教育是面向过去或维持现状的适应性教育，稳定是一种准则，改变只是偶然。现代体育教育是立足于过去、现在、未来的创新性教育，其目标是培养具备强烈未来意识和适应变革能力的现代人。因此，现代体育教育需要在知识性、技能性、娱乐性和竞技性上打破传统，寻求创新。

正如联合国教科文组织国际教育发展委员会在《学会生存》的报告中指出："现在，教育在全世界的发展正倾向先于经济的发展，这在人类历史上大概还是第一次……现在，教育在历史上第一次为一个尚未存在的社会培养着新人。"教育的自身特性也决定了需要提前培养未来社会所需的人才，未来的体育教育应与社会生态和谐发展，体育教育的知识性、技能性、娱乐性和竞技性要融为一体，从实际出发，采取灵活多样的体育教学大纲、教学方法、教学手段促进教育内容的多样化，将我国传统的养生健身内容和西方现代体育内容实现有机结合，重塑体育教育体系以便为培养未来社会所需的人才做准备。

第七章 田径运动实践探究

第一节 跑类运动

一、短跑运动

短跑通常是指400米以及400米以下的项目。短跑是人体运动器官和内脏器官在缺氧的条件下完成的高强度的运动项目。它对人体内脏、神经和肌肉系统有很大的锻炼作用，对发展速度、力量、灵巧等素质有明显的效果，是田径运动的基础项目。

短跑运动一般具有以下特点：摆臂、摆腿幅度大，高重心，高频率，蹬地猛，有力而放松，摆臂高，重心前移速度快，腾空阶段两腿“剪绞”动作迅速，脚掌着地自然而有弹性，充分利用摆臂力量协调上下肢的用力。跑的速度，主要是由步长和步频两个因素决定的，如果在步长一定而提高步频或保持步频不变而加大步长的情况下，都能提高跑速。

短跑一般可分为起跑、起跑后的加速跑、途中跑和终点跑四个部分。200米、400米还有弯道起跑弯道跑技术，这里主要介绍100米跑技术。

(一) 起跑

起跑主要是指前脚蹬离起跑器，后腿向前迈出第一步的连续动作。快速起跑取决于两个因素：一是反应要快；二是尽快克服静止状态，在最短的时间内获得最大速度。

1. 起跑器的组成和使用

短跑采用蹲踞式起跑。起跑器的组成有普通式、接近式和拉长式三种，如图7–1所示。

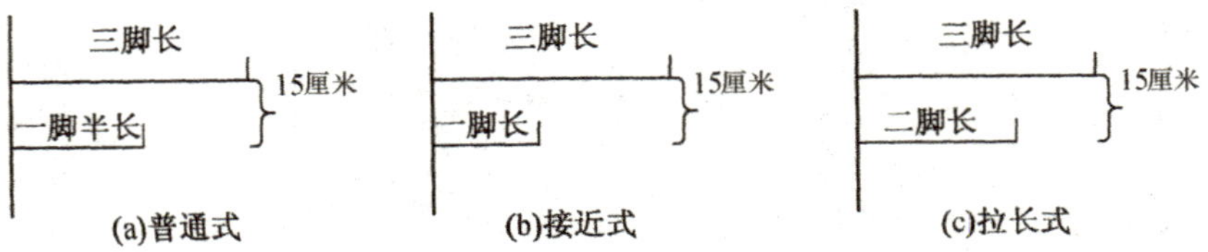

图7–1 起跑器

前起跑器抵足板与地面夹角为45°~50°，后起跑器为75°~80°，两个起跑器之间宽度约为15厘米。安装起跑器应根据个人情况和习惯来确定，但始终应以有利于启动和发挥速度为核心目的。

2. 起跑过程

起跑过程包括“各就位”“预备”和“鸣枪”(或“跑”)三个环节，如图7–2所示。

图 7–2 气跑过程

第一阶段:“各就位”。当听到“各就位”口令后，连续几次深呼吸，然后走到起跑器前俯身以双手撑地，四指并拢或稍分开与拇指形成“人”字形，撑于起跑线后。两脚依次放在前、后起跑器的抵足板上，有力的腿在前，后膝跪地，双手与肩同宽，两臂伸直，肩稍前移超过身体重心与起跑线平齐，集中注意力听预备口令。

第二阶段：“预备”。听到“预备”口令的时候，平稳抬起臀部，稍高于肩，重心前移，两脚掌压紧起跑器，前腿大小腿夹角 90° ，后腿大小腿夹角约 120° ，静听枪声。

第三阶段：“鸣枪”。听到枪声时手要迅速离开地面，两臂曲肘并有力地前后摆动，两脚猛蹬起跑器，后腿蹬离起跑器后，以膝领先，大腿积极前摆，用力蹬离起跑器后，后腿前摆并积极下压，身体保持较大的前倾角，类似于小坡度上坡跑，向前冲出。

(二) 起跑后的加速跑

起跑后要立即转入加速跑，其作用是在最短的距离内产生最大的速度，然后转入途中跑，其距离一般为 20 ~ 25 米。起跑出发的第一步不宜过大，以后逐步有节奏地加大步幅，身体不要突然抬起。随后逐渐加快步频，两腿依次用力蹬地，上下肢协调配合，以迅速获得加速，躯干逐渐抬起，转入途中跑，如图 7–3 所示。

图 7–3 加速跑和途中跑

(三) 途中跑

途中跑是短跑的重要组成部分，其作用是继续发挥和保持高速度跑直到终点，主要包括步幅大，频率快、上身稍前倾低等技术特点。两臂在体侧摆动要轻松有力，前摆时不要超过身体正中间和下颚，后摆时稍向外，大臂不过肩，小臂几乎与躯干平行。整个动作要积极有力，协调自然，而且要保持直线性的跑和重心平稳，整体向前用力。

(四) 终点跑

终点跑是指全程跑的最后一段距离，其目的是以最快的速度冲向终点。在进行终点跑时采取的技术和途中跑大致相同，动员全部肌肉力量以最快的速度跑过终点。到达终点最后一步时，上体迅速前倾，用胸部或肩部去撞终点线，如图 7–4 所示。跑过终点线后逐渐减速，而不是立即停止跑动，以免发生跌倒等伤害事故。

图 7–4 终点跑

(五) 弯道跑

200 米和 400 米跑，有一半以上距离是在弯道上进行的。所以，我们必须了解弯道跑的技术特点。

(1) 弯道跑的起跑和起跑后的加速跑。起跑器应安装在跑道的右侧靠近外分道线处，如图 7–5 所示。并正对弯道切线方向。起跑时，左手撑在起跑线 5 ~ 10 厘米处，为了便于加速，起跑后开始的一段距离应沿着切线方向直线跑进，然后再转入弯道跑。

图 7–5 弯道跑的起跑

(2) 弯道跑技术。为了克服向前做直线运动的惯性，弯道跑时必须改变跑时的身体姿势、脚后蹬和手臂摆的方向。跑时应向左前方倾体，后蹬时右脚用前脚掌内侧、左脚用前脚掌外侧着地，如图 7–6 所示。右臂摆动的幅度、力量大于左臂，右臂后摆时肘关稍偏向右后方，前摆时稍偏向左前方，左臂可以靠近体侧。跑出弯道进入直道时，应有几步放松的自然跑进。200米跑距离短，应以全力高速跑完全程。400米跑动作的节奏性强，摆臂较低，脚着边更为柔和，上体姿势也较为正直。400米跑时要掌握各阶段的跑速，一般是第一、第二个100米跑速最快，第三、第四个100米速度会有所下降。400米跑时人体缺氧最大，所以在跑时，应采用有节奏的方法呼吸，即呼吸快而不深，频而不乱。

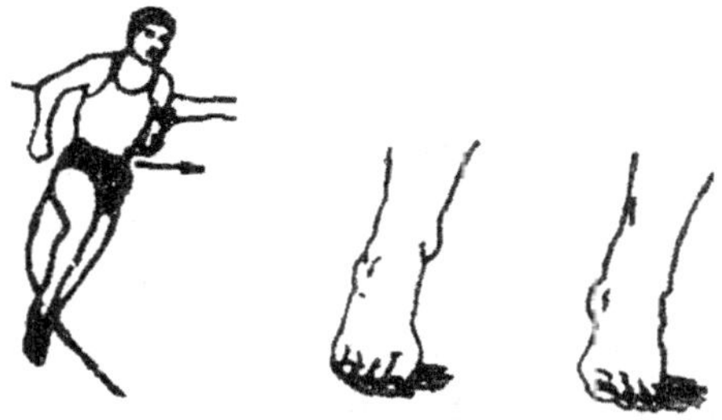

图7-6 弯道跑技术

(六) 训练方法

1. 针对短跑的训练

(1) 小步跑。

目的：感受前摆着地动作和上下肢放松协调配合，提高跑的频率。

要求：上体稍前倾，膝、踝关节放松，大腿抬起后积极下压，小腿顺着下压的惯性前摆，很快地前脚掌着地，完成“扒地”动作。两臂屈肘，自然地配合两腿前后摆动。

方法：①两脚原地交替重复做“扒地”动作，逐渐过渡到行进间小步跑；②行进间小步跑逐渐过渡到加速跑。

(2) 高抬腿跑。

目的：感受高抬大腿动作，增强抬腿肌群的力量，发展膝关节的灵活性和动作频率。

要求：上体正直或稍前倾，重心提起，大腿向上高抬与身体接近成直角，然后积极下压，以前脚掌着地，支撑腿蹬直，两臂屈肘，前后自然摆动。

方法：①一手支撑，原地做另一侧高抬大腿练习；②原地按节奏快慢做高抬腿练习；③行进间高抬腿跑过渡到加速跑。

(3) 后蹬跑。

目的：体会后蹬跑时髋、膝、踝三关节的用力顺序和蹬摆动作配合。发展腿部力量，纠正后蹬不充分和“坐着跑”等缺点。

要求：上体稍前倾，后腿充分蹬直，并体会通过脚趾用力蹬离地面，摆动腿应由膝盖带动向前摆出。

方法：①原地手臂支撑做后蹬跑；②从跨步跳过渡到后蹬跑；③从后蹬跑过渡到加速跑。

2. 专门素质训练

(1) 绝对速度训练。

绝对速度作为专项素质，在短跑中起到主导作用。要在全面身体训练基础上，掌握了正确的跑的技术，才能得以发挥。

方法：① 30～50米行进间跑，30米蹲踞式起跑；②原地支撑听信号快速高抬腿跑；

③间隔距离追逐跑；④短距离接力跑；⑤顺风跑或下坡跑。

(2) 针对速度耐力的训练。

速度耐力是将绝对速度一直保持到终点的能力。反复练习，可以使机体的适应性得到提高。

方法：① 100 ~ 300 米的反复跑；②变速跑和间歇跑；③超主项距离跑（如 150 米、250 米跑等）。

(3) 针对爆发力的训练。

肌肉收缩力量和其收缩速度是人体向前快速运动的动力。因此，必须注意肌肉爆发性力量的训练。

方法：①短距离跳——立定跳远、立定三级跳、多级跳、蛙跳；②较长距离跳——100 ~ 200 米的跨步跳、30 ~ 50 米单脚跳；③其他形式跳——台阶跳、跳深、纵跳摸高、障碍跳；④负重跳——肩负杠铃蹲跳、跨跳、单腿踏蹬向上跳。

(4) 针对柔韧性的训练。

良好的柔韧性有利于我们正确掌握技术，充分发挥力量，增加动作幅度，并保证其协调配合。

方法：各种压腿、摆腿、踢腿，以及体操及跨栏中的有关训练。

(七) 训练提示

1. 注意事项

(1) 应首先了解短跑的完整技术，在重点学习途中跑技术的基础上，掌握正确的起跑要领和感受弯道跑技术。

(2) 应多做跑的专门性练习，体会充分后蹬对提高跑速的重要意义，注意支撑腿后蹬伸直，前伸脚趾“扒地”。摆动腿前摆要抬高，后摆要自然折叠。

(3) 应加强放松跑训练，处理好步幅和步频的关系，在加速中感受蹬摆和手臂的摆动配合。

(4) 应重点加强腿部肌肉力量训练，在增强绝对力量的基础上发展“爆发力”，以提高伸肌快速收缩和屈肌自然放松的能力。

(5) 应充分做好准备活动，特别注意下肢肌肉的柔韧性和关节灵活性的训练，以提高锻炼效果及避免肌肉拉伤。

2.及时纠正错误动作

错误一：做起跑“预备”动作时臀部抬起过高或低。

纠正方法：清楚起跑动作要点，及时调整起跑器。

错误二：起跑时上身抬起过高。

纠正方法：两人配合利用皮带牵引练习起跑后的加速跑动作，如图 7–7 所示。

图 7–7 利用皮带牵引练习起跑后的加速动作

错误三：途中跑后蹬不充分，形成“坐着”跑。

纠正方法：感受后蹬时用力顺序，注意脚趾的“扒地”动作；加强腰、背、腹肌力量，多做跑的专门训练。

错误四：途中跑摆动腿向前上方摆得过低，有踢小腿跑的现象。

纠正方法：多做高抬腿跑，强调上身不要过分前倾，以使大腿能充分向前上方摆起。

错误五：摆臂紧张。

纠正方法：两脚原地前后站立，重心落在前脚上，然后做两臂前后摆动训练；在中等速度中纠正摆臂动作。

错误六：终点跑时上身后仰及跳起撞线。

纠正方法：①加大两臂的摆幅，加强速度耐力训练；②要讲清楚跳起撞线会减慢速度的道理，多做撞线训练。

二、接力跑运动

接力跑可以说是田径场上最具吸引力的项目之一，在田径运动的竞赛项目中以集体形式出现。接力跑设置的项目一般为男、女 4 × 100 米接力跑和男、女 4 × 400 米接力跑。规则要求必须在 20 米长的接力区内完成传接棒，4 × 100 米接力跑的运动员可在接力区始端后延 10 米的预跑区内起跑。

(一)4 × 100 米接力跑

1.起跑

(1) 持棒起跑。第一棒运动员采用蹲踞式起跑。一般中指、无名指和小指握住棒的末端，用拇指和食指分开撑地，但接力棒不得触及起跑线前面的地面。

(2) 接棒人起跑。第二、第三、第四棒运动员多采用半蹲踞式或站立式起跑。接棒起跑姿势的选择，主要取决于能否快速起跑，并能清晰地看到传棒选手及设定的启动标志。

2.传、接棒动作

传棒方法一般分为三种形式，即上挑式、下压式和混合式。

(1) 上挑式。接棒人手臂自然后伸，手臂与身体成 40°~ 45° 角，掌心向后，虎口张开朝下。传棒人将棒由下向前上方“挑”送到接棒人手中，如图 7–8(a) 所示。

这种方法的优点是接棒人手臂后伸的动作比较自然，易掌握。缺点是第二棒接棒后，手已握在棒的中部，这样不便于持棒快跑。另外，第三、第四棒传、接棒时，棒的前端已所剩不多，容易造成掉棒。

(2) 下压式。接棒人手臂后伸，与躯干成50°～60°，掌心向上，虎口向后，拇指向内，传棒人将棒的前端由上向下“压”送到接棒人手中。

这种方法的优点是每一次传接棒都能握住棒的另一端，便于持棒快跑。缺点是接棒人在手臂后伸时动作比较紧张，如图7-8(b)所示。

(a) 上挑式　　(b) 下压式

图7-8 传、接棒

(3) 混合式。这种方法是在上述两种方式的优点的基础上建立起来的，在4×100米接力跑中，常用不换手的传、接棒方法：第一棒队员用右手持捧起，沿弯道内侧跑，然后以上挑式将棒传到第二棒队员的左手中；第二棒队员接棒后沿跑道外侧跑，以下压式将棒传到第三棒队员的右手中；第三棒队员沿着弯道内侧跑，再以上挑式将棒传到第四棒队员的左手中，第四棒队员接过棒后一直跑过终点。

3.接力队员的安排

4×100米接力跑的成绩主要取决于各棒运动员的短跑速度和传接棒技术。一般第一棒都由起跑好并且善跑弯道的选手担任；第二棒则选择的是传接棒熟练且专项耐力较好的运动员；第三棒运动员除了具备第二棒的长处外，还要擅于弯道跑；第四棒运动员则由短跑成绩最好，冲刺能力最强者担任。

(二)4×400米接力跑

4×400米接力跑的传接棒技术相对简单。由于传棒人最后跑速已不快，所以接棒人应顺其跑度接棒，然后再快速跑出。

在安排4×400米接力跑运动员棒次时，第一棒运动员一般实力较强，力争在第一个400米领先，以鼓舞全队士气。第四棒选手的实力应该是全队最强的。

(三) 训练方法

1. 个人训练

(1) 单臂支撑的站立式起跑练习。跑距10～20米。第二、第四棒队员在跑道外侧用右手支撑；第3棒队员在跑道内侧用左手支撑，分别持棒进行起跑训练。

(2) 持棒练习蹲踞式起跑并在起跑后快速跑，跑完20～30米。

(3) 助跑区内单臂支撑进行站立式起跑训练，在起跑后再快速跑完25～30米。

(4) 在直、弯道上用快速跑完60～100米，并模仿传接棒动作。

2. 成对训练

(1) 原地摆臂传、接棒。

(2) 慢跑过程传、接棒。

(3)50～80米分段的传、接棒。

(4)3 ~ 4 人的起跑、加速跑。

(5)3 ~ 4 队分队用快速跑 50 ~ 80 米练习传、接棒技术。

3. 全队练习

(1)4 × 50 米、4 × 60 米、4 × 80 米最快速度的接力跑。

(2) 最快速度在接力区做传、接棒。

(3) 数队最快速度的接力跑。距离可用 4 × 50 米、4 × 60 米、4 × 80 米。

(4) 数队在接力区内做模拟比赛的接力跑传、接棒练习。

(四) 训练提示

(1) 应重点学习传接棒技术，当传棒人发出口令后必须有一定的间歇，即当看清同伴伸出手后才将棒准时递上。接棒人应在听到命令后及时、准确地向后伸手，不要掺杂任何其他动作。

(2) 如果第一次接棒失败，接棒人仍应保持原接棒动作，再等待传棒人重递，切勿盲目乱抓。

(3) 熟悉接力跑规则，充分利用接力跑外 10 米范围确定起跑标志线，并根据每个队员的特长，合理安排队员的接跑顺序。

三、中长跑运动

中长跑包括中距离跑和长距离跑。中距离跑对速度和耐力都有较高要求，而长跑以耐力为主。

现代中长跑技术的特征为：身体重心位移平稳，动作实效、轻松、自然，并保持良好的节奏，高步频，积极有效地伸髋和快速有力的摆动动作。

(一) 起跑和加速跑

中长跑一般采用站立式起跑。在起跑前，两腿前后站立，右腿在前，紧靠起跑线后沿，后腿用前脚掌支撑站立体重主要落在前脚上。臂的动作为两臂一前一后或两臂在体前自然下垂。听到枪声后，两腿用力蹬地，两臂配合两腿的蹬摆做快而有力的前后摆动，使身体快速向前冲刺，过渡到起跑后的加速跑阶段。无论选择在直道还是弯道上起跑，都应该按切线方向跑进，在规则允许的情况下，抢占有利方位，然后进入途中跑。

(二) 途中跑

途中跑是决定中长跑成绩的主要环节。途中跑应强调轻松、省力、节奏好。

1. 上身与摆臂姿势

上身正直或稍前倾，头颈部自然放松，双手半握拳，两臂弯曲，两肩放松，以肩为轴前后自然摆动。中长跑一般采用匀速跑，但应掌握多种节奏跑的方法以便与现代中长跑激烈竞争的需要相适应。

2. 后蹬与前摆

在摆动腿向前摆动的配合下，髋部向前送。同时，支撑腿的各个关节要迅速伸直。后蹬结束的时候，后蹬腿膝关节不是完全伸直的，一般为 160° ~ 170° 角。蹬伸结束后快速向前摆腿。摆动腿大腿带动小腿积极向前方摆动，加大支撑反作用力，加快蹬伸速度，使髋部更好地前送，带动身体重心向前移，并为摆动腿创造了有利条件。

3. 腾空

后蹬腿蹬离地面后，身体处于腾空阶段。腾空的时候，蹬地腿的肌肉要保持放松，并迅速有力地将大腿向上方摆出。此时小腿随惯性自然摆动，膝关节弯曲，形成大小腿折叠，以髋带动大腿积极、迅速地向前摆动。

4. 落地与缓冲

脚落地前，摆动腿大腿积极下压，小腿顺势前摆并做“扒地”动作。着地的膝关节是弯曲的，对完成缓冲动起到促进作用，脚先着地的用前脚掌或前脚掌外侧，然后过渡到全脚掌着地。

5. 手臂动作

正确的摆臂不仅可以使身体处于平衡状态，而且可以促进腿部速度的提升。中长跑时，两臂应稍稍离开身体，肘关节弯曲约90°，以肩为轴向前后自然摆动，前摆时手略向内，后摆时则向外，摆动的幅度要适中。

6. 呼吸

中长跑时呼吸要有规律性，一般是跑2～3步一吸气，跑2～3步一呼气。呼吸是通过鼻子和半张开的嘴进行的，冬天或顶风跑时，可以用鼻子呼吸或用鼻子吸、用嘴呼的方法。速度加快后也可用鼻子和半张开的嘴同时呼吸。

跑时可能还会出现“极点”现象，如呼吸困难、胸部发闷、疲劳不适等。跑的强度越大，“极点”出现越早。这是由于内脏器官氧气的供应落后于肌肉活动的需要。随着锻炼水平和内脏器官适应能力的提高，“极点”现象的产生就会相应减少。但是，如果“极点”来临，就要及时加强呼吸，调整步伐，适当降低跑速。待坚持一段距离后，这种现象就会消失，并出现“第二次呼吸”。在跑前做好准备活动和随时关注途中速度的变化，可以在一定程度上缓和“极点”的影响。

（三）终点跑

终点跑一般指的是临近终点的一段冲刺跑。其距离要根据项目特点、训练水平、战术需要及比赛具体情况而定。一般情况下，800米的终点跑可在最后300～200米进行，1500米的在最后400～300米，3 000米以上可在最后400米或稍长的距离开始。速度比较好的运动员，往往以跟随跑为基础，在最后一个直道时突然加速；耐力好的运动员，多在更早的时间就开始冲刺跑。

（四）训练方法

1. 持续跑

持续跑的特点是比比赛速度低，比比赛距离长。持续跑现已被公认为是发展心脏体积和增加心脏容量，有效地提高人的有氧能力与无氧能力的一种练习方法。练习时，选择的跑速要和自己的实际能力相匹配，要合理地分配体力，从开始到结束都要匀速跑。采用持续跑练习时间，每次应在30分钟以上，心率保持在130～160次／分钟，效果才明显。如果是刚刚开始练习，持续跑的时间应逐步递增。持续跑一般分为以下三种类型。

(1) 慢速持续跑。一般持续1～3小时，跑时心率以130～150次／分钟为标准。这种方法可以有效地发展必要的耐力。

(2) 中速持续跑。一般持续 1 ~ 2 小时，跑时心率控制在 155 ~ 165 次 / 分钟。这种方法是发展有氧能力的基本练习。

(3) 快速持续跑。一般持续 0.5 ~ 1 小时，跑时心率掌握在 165 ~ 179 次 / 分钟。这种方法不但能发展机体的能力，而且对提高有氧、无氧过程的能量供给有很大帮助。

2. 越野变速跑

这种练习方法主要是依赖于山地、沙滩、湖边、树林、草地等大自然的环境，在其中进行训练。由于场地松软、环境幽静、空气清新。一般练习效果较好。训练内容的安排是准备活动 10 ~ 15 分钟轻松慢跑，接着进行 20 ~ 30 分钟的放松较快速度跑，途中可根据地形进行 50 ~ 100 米不等距离的上坡加速跑或下坡冲刺跑各 8 ~ 10 次，并可以使各种跳跃练习随意穿插其中。然后做 5 分钟左右的慢跑调整，再进行 0.5 ~ 1 分钟的快速冲刺跑，最后以慢跑作为结束。

在进行越野变速跑练习时比较随意，练习者可自己决定各种快跑、慢跑的距离，穿插跳跃的次数，以及间隙的时间和经过的地段。由于身处幽静的自然环境，即使运动量较大，也能心情愉悦地完成。

3. 间歇跑

间歇跑作为一种训练方法，指的是接近或稍低于比赛速度的快跑与走和慢跑交替进行的恢复手段。

采用间歇跑可以培养特殊耐力和速度能力，一般在比赛前采用这种练习方法是非常有效的。

采用间歇跑训练时，要注意以下三点。

(1) 练习前，准备活动要做充分，使心率达 120 次 / 分钟。

(2) 进行 100 米、150 米、200 米间歇跑练习时，心率要达 160 ~ 180 次 / 分钟，如进行较长段落后如 1 000 米间歇跑时，快跑结束时的心率要达 185 次 / 分钟左右。

(3) 进行步行或放松跑调整时，要使心率降至 120 ~ 140 次 / 分钟以后再进行快跑，其间的间歇时间一般为 2 分钟左右。

4. 重复跑

重复跑要求用全速或接近全速在所规定的距离内反复跑。当心率降至 100 ~ 110 次 / 分钟以下时才可以再进行下一次的重复跑训练。

重复跑训练可以发展专项耐力，稳定心理能力，可以提高人体对大量乳酸堆积的忍耐能力。重复跑练习的距离和比赛的距离不一致，或比比赛距离长或比比赛距离短。采用比较长的距离训练时，跑的强度就要低于比赛的强度；采用比较短的距离训练时，跑的强度就要高于比赛强度。即使要采用等同比赛距离训练时，其强度也必须低于比赛。

进行重复跑练习，可采用保持均匀速度或逐渐增加速度或逐渐减低速度的方法，也可以用快速、慢速交替进行的方法。

5. 模拟比赛跑

采用这种方法时一般将比赛距离分为三段。但第一段跑的距离必须相当于比赛距离的一半。每段跑完后要有一定的间歇。第一次间歇时间可以长些，第二次间歇可以短些，但三段跑完后的总时间应接近自己的最好成绩。

这种练习手段与间歇练习手段有点近似，所以，要慎重采用，一般在赛前才采用。

(五) 训练提示

(1) 刚开始练习中长跑时，一定要遵循“循序渐进”原则，逐渐增加活动的量和强度，并做到“持之以恒”。切忌“三天打鱼，两天晒网”。

(2) 在实际锻炼中，要随时注意观察身体状况，如生理、心理变化，根据自己的实际情况选择好锻炼的时间、地点，而且尽可能相对固定。

(3) 在教师的指导下，制订至少一周的锻炼计划，按大、中、小合理安排运动负荷，并采用早晨起床前测定“基础脉搏”检查身体适应程度的方法，学会自我调节。

(4) 为了使运动水平得到适度提高，在全面发展生理机能时应采取多种练习方法，在一般耐力的基础上，通过逐渐增加运动强度，提高专项耐力，并按实际水平，在赛前确定比赛战术，寻找出现“极点”的规律，并采取有效的措施缓解“极点”的不适反应。

四、跨栏跑运动

跨栏跑运动起源于英国，到18世纪末，这项活动正式成为体育运动项目。17～18世纪时，英国一些地区畜牧业相当发达，牧民们经常需跨越畜栏，追赶逃跑的牲畜。节日里，一些喜爱热闹的年轻牧民还常常举行跳越羊圈的游戏，他们把栅栏搬到平地上，设置若干个高度和羊圈大致相同的障碍物，然后比赛谁可以领先，这就是早期的跨栏赛。到当时人们把它叫作障碍跑，属于男子运动项目，设置的障碍物是一般的栅栏，后来出现了埋在地上的木栏架，再后来又改为类似于锯木材用的支架。但跨越这种障碍物，不但容易发生伤害事故，而且也妨碍跨栏跑技术的提高，因此跨栏跑在早期一直让运动员们心生惶恐。为了改善这一情况，19世纪初，出现了可移动的“上”形栏架，这对跨栏技术的发展起到了很好的促进作用。1935年比赛中又出现了“L”形栏架，栏板只要受到4千克力量的冲击，就会向前翻倒。相对来说“L”形结构更为合理和安全，而且一直沿用至今。

跨栏跑作为短跑项目，是指在一定距离内，跨过规定的高度和数量的栏架，需要较强的技术性。国际比赛男子为110米高栏，栏高106.7厘米，栏数10个；女子为100米低栏，栏高84厘米，栏数10个。1990年北京亚运会上，我国选手刘华金在女子100米栏赛中以12秒73的成绩，打破她自己保持的12秒89的亚洲纪录。2004年雅典奥运会，中国选手刘翔以12秒91追平了沉睡13年的纪录。后来在国际田联超级大奖赛洛桑站他又打破了这个纪录，创造了12秒88的好成绩。这是中国人的骄傲。2008年6月12日，古巴人罗伯斯以12秒87创造了新的世界纪录。

跨栏跑的基本技术要求如下所示。

(一) 跨栏前的准备技术

起跑的过程与短跑基本相同，起跑至第一栏起跨点时一般采用8步起跨，起跑时起跨脚应该放在前起跑器上。起跑后上身抬起要比短跑时来得快。

(二) 过栏技术

过栏由起跨、腾空过栏和下栏着地等动作组成，是跨栏技术的关键组成部分，动作过程如图7-9所示。

图 7-9 过栏

（1）起跨前应保持较高的跑速，最后一步比前一步的步长小一点，当起跨腿脚掌着地时，摆动腿从身后向前摆动，大小腿在体后开始折叠，膝关节摆至超过腰部高度。两腿蹬摆配合完成起跨，运动过程中上身随之加大前倾，摆动腿一侧手臂向前上方摆出，另一臂屈肘摆至体侧，形成“攻栏姿势”。

（2）腾空过栏：腾空后身体重心沿着起跨所形成的腾空轨迹向前运行。起跨腿蹬离地面后，摆动腿大腿继续向前上方摆至膝关节超过栏架高度，小腿迅速前摆，当脚掌接近栏架时，摆动腿几乎伸直，脚尖微微上翘。摆动腿的异侧肩臂一起伸向栏架上方。加大上身前倾的幅度，使头部比摆动腿的膝及踝略高，如图 7-10 所示。

图 7-10 腾空过栏

（3）下栏着地：摆动腿积极下压，起跨腿加速向前提拉，以髋为轴完成两腿剪绞动作，摆动腿脚掌移过栏架的同时，起跨腿屈膝外展，小腿收紧抬平，脚尖勾起足跟靠臀，以膝领先经腋下加速前拉，当脚掌过栏后，膝继续收紧向身体中线高抬，脚掌沿最短路线向前摆出，身体成高抬腿跑的姿势，伸直下压的摆动腿在接触地面时，前脚掌做积极扒地动作。

（三）栏间跑技术

110 米栏间三步步长不等，每步的速度和支撑、腾空时间的变化都有关系，这就使栏间跑具有了独特的节奏。栏间跑第一步的水平速度因需要过栏而有所降低，蹬地起步时膝关节始终伸直，因而第一步短于后面两步。第二步的动作结构和支撑及腾空时间大致和短跑的途中跑一致。第三步因准备起跨形成一个快速短步，动作特点基本上和跨第一栏的最后一步类似。

第二节　跳跃类运动

田径中的跳跃类运动主要包括跳远、三级跳、跳高、撑竿跳高等项目，是运用人体自身的能力（借助于器械）通过一定的运动形式，尽可能跳过高的横杆和尽可能跳更远的距离。跳跃项目的基本运动规律都是从静止的水平位移开始，然后逐步转变为抛射运动。

一、跳远运动概述

跳远作为田径项目之一，是考察腾越水平远度的，它的连贯动作为助跑、踏跳、腾空和落地四个部分。跳远的最终距离主要由助跑速度和合理有力的踏跳所决定，腾空落地保证了踏跳所取得的效果。四个部分组成了统一的有机整体，不能将它们分离后单独训练。

（一）跳远的一般步骤

1. 助跑

助跑作为跳远的第一步，对决定跳远成绩的好坏起到了决定性作用。它是为获得最大的水平速度，并为强有力的踏跳做准备。助跑的距离根据个人发挥速度的迟早而定。现在世界优秀跳远男运动员的助跑距离一般在40～50米（女运动员为33～40米），一般男子为30～45米（女子为26～35米）。助跑的动作与途中跑相似，最后一步应比倒数第二步小，以促使快速而有力的踏跳的进行。

助跑的方法一般采用站立式起跑，有两个标志，第一标志是助跑的起点，第二标志为离踏跳板一般相距6～8步的地方。助跑时要用跳踏脚踏在第二标志上。特别是第二标志的作用主要是用来检查步点的准确性的。

2. 踏跳

踏跳时如果要获得较大的垂直速度和最理想的腾起初速度，应尽量保持水平速度。腾起初速度与起飞角是决定跳远距离的主要因素。起跳动作是从助跑最后一步开始的，起跳时，大腿积极下压，小腿迅速前伸和全脚掌着板并立即迅速转至前脚掌。当身体重心移至起跳腿的支撑点时，起跳腿迅速用力蹬伸，使踝、膝、髋关节充分伸直，同时摆动腿以膝领先积极向前上方摆起，两臂积极配合腿部动作用力摆，当双臂肘关节摆至略低于肩或与肩同高时，做“突停”动作，这样借助摆臂的惯性提肩、拔腰、挺胸、顶头，帮助身体重心提高，增大起跳效果。

3. 腾空

经过助跑与起跑，身体便进入腾空阶段。如果没有外力的作用，任何空中动作都不能改变身体重心抛物线的轨迹。腾空动作主要是保持身体平衡，为落地做好准备。腾空后起跳腿留在后面，膝稍屈，在空中形成腾空步。空中姿势一般有蹲踞式、挺身式和走步式三种，下面只介绍蹲踞式和挺身式。

（1）蹲踞式。腾空步后，上体仍保持正直，摆动腿的大腿继续抬高，两臂向前挥摆，起跳腿向前上方提起与摆动腿并拢，形成空中蹲踞的姿势。随后两腿逐渐上收，上身前倾。将要落地时，两臂由前向下和向后摆动，同时向前伸小腿落地，如图 7–11 所示。

图 7–11 蹲踞式

蹲踞式跳远的优点：比较简单，容易掌握。缺点：空中屈髋时间比较长，减小了旋转半径，因而速度加大，容易绕横轴向前回旋，使腾空缺乏稳定性，因而造成两腿过早落地；另外，落地时身体前倾，使得两腿的高抬和向前伸的动作受到一定的限制，因此，这种姿势收到的效果并不理想。

（2）挺身式。腾空步后，随后摆动腿的大腿积极地下放，小腿向前、向下、向后呈弧形摆动，使髋关节伸展，两臂向下、向后上方摆动。这时留在身后的起跳腿向后摆的摆动腿靠拢，臀部前移，胸腰稍向前挺，形成展体挺身的姿势。落地前，两臂由后上方向前、向下、向后方摆动，两腿向前摆，收腹的同时高抬大腿，然后小腿向前伸，上身前倾并准备落地，如图 7–12 所示。

图 7–12 挺身式

挺身式跳远的优点：由于空中挺身动作能使体前肌拉长，有利于收腹举腿和伸腿落地，其效果比蹲踞式要好一些。

选择挺身式跳远时需要注意以下几点：①不能片面地追求腰部后屈或反弓形，不然会使动作紧张，不利于空中平衡和稳定；②挺身动作要依靠摆臂动作的配合维持平稳，并要有较长的时间；③落地时的屈体动作不要做得太早，应先向前上方抬举大腿，然后上身前倾，小腿前伸。

4. 落地

落地的好坏直接影响到跳远的远度，而且有可能影响身体健康，因此，它也是跳远技术中的一个重要环节。在完成腾空动作后，两大腿向前提举，腿向前伸，同时臀部向前移动，上体前倾，两脚着地迅速屈膝缓冲，借助向前的惯性作用，使身体尽快移过支撑点，避免后坐或后倒。

(二) 跳远的训练方法

1. 助跑与起跳相结合的训练方法

(1) 上步或跑几步的起跳练习。

(2) 助跑 6 ~ 8 步跳上高器械 (50 ~ 80 厘米高) 练习。

(3) 快速助跑起跳成“腾空步”，摆动腿落入沙坑向前方跑练习。

2. 腾空步和落地动作的训练方法

(1) 练习蹲踞式跳远腾空姿势和落地动作的方法：4 ~ 6 步助跑起跳成腾空步后，将起跳腿向前提举并向摆动腿靠拢，两脚落地；短程助跑起跳，成腾空步后，起跳腿靠拢摆动腿，前伸小腿落入沙坑；中程、全程助跑蹲踞式跳远训练。

(2) 练习挺身式跳远腾空姿势和落地动作的方法：原地模仿挺身式跳远的训练。起跳腿支撑站立，摆动腿屈膝抬起，随即放回并向后摆，髋部前送，同时两臂配合腿的动作由下侧后方绕摆至上方，体会放腿和伸髋的展体动作；利用助跑板进行模仿挺身式跳远的训练；中程、全程助跑挺身式跳远练习。

二、跳高运动概述

跳高方法是一个由跨越式、剪式、滚式、俯卧式逐渐向背越式演变的过程。由于背越式技术结构相对简单，并具有快速的技术特征，能与力量完美地结合，使技术动作表现出很高的效率，所以它取代了其他的跳高方法，成为目前最先进的跳高技术。背越式跳高的特点是：技术较简单，助跑速度快，起跳速度快，节奏感强。

(一) 背越式跳高的一般技巧

背越式跳高的助跑分为两部分，即前段的直线和后段的弧线，要求节奏感强，快速有力，弧线段跑类似于短跑弯道跑。背越式跳高的起跳是从倒数第二步开始准备的，是助跑中最大的一步。最后一步起跳脚迅速踏上起跳点，如图 7–13 ① ~ ③ 所示。然后用脚后跟先落地并迅速地滚动到全脚掌着地，同时摆动腿蹬离地面开始摆腿，重心快跟，上身积极前移，使身体由倾斜为垂直，摆动腿和两臂快速有力地向上摆，同时起跳腿积极地蹬伸，完成起跳动作，如图 7–13 ④ ~ ⑥ 所示。腾空后身体继续转动成背对横杆姿势，摆动腿的膝关节放松并自然下放，肩向后伸展，如图 7–13 ⑦ ~ ⑩ 所示。在杆上依次做仰头、侧肩、挺髋、屈膝动作，让身体成为“桥”状，如图 7–13 ⑪~⑭ 所示。当髋部过杆后，含胸收腹，向上用力甩小腿，两腿伸直过杆，最后成屈髋姿势，使肩背部落在海绵垫上着地，如图 7–13 ⑮~⑱ 所示。

图 7–13 背越式跳高

(二) 背跃式跳高的训练方法

1. 背越式过杆落地技巧的训练方法

(1) 背对海绵包站立，然后提脚跟，挺髋，向后引肩，倒落在海绵包上。

(2) 背对搭有垫子的跳马站立，双脚跳起，并向跳马后引肩，倒落在跳马上，然后举腿向垫子落下。

(3) 背对横杆站立，原地双脚起跳，训练挺髋、甩小腿的动作。开始可不放横杆“空跳”，然后再跳过杆。

2. 起跳与起跳衔接过杆技巧的训练方法

(1) 迈步摆腿练习：起跳腿向前迈步，放脚时身体稍向起跳腿一侧倾斜，随着屈腿向前摆动，上身由倾斜逐渐向垂直转变，同时提肩、拔腰、摆臂并蹬伸起跳腿。

(2) 迈步摆腿起跳转体练习。

(3) 上一步或慢跑 2 ~ 4 步起跳后，做背越式过杆动作。

3. 助跑与起跳相结合技巧的训练方法

(1) 沿直径 20 米左右的圆圈加速跑，改进弯道跑技巧。

(2) 跑一段直线后进入弧线跑。

(3) 在圆圈上跑进，每跑 3 或 5 步做一次起跳动作。

(4) 弧线助跑起跳摸高。

(5) 先跑一段直线，进入弧线后跑 4 ~ 6 步做起跳训练。

4. 背越式跳高的完整技巧的训练方法

(1) 学习全程助跑步点的丈量（走步丈量法）。

(2)4 步助跑起跳过杆训练。

(3) 全程助跑背越式跳高训练。

(4) 根据个人情况，采用相应的方法，使各环节的技巧得到改善。

第三节　投掷类运动

推铅球从 1896 年第一届现代奥运会开始，一直都是比赛的正式项目。男子铅球的重量为 7.26 千克，女子铅球的重量为 4 千克。经常参加推铅球活动，可以锻炼身体，增进健康，增强体质，特别是对发展躯干和上下肢的力量有显著作用。

一、背向滑步推铅球

(一) 内容与技巧训练

背向滑步推铅球由开始姿势、滑步和最后用力三部分组成了完整的技术，如图 7–14 所示。这种技术的优点在于获得更大的预先速度和更大超越器械的效果，进而加长了推铅球的用力距离，更利于初速度的获得，把铅球推得更远。

1. 开始姿势（以右手为例）

站在投掷圈内的后部并且背对投掷方向，两脚前后开立，右脚尖靠近投掷圈内后缘，脚跟与投掷方向一致。左脚在后约一脚远，用前脚掌着地。体重落在右腿上，两眼平视前方，我们称这种姿势称为高姿势，如图 7–15 所示。但也有采用低姿势的，如图 7–16 所示。两姿势相比，高姿势动作自然，并能协调地转入滑步动作；低姿势使铅球处于低位置，使身体更处于平衡状态。

图 7–14　背向滑步推铅球

图 7–15　高姿势

图 7–16　低姿势

2. 滑步动作

滑步动作开始前，往往进行预摆动作。预摆时左腿自然弯曲，大腿向后上方摆起，右腿伸直，脚跟伸直，脚跟提起，用脚的前掌支撑体重，眼看前下方，如图 7–14 ①～③所示。

当预摆结束形成团身姿势时，如图 7–14 ③所示，紧接着身体重心后移，同时左腿用力向抵趾板中间偏左方向摆出并用前脚掌内侧着地。左腿前摆的同时右腿蹬地后主动收拉小腿，而且边收边内转，右脚落在投掷圈的圆心附近，此时体重落在弯曲的右腿上，形成最后用力前的超越器械姿势，如图 7–14 ③~⑩所示。

3. 最后用力阶段

最后用力阶段作为推铅球技术的主要环节，当滑步即将结束左脚积极着地的瞬间，右腿和髋向投掷方向蹬转发力，同时上身也迅速向投掷方向抬起，左臂也向投掷方向牵引，形成了推球的有利姿势，如图 7–14 ⑬。由于右腿的继续蹬转右髋不断向投掷方向转动，头和胸与投掷方向一致。之后，屈膝有力支撑的左腿和右腿同时用力蹬地，右肩前送，右臂用力推出铅球。铅球出手时手腕、手指用力拨球，两腿蹬直，如图 7–14 ⑲ 所示。

铅球出手后，为了保持身体平衡，一般是两腿弯曲，使身体重心降低，左脚和右脚及时协调地交换位置，如图 7–14 、⑳ ~ ㉓ 所示。

（二）训练方法

1. 原地背向推铅球训练

（1）握球：五指自然分开，使食指、中指和无名指的指根来承受球的重量，大拇指和小指在球体两侧，手腕充分向后背屈，如图 7–17 所示。

（2）持球：握好球放在锁骨窝处，头部微向左靠，用颈部和下颌贴紧铅球。右手抵球，肘部稍外展，手心向上，如图 7–18 所示。

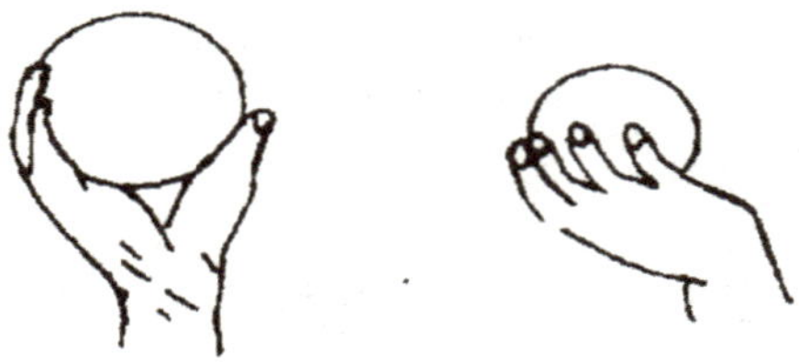

图 7–17 握球

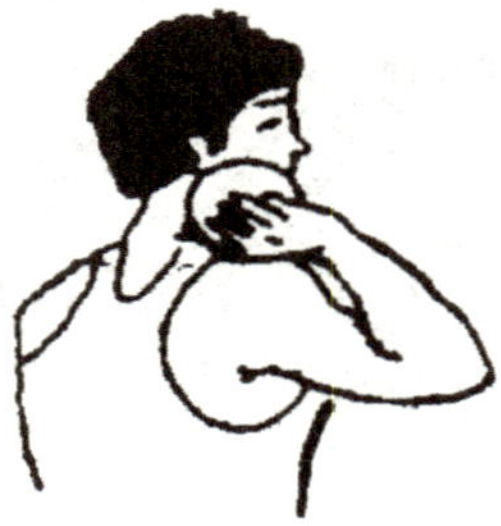

图 7–18 持球

（3）原地背向推铅球的站位技巧：两脚分开右脚在前，左脚在后背对投掷方向前后站立，分开比肩稍宽。右脚掌微内扣，左脚掌稍外展并用前掌内侧着地（全掌亦可）。一般都是左脚尖同右脚跟处于同一直线上，如图 7–19 所示。

（4）原地背向推铅球方法：站好后，身体和肩右转成背对投掷方向。上身前倾，右腿弯曲成 130° 左右，右膝微屈，左臂向前下方自然伸出，体重落在右腿上。用力前的姿势站好后，立即蹬右腿送右髋向投掷方向，在蹬腿送髋发力的使用下形成身体、手臂、手的共同用力把铅球推出。原地推出时两脚换位或不换位都可以，如图 7–20 所示。其练习方法可先进行单人徒手模仿练习。再进行原地推实心球（或小皮球）的练习。之后再进行原地推铅球的练习。

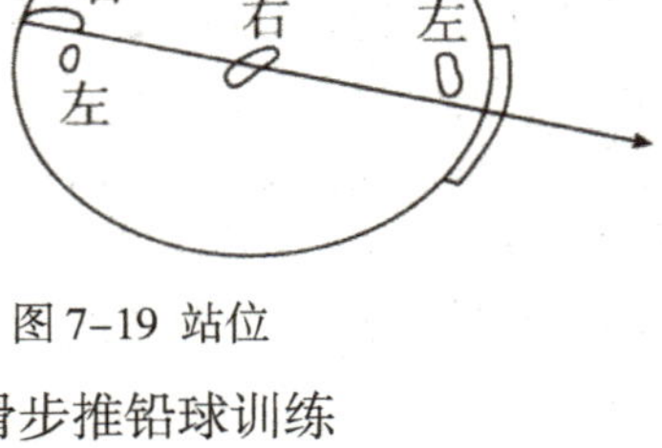

图 7–19 站位

图 7–20 背向推铅球

2. 背向滑步推铅球训练

（1）单人徒手做摆左腿、蹬右腿、收右小腿的滑步练习。

（2）手拉同伴的手做上述练习。

（3）两手放于背后做上述练习。

（4）持铅球的滑步练习。

(5) 持铅球的滑步后蹬右腿起体练习，如图 7-14 ①~⑭ 所示。

(6) 背向滑步推铅球完整技术练习。

3. 专门性技术练习方法

(1) 前、后抛铅球(或实心球等)。

(2) 原地向前上、向前下推铅球。

(3) 原地正面向前推铅球(或实心球)。脚的站法分左右平行和左前右后站。

(4) 实心球的坐推和跪推，如图 7-21 和图 7-22 所示。

图 7-21 坐推

图 7-22 跪推

(5) 持球或徒手的连续滑步。

(6) 侧向滑步推铅球，如图 7-23 所示。

图 7-23 侧向滑步推铅球

(三) 训练提示

1. 注意要点

(1) 铅球技术中三个部分是紧密相连的，其中最后用力是关键部分，而滑步与最后用力的衔接是重要环节。

(2) 铅球教学与训练时要加强安全教育。每次课都要重视，组织教法得当，措施具体，要求明确。

(3) 教学与练习时男子用 5 千克、女子用 3 ~ 4 千克的铅球训练为主。

(4) 为提高掌握技术的程度，除采用必要的分解动作，专门练习或诱导、辅助练习外，主要是以完整技术练习为主。

2. 纠正不规范动作

(1) 抛球或掷球，而不是推铅球。

产生原因：肘关节过低。头在滑步过程中过早左转，铅球离开正确的持球部位。

纠正方法：滑步时把左肘关节抬到同肩平的位置上，滑步过程中眼看前下方。

(2) 出现臀部后坐而只用用手臂力量推球。

产生原因：用力顺序错误。用力前的姿势错误。手臂的用力意识过强或用力过早。

纠正方法：明确并强调蹬腿送髋发力基础上的躯干、手臂用力推球的概念。用力之前的姿势克服步子过大，并把重心保持在右腿上。

(3) 推铅球时造成手指、手腕挫伤。

产生原因：手指、手腕力量差。推球时手指、手腕过于放松，再加上用力过于突然。

纠正方法：注意加强手指和手腕的力量。推球时握球手保持一定的紧张度。也可以用轻铅球等器材进行训练。

(4) 滑步后出现停顿。

产生原因：加速动作意识不强。左脚落地不积极。右腿力量小，不能及时发力。

纠正方法：强调整个动作由慢到快的加速节奏，可根据加速节奏的信号或口令进行训练。左腿摆动要向前且积极落地，克服左腿高摆。加强腿部力量。

(5) 滑步时身体重心上下波动严重。

产生原因：左腿摆动过于向上，形成跳步。左腿力量不够。

纠正方法：左腿向前下方摆（同时右腿蹬的方向应以向前为主）。加强腿部力量。

二、掷标枪

掷标枪的特点主要有以下几个方面，即器械轻、助跑长、动作环节多、速度快等。

(一) 掷标枪的基本方法

1. 握标枪

(1) 拇指和中指握法。用拇指和中指握在标枪握把线圈上沿，枪斜放于掌心上，食指自然弯曲斜放在枪杆上，无名指、小指自然地握在线圈上，如图 7-24 ①所示。这种握法较为常见。

(2) 拇指和食指握法。用拇指和食指握在枪把线圈上沿，使枪斜放，在掌心上，其他手指按自然顺序握在线圈上，如图 7-24 ②所示。

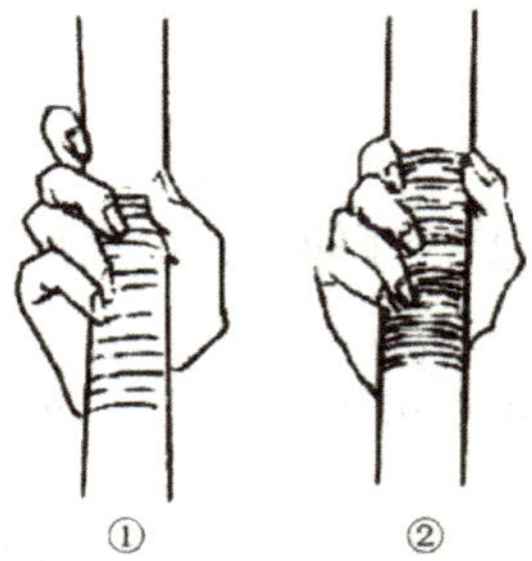

① ②

图 7-24 握标枪

2. 持枪（以右手投掷为例）

把标枪持于右肩上方，肘关节略高于肩，持标枪的手比头稍高，枪尖低于枪尾。

3. 助跑

助跑分为预跑段和投掷步段两部分。预跑时，跑动动作要自然放松，前脚掌有弹性地着地，在控制好器械的前提下逐渐加速，投掷步段在加速或不减速的情况下完成引枪和超越器械的动作，不停顿地过渡到最后用力。投掷步多采用五步：第一步，如图 7-25 ①～③所示；第二步为引枪步，如图 7-25 ④～⑥所示；第三步为交叉步，如图 7-25 ⑦所示；第四步是助跑过渡到最后用力的衔接步，在此阶段应完成"满弓""鞭打""拨枪"动作；第五步为缓冲步。

图 7-25 助跑

4. 用力和缓冲

第三步右脚着地后，身体重心越过右脚支撑点，左脚积极主动地前迈，伸出小腿着地后进入制动，形成以左脚到左肩的牢固左侧支撑，右脚继续用力蹬伸，推进髋部前移并超越肩部。身体以左侧为轴向投掷方向转动，拉紧腹部和胸部肌肉，同时投掷臂进行转肩翻肘动作，使身体与投掷方向一致，形成"满弓"姿势，此后，右腿继续用力，胸部向前牵引，投掷臂上臂带动前肩，肘部逐渐弯曲，左腿迅速用力蹬伸，被拉长的前肌群做强有力收缩，右肩带动上臂、手腕，依次做出快速有力的"鞭打"动作，通过手指的最后"拨枪"，使全部力量集中于标枪纵轴上，使枪从右肩前上方被掷出。标枪脱离手后，右脚要及时向前跨出一大步，用以制动身体的惯性，同时使重心降低，身体左转，以免越线造成犯规。

（二）掷标枪的训练技巧

1. 原地掷标枪技巧的训练

（1）练习握枪和持枪方法时，可根据个人的喜好选择中指或拇指握枪方法，持枪时，手腕放松，持枪手与耳平齐或略高于耳。

（2）正面原地上步投掷实心球、垒球练习。

（3）正面原地投掷轻标枪练习，面对投掷方向，两脚前后开立，左脚在前，右手持枪于肩上，枪尖向前上方、两腿用力蹬伸的同时，投掷臂沿标枪的纵轴用力掷出。

（4）侧面原地投掷标枪练习，侧对投掷方向，两脚左右开立，左腿伸直，右腿弯曲并负担体重，右臂伸直持枪于右侧后方，然后右腿用力蹬地，推髋向投掷方向转动，上体前移，以胸带动上臂，将枪掷出。

2. 引枪和投掷步技巧训练

（1）引枪训练。原地引枪练习：两脚左脚在前，右脚在后开立，右手持枪于肩上，然后右肩后撤，伸直右臂。要求撤肩和伸臂动作连贯，枪体靠近身体，两脚左右开立，右手持枪于肩上，两脚微向上跳起，同时引枪，双脚落地后成交叉步姿势。然后两脚再同时上跳恢复原来的姿势，连续进行练习。要求控制标枪的位置和方向，体会枪感。

（2）上步投掷训练。上两步投掷：左侧与投掷方向一致，两脚左右开立，右臂于右侧伸直引枪，然后右脚向投掷方向迈出成交叉步，左脚向投掷方向迈步成原地投掷姿势后，掷出标枪；上三步投掷；上四步投掷。

（3）投掷步结合引枪后投掷训练。原地引枪投掷；上一步引枪投掷；上三步引枪投掷；上四步引枪投掷。

第四节 田径运动的基本竞赛规则

一、田赛项目主要规则

（1）跳高比赛应采用抽签的方法决定运动员的试跳顺序。运动员必须用单脚起跳。试跳后，由于运动员试跳时横竿未能留在横竿托上的情况，则判为试跳失败。在越过横竿前，身体的任何部分触及立柱前沿（离落地区较近的边沿）垂直面以外的地面或落地区，也判定试跳失败。如果运动员在试跳中一只脚触及落地区，而裁判员认为其并未从中获得利益，则不应判为试跳失败。在任何高度上，只要运动员连续3次试跳失败，即失去继续比赛的资格（因第一名成绩相等而进行的决名次赛的试跳除外）。比赛时，运动员可以在横竿升高计划中的任何一个高度开始试跳，也可在以后任则不允许在该高度上恢复试跳。在测量高度时，木尺应与地面保持垂直，测量范围为地面量至横竿上沿的最低处。

（2）田赛远度类项目的比赛应采用抽签的方式决定运动员试跳或试掷的顺序。运动员超过8人时，则每人先试跳或试掷3次，成绩最好的前8名运动员再试跳或试掷3次，试跳或试掷的顺序与前3次试跳后的排名相反。如果在第3试跳或试掷结束后出现第八名成绩相等，按田赛远度类项目成绩相等的处理办法处理。当比赛人数只有8人或少于8人时，每人均可试跳或试掷6次。

（3）跳远比赛时，以下情况均可判定试跳失败。在未做起跳的助跑中或在起跳中，运动员以身体任何部位触及起跳线前面的地面；从起跳板两端之外的起跳线的沿长线前面或后面起跳；在落地过程中触及沙坑以外地面，而沙坑外触地点较沙坑内最近触地点更靠近起跳线；完成试跳后，向后走出沙坑。

（4）三级跳远比赛时，一个完整的试跳过程如下。第1跳（单足跳）是用起跳腿落地，第2跳（跨步跳）是用另一腿（摆动腿）落地，第3跳（跳跃）是用双脚落入沙坑。运动员在试跳中摆动腿触地不应视为试跳失败。其他的和跳远比赛规则一致。跳跃远度项目测量成绩的方法应从运动员身体任何部位触地的最近点量至起跳线或起跳线延长线，测量线应与起跳线或其延长线垂直进行测量。

（5）铅球比赛时，运动员应站在投掷圈内，试掷以静止姿势开始。推铅球时，应将铅球抵住或靠近颈部或下颌，用单手从肩部将球推出，在推球过程中持球手不得降到此部位以下。铅球不能置于肩轴线后方。运动员进入圈内开始投掷后，如果身体任何部位触及圈外地面，或触及铁圈和抵趾板上面，或以不符合规定的方式将铅球推出均判为一次试掷失败。运动员在器械落地后方可离开投掷圈；离圈时，必须从后半圈走出；铅球必须完全落在落地区角度线以内，试掷才可以被判定有效。每次有效试掷后，应立即测量成绩。从铅球落地痕迹的最近点取直线量至投掷圈内沿，测量线应通过投掷圈圆心（从2003年1月1日起，除标枪外，各投掷项目落地区标志线的内沿延长线的夹角为34.92°。注：可用下列方法精确设置34.92°扇形落地区：在离投掷圈圆心20米处，两条落地区标志线相距12米，即每离开圆心1米，落地区标志线的横距增加60厘米）。其他投掷项目比赛，除场地、器械和投掷方法与铅球有差异外，其余比赛规则与铅球基本一致。

二、径赛项目主要规则

（1）在跑道上举行的径赛项目，如果选用手计时应判读到较差的1/10秒。停表时如果指针停在两线之间，应按较差的时间计算。当百分位秒不是零时，应进位至较差的1/10秒，如10.11秒应进位到10.2秒。在3只正式表中，两只表所计的时间相同而第三只表不同时，应以这两只表所计时间为准；如3只表所计时间各不相同，应以中间时间为准；如只使用两只秒表，所计时间不相同时，应选择时间较差的那个作为正式成绩。计时应从发令枪发出的闪光或烟开始，直至运动员躯干（不包括头、颈和四肢）的任何部位抵达终点线后沿垂直面的瞬间为止。

（2）400米及400米以下（包括4×100米、4×200米和4×400米接力的第1棒）各个项目，运动员应采用蹲踞式起跑方式（正式比赛必须使用起跑器）。在“各就位”口令之后，双手和一个膝盖必须触地，双脚必须接触起跑器。发出“预备”口令时，运动员应立即抬高身体重心，做好最后的起跑姿势。此时运动员的双手必须与地面接触，两脚离开起跑器。运动员已就位时，其双手或双脚不得触及起跑线或起跑线前的地面。运动员做好预备姿势之后到鸣枪之前开始做起跑动作，则判定起跑犯规（自2003年1月1日起，对第一次起跑犯规的运动员应给予警告，之后的每次起跑犯规的运动员应被取消该项目的比赛资格。在全能比赛中如一名运动员出现两次起跑犯规，那么将会被取消比赛资格）。

（3）跨栏时，如果运动员在过栏瞬间其脚或腿比栏顶水平面要低，或者跨越他人栏架，或者裁判长认为该运动员有意用手推或用脚踢倒栏架，那么判定取消其比赛资格。

（4）接力跑时运动员必须持接力棒跑完全程。如果掉棒，则必须由掉棒人捡起。允许掉棒运动员离开自己的分道捡棒，但不得因此缩短比赛的距离，如果捡棒时缩短比赛距离或侵犯其他运动员，则比赛资格会被取消。在所有接力赛跑中，仅以接力棒的位置决定是否在接力区内完成接力，而不取决于运动员的身体或四肢的位置，所以必须在接力区内传递接力棒。

4×400米接力比赛时，第三、第四棒运动员应在指定裁判员指挥下，按照同队传棒运动员跑完4×200米时的先后顺序（由内向外）排列各自的接棒位置。

第八章
篮球运动实践探究

篮球运动是一项综合性体育项目，具有对抗性、集体性、多变性、激烈性与综合性等特点。它起源于人类劳动生存过程，是社会文化进步的反映。现代篮球运动是一项以各种专门的技艺为手段，以主动控制球为争夺焦点，以主动掌握时间与速度为保证，在空间、地面交叉展开立体型攻守对抗的体育竞技运动和娱乐体育活动。篮球运动是一项老少皆宜的运动，适合于每一个人。经过百余年的发展，篮球运动已经真正成为世界性的体育项目，是仅次于足球运动的世界第二大球类运动项目。五大洲200多个国家和地区数以亿计的篮球爱好者投身这一项目的活动、训练、比赛或热心观赏篮球赛事。篮球运动是现代社会的一种文化现象，同时也是现代社会文明与进步的体现。

第一节　篮球运动概述

一、篮球运动的起源

篮球运动是球类运动项目之一，是一项以投篮为中心的对抗性体育运动。比赛时分两队，每队5人在长28米、宽15米的篮球场上按照竞赛规则比赛，运用各种攻防技术、战术互相争夺，各自努力将每次获得的球投入对方球篮，并防止对方获球得分。每场比赛40分钟，分上、下半时，每半时20分钟，得分多的一方获胜（每投中一球得2分或3分，每罚中一球得1分）。终场战平，加时5分钟，直到分出胜负。现行国际篮联组织的比赛将比赛的时间划分为四节，每节10分钟。而美国NBA的比赛每节12分钟，共四节。中国CBA的比赛时间与国际篮联的比赛时间相同。

篮球运动于1891年12月25日为美国马萨诸塞州斯普林菲尔德（旧译春田）基督教青年会训练学校教师奈史密斯所创。最早的篮筐是用装桃子的竹筐，悬挂在健身房两侧栏杆上，离地面10米，用足球作比赛用球，投球入篮得1分。每次球投中后要登上梯子把球取出来再重新开始比赛，1893年才以带网的铁圈代替竹筐。为了防止粗野动作和抱球跑等现象的出现，1892年由奈·史密斯编写了《青年会篮球规则》，内容归纳为5项原则13条规则，1893年增加到21条，后逐步修改和增加条款。国际篮联规定每4年修改一次规则，最初设计的13条规则至今只有篮圈距地面3.05米和掷界外球必须在5秒钟内掷入场内未变，其他条款都变化和发展了。

二、我国篮球运动的发展概况

现代篮球运动是清朝末年（1895年）由美基督教青年会传教士传入我国天津基督教青年会的，传播人为青年会第一任总干事来会理，因此，天津市是我国篮球运动的起源地。1896年，天津基督教青年会举行了我国第一次篮球游戏表演，此后逐步由天津向全国传播、推广。一百多年来，篮球运动逐渐成为广大人民群众喜闻乐见的体育运动项目。篮球运动在我国的传播、普及、发展、提高受不同时期政治、经济、文化、教育等各方面因素的影响和制约。为了便于了解篮球运动在我国的发展历史，通常可以按篮球运动传入中国后的社会变迁，篮球运动及其技、战术在中国的发展和重大国内外竞赛活动、事件等综合(或分别)将中国篮球运动发展分成3个时期、6个不同阶段。

(1)第一时期为1895～1948年传播缓慢普及时期，期间包括三个阶段。第一个阶段为1895～1918年的初始传播阶段；第二个阶段为1919～1936年的缓慢推广阶段；第三个阶段为1937～1948年的局部普及阶段。

(2)第二时期为1949～1995年有限推广、停滞困惑、复苏发展时期，期间包括三个阶段。第一个阶段为1949～1965年的普及、发展阶段；第二个阶段为1966—1978年的徘徊、困惑阶段；第三个阶段为1979～1995年的复苏、提高阶段。

(3)第三时期为1996年至今。

在第三时期，即中国篮球运动随着国家政治、经济体制的改革，进入总结经验、深化改革、解放思想、更新观念、创新攀登的新阶段。

1995年，篮球界在原国家体委“坚持正确方向，抓住有利时机，继续深化改革，发展体育事业”精神指导下，坚持“积极稳妥，健康有序”的改革方针，抓住了外商注资的机遇，与国际管理集团等外资合作，在1996年举办全国甲级队联赛的同时，举办了由前卫体协、吉林、北京体师(现首都体院)、上海交大等8个省市、部队、学校组队参加的男子“职业”篮球联赛，当时称中国职业篮球联盟联赛（CNBA）职业联赛，这是我国职业化联赛的开端，也是一次大胆的尝试，但不久因故暂停。此后，中国篮协决定进一步对竞赛制度进行改革，以产业化、职业化为导向，开始加速篮球竞赛体制改革的进程。

1999～2000赛季，成立了三个新的委员会：联赛管理委员会、联赛纪律委员会和联赛仲裁委员会，以此加大对联赛的管理力度。本赛季，上海东方队引进了中国台北选手郑志龙，开创了两岸队员转会交流的先河。2001～2002赛季，在国际管理集团退出甲A联赛的合作后，中国篮协勇敢接受挑战，成功地组织了一个由自己招商、包装、推广的赛季：从此，CBA甲A联赛结束了依靠别人“供奶”的历史，迈出了依靠自己的力量办联赛的第一步。该赛季迎来了我国台湾的第一支球队——新浪狮队，这在我国体育史上有着突破性的意义。

2002～2003赛季首次实行国内球员倒摘牌，香港飞龙正式亮相中国男子篮球职业联赛（CBA）甲A联赛，参赛队从原来的12支第一次扩至,14支。第10个赛季，即2004～2005赛季，是CBA甲A联赛改革力度最大的一个赛季。因为这个赛季，是一个过渡性的赛季，一个承前启后的赛季，它的使命就是为2005年底推出的CBA职业联赛能够完成它的历史使命，中国篮协对联赛的结构、赛制及推广进行了一系列的调整和改革，首次取消升降级，首次把参赛队分成南、北两个大区，并决出南、北两大赛区冠军。10年的CBA已经全面向职业化挺进，它基本上具备了向真正意义上的职业联赛过渡的条件。2005年，李元伟和中国篮协抛出的“北极星”计划成为未来中国篮球的前进方向。“北极星”提出之后的第一个全新赛季，CBA重装上阵，开始了真正职业化的脚步。和前10个赛季相比，在5个方面的改进可以说是决定中国篮球联赛整体形象的根本。一是建立了俱乐部参与民主决策的新型管理模式CBA联赛委员会，目前下设的联赛办公室已经开始工作；二是继续完善以南北分区、增加场次和突出以对抗为特点的新型竞赛模式；三是建立了以集体化、专业化为运营特点的商务开发模式，由中国篮协和亚洲盈方公司及一动公司三方联合进行商务开发；四是加强篮球文化建设，提升中国篮球的品质和形象；五是开始实施《中国职业篮球俱乐部准入标准》，并完成了第一阶段的评估检查，促进了俱乐部提高自身实力。可以说，完成了这五条之后，新联赛的雏形呼之欲出。

三、当前篮球运动的发展趋势

（一）速度、高度、技术相统一

即在高度不断提高的情况下，速度和技术的全面发展。早在1976年第21届奥运会和第8届世锦赛之后，世界篮坛就做出了这样的评价："快速这一点已不仅为身材矮小的队员所具有，而且已成为高大队员的发展趋势。"随着篮球运动的发展，高大队员无论是技术还是身体素质都起了质的变化。身高的发展不仅没有影响速度的提高，而且因为他们步幅大、起步远、冲抢凶，反而促进了比赛在高速中进行，比赛中一旦得到球都是力争快攻。战术组织快而简练，战机捕捉准确。防守中也同样体现了快速的特点。由攻转守快，个人防守的移动速度快，控制面积大。高度包括两方面，一是运动员的身高提高，二是身体素质好，特别是力量、弹跳力、柔韧性的提高使得运动员滞空能力增强，篮下争夺的高度增加，争抢篮板球的高度达到3.30~3.50米。

当前的世界强队不仅占有身高、速度的优势，技术的运用和掌握也高人一筹。主要表现在以下三点：①运动员对球的控制和支配能力强。投、传、运、切等技术动作连贯准确，因而表现出极高的技巧性。②表现在运动员的技术全面上，技术全面发展加上高超的控制球、支配球的能力使进攻战术显得灵活而富有成效。③更强调全队整体配合，移动进攻及精准的3分投篮技术。

（二）比赛争夺激烈，对抗性强，运动员的身体素质好

现代篮球比赛是在高速度、高空优势和高度技巧中进行的。争夺激烈的标志表现在比分的差距上。例如在第8届世锦赛男篮的最后一天比赛上，冠亚军、3~4名、5~6名的比赛只差4分球。在第28届奥运会男篮比赛中，中国队以1分险胜欧锦赛冠军立陶宛队。比赛中争夺最明显的就是篮板球。在高速度、高强度的激烈争夺中，运动员运用各种攻守技术、战术，无一不是围绕着运动员的身体素质展开的。激烈的比赛不仅对运动员的身体素质提出了很高的要求，而且由于比分接近，胜负往往在终场才见分晓，所以还对球员的心理素质稳定性提出了更高的要求。心理素质水平如何，影响着运动员的临场竞技状态和技术水平的发挥，这些方面是值得我们研究的重要课题。

（三）攻守平衡

攻守的交替转换是篮球运动的规律之一。20世纪70年代，攻守平衡的理论在国际篮坛舆论界引起反响。由于防守技术、战术的提高，促进了进攻技战术的发展，战术由换位进攻发展为移动进攻。穿插、移动、巧妙的传球、凶狠的突破、准确的投篮，突破了攻防均衡的局面，出现了趋向于进攻的打法。但是人们看到，为了保住进攻的成效必须重视防守的作用与效果，尽量采用有针对性、攻击性的防守以破坏对方进攻。攻守平衡的理论得到举世的公认，进攻水平再高，防守问题不解决也赢不了球。攻守平衡是步入世界强队行列的条件之一。

（四）智力与体力并重

随着篮球运动水平的提高，运动员的智力水平对比赛的成败影响越来越大。篮球运动智力的含义很广，包括文化知识、专项理论知识、接受能力、思维能力等。但智力在球场上就集中表现为篮球意识。所谓篮球意识就是运动员在比赛中根据彼我双方的情况，主动、及时、合理地运用已掌握的技术、战术解决临场问题的能力。一个篮球运动员不仅要具有身高、良好的身体素质、扎实的基本功，还必须具有良好的篮球意识才能保证在比赛中合理地运用技术、战术，使全队打得巧妙而富有实效。篮球意识的高低决定了一个队的竞技水平的高低。巧妙的配合不但使对手无法预测，对运用者来说也是一个不定式。这些全靠在比赛中通过观察、判断、合理运用技术表现出来。由此可见一个优秀球员不仅要注重身体、技术的发展，还要注重篮球意识的培养，使其思维能力不断提高。一个球队在比赛中常表现出埋伏较大，时好时坏，极不稳定，其中很重要的因素就是战术意识差。因此加强篮球意识的培养，以提高篮球技术、战术水平是亟待解决的问题。智力与体力并重也是篮球运动发展趋势之一。

四、篮球运动的特点和锻炼价值

（一）篮球运动的特点

篮球运动是竞技运动中的球类项目之一。竞技运动最显著的特点是对抗，而球类运动的对抗是进攻与防守之间的对抗。球类运动攻守对抗中具有集体性、多变性、激烈性、综合性特点。竞技运动中各个项目的竞赛，不论是比快、比高、比远、比准，优胜劣汰都表现在个人与个人、集体与集体之间在一定时间与空间中的对抗。篮球比赛的攻守对抗，除具有以上的特点外，还有比较突出的突变性、准确性、独立性等特点。

（二）篮球运动的锻炼价值

篮球运动是身心具用的全身活动项目。运动时，既能够享受到轻松愉快，又可以体验到竞技的紧张。篮球运动不仅能够健身强体，还可以使人的个性、潜能和创造力得到充分展示。

1. 健身价值

经常参加篮球运动，可使身体各部分肌肉坚实、发展匀称、体格健壮。篮球运动促进力量、速度、耐力、弹跳、灵敏等运动素质的发展。

2. 启智价值

篮球运动不仅是技术与身体的对抗，也是意志与智慧的较量。运动员的智慧、胆略、意志、活力与创造力，决定着比赛的成败和运动水平。

3. 育人价值

篮球运动对培养集体主义精神有积极作用。队员之间团结合作、互相协同、默契配合，一切为集体、一切为大局，才能保证比赛的胜利。通过比赛，个性、自信心、情绪控制、意志力、进取心、自我约束等能力都有很好的发展。

4. 娱乐休闲价值

观赏娴熟的运球、巧妙的传球、准确的投篮、机智的抢断、卓越的扣篮和出奇的封盖，再加上攻守交错、对抗变换，让人有美的感受。

5. 社会交往价值

篮球运动在全世界范围内广泛开展，已成为人与人、团体与团体、国家与国家之相互交流的工具，成为建立理解、信任、团结与友谊的手段。

第二节　篮球的基本技术

篮球技术是进行比赛所必需的专门动作方法的总称，它是篮球运动的基础，篮球比赛中完成战术质量的高低，主要取决于队员基本技术掌握的切实、准确和熟练程度。篮球技术分为进攻与防守两大部分，它们包括脚步移动、传球、接球、投篮、运球、突破、防守对手、抢球、打球、断球、抢篮板球等，每一类技术又都由许多技术动作组成。由于篮球比赛是攻守反复交替进行的，因此，各种技术的运用并不是孤立的，而是相互联系、相互制约、相互促进的。

一、篮球基本技术

(一) 基本姿势与移动

为了更好地发挥进攻和防守技术，队员在球场上需要随时保持一个稳定而又机动的站立姿势，即基本站立姿势，才能为突然起动、转身和变化重心等做好准备。这个站立姿势是两脚前后或左右开立，与肩同宽，两膝微屈，身体重心的投影（简称重心）落在两脚之间，上体微向前倾，抬头含胸，两臂屈肘下垂于体侧。防守时，站立姿势稍有不同，两脚开立距离略比肩宽，屈膝降低重心，直腰含胸，上体稍向前倾，张开两臂。

(二) 起动

起动是队员改变静止状态的一种方法。突然快速的起动与快跑结合运用，是摆脱防守最有效的方法之一。防守时，迅速的起动也是抢占有利位置，看住对手的首要环节。

方法：起动是在基本站立姿势的基础上，迅速以上体的前倾或侧转，向跑动方向移动身体重心，同时用后脚或异侧脚的前脚掌短促有力地蹬地，利用蹬地的反作用力迅速向跑进方向迈出。起动后的前两三步，要短促而迅速，并用前脚掌的蹬地来提高跑的速度。

(三) 急停

急停是队员在跑动中突然制动的一种方法。急停不仅能够直接摆脱防守，而且可以衔接脚步动作的各种变化，从而更有效地完成攻守任务。球场上常用的急停有两种：

(1) 跨步急停（两步急停）：队员在快速跑动中，先向前跨出一步，用前脚掌外侧着地抵住地面，迅速屈膝，同时稍后仰，转移重心，减缓向前的冲力。第二步着地时，身体侧转（右脚跨第一步，身体右转），脚尖稍向内转，用前脚掌内侧蹬地，两膝弯曲，重心落在两脚之间。在做策应跨步急停时，由于速度不太快，当第一步着地后，第二步可迅速横跨一步，两腿平行开立，屈膝保持平衡。

（2）跳步急停（一步急停）：队员在近距离慢跑中，用单脚或双脚起跳（离地不高），上体稍向后仰，两脚同时平行（略比肩宽）落地。落地时用脚跟先着地（迅速过渡到全脚掌着地），两膝弯曲，下降重心，保持身体平衡。

（四）侧身跑

比赛时，队员在跑动中为了更好地观察场上情况，经常采用侧身跑，侧身跑头部和上体放松地向球的方向扭转，同时侧肩，脚尖朝着跑的方向，既要注意观察场上情况，又要保持奔跑速度。弧线跑和侧身跑的动作基本相同，只是在跑动中上体侧转的幅度略大于侧身跑。

（五）变速跑

变速跑是队员在跑动中用速度的变换来完成攻守任务的方法。进攻队员为了摆脱防守，可用突然加速或减速破坏防守者的正确防守位置来完成进攻任务的。防守队员也可及时地变换速度来紧紧防住对手。不管进攻或防守，变速时动作都要突然。加速时用前脚掌短促而有力地向后蹬地，上体稍向前倾，前两三步要短促而迅速。减速时步幅可稍大，上体稍直立，前脚掌用力抵住地面，减缓重心的前移，从而降低跑速。

（六）变向跑

变向跑是队员在跑动中突然改变方向并加快速度来摆脱防守的一种方法。变向时（以从左变向跑为例），上体稍向前倾，同时右脚前脚掌内侧用力蹬地，随之腰部扭转，上体向左前倾，移动重心，左脚向左前方跨出一小步后，右脚迅速向左腿的侧前方跨出一大步，继续跑动。

（七）转身

转身是队员以一脚做中枢脚和另一脚蹬地向前后跨出，改变自己身体的站位方向和与对手位置关系的一种方法。转身在比赛中运用非常广泛，经常与跨步、急停结合使用，获得摆脱防守切入球、传球、运球、投篮的机会，防守时也常用来抢占有利位置获得堵截、抢篮板球和抢断球的机会。转身前，两膝微屈，上体稍向前倾，重心落在两脚之间。转身时以中枢脚的前脚掌为轴，体重移至中枢脚上，用转动腰部带动和移动脚的前脚掌内侧蹬地，向前或向后改变身体的方向。在身体转动的过程中，要保持身体重心平稳，不要起伏。转身后重心落在两脚之间。持球转身时，要注意利用身体做好护球动作。

转身可分为前转身和后转身：

（1）前转身：移动脚向自己身前（中枢脚前的方向）跨步使身体改变方向叫前转身。前转身用于队员背对进攻方向或防守者时。转身前要视觉领先，观察判断情况，以利发挥前转身的攻击性。前转身经常与假动作、切入等动作结合运用。

（2）后转身：移动脚向自己身后（中枢脚后的方向）跨步使身体改变方向叫后转身。后转身可在原地和行进间进行。当队员面对或侧对防守者较近时，经常运用后转身来摆脱防守。行进间的后转身比较复杂，在跑动中由于惯性的关系，不易保持身体平衡。因此，在转身前，要以前脚为中枢脚，用后脚蹬地做后转身。转身时，要适当减速，把力量放在中枢脚上，从而加快旋转的速度。转身时要注意降低重心和保持身体平稳，以便衔接下一个动作。

(八) 滑步

滑步是队员防守时主要的移动方法。滑步易于保持身体平衡和转移重心。队员为了保持自己有利的位置和及时起动，经常采用各种滑步来阻截对方的路线和进攻。滑步分侧滑步、前滑步、后滑步三种：

(1) 侧滑步：由两脚平行站立姿势开始，向左侧滑步时，左脚向左跨出，落地的同时，右脚蹬地滑动，跟随左脚移动，保持屈膝、低重心的姿势。身体不要上下起伏，两脚不要交叉。重心要落在两脚之间。向右侧滑步时动作相反。

(2) 前滑步：由两脚前后站立姿势开始，向前滑步时，前脚向前跨一小步，着地后，后脚随着前脚向前滑一步，保持两脚开立姿势。注意屈膝降低重心。

(3) 后滑步：动作与前滑步相同，方向相反。

(九) 攻击步

攻击步是防守队员采取突然前蹿时的一种步法。它利用后脚蹬地，前脚迅速向前跨出，迫近对手身前。用来进行抢球、打球或造成对手接球、投篮、移动的困难。动作要快，要突然，但动作不要过大，注意重心落在后脚上。

(十) 后撤步

后撤步是变前脚为后脚的一种步法。防守队员为了保持有利的防守位置，特别是在防守对方持球突破时常用后撤步，并与滑步结合运用。做后撤步时，两膝弯曲，重心降低，用前脚掌内侧蹬地，加上腰部扭转，后撤前脚，后脚辗转然后用力蹬地，紧接滑步，保持防守位置。

(十一) 交叉步

交叉步也是脚步移动的方法之一。为了及时地起步，抢位来变换和保持有利的防守位置，有时需要交叉步结合其他步法来完成。一般在后场内线防守不宜采用。交叉步向右移动时，左脚用力蹬地，迅速从右脚前向右交叉跨出，控制身体重心。两脚交叉动作要快，身体不要上下起伏，以便衔接滑步或奔跑动作。

二、传、接球技术

传、接球技术是篮球比赛中队员之间有目的地转移球的方法，是篮球比赛中运用最多的一项基本技术，它是进攻队员在场上相互联系和组织进攻的纽带，是实现战术配合所运用的基本技术。传、接球技术的基本方法并不复杂，但它是在攻、守双方激烈争夺的条件下完成的。传球队员不仅要使球越过自己的对手并避免被同伴的对手抢断，而且还要使同伴易于接球和便于完成下一个动作。传、接球的好坏，直接影响到其他技术的发挥和战术质量，以及比赛的胜负。

(一) 传球

1. 双手胸前传球

双手胸前传球是一种最基本而又最常用的传球方法。这种传球快速有力，可在不同方向、不同距离中使用，而且便于和突破、投篮等动作相结合，如图 8-1 所示。

图 8-1 双手胸前传球

动作方法：两手五指自然分开，两拇指相对呈"八"字形，用指根以上部位持球的两侧后方，手心空心。肩、臂、腕部肌肉放松，两肘自然弯曲于体侧，将球置于胸腹之间的部位。身体成基本站立姿势，两眼注视传球目标。传球时，后脚蹬地，身体重心前移，同时前臂短促地前伸，手腕由下向上转动，并由内侧向外翻转相结合而急促抖腕，拇指用力向下压，食、中指用力弹拨将球传出。球出手后拇指和手心向下，其余四指向前。传球的距离越远，蹬地、伸臂的动作幅度越大，而且还要与腰腹及身体协调用力相配合。

要领：蹬地伸臂要同时，翻腕抖腕加拨指，整个动作要协调，两手用力要均匀，全身动作要连贯，身体平衡应保持。双手胸前传球可在行进间和跳起在空中进行。

行进间双手胸前传球和接球是一个连贯动作。接、传球时，手脚动作必须协调配合。一般是右脚落地接球，左脚上步 (右脚抬起再落地前) 传出球。手的动作是双手迎球，迅速收臂后引缓冲，接着迅速地伸前臂，翻抖手腕，用手指弹拨球出手。要领：双手持球置于腹前，指尖向下体前倾；前臂前摆翻手腕，小指、无名指、中指加力量。

2. 双手头上传球

双手头上传球出手点高，便于与头上投篮相结合，但与突破、运球等技术相结合使用时，却增加了动作的幅度，所以它适于高大队员使用。多用于中、远距离传高空球以及抢篮板球后发动快攻第一传和内外线队员转移球等。

动作方法：持球方法与双手胸前传球相同。双手举球于头上，两肘向前。近距离传球时，前臂前摆，手腕前扣并外翻，同时拇指、食指、中指用力向前拨球。传球距离较远时，脚蹬地，腰腹用力带动上臂发力，前臂前甩，腕、指用力前扣，将球传出。跳起做双手头上传球时，双手举球向头后摆，跳到最高点时，腰腹用力，两臂前摆，腕和指用力将球传出。

要领：持球屈肘头上方，蹬地、腰腹用力量；前臂摆动屈手腕，拇指、食指、中指加力量。

3. 单手肩上传球

单手肩上传球是最基本的传球方法，而且是经常运用的一种远距离传球方法。它的速度快、距离远、准确性高，长传快攻时运用较多，如图8–2所示。

图8–2 单手肩上传球

动作方法：持球方法与双手胸前传球相同，两脚平行开立，右手传球时，左脚向传球方向迈出半步，同时双手将球引到右肩侧上方，左肩对着传球方向，右手大臂与地面近似平行，前臂与地面近似垂直，手腕后屈，右手持球的后下方（单手持球），身体重心在右脚上。传球出手时，右脚蹬地的同时转体带动上臂，肘领先，前臂迅速前甩，手腕迅速前扣，最后通过食指、中指、无名指的弹拨下压动作将球传出。

要领：将球转移到右肩上，手腕后屈持球的后下方，蹬地、转肩、甩臂、扣腕动作协调有力。

（二）接球

1. 双手接胸部高度的球

动作方法：接球时两臂自然伸出迎球，肘关节微屈，手指自然分开，两手拇指相对呈“八”字形，掌心稍向前，两手形成一半圆状。当手接触球后，两臂随球后引，以减缓球的速度和冲力，同时两手将球握住，置于胸前，如图8–3所示。

要领：目视来球两手臂伸出迎，两拇指相对呈“八”字半圆形，触球臂随球后引，顺势握球于胸腹前。

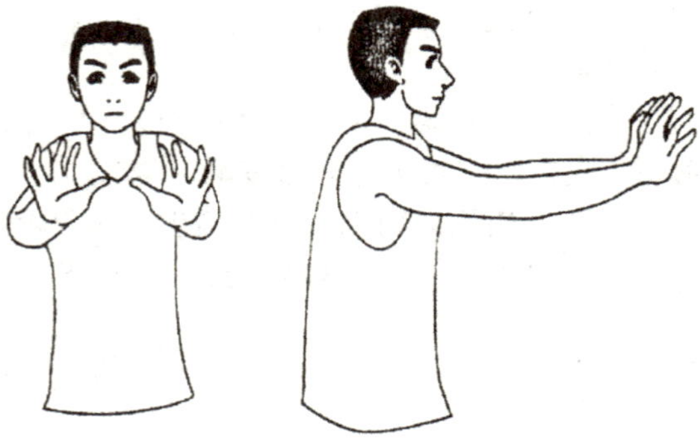

图8–3 双手接胸部高度的球

图8–4 双手接头部高度的球

2. 双手接头部高度的球

动作方法、要领与双手接胸部高度的球相同。只是两手臂是向前上方伸出迎球，手指向上，如图 8-4 所示。

3. 双手接低于腰部的球

动作方法：接球时两腿深屈，一脚向前跨出，上体前倾，重心落在前脚，双手向前方伸出迎球，五指自然分开，两小指呈“八”字形，掌心向着来球方向，当手触球后，两臂顺势屈寸收回，同时接住球，持球于胸腹之间，保持基本站立姿势，如图 8-5 所示。

要领：降低重心，一脚向前跨，双手小指相对呈“八”字半圆形，触球后顺势收回，并持球于胸前，保持基本站立姿势。

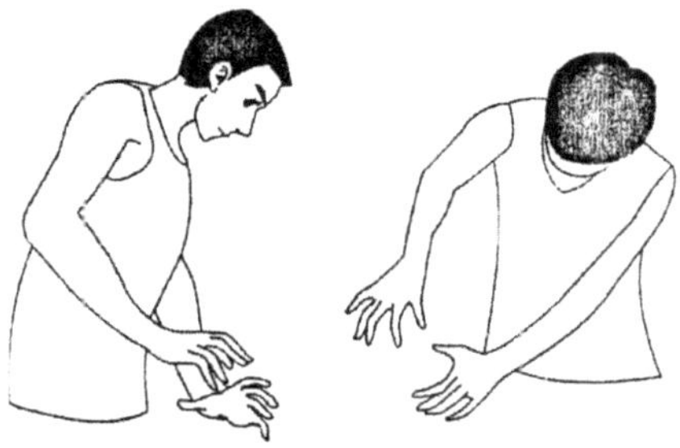

图 8-5　双手接低于腰部的球

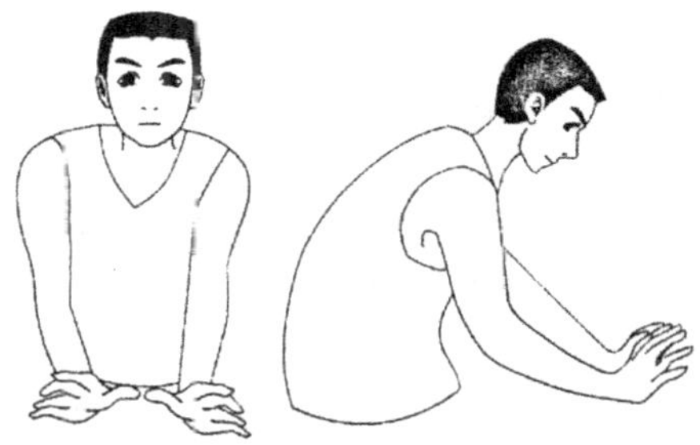

图 8-6　双手接反弹球

4. 双手接反弹球

动作方法：接球时迎球上步，上体前倾，但要抬头目视来球。接球时，两臂向前下方伸出迎球，手指自然分开，手指向下，在球刚刚弹起时，两手从侧方去接住球，并顺势将球引至胸腹之间，保持身体基本站立姿势，如图 8-6 所示。

要领：迎球跨步，上体前倾，两手臂向前下方伸出迎球，五指张开手触球，顺势握球胸腹间。

5. 双手接地滚球

动作方法：接球时向来球方向跨出一步，身体下蹲，两手手指向下伸出迎球，掌心向后。触球后顺势将球握住，置球于胸腹之间，保持身体平衡。注意两脚不要开立，以免漏球。

要领：跨步、下蹲视来球，两臂伸出迎接球，掌心向前指朝下，触球顺势握住球。

三、运球

持球队员在原地或移动中，用单手连续按拍和迎引从地面反弹起来的球叫做运球，是队员在比赛中携带球移动的唯一方法，是控制、支配球，组织战术配合及突破防守的重要手段。

(一) 高运球

高运球是在没有防守的情况下，为了调整进攻的速度和选择进攻位置时所采用的一种运球方法。

动作方法：运球时身体重心高，抬头目视前方，上体稍前倾，以肘关节为轴，用手拍按球（拍按球的正上方为原地高运球；拍按球的后侧上方为进行间高运球）并加大力量，球反弹的高度大、距离远、速度快，便于观察场上情况。

要领：两腿微屈上体稍前倾，手拍按球的部位正确，手、脚、身体配合协调。

(二) 低运球

低运球是当遇到对手紧逼而要超越防守时经常采用的一种运球方法。

动作方法：运球遇到防守时，两腿迅速深屈，降低重心，上体前倾角度要大，以身体和靠近防守队员一侧的腿来保护球。同时，用手短促地拍按球，使球从地面向上反弹的高度在膝关节以下，以便更好地控制球和摆脱防守继续前进。

要领：突然降低重心，上体前倾，手短促有力地拍按球并控制高度，手、脚和身体协调配合。

(三) 运球急停急起

运球急停急起是利用运球速度的变化来摆脱防守的一种方法。在对方紧逼防守时，突然加速或减速（或停止前进）以摆脱对手，获得较好的进攻机会。

动作方法：在快速运球中，突然急停时，手最后一次拍按球的前上方，两脚做跨步急停，并降低重心，维持身体平衡，用身体、腿和手臂保护球。运球急起时，后脚用力蹬地，上体迅速前倾用手拍按球的后侧上方，迅速起动向前运球，以摆脱防守，获得有利的进攻机会，如图 8–7 所示。

图 8–7 运球急停急起

要领：急停的脚步降低重心，手拍按球前上方；急起时蹬地有力，起动快而猛，手拍按求后侧上方。强调手、脚、身体、视觉协调配合。

(四) 体前变向换手运球

体前变向换手运球是在快速运球前进中，遇到对手堵截运球前进的路线时，突然向左或向右改变方向，借以摆脱防守的一种运球方法。

动作方法：运球队员要从对手右侧突破时，先向对手左侧运球，当对手向左侧移动时，乏球队员突然改变方向。变向时，右手拍球按球右上方，使球经自己体前拍向左侧，同时，左脚向左前方跨出，上体向左扭转，侧肩挡住防守者，然后用左手拍按球的正后方，手的动作要快，球反弹的高度要低，右腿迅速跨出从对手的右侧突破，如图 8-8 所示。

图 8-8 体前变向换手运球

要领：变向时抬头目视对手，手拍按球的侧左方，严格控制球的落点，手、脚、肩、身体协调配合。

(五) 背后运球

背后运球是在运球前进中，当遇到对手堵截一侧时，而且距离较近无法采用体前变向运球时，所采用的一种运球方式。

动作方法：运球队员如从对手右侧突破时，先向对手左侧运球，当对手身体重心向左多动时，突然快速地用右拉拍球的右外侧，将球从背后向自己左侧前方拍按。随着左脚迅速左前跨出，立即换左手运球，侧肩保护球，快速突破对手，如图 8-9 所示。

图 8-9 背后运球

要领：背后运球时抬头目视对手，手拉拍球的右外侧，手、脚、腿、身体协调配合，换手运球加速前进。

(六) 转身运球

转身运球是运球队员向防守队员某侧突破而路线被堵，而且防守的距离很近时，采用运球转身改变方向、路线，借以摆脱对手的一种运球方法。

动作方法：如以右手运球向右侧前进，遇到对手靠近自己的右侧堵截路线时，如果右脚在前，应迅速上左脚，并以左脚为中枢脚，右脚蹬地后撤，顺势做后转身动作。在转身的同时，右手拍按球的右侧上方，将球拉引到身体的侧后方，并换左手拍按球，从对手的右侧突破，如图 8–10 所示。

图 8–10 转身运球

要领：转身时应抬头观察位置、时机，手紧贴躯干，蹬地、转身，拉引球、拍按球要求动作协调。

四、投篮

投篮是持球队员将球投入篮筐的方法，是篮球运动中最重要的技术。因为任何技术、战术的运用，都是为了创造有利的投篮机会。所以在投篮教学与训练中，应重视掌握正确的、规范的投篮技术动作，并要特别强调投篮的准确性。以“准”为纲带动一切技术、战术的提高。

（一）投篮动作的基本环节

投篮动作方法虽然很多，从投篮技术理论分析，都是由投篮的准备阶段（包括思想准备和身体准备）、持球动作（包括双手持球与单手持球）、瞄准方法、出手动作、球飞行的弧线、球的旋转六个环节组成的。

1. 准备阶段

在投篮前要做好充分的思想准备和身体准备，这是影响投篮命中率的重要因素，尤其投篮是在攻守激烈对抗的条件下完成的。这就要求学生或队员在学习投篮技术时，首先应树立必中的决心，投篮时，思想高度集中，沉着冷静，控制情绪，排除干扰，坚定决心；其次是做好身体的准备，投篮的方式、方法尽管不同，但都必须以正确的投篮姿势来保持身体平衡。控制身体平衡是保证出球方向准确的基本条件。

2. 持球动作

投篮时除做好身体的准备姿势外，还要做好正确的持球动作，将球置于适当的部位。单手持球动作。投篮五指自然分开，用手指外沿和指根以上部分托球的下方，手心空出，手腕后仰，球的重心落在食指和中指之间，肘关节自然弯曲下垂，置球于同侧肩的前上方，如图 8–11 所示。

图 8–11 单手持球

图 8–12 双手持球

双手持球动作。两手手指自然分开，拇指相对呈“八”字形，用指根以上部分握球的两侧后下方，手心空出，手腕放松，两臂自然弯曲，肘关节下垂，肩关节放松，置球于胸前，如图 8–12 所示。

3. 瞄准方法

瞄篮就是投篮时眼睛注视篮圈或篮板的某一点。瞄准是为了精确地目测投篮的方向、距离，从而决定投篮出手的角度、用力的大小和球飞行弧线的高低，瞄准是提高命中率的重要环节。

（1）直接投篮时的瞄准点，是篮圈上离自己最近的一点，就是篮圈前沿的正中点。这个瞄准点在球场的任何地点都适用，而且不受篮板弹性的影响。

（2）碰板投篮时的瞄准点，是篮板上能够使球反弹入篮的一点。碰板投篮适用于与篮成 15° ~ 45° 角的区域，以接近 30° 角地区为最好。碰板投篮的瞄准点，因投篮的角度、距离、用力大小而有所不同。一般情况是，当角度小、距离远时，瞄准点离篮圈的距离高而远；反之，则低而近。

（3）出手动作。出手动作的特点是“快”“高”“远”“变”。“快”就是要求尽可能地缩短投篮的准备时间，提高投篮的速度；“高”是要求人跳得高，出球点更要高；“远”就是要求投篮的距离远而且准；“变”就是投篮方法变化多端，善于结合比赛情况灵活地进行投篮。单手投篮时，由下向上依次用力，通过向前上方伸臂、抬肘、压腕等动作和手指的弹力将球投出。双手投篮时，由下向上以及两臂向前上方伸臂送球，最后手掌外翻，用两手的拇指、食指和中指的指尖力量将球投出。

4. 球飞行的弧线

球出手后在空中飞行的弧形路线（也称抛物线），有低、高、中三种。

（1）低弧线：指球飞行入篮的路线近于水平线，这时篮圈暴露在球下面的面积很小，不易命中。

（2）高弧线：指球飞行入篮的路线近于垂直线，这时篮圈暴露在球下面的面积最大，接近于篮圈的实际面积，球容易入篮，但球飞行的路线太长，不易掌握球的飞行方向，受风力影响大，因而实际命中率低。

（3）中弧线：指球飞行入篮的弧线最高点大致与篮板上沿在一条水平线上，介于低弧线与高弧线之间，篮圈入篮面积适中，命中率最高，是比较理想的弧线，一般投篮时，多采用这种弧线。

5. 球的旋转

球的旋转是决定投篮准确性的因素之一。投篮出手后球飞行中旋转的方向正确，能排除空气阻力的干扰，使球稳定地沿着正确的轨道运行。投篮时，球的旋转是依靠伸臂送球，手腕前屈或翻转，手指拨球动作所产生的力作用于球体，使球产生一种有规律性的旋转。

一般外围的中、远距离投篮时，大都是使球围绕球的横轴向后旋转。行进间单手或双手低手投篮时，应使球围绕轴向前旋转。在篮下侧面碰板投篮时，应使球向侧或向后旋转，这样有利于缓和篮板的弹力，使球柔和地反弹入篮。

(二) 动作方法与要领

1. 原地投篮

原地投篮是篮球运动中最基本的投篮方法，是行进间投篮和跳起投篮的基础。这种投篮方法比较平稳，便于发挥全身的力量，是一种比较容易掌握的投篮技术。

(1) 双手胸前投篮。双手胸前投篮是双手投篮中基本的投篮方法，是其他双手投篮技术动作的基础。这种投篮的特点是便于与传球、突破技术结合，投篮的力量大，适用于中、远距离，一般女子多用这种方式投篮。

动作方法：双手持球于胸前，肘关节自然下垂，两膝微屈，两脚前后或左右开立，重心落在两脚上，眼睛注视瞄准点。投篮时，两脚蹬地腰腹伸展，两臂向前上方伸直，两腕同时外翻，腰、臂随出球方向自然伸直，脚跟提起，如图 8-13 所示。

图 8-13 双手胸前投篮

图 8-14 单手肩上投篮

要领：正确持球于胸前，目视投篮瞄准点；两脚蹬地，臂前上举，两腕外翻，拇指压球；出球后脚跟提起。

(2) 单手肩上投篮。这是现代篮球运动中被广泛应用的一种投篮方法，是行进间、跳起等投篮技术的基础，具有出手点高，便于结合和转换其他攻击动作，并能在不同距离和位置上应用的优点。

动作方法：右手持球于肩上，左手扶球的左侧，右臂屈肘，前臂与地面接近垂直，两脚蹬地发力，右臂随蹬伸和腰腹的伸展，抬肘向前上方充分伸直，用手腕前屈的动作使球从食、中指指端飞出，身体重心应随出球的方向上升，脚跟提起，如图 8 –14 所示。

要领：持球翻腕于肩上，两脚开立同肩宽；手腕前屈指拨球，腿、腰、腹、臂自然直。

2. 行进间投篮

行进间投篮是一类被广泛应用的投篮方法，一般在快攻中或切入篮下时运用，也可以在中、近距离运用。行进间投篮的动作方法很多，但根据规则规定，其动作结构基本相同，都是由跨出第一步的同时接球，跨第二步起跳腾空举球完成投篮动作。这类动作的共同点是右手投篮时第一步先跨右脚同时接球，接着（第二步）左脚跨步蹬地跳起腾空。当身体腾空时，右腿屈膝上抬，并逐渐使身体伸展。

根据投篮的具体方法之不同，以及运用时为了应付场上变化，第一步和第二步可以有大小、快慢和方向的变化。

（1）行进间篮下单手肩上投篮。这是快攻和突破到篮下时常运用的一种投篮方法，比赛中投篮命中率较高。

动作方法：如以右手投篮时，右脚向前跨出时接球，接着迅速上左脚起跳，右腿屈膝上抬，同时举球于肩上做好投篮准备。借左脚蹬地起跳使身体腾空，上体稍后仰，当身体达到最高点时，右手臂柔和地向上伸直，用手腕前屈和手指的力量将球投出，如图 8–15 所示。

图 8–15 行进间篮下单手肩上投篮

要领：一跨大步接球稳，二跨小步用力跳；身体腾空球上肩，单臂伸直屈手腕；腕指柔和用力巧，双脚落地稳又牢。

（2）行进间单手低手投篮。这是快速超越对手后所采用的一种投篮方法。它具有速度快、伸展的距离远和便于保护球的优点。

动作方法：如以右手投篮时，第一步跨右脚同时接球，第二步比做篮下单手肩上投篮时跨得大，速度快，而且是向前上方跳起，同时将球置于胸前。投篮时，左脚蹬地，身体腾空（腾空时间要短），球转移到右手并上举，右手五指自然分开，托球的手心向上，手臂要充分向前伸直，当接近球篮时，用提肘和手腕、手指上挑的柔和动作，将球由食、中指指端送出去，并向前旋转入篮，如图 8–16 所示。

图 8-16 行进间单手低手投篮

要领：跨步接球要协调，用力蹬地向前上跳；掌心向上臂伸直，指腕上挑球前旋。

(3) 跳起投篮。跳起投篮简称跳投，它具有突破性强、出手点高和不易防守的优点。还具有便于与传球、突破和其他假动作相结合的优点。可在原地、行进中急停、背向球篮等情况下和不同距离中应用。

原地跳起单手肩上投篮的动作方法：如以右手投篮时，两手持球于胸前，两脚前后(或左右) 自然站立，两膝微屈，重心落在两脚上，然后迅速用力蹬地向上跳起。同时，两手持球至肩上，右手持 (托) 球，左手扶球的侧方，当身体接近最高点时，右臂抬肘向上伸直，最后用手腕、手指的力量将球投出，如图 8-17 所示。

图 8-17 原地跳起单手肩上投篮

要领：两脚开立降重心，双手持球于胸前；蹬地起跳保平衡，迅速举球于肩上；抬肘伸臂前上方，腕指用力入篮圈。

原地跳起单手头上投篮的动作方法与原地跳起单手肩上投篮基本相同，其区别只在于球的出手点高，是在头上方出手，出手时手腕、手指应适当增加力量。

(4) 原地跳起双手头上投篮。此方法也与原地跳起单手肩上投篮基本相同。其区别只在于最后出手是两手把球投出。

(5) 接球急停跳起投篮。动作方法：在快速移动中接球，同时急停 (跳步急停或跨步急停)，突然起跳，避开防守。投篮出手动作方法与运球急停跳起投篮相同。

要领：跳 (跨) 步急停接到球，屈膝蹬地突然跳；同时举球肩上方，伸臂屈腕指拨球。

(6) 转身跳起投篮。这类投篮方法常在接球或抢篮板球后，背对或侧对篮球时使用。根据动作的形式分为转身单脚跳起投篮和转身双脚投篮两种。

(7) 转身单脚跳起投篮。获球后，背对或侧对球篮，以左脚为轴，右脚向左脚侧前（或侧后）跨一步，脚尖、膝关节和身体转向球篮，右脚蹬地跳起，同时伸臂，最后用手腕、手指的力量将球投出。

(8) 转身双脚跳起投篮。获球后，背向或侧向球篮，以左脚为轴，右脚蹬地做前（或后）转身面向球篮，同时屈膝用力蹬地起跳，当身体接近最高点时伸臂，最后用手腕和手指力量将球投出。

要领：获球背向或侧向篮，一脚为轴前转身；起跳、伸臂、屈腕要协调，接近高点手指用力量。

(9) 跳起转身投篮。动作方法：获球后，背向或侧向球篮，两脚分开自然站立，两膝微屈，两脚用力蹬地跳起，以转腰、转肩、转头的力量带动身体转向球篮，当身体接近最高点时将球投出。

要领：获球背向或侧向篮，两腿弯曲猛蹬地；空中转腰、转肩面向篮，举球、伸臂、屈腕用力量。

第三节　篮球的基本战术

篮球战术，是在比赛中队员个人技术的合理运用以及队员之间相互协同配合的组织形式。其目的是为了制约对方，掌握比赛的主动权，争取比赛的胜利。

战术组织得正确与否，在于是否最大限度地发挥出每个队员的积极作用，是否体现出队员的战斗作风、坚强意志和技术特长等。在于强调协同配合，而不在于参加战术配合的人数多少和战术路线多么复杂。战术的运用，必须根据比赛的具体情况灵活机动地加以变换，任何单一的战术都不会取得良好的效果，因为任何一种战术都不是万能的。战术的变化就是要力争主动，避免被动，时刻都要以己之长攻彼之短，为此在组织运用战术的过程中，必须贯彻“积极主动，勇猛顽强，快速灵活，全面准确”的指导思想，正确认识和处理技术与战术，战术与技术，进攻与防守等的关系。

要以我为主，根据本队的具体条件（身体、技术、意识等方面），确定符合本队实际情况的基本战术。由于比赛的情况不同，各种类型、风格、打法不同，要适应各种复杂的情况，适应多样的战术变化，企图以一套攻防战术适应多种情况是困难的。所以还要有一定数量的战术方法。

一、个人战术行动

个人战术行动是队员在比赛中根据本队战术的需要、对方攻防的特点和临场的情况变化而采取的有针对性的策略行动，既是队员有针对性地运用技术和独立作战的能力，也是队员身体技术、战术意识的综合体现。

个人战术行动是集体战术的组成部分，因而要受到全队战术的制约。然而比赛是千变万化的，所以在比赛中要发挥队员个人的主观能动作用，把原则性与灵活性结合起来，根据临场情况的变化改变战术行动，要约而不死，活而不乱，更好地运用战术，打出自己的风格和水平。

(一) 个人战术行动的基本要求

(1) 及时正确的判断。个人战术行动的及时、合理和准确取决于观察与判断，必须保持清醒的头脑和良好的视野，快速的反应以及应有的战术意识，才能抓住时机，做出自己行动的决定。

(2) 明确的目的。表现在从全队战术需要出发，结合比赛的实际情况，有针对性地采取个人的行动，以及准确及时地与同伴协调配合，积极地完成战术任务。

(3) 合理的行动。即按照比赛的实际情况运用技术。其不仅表现在技术运作的选择与组合，而且表现在动作的快速、隐蔽、及时和策略性方面，从而达到战术的目的。

(二) 个人战术行动的基本内容

1. 进攻

(1) 队员无球时：①摆脱防守；②调整位置；③掩护。

(2) 队员有球时：①主攻；②助攻。分三种情况：后场、前场外线、内线。

2. 防守

防守战术行动是根据本队防守所采用的战术、对手的动作和场上的具体情况合理地运用防守技术，阻挠和破坏对方的进攻意图，并以争夺控制球为目的的策略行动。它是通过队员在场上的积极性、攻击性防守技术表现出来。其基本内容如下：

(1) 防守无球队员时，有两项任务：①不让对手跑向篮下有利的位置上接球。②抢断传向自己对手的或传越自己防区的球。为了完成上述任务，必须保持有利的位置，力求自己的视野范围能观察到对手和球的活动。

(2) 防守有球队员，主要任务是尽力干扰和破坏对方的行动，不让他顺利地传、运、投，二要积极地、及时合理地运用抢、打、断球来争取转守为攻。积极主动地根据对手的位置，站立姿势及其特长与习惯，采取有效的对策以控制其进攻。

3. 注意事项

(1) 个人战术行动决不能理解为单干，要根据比赛中双方攻防战术和实际情况变化的需要，采取合理的个人行动，没有同伴之间的相互默契和协同动作是很难奏效的。

(2) 时间因素对完成个人战术行动极为重要，战机的出现只是一瞬间。

(3) 脚部动作的快速和多变是完成个人战术行动的基础。

(4) 注意假动作的运用，以转移对手的注意力，使之产生错觉，从而出其不意实现自己的真正意图。做假动作要注意控制自己身体重心，动作幅度要做到逼真的程度，转换的速度要快。

二、战术基础配合

战术基础配合是两三人之间组成的简单配合，包括进攻与防守两部分。它是组成全队战术的基础，虽然比赛中战术变化多端，但是都离不开这些战术基础配合，只有熟练地掌握与运用战术基础配合才能使全队战术更加灵活、更加有效地发挥作用。

(一) 进攻战术基础配合

进攻战术基础配合包括传切配合、突分配合、掩护配合和策应配合。下面我们将各种进攻配合方法分别加以叙述：

1. 传切配合

传切配合是利用传球和切入组成的简单配合。

(1) 传切配合的方法：包括一传一切和空切。

一传一切：是持球队员传球后向篮下切入，接回传球投篮。如图 8–18 所示，④传球给⑤后，立即摆脱对手三角 4 号向篮下切入接⑤的回传球投篮。

空切：就是无球的队员掌握时机，摆脱对手。如图 8–19 所示，④传球给⑤时，⑥趁三角 6 号注意球的机会立即摆脱三角 6 号空切篮下接⑤的传球投篮。

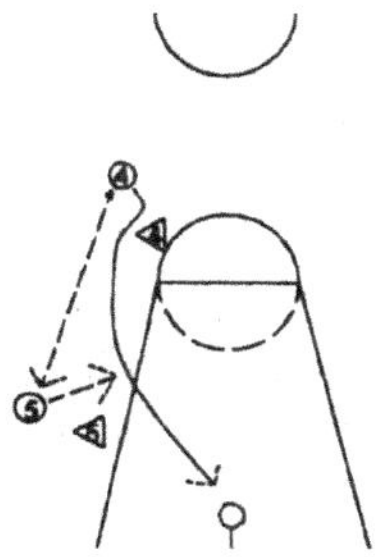
图 8–18 一传一切

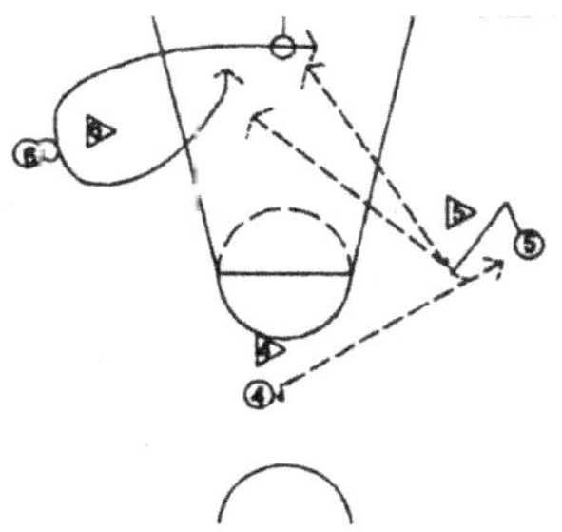
图 8–19 空切

(2) 传切配合的要求：切入队员要善于掌握时机，例如当防守者只注意球或因封锁传球而失去防守位置时乘机切入。对方防守较紧时，要用假动作摆脱防守，突然快速切入篮下，传球队员要先做瞄篮、突破或其他进攻假动作，牵制对手，当切入者摆脱对手并能接球时，要及时地传给他。

2. 突分配合

是持球队员利用突破技术打乱对方的防御部署，给同伴创造无防守的有利时机，并及时传球给进攻位置好的同伴的简单配合。

(1) 突分配合的方法：如图 8–20 所示，④从防守者的左侧突破，并吸引三角 5 号上来和三角 4 号“关门”防守。此时⑤及时跑到有利的进攻位置上去接④传来的球投篮或做其他进攻配合。

如图 8–21 所示，⑦从底线突破对手后，如三角 8 号上来补防，三角 4 号也后撤进行协助防守时，可及时传球给插入到有利位置的⑧或④进攻。

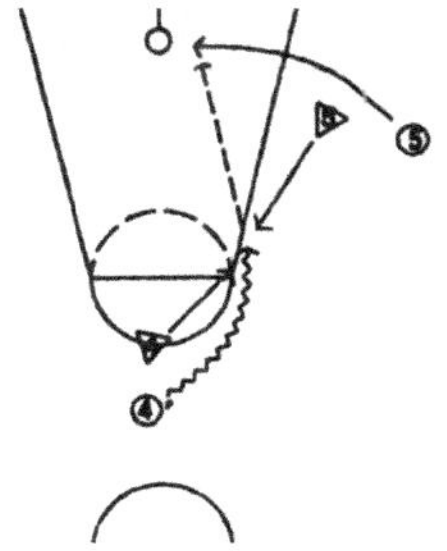
图 8–20 突分配合一

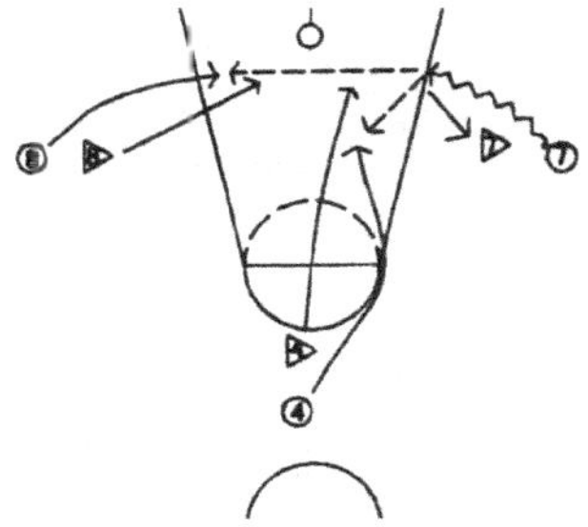
图 8–21 突分配合二

(2) 突分配合要求：突破队员的动作要突然、快速，在突破过程中要做好传球和投篮的两手准备，要随时注意观察场上攻守队员的位置和变化。传球要及时，投篮要果断。其他进攻队员要掌握时机及时跑到有利的进攻位置上去接球。

3. 掩护配合

是采取合理的行动用自己的身体挡住同伴的防守者的移动路线，使同伴借以摆脱防守的一种配合方法。根据掩护者与被掩护者的身体位置和方向的不同，可采用前掩护（略）、侧掩护和后掩护三种形式。

(1) 侧掩护：做掩护的队员站在同伴的防守者的侧面（稍偏后一些），用身体挡住他的移动路线，使同伴得以摆脱。给持球队员做掩护，如图 8–22 所示，⑤传球给④后跑到侧后方做掩护，④利用这机会，持球突破上篮。⑤掩护后利用后转身跟进篮下抢篮板球。如果⑤做掩护时对方换防，如图 8–23 所示，④就不向篮下突破，而适当向外拉开运球。⑤此时及时利用转身把三角 4 号挡在身后而篮下切入接④的传球投篮。

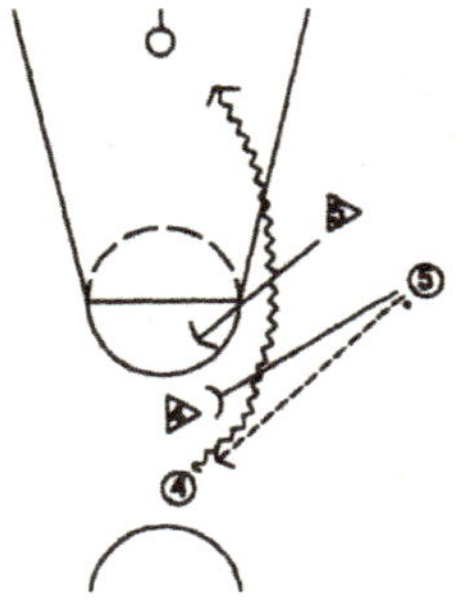

图 8–22 侧掩护一

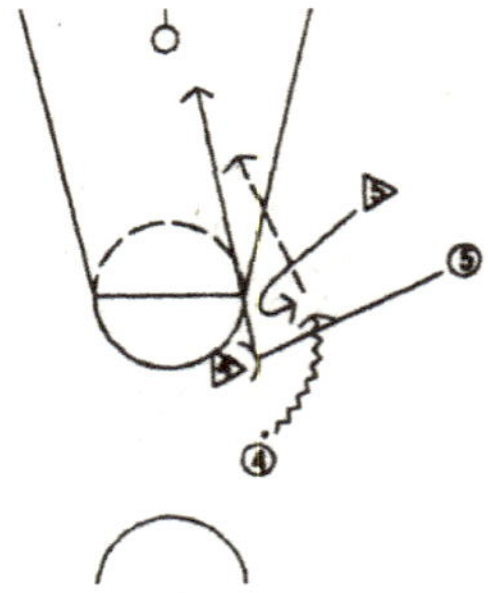

图 8–23 侧掩护二

给无球队员做侧掩护，如图 8–24 所示，④传球给⑤后，跑到三角 6 号的侧后方给⑥做掩护，⑥借机摆脱对手切入篮下接⑤传来的球投篮。⑤传球给⑥前要做投篮或突破的假动作，以便吸引住自己的对手和调整配合的时间。④掩护后利用后转身跟进抢篮板球。

(2) 后掩护：是掩护队员到同伴的防守者的身后做掩护，使同伴借助掩护摆脱对手的一种配合：这种掩护的特点，是防守者不易发现，配合容易成功。

如图 8–25 所示，⑤传球给④的同时，⑥上提到△身后给⑤做后掩护。⑤传球后先向左侧做切入假动作，当⑥掩护即将到位时突然靠近⑥摆脱△向篮下切入，接④传来的球投篮。⑥要身跟进抢篮板球。如果对方换人防守，⑥应及时转身切向篮下，接④的传球投篮。

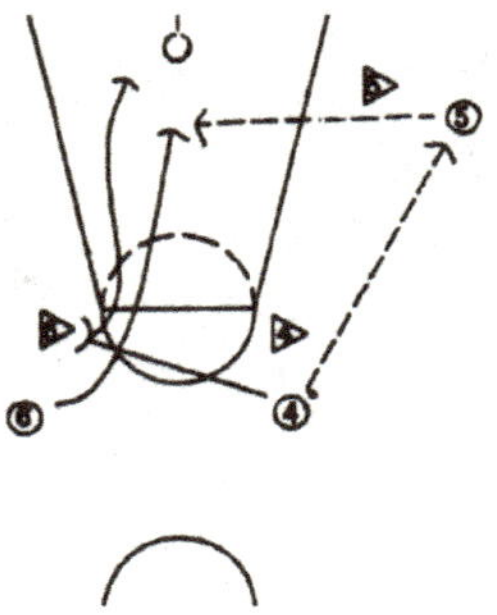

图 8–24 侧掩护三

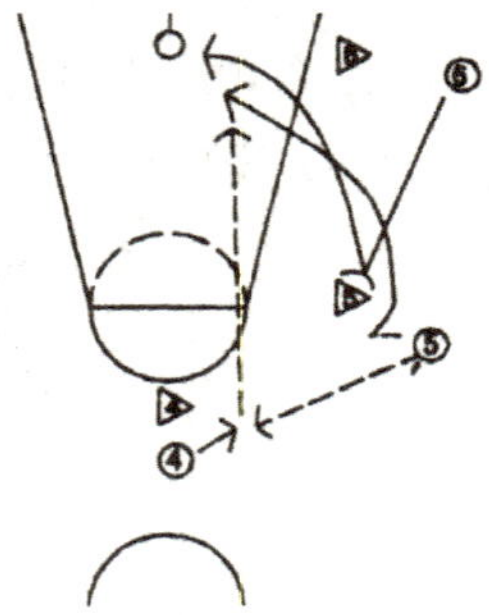

图 8–25 后掩护

(3) 掩护配合的要求：①掩护队员给同伴做掩护时，要面向或侧向同伴的防守者，两脚自然开立，两膝微屈，上体稍前倾，扩大掩护的面积，站在同伴的防守者必经的路线上，距离约半步。掩护动作完成后，应根据场上情况，及时转身切向篮下或摆脱出去接球。切入队员在同伴掩护以前，要以进攻的假动作吸引自己的对手，并借助同伴的掩护突然摆脱防守。②掩护配合是两三人之间的联合行动，因此，彼此要相互默契，协同配合。③在进行掩护配合的过程中，掩护者和同伴都要做一些进攻动作，吸引住自己的对手，隐蔽掩护配合的意图。④掩护配合时，要利用合理的掩护动作。

4. 策应配合

策应配合是指处于内线的队员背对或侧对球篮接球，由他做枢纽，与外线队员的空切相配合而形成的一种里应外合的方法。

（1）策应配合方法：如图 8–26 所示，⑤将球传给④后，向底线做切入的假动作，突然摆脱三角 5 号跑到罚球线后接④的传球做策应。④传球后立即摆脱三角 4 号跑到⑤面前接球跳投或上篮。

（2）策应配合的要求：策应队员策应前要注意及时抢占有利的策应位置，接球后两脚开立，两膝弯曲，上体稍前倾，两肘微屈，两手持球于腹前，用臂和身体保护好球。要随时注意观察场上情况，以便及时将球传给获得有利进攻机会的同伴或自己伺机进攻。在策应过程中要用转身、跨步来及时调整策应的方向和位置，以便协助同伴摆脱防守，增加策应的变化与威胁。传球队员要根据策应者的位置和机会，及时将球传给策应队员，争取做到人到球到。传球后要及时摆脱防守准备接应和切向篮下进攻。

（二）防守战术基础配合

防守战术基础配合包括挤过配合、穿过配合、绕过配合、交换防守配合、“关门”合（略）、夹击配合（略）和补防配合（略）等。下面就几种防守配合方法加以介绍：

1. 挤过配合

是在对方进行掩护配合时，防守者为了破坏对方的掩护，在掩护者临近的一刹那，主动靠近自己防守的对手，并从两个进攻队员之间侧身挤过去，继续防住自己的对手，防守掩护队员的同伴，此时应向后撤，以便补防。当对方掩护时，防守掩护的队员要及时提醒同伴，以便同伴挤过。这种防守，多在紧逼人盯人防守而进攻队利用掩护时采用。

（1）挤过配合的方法：如图 8–27 所示，当④传球给⑤去给⑥做掩护时，三角 4 号应及时提醒三角 6 号。三角 6 号在掩护者临近的一刹那，迅速前跨一步靠近⑥，并从⑥和④之间侧身挤过去，继续防住⑥。此时 4 应向后撤，以便三角 6 号漏人时及时补防。

（2）挤过配合的要求：挤过时要贴近进攻者，动作要及时、突然。后撤防守的队员位置要适当，注意观察切入者和掩护者的行动，做好补防准备。

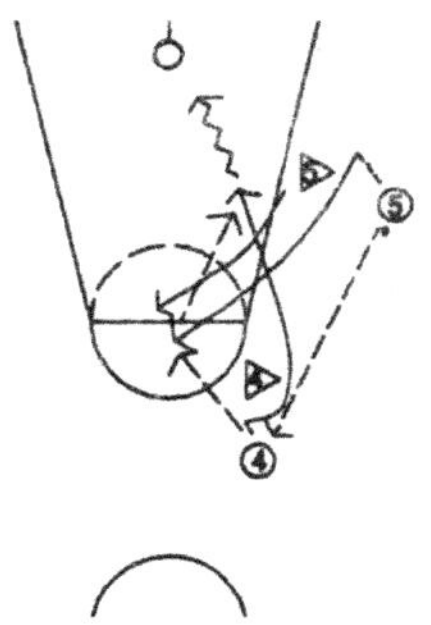

图 8–26　策应配合

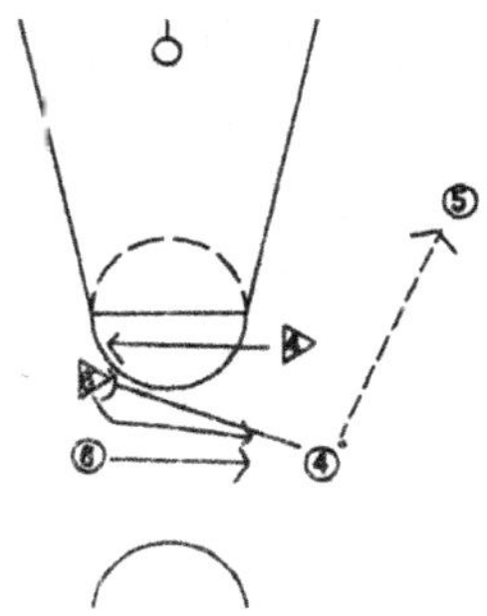

图 8–27　挤过配合

2. 穿过配合

当进攻队员进行掩护时，防掩护的队员主动后撤一步，让同伴和掩护队员之间穿过去，以便继续防守自己的对手。这种配合，一般多在对方无投篮威胁时采用。

（1）穿过配合的方法：如图 8–28 所示，⑤传球给⑥，④上来给⑤做掩护，三角 5 号发现不便于挤过时，应后撤一步并用滑步从④和三角 4 号中间穿过继续防守⑤。此时要主动后撤半步，以增大与④的距离，保证三角 5 号能顺利地穿过。

（2）穿过配合的要求：防守掩护的队员要及时提醒同伴并主动让路。穿过的队员要及时而迅速地调整防守位置和距离。

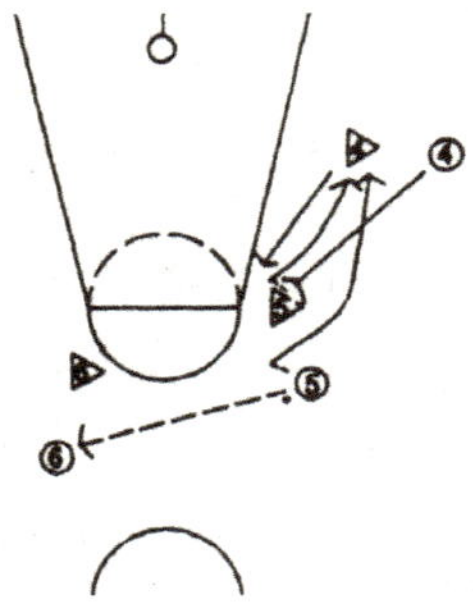

图 8–28 穿过配合

3. 交换防守配合

为了破坏进攻队员的掩护配合，防守队员及时交换自己所防守的对手所采用的一种配合方法。

（1）交换防守配合的方法：如图 8–29 所示，④持球，⑤去给④做掩护，三角 5 号要预示同伴，三角 4 号被挡住时，三角 5 号主动招呼同伴换防，并堵住④运向篮下的路线。此时，三角 4 号应迅速调整自己的防守位置，防止⑤掩护后向篮下切入。

（2）交换防守配合的要求：交换防守时，在一般情况下由于防守掩护者的队员对场上情况观察得比较清楚，所以他根据场上情况预示同伴，及时换防。换防时，防守掩护者的队员要及时上前阻截进攻队员的进攻路线，而被掩护的防守队员要迅速调整自己的防守位置，抢占人、篮之间或人、球兼顾的有利位置，以防掩护者乘机切向篮下或接球。

4. 绕过配合

当进攻队员进行掩护时，防守掩护者的队员主动贴近对手，让同伴从自己身后绕过，继续防守其对手。这种防守配合是在松动盯人或对手无投篮威胁时采用。

（1）绕过配合的方法：如图 8–30 所示，④传球给⑥后，去给⑤做掩护，⑤切入。三角 5 号发现不便于挤过与穿过时，就暂时放松⑤，撤步迅速从△身后绕过去防⑤。当⑤绕过时，三角 4 号应主动贴近对手，给三角 5 号让路，让他更快地通过。

（2）绕过配合的要求：防守掩护的队员在同伴绕过的一刹那要贴近对手。做绕过的队员要快速调整防守位置和距离。

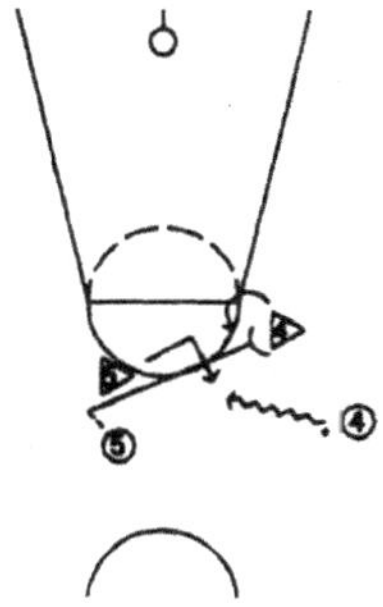

图 8–29 交换防守配合

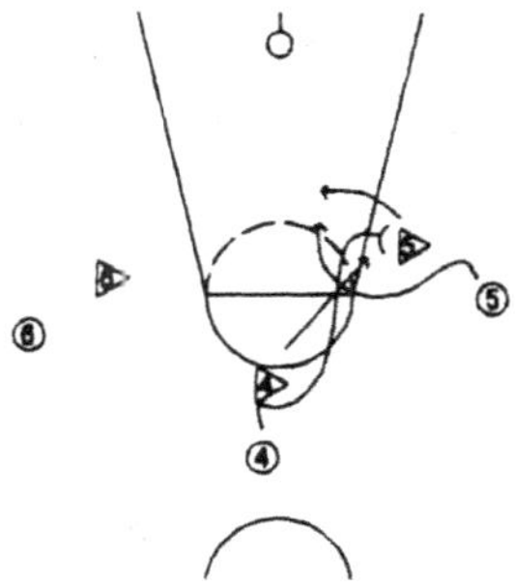

图 8–30 绕过配合

5. “关门”配合

“关门”配合是临近两个防守队员协同防守突破的配合方法：要求：①负责防突破的队员应积极防守，堵住进攻者的突破路线。协助防守的队员要在进攻者可能突破和超越同伴时，及时向同伴靠拢进行“关门”，不给突破者留有空隙。②“关门”后当突破队员停球或传球时，要根据情况夹击他或迅速回防自己的对手。

6. 夹击配合

夹击配合是积极主动、攻击性较强的一种防守方法，是防守队员在局部地区主动地造成以多防少的局面，破坏对方进攻配合，造成对方慌乱和失误的一种防守配合。要求：①正确选择夹击的时机、位置。②行动要果断、突然，出其不意，攻其不备。③夹击时用躯干、两臂和腰、脚围住持球的进攻队员，挥动两臂封堵其传球路线，不要轻易打对方的球，避免犯规。

7. 补防配合

补防配合是两三个防守队员之间的一种协同防守的配合。当同伴被进攻者突破或绕过时临近的其他防守队员要主动放弃自己的对手，去防守那个威胁最大的进攻者。要求：①同伴被对方突破后，应由临近内线的防守队员去补防。②被突破的防守队员在退守时，应注意控制对方传球的路线。

三、快攻及防守快攻

(一) 快攻

快攻是篮球进攻战术中的重要组成部分，也是进攻战术中最锐利的武器，是由防守转入进攻时以最快的速度、最短的时间，在人数上造成以多打少的优势，或在人数相等以及人数少于对方的情况下乘对方立足未稳，果断而合理地进行攻击的一种速决战的进攻战术。其组织形式一般分为长传、短传、结合运球突破三种结构，除长传外（直接越过了推进阶段）由发动、推进和结束三个阶段组成。

发动和运用的时机：抢到后场篮板球；抢断球；后场掷界外球；跳球。

快攻的要求：①队员要始终保持冷静的头脑，机智果断地处理好结束阶段的快攻时机。队员之间必须保持一定的距离和层次。③边线队员跑到接近罚球线延长地带，中间队员跑到接近弧顶地带时，要根据对方防守情况加速或减速，以便保持进攻队形和传球角度，严禁过早地往篮下跑而把防守者带入限制区，造成互相干扰的局面。④持球队员要大胆地接近防守队员，其他队员要拉空篮下，选择有利位置准备接球进攻，并为同伴创造更好的投篮时机。⑤结束快攻时，要充分而果断地利用中远距离投篮。跟进队员要积极冲抢篮板球。

(二) 防守快攻

防守快攻的方法：①提高成功率，拼抢篮板球。②堵截快攻第一传和接应。③对方队员抢到篮板球后，运用二夹一封堵第一传。④防快下队员。⑤提高以少防多的能力。

四、人盯人防守及进攻人盯人防守

(一) 人盯人防守

人盯人防守是篮球比赛中运用最普遍的一种防守战术，它的方法是每个防守队员盯住一个进攻队员，同时还协助同伴完成全队的防守任务，分工明确，能发挥队员的防守积极性和提高防守责任感。它的特点是以看人为主，针对性强，容易理解，便于掌握。运用时方法上有松动和紧逼，范围上又分为半场和全场。本书着重介绍半场人盯人战术。

半场人盯人：是在后场进行人盯人的一种防守战术，放弃前场的防守。

1. 基本要求

"以人为主，人球兼顾"和"有球紧，无球松"，一般有"松动"和"紧逼"两种。"松动"是对外围中投不太准或篮下攻击力量较强的一种防守形式。防区较小，有利于控制对方篮下进攻和外线突破，防守重点在(篮下)内线。做到对接球队员突出，对无球队员缩回，不仅容易协助防守，控制篮下，减少犯规，而且还能加强篮板球的控制，创造快攻反击的机会。

2. 防守的方法

每个队员在退守中，都要注意自己防守的对手在场上位置的变化，做好准备，当对手进入后场防区后开始盯住。全队首先要控制住对方的接球队员，并组织好集体防守，要观察分析对方的特点和识破其进攻方法，采取相应对策，破坏对方配合，争取主动。"紧逼"战术一般是用来对付外围攻击力强而内线攻击力较弱的队，由于紧逼对手，所以能够破坏对方的习惯打法不让对方从容地组织配合，从而打乱其进攻部署，对外围掌握球能力差，经验少的对手，突然采用这种方法，容易奏效。要大胆地抢断和组织突击，以造成对方违例与失误，同时要注意协同防守，以控制篮下限制区，从而争取防守的主动权。

3. 要求

(1) 退守时，应迅速地找到自己防守的对手，同其保持一定的距离，等对手进入攻击的区域后，即应做紧逼防守，特别对持球队员，要控制其速度，防止突破和组织发动进行配合。

(2) 对方进入攻击的内线区域时，每个队员都应积极抢前或绕前防守不让其轻易接球，以破坏其进攻配合。

(3) 离球越近的对手越要防止对手与持球队员的配合，远离球的队员要相应向限制区后撤以便协同防守。

(4) 当持球的进攻队员在场角停球时要坚决进行夹击和组织抢断球。对此进行进攻时可以比较顺利地将球推进到前场，进攻的准备比较充裕，可按照既定的战术配合制造对方的漏洞，利用其弱点进行有组织、有步骤的进攻。

(二) 进攻半场人盯人

1. 基本要求

(1) 合理地组织队形，扩大攻击面，增加攻击点，扬己之长，攻彼之短。

(2) 内外结合，主攻明确，有所侧重，结合情况，灵活机动。

(3) 人、球移动，调动防守，创造机会，连续进攻。

(4) 掌握进攻节奏，快、慢、动、静结合，要组织争夺篮板球，注意攻守平衡，提高攻守转换的速度。

2. 方法

(1) 队形：进攻中，应根据本队的条件，特别是中锋的特点，站位以及选择的战术方法来确定本队进攻的队形：2—3 单中锋策应，2—2—1 单中锋在篮下，外线灵活机动进攻，1—2—2 双中锋并站篮下，1—2—2 无中锋的马蹄形，外线机动进攻和不固定中锋进攻，1—4 内外线机动打法。

(2) 方法：战术打法，它的基础是两三人配合 (基础配合)，应在熟练掌握两三人配合的基础上，根据本队的特点和组织阵地进攻的基本要求制订的本队的基本战术。

全场紧逼人盯人防守：这是一种积极主动、富有攻击性的防御战术。队员在全场始终紧紧地防守着自己的对手，积极地阻挠对手移动、接球、运球和投篮。限制对手的自由行动，不让对手充分发挥个人技术顺利地进行战术配合。这种战术不但能破坏对方有组织、有计划的战术配合，提高比赛速度，而且能促使对方失误。对阻挠对方快攻和拖延其进攻的速度都非常有效。由于全场紧逼是与对方在整个场地上展开激烈的争夺，所以采用这一防守时不仅全队要思想统一，行动一致，而且还要具备充沛的体力来保证比赛中的激烈争夺和长时间的快速移动。还必须正确地掌握抢、打、断球等技术，熟练地运用防守配合。其实质就是迫使对方无喘息的机会，使进攻员处于被动地位。

五、区域联防

区域联防是全队战术的一种防守形式，防守者退回后场后每个队员在半场内分配一定的防守区域，并把每个区域有机地联系在一起所组成的集体防守网。它是建筑在个人防守基础上的集体防守。其战术特点：防守队员随球的转移而转移，积极地移动，选择有利的防守位置，监视自己防区内进攻队员的活动，并与同伴紧密配合，对协同防守下有组织地争夺篮板球及时地发动快攻等都是较为有利的，可以针对进攻队的特长和弱点，以及临场比赛战略战术的需要来运用。但这种防守战术也有一定的缺点，特别是同紧逼盯人相比联防显得消极，因为防守者受到一定区域的限制，如运用不当，会使进攻队在某一区域形成以多打少，另外有还往往会在两个队员防守之间地区产生防守职责不明确而漏人的现象。所以，在区域联防中要注意贯彻“积极防御”的精神，在保证集体防守的前提下，个人要采取积极行动，如突然出击打球，快速移动进行干扰，大胆抢断球，遇有机会果断地采取夹击防守等。

(一) 方法

区域联防的站位队形是根据五个队员占据不同的区域所形成的队形而决定的。由于站位队形不同，防守作用也就不同，形式虽多，但基本上是以2—1—2队形为主，这种队形队员分布均衡，容易联系，协作，并能根据临场比赛时进攻队的特点，改变队员的防守位置区域，演变成其他联防的队形。

(二) 基本要点

区域联防的区域划分是一个分工负责的范围，绝对不能因为划分区域而使防守者分家，无论哪一种固定形式的区域联防，由于人员分布受着一定区域限制，都各有一定的薄弱区域，这也是联防本身存在的不可克服的缺点，因此在分区防守时，不能机械地受区域限制，不能只顾自己的守区，或只固定在自己的守区之内。每个防守队员之间都应协同配合，以弥补空隙地区的漏人现象和避免在一个区域内出现以少防多的局面。

(1) 五个队员必须协同一致积极随球移动，加强有球一侧的防守，并监视远离球的一侧。以防为主，人球兼顾。

(2) 对付外围持球队员，应按盯人防守的要求，积极阻止其投篮、突破和传球，其余防守队员应协同向有球一侧移动，根据情况要有伸缩性，及时进行阻截、夹击、“关门”和补位等协同防守。要始终封锁限制区，抢断向限制区的传球，加强篮下防守，此外还要准备断对方的远传球。

(3) 防守队员除了注意随球移动外，仍要守住自己的防区，看守进入自己防区的无球队员，离球远的防区，要注意进攻队员的背插和溜底线，以便及时地切断其插入路线。在特殊情况下，如发现篮下附近区域内有直接进攻威胁的对手，则可以暂时离开自己的区域去补防。

(4) 要注意联防的集体行动，不要被对方纵横交错的穿插打乱，尤其是两个防区之间的薄弱地区，分工要明确，要互相呼应，以免出现漏洞。

(5) 防守时要积极快速移动选位，同时要不停地扬臂摆动，干扰和阻止对方的传球配合。如果在一个防区内出现一防二的不利局面，防守人要高度发挥主观能动性，在运用技术的同时，要有策略性，对人的防守，要先内后外，对球进入本防区时，防守要先球后人，对有球队员要防紧，选择适当的防守位置，尽可能使进攻队员的行动受到一定的限制。

(三) 运用的时机

(1) 对方中、远投不准，而内线进攻的威胁较大时。

(2) 本队个人防守技术较差或犯规较多，而后备力量不足时。

(3) 本队队员的身高和身体素质比对方差，而对方又善于攻篮下时。

(4) 本队比分领先，对方为了挽回败局，而采用强行突破和猛攻篮下时或离终场只剩几分钟，本队比分暂时领先，为了使对方在进攻中消耗一些时间时。

(5) 对方不善于进攻区域联防时，或作为一种战术变化时。

第四节　篮球的竞赛规则与裁判法介绍

篮球竞赛规则是篮球运动的法规。它肯定正确的技术、战术，提倡积极主动、顽强拼搏的进取精神，保护合理的（身体）接触，否定错误的动作，限制不符合体育道德的行为和作风。保证比赛的顺利进行，促使篮球运动不断地向更加健康的方向发展。随着篮球运动的发展，篮球竞赛规则也在不断地修改和完善，逐步形成了一套较为完整的体系。目前的（2014年）规则共有十章包含各款项、细目在内的六十条规则（条文）和裁判手势、记录表、抗议程序、名次排列以及电视暂停等内容，并附有图表。由于篇幅有限，本教材摘录了规则（条文）的部分内容，经过重新编辑后介绍给同学们，以指导同学们的篮球（竞赛）活动，从而依照规则的基本精神，正确地学习和掌握各种技、战术方法，合理地将它们运用于比赛的过程中，在增进身心健康的同时，不断提高自己的篮球运动技术水平。

一、比赛的器材、设备

（1）球场、线、尺寸：球场长28米，宽15米，从界限内沿量起，长边的界线叫边线，短边的界线叫端线。界线外2米内，不得有任何障碍物。除国际篮联主要正式比赛外，可使用长26米、宽14米的现存球场。场地上的线条要用相同的颜色（建议白色），宽度为5厘米。中线要向两侧边线外各延长15厘米。罚球线与端线平行，它（远离球篮一侧）的边缘距离端线内沿5.80米，这条线长3.60米。罚球区是限制区加上以罚球线中点为圆心，以1.80米为半径，向限制区外所画出的半圆区域。

（2）罚球区两旁的位置区：沿罚球区两侧边线丈量，距离端线内沿1.75米为第一位置区的线，该位置区（不包括线）宽85厘米，并且与中立区域的始端相接，中立区域宽40厘米，要用和线条相同的颜色涂实，第二位置区与中立区域相邻，宽85厘米，第三位置区与第二位置区相邻，宽85厘米（不包括两区之间线条的宽度）。所有划分位置区的线长10厘米，并垂直于罚球区边线的外侧。中圈半径1.80米，从圆周的外沿丈量。

（3）3分线：由一条与对方球篮中心垂直线与地面的交点（距端线内沿的中点1.575米）为圆心，半径6.25米（至外沿）的半圆弧线和从端线引出的两条平行线构成。两平行线分别距该交点6.25米（包括线的宽度）。

（4）球篮和篮板：两块篮板用适宜的透明材料制成，它们是整块的具有与3厘米厚的硬木篮板相同的坚硬度。也可用其他材料制作，但必须符合上述列举的规格并漆成白色。横宽1.80米，竖高1.05米，下沿距地面2.90米。边缘和篮圈后面的长方形要用宽5厘米的线条画出，这个长方形的外沿横宽59厘米，竖高45厘米，其底边的上沿与圈顶面齐平。篮板是透明的，线条用白色，若不透明，用黑色。它们前面的中心垂直地落在球场上，距离端线内沿中点1.20米。

(5) 球的材料、尺寸和重量：球的圆周不得小于74.9厘米，不得大于78厘米（7号）。重量不得小于567克，不得多于650克。充气后，使球从1.80米的高度（从球的底部量起）落到球场的地面上，反弹起来的高度不得低于1.20米，也不得高于1.40米（从球的顶部量起）。

二、篮球比赛和球队的定义

篮球比赛由两个队参加，每队出场5名队员。每队的目标是在对方球篮得分，并阻止对方得分。

当一名球队成员按照竞赛组织部门的规程（包括管理年龄限制的规程）已被认可为某队参赛，是合格参赛的球队成员。

竞赛中一个队超过三场比赛时，不超过12名队员，一名教练员，还可配备一名助理教练员，其中一名有资格参赛的队员是队长。当一名球员在比赛开始前已被登记在记录表上，并且他既没有被取消比赛资格又没有达到5次犯规，即是有资格参赛。在比赛中，所有队员必须把他们的背心塞进短裤内，圆领衫不可以穿在背心里面，除非该队员有明确的医生书面证明。如果有这样的许可，圆领衫的颜色必须和背心的主要颜色相同。短裤前后的主要颜色相同，但没必要和背心的颜色相同，允许穿长于短裤的紧身内裤，但要与短裤的颜色相同。球队要使用4～15的号码，同队队员不得使用重复的号码。

受伤队员的替换：如果受伤队员不能立即（大约15秒钟）参加比赛，或者如果他接受治疗，他必须被替换出场。比赛期间，任一正在流血或者有伤口的队员必须被替换。该队员只有在流血已经停止并且患部或创面已被全面安全地包扎后才可返回比赛场地。

队长的职责和权利：队长在场上代表他的球队，他可以为获得必要的情况向裁判员提出请求。这样做要有礼貌，而且只能在球成死球并停止比赛计时钟时。如果球队抗议比赛的结果并在记录表上标有“球队抗议队长签名”栏内签名，队长应在比赛结束时立即通知裁判员。

教练员的职责和权利：至少在预定的比赛开始前20分钟，每位教练员或他的代表要将参赛球员姓名、号码，以及队长、教练员和助理教练员的书面名单送交记录员。至少在比赛开始前10分钟，教练员要确认该队已登记的球员姓名、号码和教练员们姓名的名单，并在记录表上签字。同时指明开始上场的5名队员。“A”队教练员要首先办理此事。比赛中，仅允许在记录表上登记姓名的教练员或助理教练员站立着，他可以与队员们讲话，只要他停留在他们的球队席区域。队长因任何正当原因离开球场时，教练员要把他不在场期间代理他当队长的队员号码通知裁判员。如果没有教练员，或如果教练员不能继续工作，并且记录表内没有填入助理教练员（或者后者不能继续工作），队长应担任教练员。

三、比赛通则

对所有的比赛，在秩序册中队名列前的球队（主队）应有球篮和球队席的选择权，但应在比赛开始前20分钟告诉主裁判员。如果某队在场上准备比赛的队员不满5名，比赛不能开始。比赛应由4节组成，每节10分钟；第1节和第2节之间、第3节和第4节之间以及每一决胜负之前的休息时间为2分钟，第2节和第3节之间的休息时间应为15分钟。比赛要在中圈内跳球开始，每节或每个决胜期的比赛开始程序相同。第3节的比赛双方队要交换球篮。

(1) 得分相等和决胜期：如果在第4节比赛时间终了时比分相等，为打破平局需要一个5分钟的决胜期或多个这样的5分钟来继续比赛。球队应朝向第3节和第4节中相同的球篮继续比赛。

(2) 球的状态：球可以是活球或死球。下面简单向大家介绍下一般情况下的活球和死球。跳球中，球被一名跳球队员合法拍击时；罚篮罚中，罚球队员可处理球时；掷球入界中，掷球入界队员可处理球时；以上情况球是活球。而以下情况则球是死球：当任何投篮或罚球中篮时；球是活球裁判员鸣哨时；在一次罚球中球明显不会进入球篮，且该次罚球后接着有另一多次罚球时，有进一步的罚则（罚球和 / 或掷球入界）时；比赛计时钟信号响以结束每节时；某球24秒钟装置信号响时；投篮中飞行的球在下述情况后被任一队的队员触及时：裁判员鸣哨；比赛计时钟信号响以结束每节；24秒钟装置信号响。

(3) 跳球和交替拥有：在第1节开始时，一名裁判员在中圈、在任何两名互为对方的队员之间将球抛起，一次跳球发生。跳球时，球到达最高点后必须被一名或双方跳球队员用手拍击，如球未被拍击而触及地面，要重新跳球。在此之前，任一跳球队员都不得离开他的位置。在球触及非跳球队员、地面、球篮或篮板前，任一跳球队员都不能抓住球或触及球超过两次。在球被拍击前，任何其他队员不得使身体的任一部分在圆圈线上或超越圆圈线（圆柱体）。如果一名对方队员要求站立其中一个位置，本方队员不得围绕圆圈毗连站立。交替拥有是以掷球入界而不是以跳球来使球成为活球的一种方法。在所有的跳球状况中，双方球队将交替拥有在最靠近发生跳球情况的地点掷球入界权。在第一节开始的跳球后未在场上获得控制活球的队应开始交替拥有。在任一节结束时对下一次交替拥有权的队应在记录台对面的中线延长部分以掷球入界开始下一节。应有指向对方球蓝的交替拥有箭号来指明对交替拥有掷球入界的有权的队当交替拥有掷球入界结束时，箭号的方向立即反转。

(4) 如何打球：篮球运动是用手来打球。带球跑、用拳击球或故意地踢球是违例。踢球就是用腿的任何部位或脚去击球或拦阻球；脚或腿偶然地接触或触及球不是违例。

(5) 控制球：当队员拿着或运着一个活球，或在掷界外球的情况下，掷界外球队员可处理球时，为队员控制球；当该队的队员控制球或球在同队队员之间传递时，为球队控制球。直到对方队员获得控制球、球成死球，或在投篮或罚球中，球不再接触投篮队员的手之前，均为球队继续控制球。

(6) 掷球入界：投中或最后一次罚球成功后，得分队的对方任一队员有权在中篮处的端线上或端线后任何一点掷界外球，在每次中篮后的暂停或中止比赛后，裁判员将球递交给队员或置于他可处理之后，该款也适用。他可将球传给位于端线上或端线后的同队队员，但从界外的第一名队员可处理球的瞬间开始计算5秒，球中篮后裁判员不必递交球，掷界外球队的对方队员不得触及球。在违犯或任何其他的比赛中止后（罚球成功或投篮成功后除外），掷界外球队员要站在裁判员指定的距违犯或停止比赛地点最近的界外，裁判员必须将球递交、传给掷界外球的队员或将球置于该队员可处理处，掷界外球队员在球离手前不得从裁判员指定的地点横向移动超过正常的一步（大约1米），并向不止一个方向移动，允许沿一个方向移动一些小步，但总距离不超过正常的一步；如周围的情况许可，队员沿垂直界线的方向后退多远都可以。掷界外球队员不得违反下列规定：在球触及另一队员前在场内触及球；球离手前或离手时踏场地；球离手的时间超过5秒钟；从前场掷球给位于后场的同队队员；掷界外球离手后，在球接触场上队员前，球触及界外、停留在篮圈支架上或进入球篮。在球掷过界线前，任何其他队员都不可以使身体的任何部分越过界线。当场地的边缘距离界外障碍物不足2米时，双方任何队员都不得站在距掷界外球队员1米的距离内。

(7) 要登记的暂停：教练员或助理教练员请求中断比赛是暂停。在一次暂停机会开始当：球成死球，比赛计时钟停止，以及当裁判员结束了与记录台的联系时；在最后一次或仅有的一次罚球成功后球成死球时；投篮得分对于非得分队。在第一半时的任何时间每队可准予2次暂停，在第二半时任何时间可准予3次暂停，以及每一决胜期的任何时间准予一次暂停。每次暂停应持续1分钟。未用过的暂停不得遗留给下一个半时或决胜期。

(8) 替换：当替补队员请求比赛中断成为场上队员是一次替换。只有替补球员有权请求替换。替补队员要亲自去记录员处用手做出专门的常规手势清楚地请求“替换”。替补队员要留在界线外，直到裁判员招手示意他进场。已被替换的队员不必向裁判员或记录员报告，允许他直接去他的球队席。如果在一次要登记的暂停中请求替换，替补队员在进入比赛前必须向记录员报告。在记录员信号响前，替换的请求可以撤销。在没有其他的违犯时，不允许违例后没有掷界外球权的球队进行替换。如果罚球的队员必须被替换有以下几种情况：他受伤了；他已经发生5次犯规；他已经被取消比赛资格。罚球必须由替补队员执行，直到他已经在下一个计时钟运行片段比赛后，才能再次被替换。在第4节最后2分钟或每一决胜期最后2分钟内，在一次成功的投篮后比赛计时钟停止，不允许得分队替换，除非裁判中断了比赛或非得分队被准予了暂停或替换。

(9) 比赛因弃权或缺少队员告负：如果球队在主裁判员通知后拒绝比赛或其行为阻碍比赛的正常进行，或在比赛开始时间15分钟后未出场，或能上场的队员不足5名，要判给对方队获胜，比分是20比0，因弃权告负的队要在名次排列中记入0分。如果在比赛过程中某队场上队员少于2人，则该队因“缺少队员”使比赛告负。如判获胜的队得分领先，则以比赛停止时的比分作为结局。如判获胜的队得分落后，则记录该队以2比0的比分获胜。此外，因“缺少队员”告负的球队要在名次排列中记入1分。

(10) 违例：违例是违犯规则的行为。罚则是将球判给对方队在最靠近发生违例的地点掷界外球，直接位于篮板后面的地方除外。

(11) 队员出界和球出界违例：当队员身体的任何部分接触界线上、界线上方或界线外的除队员以外的地面或任何物体时，即是队员出界。当球触及了下列物体即是出界：

在界外的队员或任何其他人员；

界线上、界线上方或界线外的地面或任何物体；

篮板支撑架、篮板背面或赛场地上方的任何物体。

(12) 运球规则：当已获得控制球的队员将球掷、拍或滚在地面上，并在球触及另一队员之前再触及球为运球开始，队员用双手同时触及球或允许球在一手或两手中停留的瞬间运球即完毕。队员的手不和球接触时，运球队员可行进的步数不受限制。

下列情况不是运球：连续投篮；一次运球的开始或结束时，队员偶然地失掉球，然后恢复控制球（漏接）；与附近的其他队员抢球中用挑、拍意图获得控制球；拍击另一队员控制的球；拦截传球并获得该球。只要不构成带球走的违例，允许球在触及地面前在手中抛接和停留。队员第一次运球结束后不得再次运球，除非是因为下列情况他在球场上已失去了对活球的控制以后：由于投篮；球被对方队员触及；传球或漏接，然后球触及了另一队员或被另一队员触及。队员不得掷球打篮板，并在球触及另一队员之前再触及球，裁判员认为是投篮则除外。

(13) 带球走规则：在球场上正持着一个活球的队员用同一脚向任一方向踏出一次或多次，而其另一脚（称为中枢脚）保持着它与地面的接触点时为旋转。

（14）确定中枢脚：双脚着地接到球的队员，可以用任一脚作中枢脚。一脚抬起的一刹那，另一脚就成为中枢脚。在移动或运球中接到球的队员，如果一脚正触及地面，另一脚一触及地面，原先那只脚就成为中枢脚，队员可以跳起那只脚并双脚同时着地，则哪只脚都不是中枢脚；如果双脚离地接到球，并双脚同时着地，则任一脚都可以是中枢脚；双脚分先后着地则先触及地面的脚是中枢脚，队员可以跳起那只先着地的脚并双脚同时再次着地，则哪只脚都不是中枢脚。确定了中枢脚后，在传球或投篮中，中枢脚可以抬起，但在球离手前不可以落回地面；运球开始时，在球离手前中枢脚不可以抬起。停步后，当哪只脚都不是中枢脚时，在传球或投篮中，一脚或双脚都可以抬起，但在球离手前不可以落回地面；运球开始时，在球离手前哪只脚都不可以抬起。当一名队员持着球跌倒在地面上，或躺在或坐在地面上时获得控制球是合法的，如果尔后该队员持球滑动、滚动或试图站起来是违例。

（15）3秒钟规则：当某队在场上控制活球并且比赛计时钟正在运行时，该队的队员不得停留在对方的限制区内超过持续的3秒钟。划定限制区的各线都属于限制区的一部分，队员触及任何一线都算位于限制区内。队员为证实自身在限制区外，他必须把双脚置于限制区外的地面上。对下列情况的队员应被默许：试图离开限制区；他在限制区内，当他或他的同队队员正在做投篮动作，并且球正离开或恰已离开投篮队员的手时。他在限制区内已接近3秒钟时运球投篮为证实队员自身位于限制区外，他必须将双脚置于限制区外的地面上。

（16）被严密防守的队员：被严密防守（对方队员在正常的一步之内处于积极的防守位置）的持着活球的队员必须在5秒钟内传、投或运球。

（17）8秒钟规则：当一名队员在自己的后场获得控制活球时，他的队必须在8秒钟内使球进入前场。当球触及前场或触及有部分身体接触前场的队员时为球进入该队的前场。某队的前场包括对方的球篮、篮板的界内部分以及对方球篮后面的端线、边线和距对方球篮最近的中线边缘围成的球场部分。球场的另一部分包括中线和本方球篮、篮板的界内部分是该队的后场。

（18）24秒钟规则：当一名队员在场上获得控制一个活球时，他的队应在24秒钟内尝试投篮。在24秒信号发出前，球必须离开投篮队员的手，如投篮不中，则球必须先触及篮圈。

（19）球回后场：某队控制前场活球，该队的队员不得使球回他的后场。当球触及后场或触及有部分身体接触后场的队员或裁判员时为球进入某队的后场。当球被认为已回到后场后，控制球队的队员在他的前场最后触及球，并且尔后同队队员首先触及球；或触及前场活球的这名队员接触后场；或在他的后场最后触及球，随之球触及前场，然后接触后场的同队队员首先触及球，就认为球已回他们的后场。该限制适用于某队在前场的所有情况，包括掷界外球，但不适用于在边线中点处掷界外球的情况。

（20）干涉得分和对球干扰（略）。

（21）犯规是违犯规则的行为，含有与对方队员的身体接触和/或违反体育道德的举止。

（22）接触：在一场篮球比赛中，10名队员快速移动在一个有限的空间内，身体接触不可避免。是否处罚这样的接触，裁判员应注重和考虑下列基本原则：

①规则的精神和意图以及坚持比赛完整的需要。

②运用“有利/无利”概念中的一致性；不应企图靠不必要的打断比赛的流畅来处罚附带的身体接触，况且这样的接触没有给有责任的队员利益，也未置他的对方队员于不利。

③在每场比赛中运用常识的一致性；比赛中要记住有关队员的能力以及他们的态度和行为。

④在比赛控制和比赛流畅之间保持平衡的一致性；对于参与者们正想做什么以及宣判什么对比赛是正确的，要有一种“感觉”。

侵人犯规：侵人犯规是队员犯规，含有与对方队员的非法接触。是不管在活球还是死球时涉及与对方队员非法接触的队员犯规。队员不得通过伸展他的手、臂、肘、肩、髋、腿、膝或脚，以及将其身体弯曲成“反常的”姿势（超出他的圆柱体）来拉、阻挡、推、撞、绊对方队员以阻碍其行进；也不得放纵任何粗野或猛烈的动作。

阻挡：是阻碍有球或无球对方队员行进的非法身体接触。

撞人：是有球或无球的队员推动或移动到对方队员躯干上的非法身体接触。

背后违法防守：是防守队员从对方队员的背后与其发生的身体接触。即使防守队员正在试图去抢球，从背后与对方队员发生身体接触也是不正当的。

拉人：是干扰对方队员移动自由而发生的身体接触。这个接触（拉人）能用身体的任何部位造成。

非法掩护：是试图非法拖延或阻止非控制球的对方队员达到希望达到的场上位置。

非法用手：发生在防守队员处在防守状态，将手放置在对方队员身上并阻碍其行进。

推人：是队员用身体的任何部位强行移动或试图移动控制成未控制球的对方队员时发生的非法身体接触。

罚则：在所有情况下都要登记犯规队员一次侵人犯规。此外，如果对没有做投篮动作的队员犯规，由非犯规队在距犯规地点最近的界外掷界外球重新开始比赛。如果对正在做投篮动作的队员犯规，投球命中要计得分并判给一次罚球。投篮没有成功，则按照投篮地点的分值判给2次或3次罚球。如果犯规队全队犯规超过规定次数，则全队犯规罚则将生效，对没有做投篮动作的队员犯规，将判给该队员2次罚球。如果控制球队的队员发生犯规，由非犯规队在距犯规地点最近的界外掷界外球重新开始比赛。如果投篮或罚球的球中篮无效，则随后的掷界球要在罚球线延长部分的界外执行。

圆柱体原则：一名站在地面上的队员占据一个假想的圆柱体内的空间，它受下列限制：前面由手的双掌；后面由臀部，两侧由双臂和双腿的外侧，双手和双臂可以在躯干前面伸展，其肘部的双臂弯曲不超过双脚的位置，因此两前臂和双手要举起，他的双脚间的距离应与他的高度成比例。

垂直原则：在篮球场上，每一队员都有权占据没有被对方队员已经占据的任何场上位置（圆柱体）。这个原则保护队员所占据的地面空间和他上方的空间，或他垂直跳起时他下方的空间。一旦队员离开了他的垂直位置（圆柱体）并与已经确立了垂直位置（圆柱体）的对方队员发生身体接触，则离开了垂直位置（圆柱体）的队员要对此接触负责。对于防守队员垂直地离开地面（在他的圆柱体之内）或在他自己的圆柱体内向上方伸展他的双手和双臂，则不必判罚。进攻队员无论是在地面还是腾起在空中，都不得与处于合法防守位置的防守队员发生接触。如：使用他的手臂来为自己创造额外的空间（清除障碍）；在投篮的时候或刚投篮之后伸展他的双脚或双臂去造成接触。

合法防守位置：当达到下述状态时，防守队员就已建立了最初的合法防守位置：他正面对对手，双脚以正常的跨立姿势着地，双脚间的距离一般与其身高成正比。合法防守位置垂直伸展到他的上方（圆柱体）。他可以将双臂举过头或垂直跳起，但他必须保持垂直姿势并在这假想的圆柱体内。

防守控制球的队员：在防守控制球的队员（他正持球或运球）时，时间和距离的因素不适用每当对方队员在持球队员面前占据（甚至是一瞬间占据了）最初的合法防守位置，持球队员必须料到对方的防守并准备停步或改变方向。防守队员建立最初的合法防守位置，必须在占据位置前没有造成身体接触。一旦防守队员已建立了最初的合法防守位置，他可以移动以便防守他的对手，但不得伸展他的臂、肩、臀或腿以及通过做这些动作造成接触去阻止从他身边通过的运球队员。防守队员必须面对持球队员并双脚着地，为了保持这个防守位置，他可以保持静止，垂直跳起，侧移或后撤，只要该侧移或后撤动作被认为是正常的防守动作。在保持这个防守位置的移动中一脚或双脚可以离开地面一瞬间。防守队员必须先占据该位置，并且接触必须发生在躯干部位，如果是在躯干部位，则应该认为防守队员已经首先占据该位置。已经确立了一个合法防守位置的防守队员可以在他的圆柱体内转动，去缓和冲撞或避免受伤。如发生上述情况，应认为持球队员已造成犯规。

腾空的队员：从场上某处跳起在空中的队员有权落回原地点或场上另外地点，只要起跳时该地点尚未被对手占据，起跳点和落地点之间的直线通道尚未被对手占据。如果队员已跳起并落地，可是其动量使他碰撞在他落地点以外已占据合法防守位置的对方队员，则该跳起队员对接触负责。当对方队员已跳起在空中后，队员不得移至该跳起队员的路径上，移至一个腾空队员的身下并引起接触，通常是违反体育道德的犯规，在某些情况下可能是取消比赛资格的犯规。

防守不控制球的队员：不控制球的队员有权在场上自由移动并占据任何未被另外队员已经占据的位置，防守队员不能在对方队员没有足够的时间或距离停步或改变方向的情况下，过于靠近或过快地在正在移动的对手的路径中占据一个位置，此距离与对方队员的速度直接成正比，不得少于正常的1步，不必多于2步。如果队员在占位时不顾时间和距离的因素并与对方队员发生接触，他对接触负有责任。一旦防守队员已占据了合法防守位置，他不能为了阻止对手通过他而在对手的路径中伸展臂、肩、臀或腿来与他发生接触。然而他可以转身或将手臂置于身前并贴近身体以避免受伤；已占据合法防守位置的队员可以移动、侧移或后撤，以便保持在对手的路径中，也可以迎着对手前移，然而如果发生身体接触，他对此负责。他必须注意空间的因素，也就是他和对手间的距离。

掩护——合法的和非法的：掩护发生在队员试图延误或阻止非控制球的对手到达希望到达的场上位置时。正在掩护对手的队员在发生接触时已双脚着地和静止不动（在他的圆柱体内），为合法掩护。发生了接触时正在移动，或在静立对手的视野之外建立掩护，没有给出适当的距离，或对移动中的对方队员没有考虑时间和距离的因素，为非法掩护。如果掩护建立在静立对手的视野之内（前面或侧面），则该队员可以按自己的愿望，只要在不发生接触的情况下尽量靠近对手。如果掩护建立在静立对手的视野之外，掩护队员必须允许对手向他迈出正常的一步而不发生接触。如果对方队员在运动，时间和距离的因素就要适用。掩护队员必须留有足够的空间，以便被掩护者能停步或改变方向来避开掩护。要求的距离不得少于正常的1步，但不必多于2步。与已经建立了合法掩护的队员发生任何的接触，由被掩护的队员负责。

阻挡：如果试图去做掩护的队员在移动中与静立的或后退的对方队员发生接触，则构成了阻挡犯规。如果队员不顾球，面对着对方队员并随着对方队员的移动而移动，除非涉及其他因素，该队员应对随后发生的任何接触负主要责任。所谓“除非涉及其他因素”是指被掩护的队员故意推人、撞人或拉人。队员在场上占据位置时伸展他的臂或肘是合法的，但是当对方队员试图从他身边通过时，臂或肘必须放下（在圆柱体内）。如果队员没有将臂或肘放下，发生接触就是阻挡或拉人。

用手和/或手臂接触对方队员：用手触及对方队员本身未必是犯规，如果这个接触在任何方面限制对方队员的移动自由，这样的接触是犯规。如果防守队员在试图抢球中用他的手接触对方队员，并且这样的接触只是接触了对方队员持球（甚至是正在做投篮动作）的手则应被认为是偶然的，该接触不要判罚。当手或臂放置在持球或不持球的对方队员身上并保持与他的接触，就发生了非法用手或非法伸展手臂。反复地触及或“戳”持球或不持球的对方队员，当它可能导致逐步升级的粗暴动作时也可认为是犯规。下列情况通常被认为是持球进攻队员的犯规：为了获得利益，用手臂或肘“钩住”或缠绕防守队员；为了阻止来抢球或试图来抢球的防守队员而推开他；为了在他和防守队员之间造成更大的空间而推开他；运球时用伸展的前臂或手来阻止对方队员获得球。不持球进攻队员为下列原因“推开”对方通常被认为是犯规：摆脱以接球；阻止来抢球或试图来抢球的防守队员；在他和防守队员之间造成更大的空间。

居中策应：垂直原则也适用于居中策应，位于居中策应的进攻队员和防守他的队员都必须尊重彼此的垂直权利（圆柱体），居中策应的进攻队员用肩或臂将对方队员挤出他所占的位置或用伸展的肘或臂来干扰后者的活动自由是非法的。防守队员使用他的臂、膝或身体的其他部位干扰策应队员活动的自由是非法的。

双方犯规：是两名互为对方的队员大约同时相互发生侵人犯规的情况。罚则：应给每一犯规队员登记一次侵人犯规。不判给罚球。比赛应按下列所述重新开始：如果在大约同时投篮有效或最后一次或仅有一次的罚球得分，应将球判给非得分队从端线掷球入界。如果某队已控制了球或拥有球权，应将球判给该队在最靠近违犯的地点掷球入界。如果任一队都没控制球也没有拥有球权，一次跳球情况发生。

违反体育道德的犯规：根据裁判员的判断，一名队员不是在规则的精神和意图的范围内合法地直接地试图抢球，造成的侵人犯规是违反体育道德的犯规；如果队员在持球或不持球对方队员身上发生过分的接触（严重犯规），那么这样的接触被认为是违反体育道德的犯规。拉、打、踢或故意推对方队员是一起违反体育道德的犯规，对反复发生违反体育道德的犯规的队员必须被取消比赛资格。罚则：登记该队员相应的犯规，判给对方罚球和随后的球权。

取消比赛资格的犯规：队员、替补队员、被逐出的队员、教练员、助理教练员或随队人员的任何恶劣的违反体育道德的行为是取消比赛资格的犯规。

行为规定：裁判员绝不允许队员、教练员和随队人员的导致比赛器材损坏的行为。裁判员的宣判不能漠视和争辩。

队员的技术犯规：队员的技术犯规是指所有不包括与对方队员接触的队员犯规，有两种队员不理裁判员的劝告或运用如下不正当行为，是技术犯规：同裁判员、到场的技术代表、记录台人员或对方队员讲话或接触没有礼貌；使用很可能引起冒犯或煽动观众的言语或举动；戏弄对方或在对方眼睛附近摇手妨碍他的视觉；妨碍迅速地掷界外球以延误比赛；被判犯规后，在裁判员要求举手时不正正当当地举手；没有报告记录员和主裁判员擅自更换比赛号码；替补队员进入场地没有报告记录员以及没有得到裁判员的招呼，如果在暂停期间要求替换，则只需向记录台报告；离开场地去获得不正当的利益；在最后一次或仅有一次的罚球中“干扰球”；把整个身体的重量悬挂在篮圈上；在扣篮中，队员瞬间并偶然的抓住篮圈，或根据裁判员的判断，某队员正试图防止自己或另一名队员受伤而悬挂在篮圈上是可以的；当投篮或罚球的球在空中时，防守队员故意使篮板或篮圈摇动，根据裁判员的判断，这种方法可能阻止球进入球篮；显然是无意的和对比赛没有影响的，或属管理性质的技术性违犯不被看作是技术犯规，除非在裁判员提出警告后又重犯。根据裁判员的判断，队员故意地或以一种违反体育道德的方式造成技术犯规，或这个犯规给他带来不正当的利益时是违反体育道德的技术犯规。

罚则：进行相应的登记后，对一起队员的技术犯规要判给对方队1次罚球和随后在中场的球权。由队长指定罚球队员。在比赛开始前、比赛中或比赛的休息时间内裁判员都有权对队员、替补队员、教练员、助理教练员和随队人员宣判技术犯规并予以处罚。

在比赛休息期间对一名有资格参赛的球员的技术犯规应作为下一节全队犯规之一进行登记；对教练员、助理教练员或随队人员的技术犯规都应登记在教练员名下（不作为全队犯规），判给对方队2次罚球。在比赛期间对球队席区域为发生的所有技术犯规都应将相应的次数登记在教练员名下并判给对方队2次罚球及随后在中场的球权。

一般规定基本原则：比赛期间，不论是活球或死球，每一位裁判员在任何时候都有独立做出宣判的权力。对某一队或双方队可能宣判多次犯规。不管其罚则如何，对每一起犯规都要在记录表上给犯规队员登记一次犯规。

队员5次犯规：在4节的比赛中，一名队员不论侵人犯规和/或技术犯规共达5次，应通知本人并必须立即自动离开比赛。他必须在30秒钟内被替换。已达5次的队员再犯规，登记在教练员名下。

犯规全队——处罚规则：在一节中，一个队的队员侵人犯规或技术犯规共达4次时，所有以后发生的对未做投篮动作队员的侵人犯规要处以2次罚球，由那个受到侵犯的队员罚2次球。如果涉及更为严重的罚则，则规则中的适当条款将适用。如果控制球队的队员犯规，非犯规队只获得掷界外球的球权。在任一决胜期内发生的所有的全队犯规要看作是最后一节的一部分。所有发生在比赛休息时间内的队员犯规被看作是紧接着的一节或决胜期中发生犯规的一部分。

特殊情况下的犯规：在一起犯规后的同一个停止比赛计时钟期间发生多起犯规时，登记每个犯规队员一次犯规。

罚球：一次罚球是给予一个队员在罚球线后的半圆内、在无争抢的情况下得一分的机会。当宣判侵人犯规，罚则是判给罚球时，裁判员要指令受到侵犯的队员执行罚球；如果受到侵犯的队员被请求替换，他在离场前必须执行罚球；如果被指定罚球的队员因受伤或被取消比赛资格必须离场时，替换他的队员必须执行罚球；如果没有有效的替补队员，要由队长或队长指定的任一队员罚球。当宣判技术犯规时，可由对方球队队长指定的任一队员罚球。该罚球队员要在罚球线后半圆内就位；可用任何方式投篮，但必须使球在被别的队员触及前从篮圈上方进入球篮或触及篮圈；在裁判员将球置于他可处理时，要在5秒钟内投球离手；在球触及篮圈前不得触及罚球线或罚球线前的地面；不得做假动作罚球；当球正在飞向球篮的途中不得触及球；当球与球篮接触时不得触及球篮和篮板。违反上述条款是违例，如果罚球队员违例，不能得分，任何其他队员在同时或紧接着造成的任何其他违例不究，将球判给对方队员在罚球线的延长部分掷界外球，除非还有后续的罚球。在罚球时，最多5名队员（最多3名防守队员和最多2名进攻队员）可以占据被看作是1米深的位置区内。限制区两侧的第一位置区，只有罚球队员的对方队员可以占据，占据位置区的队员要交错站位，不得占据他们无权占据的位置区；在球离开罚球队员的手之前不得进入限制区、中立区域或离开位置区；当球正在飞向球篮的途中不得触及球，直到球触及篮圈或明显不会触及篮圈；当球与篮圈接触时不得触及球篮和篮板；在还有后续罚球的任一罚球中，只要球有机会进入球篮，他们不得触及球、球篮或篮板；一旦罚球球成活球，他们不得从所确立的位置中移动，直到球离开了罚球队员的手。罚球队的对方队员不得用他的行为去扰乱罚球队员，当球在球篮中时不得触及球或球篮，违反上述条款是违例。

罚则：如果罚球成功并出现罚球队员之外其他队员的违例（违规触球、球篮和篮板除外），违例不究，中篮计得分；如果罚球不成功而造成上述违例的是：罚球队员的同队队员，将球判给对方队员掷界外球；罚球队员的对方队员，判给罚球队员重罚一次；双方队，在罚球线、在双方任何2名队员之间跳球重新开始比赛。如果出现下列队员违反触及球、球篮和篮板等条款造成的违例：罚球队员的同队队员，不能计得分，将球判给对方队员掷界外球；罚球队员的对方队员，认为该罚球成功得1分；双方队，不能计得分，在罚球线、在双方任何2名队员之间跳球重新开始比赛；在执行最后一次或仅有一次的罚球中，如果罚球队员的对方队员在球触及篮圈（和明显地将会触及篮圈）之前触及了球，则认为该罚球成功，并登记造成该违例的队员一次技术犯规。所有不在罚球位置区的队员，要停留在罚球线的延长部分和3分投篮线之后，直到球撞击篮圈或罚球结束时，并不得用他们的行为去扰乱罚球队员。违反本条款是违例（罚则见前面）。在一次或多次罚球中，其后还要继续执行后续罚则的罚球，或在边线中点处掷界外球的情况下，队员们不得占据任一位置区，所有队员要位于罚球线的延长部分和3分线的后面，不得用他们的行为扰乱罚球队员。违反本条款是违例（罚则同上）。如果出现一次以上的罚球，判给掷界外球或跳球的罚则仅适合在最后一次罚球中发生的违例。

注解：一次罚球及其伴随的动作被认为已经结束：当球从上方直接进入球篮并停留在球篮中或穿过球篮；当球不再有可能进入球篮；当投出的球已触及篮圈后，被任一队的队员合法地触及；当投出的球触及地面；当球成死球。

能纠正的失误：如果裁判员无意地忽略了某条规则并仅仅是导致了下列情况时，允许裁判员纠正这个失误：判给不应得的罚球；允许不该罚球的队员执行罚球；没有判给应得的罚球；不正确地判给了得分或取消得分。要纠正上述失误，必须在失误后，比赛计时钟开始计时的第一次死球后球再成为活球前的期间进行，否则不可再纠正。

第九章
足球运动实践探究

第一节 足球运动概述

一、足球概念的理解

最早起源于中国古代的一种球类游戏“蹴鞠”，后来经过阿拉伯人传到欧洲，发展成现代足球。它以脚支配球为主，也可以使用头、胸部等部位触球（除守门员外，其他队员不得用手或臂触球）。两个队在同一场地内进行攻守的体育运动项目。一场精彩的足球比赛吸引着成千上万的观众，它已成为电视节目中的重要内容，有关足球消息的报道占据着世界上各种报刊的篇幅，当今足球运动已成为人们生活中不可缺少的组成部分。现在最知名的足球联赛是欧洲的五大联赛：意甲、英超、西甲、德甲、法甲。

在各级学校的体育教材中，足球为选用教材。足球运动的对抗性很强，因此在教学中应给学生讲清有关的规则，严格要求学生服从裁判，遵守纪律，防止运动损伤的发生。

足球运动对抗性强，运动场面十分激烈，运动员在比赛中采用规则所允许的各种动作包括奔跑、急停、转身、倒地、跳跃、冲撞等，同对手进行激烈的争夺。比赛时间长、观众多、竞赛场地大，是其他任何运动项目无法企及的。

由使用的球，用牛皮做壳，橡胶做胆，比篮球小。足球比赛分为 11 人制、7 人制和 5 人制。年龄段有 U15、U17、U19，国奥组和成年组及青年组等。

二、足球运动的特点

足球运动有如此大的魅力，这主要与足球运动的特点和作用有关。

（一）对抗性强

足球运动是一项富有战斗性的、激烈对抗的项目。在比赛中双方为了把球踢进对方球门，而又不让球进入自己的球门，展开了短兵相接的争斗，尤其是在两个罚球区附近争夺得更为激烈。一场高水平的比赛，双方因争夺或冲撞而倒地近百次，可见其激烈程度。

（二）战术复杂，动作难度大

足球是一项非周期性运动项目，它的技、战术受对手直接的干扰和限制。技、战术是依靠临场情况灵活机动地运用和发挥。足球比赛参加人数多，行动不易协调和统一，故攻、守战术的配合相对篮、排球困难些。

比较而言，足球运动是用人体最笨拙的部位——脚去支配和控制球，因此，技术动作比较难掌握。

（三）比赛时间长、场地大，体能消耗大

正式足球比赛时间为90分钟，有的比赛还要加时30分钟甚至还要以点球决定胜负。一场激烈的比赛，一名优秀运动员的跑动距离达10000米以上，少则也有6000～7000米，而且还要做上百个有球和无球动作，身体能量消耗很大。据不完全统计，一场激烈的比赛，能量消耗2000卡路里左右。

（四）比赛规则简单

一般的足球比赛可不受时间、人数、场地、器材等限制。

三、足球运动的锻炼价值

（一）有利于精神文明建设，思想品德教育

经常从事足球运动，可以培养勇敢顽强、机智果断、坚韧不拔、勇于克服困难等优良品质和敢于斗争的战斗作风，以及团结协作、密切配合、热爱集体等集体主义精神。

（二）能促进健康，增强体质

经常从事足球运动，可以增进人们的健康，提高人们的力量、速度、灵敏、耐力等身体素质，特别是对增强人体的心血管系统、呼吸系统等内脏器官的功能是非常有益的。据测定，一名优秀足球运动员的肺活量比正常人要多2000～3500毫升，安静时的心率要比正常人低15～22次/分。

（三）扩大国际交往、足球文化的传播

现代足球运动的作用和影响，已经远远超出了足球运动自身的范围，它已成为扩大国际交往的一种工具，对振奋民族精神、反映一个国家的实力具有重要意义。

第二节 足球的基本技术

一、无球的技术

在足球场上，运动员的无球跑动占比赛的大多数时间，其涉及的动作有：跑、跳、启动、晃动和转身。无球技术质量的好坏，对运动员的技巧水平具有限制作用，对比赛也极为重要。实际上，运动员如果想轻松摆脱对手的追踪，能牢牢紧盯着进攻队员，都与无球质量的好坏有关系。

二、踢球的分类

踢球是指运动员有目的地用脚的某一部位把球击向预定目标的动作方法。踢球主要用于传球和射门。

(一) 内侧踢球的动作要领

踢定位球时，直线助跑，支撑脚踏在球侧方约 15 厘米处，脚尖朝前膝微弯，膝微屈，踢腿前摆外展膝，脚趾指向出球方向，脚弓踢球正后方，踢球腿以及髋关节为轴由后向前摆动，膝踝外展，脚尖稍翘，以脚内侧部位对准来球，当膝关节接近球体上方时，小腿加速前摆，击球刹那，脚跟前顶，脚型固定，用脚内侧部位击球的后中部，如图 9–1 所示。

图 9–1 内侧踢球

(二) 脚背正面踢球的要领

踢定位球时，直线助跑，支撑脚踏在球侧约 15 厘米处，脚趾指向出球方向，膝微屈，眼睛注视球。在支撑脚前跨的同时，踢腿加速向前摆，小腿后屈。前摆时，大腿以髋关节为轴带动小腿前摆，当膝关节摆近球体上方时，小腿加速前摆，脚背绷直踢球正后方，脚趾扣紧，以脚背正面击球的后中部。击球后，踢球腿顺势前摆落地，如图 9–2 所示。

图 9–2 脚背正面踢球

(三) 脚背内侧踢球

斜线助跑，助跑方向与出球方向一般成 45° 角，支撑脚踏在球的侧后方约 25 厘米处，脚尖指向出球方向，身体稍向支撑脚一侧倾斜。在支撑脚着地的同时，踢球腿以髋关节为轴屈膝前摆。当身体转向出球方向、膝关节摆到球的内侧正上方的瞬间，小腿加速前摆，脚尖稍外转，脚面绷直，脚趾扣紧，脚尖斜下指，以脚背内侧踢球的后中部。击球后踢球腿随势前摆，如图 9–3 所示。

图 9–3 脚背内侧踢球

(四) 脚背外侧踢球

基本上与脚背正面踢球相同。只是触球时，脚尖内斜下指，以脚背外侧踢球的后中部，具有突然性和隐蔽性，富于变化。常用于踢定位球、弧线球或弹拨球进行传球或射门，如图 9–4 所示。

图 9–4 脚背外侧踢球

(五) 脚尖踢球

它是用脚尖部位接触球的踢球方法。常用于搓球和捅球。

(六) 脚后跟踢球

它是用脚跟部位将球踢到身后面的踢球方法。一是踢支撑脚内侧的球，二是踢支撑脚外侧的球。

三、传球的应用

传球是队员之间联系的主要工具，在球队保持控球权时，传球技巧运用得最为频繁。传球的三个要素为：助跑、触球和跟随动作。

(一)脚内侧传球

脚内侧推传球是传出准确的短距离地面球的最可靠技术。支撑脚应置于球的一角倾斜，脚尖指向传球方向，支撑脚距球约15厘米，应保证踢球腿的自由摆动。踢球脚在触球时，脚应外转并使脚内侧以正确角度对准传球方向。跟部要紧张并保持坚硬，触球时，头部要稳定，眼睛要看着球。

为传低球，击球作用力要通过球的水平中线。完成触球动作后，球已滚向同伴或目标，若踢球腿的跟随动作与传球方向一致，可保证传球的准确性。所以，触球后要有跟随动作，踢球腿的随摆与传球方向一致，如图9-5所示。

图9-5 脚内侧传球

(二)脚背大力高吊球

该技术最宜用于长距离传球。助跑仍是斜线方向，但角度可大可小。支撑脚的选位一定要在球的侧后方，触球时要使踢球脚的踝关节伸展并保持紧张，脚尖外指，击球作用力要通过球的垂直中线，触球的部位在球的中底部之间。要想传高球，击球点必须在球的水平中线以下，越接近底部，传出球的后旋越加剧且球速慢，但球会陡然升起。踢球腿在触球后要随出球方向继续上摆，如图9-6所示。

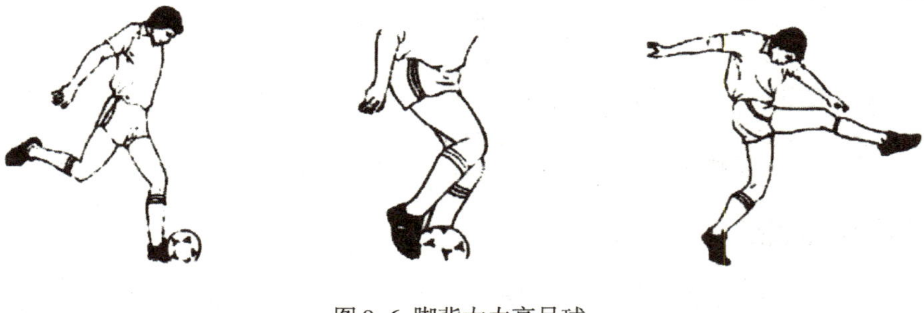

图9-6 脚背大力高吊球

(三)搓传球

搓传时的助跑角度较小，如图9-7所示。支撑脚的位置比其他传球技术更靠近球，不足10厘米。踢球脚的触球部位是更接近脚尖的脚背部分，踢球腿应有向下的插入动作，为了能使球产生后旋，踢球脚要搓踢球的底部。触球后，踢球脚即刻制动，几乎没有踢球腿的跟随动作。若要做较长距离的搓传，击球后，可把踢球腿的膝部迅速向胸部提起。

图 9-7 搓传球

四、接球的应用

接球是指运动员有目的地用身体的合理部位，把运行中的球挡在所需要的控制范围内的动作。

(一) 接球技术

比赛中常用的停球部位有脚内侧、脚底、脚背正面、胸部、大腿和腹部等。

1. 脚内侧接球的方式

脚内侧接球使用比较广泛，也是比较容易掌握的，它可以使用在接反弹球、空中球、地滚球等。

(1) 脚内侧接地滚球：支撑脚正对来球，膝关节微屈，接球腿屈膝外展并前迎，脚尖翘起。当脚与球接触的刹那开始后撤，把球控制在要做下一个动作的准备位置上。

(2) 脚内侧接反弹球：支撑脚踏在球落点的侧前方，膝关节微屈，上体稍前倾，同时停球脚提起，踝关节放松，脚内侧对准球的反弹路线，当球落地反弹刚离地时，用脚内侧挡压球的中上部。

(3) 脚内侧接空中球：移动身体，面对来球，将接球脚举起前迎，脚内侧对准来球，球与脚接触的刹那间脚开始后撤，后撤速度稍慢于球，把球控制在衔接下一个动作的位置上。另一种方法是将接球脚举到稍高于选择的接球点，在脚与球接触前的刹那间用脚下切球靠近脚的一侧，然后将球控制平稳。

易犯错误：①接球脚的关节没有充分放松，缓冲作用不明显。②接球动作时间或早或晚，造成效果不好。

2. 脚底接球的方式

主要是利用脚掌和地面形成的夹角停球，用脚底可以接地滚球和反弹球。脚底接地滚球：面对来球，支撑脚支撑重心，脚尖正对来球，同时接球脚提起，脚尖翘起高于脚跟，脚底与地面呈锐角，脚跟离地面要稍低于球，踝关节放松，用脚掌前部挡压球的中上部。

易犯错误：①接球脚抬起过高、漏球。②脚用力踩球，球接不稳。

3. 脚背外侧接球的方式

脚背外侧停地滚球：侧对或面对来球，接球脚稍提起，膝关节和脚尖内转，以脚背外侧正对来球，在支撑脚的前侧接触球的侧后方，并向停球脚外侧轻拨，把球接在侧前方或侧方的范围内。

4. 胸部接球的方式

胸部接球有挺胸接球和收胸停球两种方法。挺胸式是针对高于胸部的空中下落球；收胸式是针对胸部高度的平直球。

（1）挺胸接球：面对来球，两臂自然张开，眼睛注视来球，稍收下颌，两脚开立，两膝微屈。当球运行到与胸部接触前的刹那，两脚蹬地上挺的同时展腹，上体后仰用胸大肌触球，使球向预定的方向稍弹改变运行路线，然后落于需要的控制范围内。

（2）收胸接球：面对来球，两脚前后开立，身体重心前移，挺胸迎球。当球运行到胸部接触前的刹那，重心迅速后移并同时收胸、收腹挡压球，使球落于地面并迅速控制住球。

易犯错误：①身体后仰不够，球未到就主动挺身迎球。②触球的身体部位不正确。③采用收胸式时，收胸的时间过早或过晚，造成球弹出而控制不住。

5. 大腿接球

面对来球，支撑腿支撑住身体重心，停球腿屈膝抬起，以大腿中部对准来球，肌肉适当放松，当大腿与球接触前的刹那，快速后撤将球停住。

6. 腹部接球

面对来球，当球落地反弹与腹部接触前的刹那，主动挺腹推压球，将球挡落后控制住球。

7. 头部接球

两眼注视球，判断好落点，头部稍后仰，前额正面对准来球，当前额接触球的刹那，屈膝收腹，身体放松下撤，使球下落并控制住球。

（二）接球技术的运用

比赛中接控球的方法很多种，根据不同的场区，在不同的位置，要采用不同的方法，如在后场多数处于无对手逼抢的情况，接球后应及时传出富有威胁性的球；在中、前场多数是处于有对手逼抢情况下接控球，要尽快摆脱对手做突破射门或传球。

接控球是一切技术的先导和基础，一个球员接控球是否合理、熟练、快捷，是其足球技术水平的一个重要标志。

五、顶球的应用

头顶球是指运动员用头的合理部位，有目的地顶击空中球的动作方法。常用的顶球方法有原地顶球、跳起顶球、鱼跃顶球。顶球时头的部位一般在前额正面和前额侧面。

（一）原地前额正面顶球的方法

动作方法：身体正对来球，两腿前后开立，微屈膝，上体稍后仰，重心落在后脚上，两臂自然张开，收紧下颌，注视来球。当球运行到身体垂直部位前的瞬间，蹬地、前摆上体，收腹、甩头，用前额正面顶球的后中部。顶球后身体应随球前移，如图 9–8 所示。

图 9–8　原地前额正面顶球

(二) 跳起前额正面顶球的方法

动作方法：起跳前判断准来球的落点，用双脚或单脚奋力向上跳起，跳起后身体后仰成背弓形。当球与身体垂直时，迅速收腹折体，前屈甩头，在最高点将球顶出。顶球后应屈膝降重心缓冲落地，如图 9–9、图 9–10 所示。

图 9–9　跳起前额正面顶球（一）

图 9–10　跳起前额正面顶球（二）

六、停球的应用

(一) 正面停地滚球的方法

支脚站稳停脚抬，脚尖翘起迎球来，脚踝放松轻压球，停稳紧接传或带，如图 9–11 所示。

图 9-11 正面停地滚球

（二）正面停反弹球的方法

判断来球落地点，支脚站在落点前，停脚稍提脚尖翘，轻压弹球传带，如图 9-12 所示。

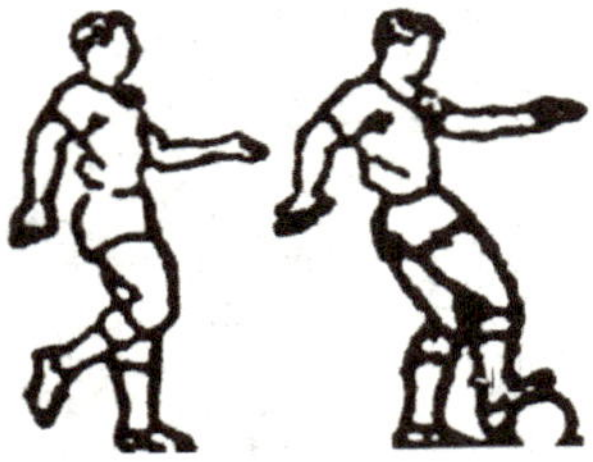

图 9-12 正面停反弹球

（三）侧面脚内侧停地滚球的方法

支脚站稳停脚迎，屈膝外展脚前伸，脚弓触球撤引，接着传带不能停（图 9-13）。

图 9-13 侧面脚内侧停地滚球

（四）侧面停反弹球的方法

支脚站在落点前，停脚内侧对弹线，触球撤引缓弹力，停球脚下运球连（图 9-14）。

图 9-14 侧面停反弹球

(五) 胸腹式停球的方法

1.要领

开立挺胸把球迎，触球含胸后撤引，控球落地脚下停，踢球盘带接得紧（图 9–15）。主要技术：主动迎球，触球立即撤引缓冲。

图 9–15 胸腹式停球

2.训练方法

(1) 安排的顺序：先教停地滚球，后教停反弹球，在此基础上再教正脚背、外侧背等停球；教会胸腹式停球后，再教挺胸式停球。

(2) 模仿与自抛、自停练习：各种停球动作，都可以先做原地与移动的停球模仿练习，而后做自己抛、自己停的练习。重点放在触球撤引的技术。

(3) 一人抛球给另一人停球：两人相距若干米面对站立，一人抛各种不同角度的球，另一人用各种方法停球。停球的重点放在主动迎球和触球撤引的技术。初学时，抛的距离应近些，力量应轻些，随着技术的提高，逐步拉开距离与加大抛球的力量。

(4) 一人踢球给另一人停球：组织方法同上。

(5) 反弹球练习：自己对墙抛球或踢球，用各种不同的角度停反弹回来的球。抛、踢的距离应随技术水平的提高而不断延长。

(6) 抛 (踢) 球—停球比赛：组织方法同踢球教法相同，以先做完的队为胜。

(7) 结合简单战术的练习：两人或三人为一组，互相配合做带球、传球和停球的练习。

七、抢截球的应用

(一) 正面截球的方法

1.动作要领

在逼近控球队员时，防守队员应控制好身体重心，两膝弯曲，上体略前倾，并注意观察对手的脚下动作，在对手触球的刹那，支撑脚前跨将球控制。如双方对脚触球，则应顺势向上做提拉动作，将球从对方脚背上带出。

2.动作口诀

突然逼近跨步快，内侧对球抢脚摆，拼脚提拉要有劲，抢球之后摆脱开，如图 9–16 所示。

图 9–16 正面截球

(二) 侧面抢截球的方法

1.动作要领

当与运球队员成平行时，重心略降，身体向对手倾靠，手臂贴紧身体。当对手近侧脚离地刹那，用肩以下、肘以上的部位猛力冲撞对手的相应部位，使其重心失去控制，乘机伸脚将球控在脚下。

2.动作要点

抢截突然时机准，拼脚有劲重心稳。

3.动作口诀

侧面追赶肩并肩，重心下降步稳健，手臂贴：身体侧倾，合理冲撞把球抢（图 9–17）。

4. 训练方法

（1）抢截球的模仿练习：①个人徒手模仿抢截球练习。要做到突然跨步，另一腿跟上，保持身体平衡。②两人一组徒手做原地或跑步进行的抢截与合理冲撞练习。

（2）互相抢截球练习：①两人一组，按教师的信号，向前奔跑，抢夺放在地上的或教师踢打的球，练习合理冲撞。②两人一组，一人运球，另一人进行正面或侧面抢截，抢到球对换角色。

图 9–17 侧面抢截球

（3）抢截球游戏：分甲、乙两组，每组四到六人。甲组每人一球，从起运线向 10 米处的终点运球，乙组每人找一对象进行正面或侧面抢截，在运球区内抢到球得一分。然后对换角色，得分多者为胜。

八、运球及运球过人的方法

（一）运球的方法

运球是运动员在跑动中用脚向跑动前方推击球，使球始终处在身体周围的控制范围之内的动作，是完成个人突破与战术配合必不可少的技术。运球方法有脚背正面运球、脚踝内侧运球、脚背外侧运球、脚内侧运球等。

（1）脚背正面运球多在越过对手之后，前方纵深距离较长，仍需快速前进的情况下使用。运球时，身体自然放松，上体稍前倾，两臂自然摆动，步幅不要过大。运球脚提起时，膝关节弯曲，脚跟提起，脚尖下指，在迈步前伸着地前，用脚背正面推拨球前进。

（2）脚背外侧运球多在快速奔跑和向外改变方向时使用。运球时，身体自然放松，上体稍前倾，两臂自然摆动，步幅要小些。运球脚提起时，膝关节弯曲，脚跟提起，脚尖内转。三迈步前伸着地前，用脚背外侧推拨球，如图 9–18 所示。

图 9–18 脚背外侧运球

（3）脚背内侧运球多在改变方向并需要用身体掩护球的情况下运用。运球时，身体自然放松，步幅要小些，上体前倾并稍向运球方向转动。运球脚提起时，膝关节稍弯曲，脚艰提起，脚尖稍外转，在迈步前伸着地前，用脚背内侧推动球。

（4）脚内侧运球是运球技术中速度最慢的一种运球方法，但是当运球接近对方需要用身体掩护球时，多采用脚内侧运球。运球时，支撑脚稍向前跨，踏在球的前侧方，膝关节稍屈，上体前倾向里转。随着身体向前移动，运球脚提起，用脚内侧推球的后中部，如图 9–19 所示。

图 9–19 脚内侧运球

（二）运球过人的方法

运球过人的常用方法有：拨球过人、拉球过人、扣球过人和挑球过人等。

（1）拨球过人是指当对手从正面来抢球时，先运球逼近对手，诱使对手伸脚抢球，然后运用脚和踝关节抖拨的动作，用脚背外侧或内侧触球，将球向侧方或前方突然拨动，摆脱对手的运球方法。

(2) 拉球过人是指当对手正面或侧面来抢球时，先将球停住或减速运球，诱使对手伸脚抢球，然后运用脚掌将球由前向后，或由一侧向另一侧做拖拉动作，紧接着用脚内侧或其他部位向侧前方推球摆脱对手的运球方法。

(3) 扣球过人是指当对手正面或侧面来抢球时，突然转身，用脚背内侧或外侧扣球，将球向对手抢断球的另一侧急停或改变方向摆脱对手的运球方法。

(4) 挑球过人是指当接近对手或对手一上来抢截时，用脚尖上翘或脚背上撩动作，使球向上改变方向，从对手的身侧或头上越过的运球方法。

九、假动作的应用

假动作是足球比赛中经常出现的技术动作，当今足坛，竞争激烈，在场地上，双方凶狠地拼抢，如果在这时运用合理、得当、逼真的假动作，不但可以诱骗对手，还可以节省体力，更有创造射门机会，赢得比赛的胜利。有球的假动作形式很多，常用的有传球假动作、运球假动作、接球假动作等。

(一) 传球假动作

动作口诀：传球前可假做向左 (右) 方传球的动作，诱使对方向该方向堵截，然后向右 (左) 方传球，借以躲过对方的阻截。

(二) 运球假动作

动作口诀：运球过人时，假向抢球人一侧运球，当对方向这一侧堵时，立即用拨、扣拉、推等动作向反方向或改变速度运球过防守人。

(三) 接球假动作

动作口诀：先做一明显接球准备动作，使防守人清楚意识到你将用什么方法停控球，在接触球前突然改变停球方式，以摆脱对方防守。

易犯错误：①假动作不明显，没有起到诱骗作用。②假动作不逼真，不形象。

假动作的运用：假动作在比赛中运用比较广泛，优秀球员在使用假动作时，形象逼真，使对手防不胜防。比赛中，掌握假动作与真动作的衔接时间，是假动作奏效的关键，当假动作使对手产生相应反应而暴露出空当时，由假变真的动作要突然，使对手来不及做下一个反应动作。假动作要做得明显，尤其要使对手从视觉上产生下意识反应，使用假动作要随机应变，简练实用，不要有过多无意义的假动作。

十、掷界外球的应用

掷界外球是在场外把球远、准、快地掷向同伴，给本队创造良好的进攻机会的方法。

动作要领：掷界外球时要充分发挥蹬地、腰腹和手腕的力量，整个动作过程要连贯。

(1) 原地掷界外球时，面对出球方向，两脚前后或左右开立，膝关节弯曲，上体后仰成背弓，重心移到后脚上 (左右开立时，重心放在两脚间)，两手自然张开，拇指相对，持球的侧后部，屈肘将球置于头后。

（2）掷球时，后脚用力蹬地，两腿迅速伸直，快速摆体，身体重心由后脚移到前脚，同时两臂急速前摆，当球摆到头上时，用力甩腕将球掷入场内。

（3）掷球后，后脚可沿地面向前滑动，两脚均不得离地或踏入场内，但允许踏在线上。掷界外球如图 9-20 所示。

图 9-20 掷界外球

十一、守门员技术

守门员在整场比赛中也起着重要的作用，技术的好坏，对比赛效果有着直接的影响。守门员是足球队的最后一道防线，首要任务是守卫球门不让球进入；其次，起到指挥全队进行有序攻防的作用。守门员技术包括位置选择、准备姿势、移动接球扑球、拳击球、托球、掷球和踢球等，其中最主要的是接球技术。接球包括接地滚球、接平直球、接高球等。

（一）直腿式接地滚球的方法

两腿自然并立，脚尖正对来球，上体前屈，两臂并肘前迎，两手小指靠近，手掌对球，在手触球的刹那，随球后引，并屈肘、屈腕，两臂靠近，将球抱于胸前，如图 9-21 所示。

图 9-21 直腿式接地滚球

（二）单腿跪式接地滚球的方法

身体对正来球，两腿左右开立，一腿弯曲支撑身体重心，另一腿内转跪撑，膝盖接近地面并靠近前脚踵。上体前屈，手臂下垂，两手小指靠近，手掌对准来球，稍向前迎，在手触球的刹那，两手随球后引并屈肘、屈腕，两臂靠近，将球抱于胸前，然后起立。

（三）接低于胸部的平直球的方法

身体对正来球，两脚左右开立，上体稍前倾，两臂下垂并屈肘前迎，两手小指相靠，手掌对球，当手触球的刹那，两臂后引并屈肘，顺势将球抱于胸前，如图 9-22 所示。

图 9-22 接低于胸部的平直球

（四）接齐胸高的平直球的方法

身体对正来球，两臂屈肘并稍上举，两拇指靠近，五指微屈，手掌对球。当手触球时，手指和手腕适当用力，顺势屈臂后引，转腕将球抱于胸前。

（五）接高球的方法

在确定了接球点后，迅速移动起跳，两臂上伸迎球，两手拇指呈“八”字，手指微屈，手掌对球。当手触球时，手腕和手指适当用力将球接住，顺势屈肘，回缩下引，并转腕将球抱于胸前。

第三节　足球的基本战术

一、比赛阵型的介绍

足球战术分为进攻战术和防守战术两部分。进攻和防守战术都包含着个人和集体战术、定位球战术、集体中的局部配合战术，其中个人战术和 2、3 人的协同配合是集体战术的基础。

（一）比赛阵型的概念

比赛阵型是指在比赛中，对人员的布局和位置排列的阵型。比赛阵型的确定不是凭空想象而来，更不要随意模仿，必须根据本队打法特点、队员的能力和比赛对方的相应情况等有选择地采用。

足球比赛阵型有“4—3—3”“4—4—2”“4—1—2—3”“5—3—2”“3—5—2”，等阵型。在以上阵型中，除“4—4—2”阵型以防守为主、反击为辅外，其他阵型均以进攻为主，尤以“3—5—2”阵型更为突出。

比赛阵型在比赛中也不是一成不变的，针对具体情况或需要，比赛阵型也可以灵活机动变换。例如，防守时采用“5—3—2”阵型，由守转攻又可以变成“3—5—2”阵型。

当今，在整体、快速的全攻全守战术思想指导下，世界各国采用较多的大体有4种阵型，即“4—4—2”“5—3—2”“3—5—2”阵型和欧洲较为流行的“1—3—3—3”阵型。

（二）阵型的发展

为了比赛场上攻守战术的需要，全队的队员要进行位置排列和职责分工说明，成为比赛阵型。各阵型的名称是按队员排列的形状而定。自19世纪中期世界上有了第一个足球比赛阵型至今日的“四三三”“三五二”“四四二”等，以及某些国家所采用的“水泥式”“锁链式”等，都是沿着这一个客观规律演变和发展的。

（三）阵型中各个位置的职责

（1）边后卫的职责：边后卫主要是要防守对方的边锋以及其他进攻队员在边路的活动，破坏对方由边路发动的进攻。同时还可利用插上助攻式运球来直接威胁对方球门。

（2）中后卫的职责：中后卫有突前中后卫和拖后中后卫之分。前者主要任务是盯守对方突前的最有威胁的中锋，因而又被称之为盯人中后卫；后者则主要担负整个防线的指挥任务，其站位经常处于其他防守队员后面，一般称他为自由中卫。

（3）前卫的重要职责：前卫通常称之为中场队员。中场是一个非常重要的区域，控制了中场也就是得到了比赛的主动权，因此比赛各队往往都在中场投入较大力量。在短暂时间内达到抢断或破坏对方的目的。

二、进攻战术简述

（一）个人战术的分类和作用

个人战术包括运动员控制时有目的、合理地运用各种技术，以及无球时具有战略意义的行动。个人战术的集合必将体现整体战术水平的高低。因此，提高个人战术水平对比赛的成效有着重要意义。个人战术有队员无球时的摆脱与跑位和有球时的传球、射门、运球过人等内容。

摆脱与跑位是指每当队员得球以后，就要向对手发动进攻，使同队队员迅速摆脱对手，或者制造空当，其目的就是给有球的同伴创造多条线路的机会，以便更好地进攻。在对手紧逼的情况下，多数队员的跑位都要采取摆脱的动作。摆脱对手紧逼的方法有多种，如突然起动、冲刺跑、急停、突然变向、变速和假动作等。摆脱的方向也是比较自由化的，可以向左、右侧或向前、向后。摆脱的目的是拉出空当，制造有利的传球位置。跑位就是有目的跑向有利位置或空当，能使自己在短时间摆脱对手接球，推进进攻的动作。

传球是配合的基础，是完成战术配合创造射门机会的主要手段。选择目标、把握时机、控制力量与方向是传好球的重要环节。传球有短传（15 米以内）、中传（15~25 米）、长传（25 米以上）三种。高传一般指高过人体，低传一般指低于膝盖的空中球和地滚球。长传的推进速度快，短传准确性高，长传一般用高球，短传一般用低球。

射门是战术配合的最终目的。射门要准确、突然、有力，其中准确是关键。突然、有力的射门，往往使守门员猝不及防而失球。在运球中快速起脚射门，有时虽然球速不快，也有效果。当守门员向前冲出或后退还未站稳时，也可利用这一有利时机射门。

运球过人是进攻战术中一种重要的个人战术。它的目的是扰乱对方防线，造成以多打少，寻求传球空当，突破密集防守，获得射门机会的有效手段。在没有传球配合的可能或运球过人后能有更好的传球、射门机会时，则应大胆运球过人突破。运球者要不断改变方向、身体动作和变化速度，要使对方判断有误，从而失去平衡或向相反方向移动，以达到过人的目的。这就要求不断提高控制球的能力和应变能力。

（二）两人配合的进攻战术

两人的传球配合是集体配合的基础。比赛中一般情况下，防守队员都是 1 人防守 1 人，而进攻队员利用摆脱或运球过人等动作，常会出现 2 对 2 或 2 对 1 的局面。因此两人配合成为组织进攻战术的重要部分。

（三）全队进攻战术的分类

全队进攻战术是指比赛中一方获得球后，通过队员之间的传递配合达到射门的目的而采用的配合方法。与局部进攻战术相比较，全队进攻战术的进攻面比较广，有参加进攻和快速反击等。

1. 边路进攻类

利用球场两侧地区发起进攻的方法叫边路进攻。边路进攻是全队进攻战术的主要形式之一，其主要特点是有利于发挥进攻速度，打破对方防线制造缺口。

2. 中路进攻类

中路进攻是利用球场中间区域组织的进攻，这种进攻虽能直接射门，但难度最大，因中路防守最为严密，前场的攻击手必须是反应极其敏锐、意识强、技术高、敢于冒险、速度快和善于卡位策应的队员。

3. 快速反击

比赛中当攻方进攻时，后卫线往往压至中场附近，防守人数也由于插上进攻和助攻而相对减少，此时如能，抓住对方防区空隙较大和回防较慢的机会，乘其失球发动快速反击，就能取得良好的效果。快速反击是最有威胁的进攻方式，有效的进攻在于突然快速的反击，但其难度较大，既要冒险，又要有准确、快速的传切配合技能。快速反击要有组织，配合得要极为默契，必须进行专门性的训练，否则很难在比赛中实施。

（四）定位球战术的应用

定位球战术是指在比赛中，利月“死球”后重新开始比赛的机会组织进攻与防守配合的战术方法。定位球战术包括中圈开球、角球、任意球、点球、掷界外球等。在势均力敌的高水平比赛中，定位球战术有时起决定胜负的作用。在配合上要利用简练的一次配合取得射门机会，配合越复杂成功率就越低。故要进行专门性的练习，才能在比赛中奏效。

三、防守战术简述

区域防守就是全队在防守的时候，要层层设防，形成层层盯人加上保护整系统的防守系统。在区域整体防守系统中，每个队员都在自己相对稳定的返回手区域内进行盯人防守。防守队员的保护由在其身后的队员来保护和支援，当对方强行突破或者无球跑动切入接球时防守队员就要紧追盯防。

（一）集体的局部配合防守战术

1. 围抢战术

围抢是指比赛中在某局部位置上，防守一方利用人数上的相对优势（通常是两三个队员）同时围堵对方的持球队员，以求达到控制球的目的。

2. 造越位战术

造越位战术是利用规则而设计的一种防守战术。是一种以巧制胜的省力打法，因而成为一种重要的防守手段。但由于其配合难度较大，搞不好会适得其反，让对手钻空子，所以战术往往是为水平较高的球队所采纳，但在一场比赛中也不是多次运用。

（二）选位与盯人战术

选位与盯人是防守战术中重要的个人战术。防守的位置一般应处于对手与本方球门中心所构成的一条直线上的位置。盯人的目的在于阻止对手进球，并且在对手接球前或接球的瞬间紧逼的作用。在实际比赛中，对有球的队员及其附近的队员（有可能接球的队员）采取紧逼的战术，对离球远的对手可采用松动盯人的战术，对方队员接近球门时一般要紧盯。盯人防守中，首先力争断球，因为这是最积极的，但又不能盲目出击；不能断球时，则要靠近对手，不让其转身，因为这样对手看不到防守者的动作，易于抢堵；若对手已转过身来面对防守者，则要防直线空当球。防守企图运球过人的对手，关键在于防守队员，要不受运球队员假动作的诱骗而失去身体平衡，因此防守队员采用正确的步法是很重要的。

（三）保护与补位的战术

保护与补位是局部地区集体防守的基础，保护是补位的前提，没有保护也不可能有效地补位。队员间距离适当的斜线站位是保护时选位的基本要求，也是后卫线防守站位的基本原则。斜线站位可避免对方突破一点全线崩溃的局面。后卫斜线站位时互相间的纵深距离不能太大，大了就为对方在纵深范围内穿插跑位提供方便条件，不会受到越位的限制。补位是防守队员之间协同配合、相互帮助的一种方法。补位的队员一般都是比被补位的队员更接近本方的球门，这样当同伴被对手突破时就能及时补位。

补位有两种：一种是队员去补空当，如边后卫插上进攻时，由其他一个同伴暂时补他的位置，以防插上进攻失误时对方利用这一空当进行反击；另一种是防守队员的相互补位，即交换防守。相互补位一般都采用临近的两个同伴之间互相交换防守的方法，因为这样出现漏洞的可能性小。

第四节 足球的竞赛规则与方法介绍

一、比赛场地

比赛场地及其设备如图 9–23 所示。

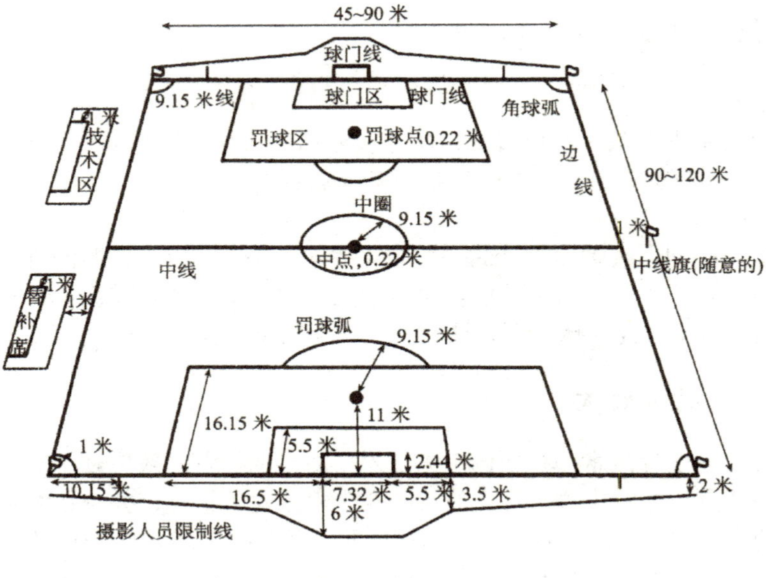

图 9–23 足球比赛场地

（1）场地面积：比赛场地应为长方形，其长度不得大于 120 米或小于 90 米，宽度不得大于 90 米或小于 45 米（国际比赛的场地长度不得大于 110 米或小于 100 米，宽度不得大于 75 米或小于 64 米）。在任何情况下，长度必须超过宽度。

（2）画线：比赛场地应按照平面图画出清晰的线条，线宽不得超过 12 厘米，不得做成"V"形凹槽。较长的两条线叫边线，较短的叫球门线。场地中间画一条横穿球场的线，叫中线。场地中央应当做一个明显的标记，并以此点为圆心，以 9.15 米为半径，画一个圆圈叫中圈。场地每个角上应各竖一面不低于 1.50 米高的平顶旗杆，上系小旗一面；相似的旗和旗杆可以各竖一面在场地两侧正对中线的边线外至少 1 米处。

（3）球门区：在比赛场地两端距球门柱内侧 5.50 米处的球门线上，向场内各画一条长 5.50 米与球门线垂直的线，一端与球门线相接，另一端画一条连接线与球门线平行，这三条线与球门线范围内的地区叫球门区。

（4）罚球区：在比赛场地两端距球门柱内侧 16.50 米处的球门线上，向场内各画一条长

16.50 米与球门线垂直的线，一端与球门线相接，另一端画一条连接线与球门线平行，这三条线与球门线范围内的地区叫罚球区，在两球门线中点垂直向场内量 11 米处各做一个清晰的标记，叫罚球点。以罚球点为圆心，以 9.15 米为半径，在罚球区外画一段弧线，叫罚球弧。

（5）角球区：以边线和球门线交叉点为圆心，以 1 米为半径，向场内各画一段四分之一的圆弧，这个弧内地区叫角球区。

（6）球门：球门应设在每条球门线的中央，由两根相距 7.32 米、与西面角旗点相等距离、直立门柱与一根下沿离地面 2.44 米的水平横木连接组成，为确保安全，无论是固定球门或可移动球门都必须稳定地固定在场地上。门柱及横木的宽度与厚度，均应对称相等，不得超过 12 厘米。球网附加在球门后面的门柱及横木和地上。球网应适当撑起，使守门员有充分活动的空间。

注：球网允许用大麻、黄麻或尼龙制成。尼龙绳可以用，但不得比大麻或黄麻绳细。

二、球的介绍与要求

比赛用球应为圆球形，它的外壳应用皮革或其他许可的材料制成，不得使用可能伤害运动员身体的材料制作。

球的圆周不得大于 71 厘米或小于 68 厘米。球的质量，在比赛开始时不得大于 453 克或小于 396 克。充气后球内气体压力应等于 0.6 ~ 1.1 个大气压力（海平面上），即等于 58.84 ~ 107.87 千帕。在比赛进行中，未经裁判员许可，不得更换比赛用球。

国际足球理事会对比赛用球的相关决议如下。

（1）比赛所用的球，是比赛场地所属协会或俱乐部的财物，在比赛结束时，应将球交给裁判员。

（2）国际足球理事会随时决定制球的质料。任何未经许可的质料，均应由国际理事会核准。

（3）国际足球理事会已批准的规则对球所定的质量为 396 ~ 453 克。

（4）如果球在比赛进行中破裂或漏气，则应立即停止比赛，用新球在原球破漏时所在地点以坠球恢复比赛。如果当时球在球门区内，则应在停止比赛时球所在地点最近的、与球门线平行的球门区线上坠球恢复比赛。

（5）如球破漏发生在死球时，应用新球，换球后，再按照相应裁判判决执行比赛。

三、球队的介绍

上场队员必需的装备是：①运动上衣、短裤、护袜、护腿板和足球鞋；②上场队员不得穿戴能危及其他运动员的任何物件。

护腿板必须由护袜全部包住，而且应是由适当的材料制成（橡胶、塑料、聚氨酯或其他类似的材料）。守门员的服装颜色必须有别于其他上场队员和裁判。

一场比赛应有两队参加，每队上场队员应该在 11 人以内，其中必须有一名队员作为守门员。凡属国际足联、洲际足联或各国足球协会举办的有正式竞赛规程的任何比赛，都要按下列规定更换替补队员：①获得各有关国家协会或国际协会的批准；②任何比赛，每队后补上场的人员不得超过两名，这两名替补队员必须是根据竞赛规程要求，在赛前交给裁判员的不超过5名的替补队员名单之中的。

任何其他比赛，均可按上述规定更换替补队员，也可在赛前由双方协商达成最多不超过5名替补队员的协议，并在赛前通知裁判员。如未通知裁判员或双方未达成协议，则上场替补队员不得多于两名。在任何情况下，上场替补队员都必须是按要求在赛前交给裁判员的替补队员（不超过5名）名单之中的。

任何其他队员都可与守门员互换位置，但须事先通知裁判员，并应在比赛成死球时互换。

替补守门员或其他任何队员时，均应遵守下列规则：

（1）替补前应先通知裁判员。

（2）替补队员在被替补队员离场，并得到裁判员许可后，方可进入比赛场地。

（3）替补队员应在比赛成死球时从中线处进场。

（4）被替补下场的队员不得再次参加该场比赛。

（5）替补队员无论上场与否，裁判员均有权对其行使职权。

（6）替补队员进入比赛场地，即为场上队员，同时被替换出场的队员不再是场上队员，至此替补结束。

四、裁判员的介绍

每场比赛应委派一名裁判员执行裁判任务。在他进入比赛场地时，即开始行使规则赋予他的职权。在比赛暂停或比赛成死球时出现的犯规，裁判员均有判罚权。裁判员在比赛进行中，根据比赛实际情况，诸如比赛结果等所做的判决，应为最后判决。裁判员的职责如下：

（1）执行规则。

（2）避免做出对犯规队有利的判罚。

（3）记录比赛成绩和比赛时间，使比赛赛足规定的时间或双方同意的时间，并补足由于偶然事故或其他原因所损耗的时间。

（4）当遇违反规则、风雨、观众或外界人员干扰及其他原因妨碍比赛进行时，裁判员有权暂停、推迟或终止比赛。事后须在规定的时间内按照有关要求将具体情况书面报告主办机构。书面报告在规定的时间内一经投邮即为合法手续。

（5）裁判员从进入比赛场地起，对犯有不端和不正当行为的队员应给予警告并出示黄牌。事后须在规定的时间内，按照有关要求将该队员的姓名和具体情况书面报告主办机构。

（6）除参加比赛的队员及巡边员外，未经裁判员允许，任何人不得进入比赛场地。

（7）如裁判员认为队员受伤严重时，应立即停止比赛，须将受伤队员尽可能迅速地移至场外，并立即恢复比赛。如队员受轻伤，则比赛不应在成死球前停止。凡队员能自己走到边线或球门线接受任何护理者，不得在场内护理。

（8）裁判员对于场上队员的暴力行为、严重犯规、使用污言秽语或辱骂性语言，以及经警告后仍犯有不正当行为者，应罚令出场并出示红牌。

（9）在每次比赛暂停后，以信号指示恢复比赛。

（10）审定比赛用球是否符合规则。

五、巡边员的职责

每场比赛应委派两名巡边员，他们的职责（由裁判员决定）应为示意：

①何时球出界成死球。②应由哪一队踢角球、球门球或掷界外球。③当要求替补时。

他们还应协助裁判员按照规则控制比赛。巡边员如有不正当行为或不适当地干扰比赛，裁判员则应免除其职务并指派他人代替（裁判员应将此情况上报主办机构）。巡边员使用的手旗，应由比赛场地所属的俱乐部提供。

六、比赛开始准备

（1）比赛开始前，应用投币方式选定开球或场地，先挑的一方应有开球或场地的选择权。比赛应在裁判员发出信号后，由开球队的一名队员将球踢入（即踢动放在比赛场地中央的球）对方半场开始。在球被踢出前，每个队员都应在本方半场内，开球队的对方队员还应当保持距球不少于9.15米；球被踢出后，须滚动到它自己的圆周距离时，才应认为比赛开始，开球队员在球经其他队员触或踢及前不得再次触球。

（2）在进一球后，应由负方一名队员以同样方式，重新开球继续比赛。

（3）下半场开始时，两队应互换场地，并由上半场开球队的对方开球。

七、比赛时间计算

整场比赛时间应分为两个相等的半场，每半场45分钟，总计90分钟。特殊情况双方同意另定除外，并按下列规定执行：①在每半场中由于替补、处理伤员、延误时间及其他原因损失的时间均应补足，这段时间的多少由裁判员决定；②在每半场时间终了时或全场比赛结束后，如执行罚点球，则应延长时间至罚完为止；③除经裁判员同意外，上下半场之间的休息时间不得超过15分钟。

八、越位的介绍

进攻队员较球更接近于对方球门线者，即为处于越位位置。下列情况除外：①该队员在本方半场内；②至少有两名对方队员比该队员更接近于对方的球门线。

当队员踢或触及球的一瞬间，同队队员处于越位位置时，裁判员认为该队员有下列行为，则应判为越位：①球员在干扰比赛或干扰对方；②企图从越位位置获得利益。

下列情况，队员不应被判为越位：①队员仅仅处在越位位置；②队员直接接得球门球、角球或界外掷球。

队员被判罚越位，裁判员应判由对方队员在越位地点踢间接任意球。如果该队员在对方球门区内越位，那么这个任意球可以在越位时所在球门区内任何地点执行。

国际足球理事会关于判断越位决议如下。①判断越位，是以同队队员将球传给该队员的一刹那，而不是该队员接球时。如队员处在非越位位置，同队队员向该队员传球或踢出任意球时，该队员在球飞行时跑到前方也不构成越位。②如果进攻队员平行于对方倒数第二个防守队员或平行于对方最后两名以上（含两名）防守队员，那么该进攻队员不算越位。

九、计胜的方法

（一）进球得分

当球的整体从球门柱间及横梁下越过球门线，而此前攻进球的队未违反竞赛规则，即为进球得分。

（二）获胜的队

在比赛中进球数较多的队为胜者。如两队进球数相等或均未进球，则比赛为平局。

（三）竞赛规程

当竞赛规程要求一场比赛或主客场两回合比赛成平肩需要决出胜者时，只能遵循下列经国际足球理事会批准的程序：①客场进球规则；②决胜场；③踢罚球点球。

十、犯规行为

（一）犯规罚直接任意球的规则

队员故意违反下列9项中的任何一项，即应判由对方在犯规地点踢直接任意球。如犯规地点在对方球门区内，该任意球可以在球门区内任何地点执行。

(1) 踢或企图踢对方队员。

(2) 绊摔对方队员，即在对方身后或身前，伸腿或屈体绊摔或企图绊摔对方。

(3) 跳向对方队员。

(4) 猛烈地或带有危险性地冲撞对方队员。

(5) 除对方正在阻挡外，从背后冲撞对方队员。

(6) 企图打对方队员，向对方队员吐唾沫。

(7) 拉扯对方队员。

(8) 推对方队员。

(9) 用手触球。例如，用手或臂部携带、推击球（守门员在本方罚球区内除外）。

在比赛进行中，如守方队员在本方罚球区内故意违反上述9项中任何一项时，则不论当时球在什么位置，都应判罚点球。

（二）犯规罚间接任意球的规则

队员犯有下列5项犯规中的任何一项，均应判由对方队员在犯规地点踢间接任意球。

(1) 裁判员认为其动作带有危险性。例如企图去踢守门员已接住的球。

(2) 当球并不在有关队员控制范围之内时，目的不是争球而用肩部去做所谓的合理冲撞。

(3) 队员不去踢球而故意阻挡对方，例如在球与对方之间跑动或用身体阻挡对方。

(4) 冲撞守门员，但下列情况除外：①守门员抓住球时；②守门员阻挡对方队员；③守门员在本方球门区以外。

(5) 比赛中守门员在本方罚球区内时：①以手控制球后向任何方向持球、拍球或向空中抛球再接住，行走4步以上而未使球进入比赛状态；②守门员持球后在行走4步过程中及其前后，虽已使球进入比赛状态，但未经罚球区外的同队队员或罚球区内外的对方队员触球前，将球再次提给守门员，守门员再次用手触球；③同队队员故意将球踢给守门员后，守门员用手触球；④裁判员为了战术上的目的，有意停顿比赛，延误比赛时间而使本队获得不正当的利益。

(三) 犯规判罚黄牌的规则

队员出现下列情况时，应被警告并出示黄牌。

(1) 比赛开始后，队员进场或重新进场加入比赛或在比赛进行中离场 (意外事故除外)，不论哪一种情况，事先未经裁判员示意允许。

(2) 如果裁判员暂停比赛执行警告，则由对方在暂停比赛时球的所在地点，踢间接任意球恢复比赛。

(3) 如犯规队员另有更严重的犯规情节，则应按规则的有关规定判罚。

(4) 队员连续违反规则。

(5) 用言语或行动对裁判员的判决表示不满者。

(6) 有不正当行为者。

除发生更严重的犯规外，队员的行为属上述最后三项中的任何一项者，应给予黄牌警告，并判由对方在犯规地点根据具体情况踢间接任意球。

(四) 犯规判罚红牌的规则

裁判员认为队员出现下列情况时，应罚令其出场并出示红牌。

(1) 犯有暴力行为。

(2) 严重犯规。

(3) 用污言秽语或进行辱骂。

(4) 经黄牌警告后，因犯规又被给予第二次黄牌警告。

(五) 不正当行为判罚决议

国际理事会关于犯规与不正当行为判罚决议如下。

(1) 守门员在罚球区内接球并故意用球掷击对方或持球推击对方，裁判员应判罚点球。

(2) 队员为躲避对方抢截而转身背向对方队员时，对方队员可采用非危险动作进行冲撞。

(3) 在球门区内，裁判员认为进攻队员故意用身体冲撞对方无球守门员时，应判由守方队员踢间接任意球。

(4) 队员借助同队队员的肩部跳起顶球，裁判员应对该队员的不正当行为给予警告，并判由对方踢间接任意球。

(5) 在比赛开始后，队员进场或重新进场参加比赛，应在边线外向裁判员报告。裁判员应用清晰的手势使队员明确地知道可以进场。裁判员不必等待比赛成死球后才示意队员进场，但何时发出信号应由裁判员决定。

(6) 规则中，并未要求裁判员必须暂停比赛去警告队员，可以运用有利条款，待比赛成死球后再警告该队员。

(7) 队员掩护球时自己不接触球，而设法阻挡对方队员使其不能触球，因球在该队员的控制范围，该队员可根据战术需要而掩护球。在这种情况下，对方队员可以做合理冲撞。

(8) 队员故意伸展双臂上下摆动，并移动位置阻挡对方队员前进，而迫使对方队员改变方向时，虽未发生身体接触也应算作不正当行为，裁判员应对该队员给予警告，并判由对方踢间接任意球。

(9) 队员故意阻挡对方守门员，企图阻止守门员发球继续比赛，从而促使守门员出现所指的犯规时，裁判员应判该队员犯规，并由对方踢间接任意球。

(10) 裁判员已判定任意球后，如有队员因辱骂或用污言秽语表示强烈不满而被罚令出场时，应在该队员离场后再令对方罚任意球。

(11) 任何队员不论在场内、外，凡有不正当行为、暴力行为，或使用污言秽语、辱骂性语言，不论这些行为或语言是针对对方队员、同队队员、裁判员、巡边员或其他人员，均属犯规行为，应按其犯规性质予以处罚。

(12) 裁判员认为守门员故意用身体压在球上超过其所需的时间，应判为不正当行为，并做如下判罚：①被警告及判由对方踢间接任意球；②如重犯，则罚令其出场。

(13) 向工作人员或其他人员吐唾沫或有其他类似的无礼行为，应视为暴力行为。

(14) 当裁判员要警告某一队员而未执行前，该队员再犯有其他不正当行为，则可罚令该队员出场。

(15) 如果裁判员认为在进攻队员突破防守队员有明显得分机会时，防守队员故意犯规，裁判员判任意球（或判点球），但由于该防守队员的犯规直接妨碍了进攻队员先前的得分机会，该犯规队员由于严重犯规应罚令出场。

十一、处罚规则

(一) 罚点球及罚则

罚点球应从罚球点上踢出，必须明确主罚队员。踢球时除主罚队员和对方守门员外，其他队员均应在该罚球区域外及比赛场内，并至少距罚球点 9.15 米处。对方守门员在球被踢出前，必须站在两门柱间的球门线上（两脚不得移动）。主罚队员必须将球向前踢出，在其他队员踢或触及前不得再次触球。当球滚动至球的圆周距离时，比赛即为恢复。罚球点球可直接射门得分。当比赛进行中执行罚球点球，以及在全场比赛终了而延长时间执行或重踢罚球点球时，如踢出的球触及任何一个门柱或两个门柱，或触及横木，或触及守门员，或连续触及门柱、横木或守门员而进入球门，只要没有犯规现象发生，均应判为胜一球。

罚则：①如守方队员犯规，则球未罚中应重罚；②如踢罚球点球队员以外的攻方队员犯规，则球罚中无效，应重罚；③如踢罚球点球队员在比赛恢复后犯规，则应由对方队员在犯规地点根据具体情况踢间接任意球。

(二) 掷界外球及罚则

当球的整体不论在地面或空中越出边线时，应由出界前最后触球队员的对方队员，在球出界处掷向场内任何方向。掷球时，掷球队员必须面向球场，两脚均应有一部分站立在边线上或边线外，不得全部离地，用双手将球从头后经头顶掷入场内。球一进场内比赛立即恢复。掷球队员在球被其他队员踢或触及前，不得再次触球。掷界外球不得直接掷入球门得分。

罚则：①如球不按规定的方法掷入场内，应由对方队员在原处掷界外球。②如掷球队员掷球入场后在球被其他队员踢或触及前再次触球时，应由对方队员在犯规发生地点踢间接任意球。如队员在对方球门区内犯规或在本方球门区内犯规，则应根据具体情况踢间接任意球。

(三) 球门球及罚则

当球的整体不论在空中或地面从球门外越出球门线，而最后踢或触球者为攻方队员时，由守方队员在球门区内任何地点直接踢出罚球区恢复比赛。守门员不得将球接入手中后再踢出进入比赛。如球未被直接踢出罚球区，即未进入比赛，应令重踢。踢球门球的队员在球被其他队员踢或触及前，不得再次触球。踢球门球不得直接射门得分，踢球门球时，对方队员在球被踢出罚球区前都应站在罚球区外。

罚则：踢球门球的队员将球踢出罚球区后，在球被其他队员踢或触及前再次触球，应判由对方队员在犯规发生地点踢间接任意球，如队员在球门区内犯规，则根据具体情况执行。

(四) 角球及罚则

当球的整体不论在空中或地面从球门外越出球门线，而最后踢或触球者为守方队员时，由攻方队员将球的整体放在离球出界处较近的角球区内踢角球。踢角球时，不得移动角旗杆。角球可直接胜一球。踢角球队员的对方队员在球未进入比赛时，即球未滚动至球的圆周距离时，不得进入距球 9.15 米以内。踢角球队员在球被其他队员踢或触及前，不得再次触球。

罚则：①踢角球的队员，在球被其他队员踢或触及前再次触球时，裁判员应判由对方队员在犯规发生地点踢间接任意球，如队员在球门区内犯规，则根据规则的具体情况执行；②如有任何其他犯规，角球均应重踢。

第十章
排球运动实践探究

第一节 排球运动概述

一、起源

排球运动起源于美国，是美国马萨诸塞州霍利奥克城基督教青年会的体育指导威廉·摩根于1895年发明的。当时他考虑到4年前即1891年发明的篮球运动太激烈，想寻求一种运动量适当又有乐趣，而且可以适合广大人群共同参与的球类活动，因而发明了排球。

排球于1900年首先传入印度，1905～1906年传入中国。排球传入亚洲时，规则处于不完备阶段，在1913年第一届远东运动会因认为"排球应让尽可能多的人参加"而采用了十六人制。这样亚洲各国都经历了十六人制、十二人制、九人制排球这一过程。直到20世纪50年代初才引进了六人制排球。由于许多国家要求举行世界性的排球比赛，1947年在巴黎召开了有17个国家排协代表参加的大会，正式成立国际排联（FIVB），法国人鲍尔利伯被选为主席。会上决定采纳美国式的六人制排球为比赛制度，同时也制订和规定了正式比赛的规则。

排球的重大国际比赛有：奥运会、世界锦标赛和世界杯。

亚洲最早有远东运动会，之后有亚运会、亚洲锦标赛。

由于中国政府、各级体委、运动队等的重视和关心，中国排球运动水平有了飞速的发展和提高。1979年中国男女排双获亚洲排球锦标赛冠军，从而振奋了民族精神，继孙中山先生之后，再次提出了"团结起来、振兴中华"的口号。

之后，中国女排1981年在日本东京举行的第3届世界杯女子排球比赛中，7战7胜第一次荣获世界冠军，1982年在秘鲁利马举行的第9届女子排球锦标赛中再获冠军，1984年在美国洛杉矶举行的第23届奥运会上，中国女排以3：0战胜美国队第三次荣获世界冠军，1985年第4届世界杯和1986年第10届世界锦标赛中均获冠军。从而获得"五连冠"的称号，成为中国三大球中第一个登上世界顶峰的队伍。最为可喜的是，经过17年的沉寂，中国女排于2003年11月在日本举行的第9届世界杯女子排球比赛中又重新夺得冠军。2004年8月在希腊雅典举行的第28届奥运会女排比赛中，再创辉煌勇夺冠军。虽然2008年第29届北京奥运会中国女排仅获第3名，但是在任何困难面前均不轻易言败的中国女排，从来都是国人心中无人能及的冠军。中国女排的精神仍然激励新一代女排和所有国人永不言弃和不断奋进。

二、排球运动及特点

排球运动是两队各六名队员在长18米、宽9米的场地上，从中间隔开的球网（男子网高2.43米，女子网高2.24米，少年网高另有规定）上面，运用发、垫、传、扣、拦等技术，进行攻防对抗，不使球在本方场地落地的一种球类运动（如图10–1所示）

图 10–1 排球

由于排球运动易于接受，且深受大众喜爱，所以不断分化、繁衍，形成多种多样的形式，如沙滩排球、软式排球、“小排球”、“4 人排球”、“9 人排球”、“气排球”、“妈妈排球”等。

近年来，我国大多数高校都开设了排球课，有的高校还建立了高水平运动队。很多院校级竞赛活动已经规定为每年举行一次，校际排球竞赛交流也十分活跃。

排球运动有以下几个特点：

(1) 广泛的群众性：由于排球场地设备简单，比赛规则易掌握，既可在球场上比赛和训练，亦可在一般空地上打来打去。排球运动量可大可小，适合于不同年龄、不同性别、不同体质、不同训练程度的人。

(2) 技术的全面性：规则规定，每个、队员都要进行位置轮转，既要到前排扣球与拦网，又要到后排防守与接应。要求每个队员必须全面地掌握各项技术，要能在各个位置上比赛。从技术上讲，争取主动、夺取胜利的基础在于技术的全面。同时，排球运动也可以促使人的肌体得到全面的发展。

(3) 激烈的对抗性：排球比赛中，从发球到接发球；从扣球到拦网、防守；从进攻到防守、反击，都是在激烈的对抗中进行的。目前，国际上高水平的比赛，对抗的焦点集中表现在网上扣、拦的激烈争夺上。双方都在力争空中优势，以高度、速度、灵活、多变等技术技巧摆脱被动，争取主动，夺取胜利。

(4) 高度的技巧性：根据规则规定：比赛中，球不能落地，也不能在手中停留，不得连击，每方击球不得超过 3 次。因此时间性、技巧性要求很高。高水平的排球比赛是在快速、突变、连续和复杂的争夺中进行，反映出良好的素质和精湛的球艺。

(5) 严密的集体性：在排球比赛中，除发球外都是在集体的配合中进行的。如果没有严密的集体配合，就无法发挥技术、战术的作用。无论是接发球进攻中的一传、二传、扣球或是接扣球进攻中的拦网、防守、二传、扣球等，技术都是一环扣一环地进行的，如某一环节配合不当，整个战术的配合就无从谈起。因此，要严密地配合，而且水平越高，集体配合就越严密。

(6) 攻防技术的两重性：排球比赛中各项技术绝大多数都既能得分又能失分，所以说每项技术大多具有攻防的两重性。这一特点与足球、篮球不同。排球各项技术都是攻中有防，防中有攻，相互转化，相互制约。所以要求技术十分准确、熟练，既要有攻击性，又要有准确性。

排球运动的特点和要求注定了排球这一运动必定会受到众多人群的欢迎。

三、排球运动的锻炼价值

(1) 能改善人体中枢神经系统和内脏器官的功能状况；可提高人体的力量、速度、弹性、灵敏、耐力等专项身体素质和运动能力。

(2) 能提高控制自己情绪和调节最佳身心状态的能力，可形成良好的心理品质。

(3) 能培养人的优良体育道德作风和团结协作的集体协作主义精神。

第二节　排球的基本技术

排球技术是指在规则允许的条件下所采用的各种合理的击球方法和技巧。

排球技术主要由步法和手法两部分组成。首先是步法。步法是指快速灵活的脚步移动和起跳动作，保持好人与球的合理位置关系。其次是手法。手法是指击球时手指、手腕、手臂用力和控制球的动作方法。

在排球运动不断的学习和进步过程中，人们总结出了有关排球的基本技术包括“准备姿势与移动”“发”“垫”“传”“扣”“拦”六大技术。

一、准备姿势与移动

(一) 准备姿势

准备姿势可以按照身体重心的高低分为稍蹲、半蹲和低蹲三种。稍蹲主要用于扣球助跑前或球在对方正在组织进攻时，不需要快速反应起动的场合。低蹲主要用于防守和接回拦球等。其中半蹲准备姿势运用是较多的，因为半蹲的一些动作要领是需要反复练习才能更好掌握的。

半蹲准备姿势技术动作要领：

(1) 下肢姿势：两脚左右开立与肩同宽（如图 10-2 所示）或前后开立（如图 10-3 所示），两脚尖适当内收，脚跟稍提起，膝关节弯曲呈 135° 角。

图 10-2 准备姿势（两脚左右开立） 图 10-3 准备姿势（前后开立）

(2) 身体姿势：上体前倾，重心靠前，膝部的垂直线应在脚尖前面。

(3) 手臂的位置：两臂放松自然弯曲，双手置于胸腹前。

(4) 全身动作要求：全身肌肉不宜过于紧张，应适当放松，两眼注视来球，两脚始终保持微动。

(二) 移动

移动的目的是能够快速地接近球，保持好人与球的位置关系以便击球或者回击球，同时也为了迅速占据场上的有利位置以便于准确无误地击球。

技术动作要领：

1.移动前的准备

根据场上情况选择上述合适的准备姿势，两脚的位置、膝关节的弯曲程度、身体重心位置以及手臂位置等都要有利于随时改变移动的方向和迅速起动。

2.启动

移动快慢的关键就是启动。例如向前移动，在正确准备姿势的基础上，迅速抬起前腿，收腹使上体向前探出，同时后腿迅速用力蹬地，使整个身体急速向前启动。

3.步法

启动后根据临场技战术的需要灵活运用步法，常用的有以下几种：

(1) 并步与滑步：当来球距身体一步左右时可采用并步移动。向前移动，则后脚蹬地，前脚向来球方向跨出一步，后脚迅速跟上做好击球前的准备姿势。并步容易保持身体平衡，便于做击球动作，并可向前、后、左、右各方向移动。它主要用于传球、垫球、拦网等技术。滑步是一种快速连续并步的移动方式，在来球离体侧稍远，并步不能接近球时使用滑步是通用的技巧。

(2) 跨步与跨跳步：当来球较低，离身体2米左右时采用，采用跨步移动时，如向前移动，则后脚用力蹬地，前脚向前跨出一大步，膝部弯曲，上体前倾，身体重心移至前脚上。跨步可向前、向斜前或向侧方移动。跨跳步是在跨步动作的基础上，后脚将身体向前蹬离地面有一个腾空阶段。前脚落地后迅速屈膝，后腿及时跟上，同时降低重心，上体前倾准备击球。

(3) 交叉步：采用向右侧交叉步时，上体稍向右转，左脚从右脚前面向右交叉迈出一步，然后右脚再向右跨出一大步，同时身体转向来球方向保持击球前的姿势。

(4) 跑步：球远时须用跑步。采用跑步时，两臂要配合摆动，不要过早做击球动作的准备，以免影响跑步的速度，如果球要落在侧方或后方时，应边转身边跑，这样可以保证尽快地到达击球的有利位置。

(5) 综合步法：在运动中遇到各种情况采用上述移动步法综合使用，如跑步之后接滑步，滑步之后接交叉步或者跨步等。

4.制动

在移动中及时准确的制动也是非常重要的一部分，否则只是一味地移动迅速，不能精准地停在自己想停下的位置，对于排球运动无疑是最糟糕的。常见的制动方法有两种，分别是：一步制动法和两步制动法。

(1) 一步制动法：一步制动时，移动最后跨出一大步，同时降低身体重心，膝和脚尖适当向内转，全脚掌横向蹬地，抵住身体重心继续移动的惯性，并用腰腹力量控制上体，使身体重心垂线停落在两脚所构成的支撑面以内，来以此达到一步制动法的目的。

（2）两步制动法：两步制动时，以倒数第二步做第一次制动，紧接着跨出最后一步做第二次制动。同时身体后倾，两膝弯曲，来降低重心，同时两脚用力蹬地。使身体处于有利于做下一个动作的状态，这便是两步制动法。

在实际运动中可根据不同情况采用不同的制动方法来应对各种情况。

二、发球技术

发球是排球运动的开始，也是进攻的开始。一次好的发球就是好的开始，发球一方占据着主动权，有力的发球可以起到先发制人的作用；也可以破坏对方的战术组成；甚至直接得分。

发球技术可分为：正面上手发球；上手飘球；勾手大力发球；勾手飘球；正面下手发球；侧面下手发球和高吊球等。

（一）正面下手发球

正面下手发球的技术动作要领如下：

（1）准备姿势：面对球网，两脚前后开立，左脚在前，两膝微屈，上体稍前倾，重心偏后脚，左手持球于腹前（如图 10–4 ①所示）。

（2）抛球：左手将球轻轻抛起在体前右侧，离手高约 20 厘米。在抛球之前，右臂伸直，以肩为轴向后摆动（如图 10–4 ②③所示）。

（3）击球：借右脚蹬地力量，身体重心随着右手向前摆动击球而移至前脚上，在腹前以全手掌击球的后下方。手触球时，手指、手腕紧张，手成勺形，吻合球。击球后，随着击球动作重心前移，迅速进场比赛（如图 10–4 ④⑤⑥所示）。

图 10–4 正面下手发球

（二）正面上手发球

正面上手发球的技术动作要领如下：

（1）准备姿势：队员面对球网，两脚自然开立，左脚在前，左手托球于身前（如图 10–5 ①所示）。

（2）抛球：用抬臂和手掌的平托上送，将球平稳地垂直抛于右肩的前上方，高度适中（如图 10–5 ②所示）。

（3）挥臂击球：在左手抛球同时，右臂抬起，屈肘后引肘与肩平，上体稍向右侧转动

(如图 10–5 ③所示)，击球时利用蹬地，使上体向左转动，同时收腹，带动手臂挥动（如图 10–5 ③ ~ ⑥所示)，在右肩上方伸直手臂的最高点，用全手掌击球的中下部（如图 10–5 ⑥所示)，击球时，手指自然张开吻合球（如图 10–6 所示)，手腕要迅速主动做推压动作（如图 10–7 所示)，使击出的球呈上旋飞行，击球后随着重心前移，迅速入场。

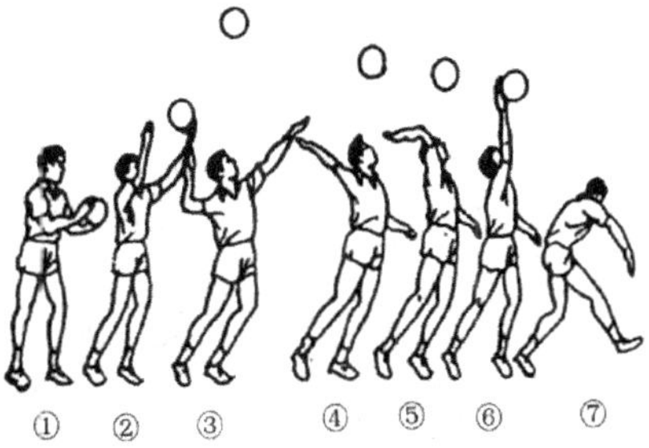

图 10–5 正面上手发球

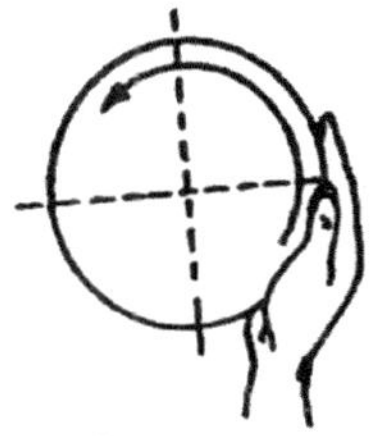

图 10–6 手指自然张开

图 10–7 做推压动作

(三) 正面上手发飘球

正面上手发飘球的技术动作要领如下：

(1) 准备姿势：同正面上手发球。

(2) 抛球：同正面上手发球，但抛球比正面上手发球低大约 50 厘米稍微靠前些。

(3) 挥臂击球：与正面上手发球一样做鞭甩动作，击球前手臂的挥动轨迹是自后向前做直线运动。击球时五指并拢，手腕稍后仰，用掌根平面击准球体中下部，作用力通过球体重心。击球瞬间，手腕、手指紧张，手型固定，不加推压动作。击球结束，手臂要有突停动作，击球后，运动员迅速入场。

三、垫球技术

垫球技术根据其分类的标准不同可分为不同类型。

垫球技术按运用分类可分为：接发球、接扣球、接拦回球、接其他球等。垫球技术按动作方法可以分为：正面双手垫球、跨步垫球、体侧垫球、低姿垫球、背垫、单手垫球、前扑垫球、侧卧垫球、滚翻垫球、鱼跃垫球以及挡球等。

垫球技术使比赛中运用最多的击球动作，正面双手垫球是各种垫球技术的基础。

正面双手垫球的技术动作要领如下：

(1) 准备姿势：对正来球两脚左右开立与肩同宽，成半蹲姿势站立，双手置于胸腹前，两眼盯着来球。

(2) 手型：叠掌式、抱拳式。

(3) 击球：当球飞到腹前一臂距离时，两臂夹紧前伸，插到腹前，向前上方蹬地抬臂，迎击来球，垫击球的后下部，身体重心随击球动作前移。

(4) 击球点：应保持在腹前击球。

(5) 用力：配合蹬地、跟腰动作，使重心向前上方移动，整个手臂要适当放松，便于灵活控制垫球的方向和力量。

(6) 垫击部位：用前臂腕关节以上 10 厘米左右桡骨内侧平面为宜。

(7) 手臂角度：要根据来球的角度和要求垫出的方向，调整手臂与地面的角度和左右转动手臂平面来控制垫球方向。

四、传球技术

传球是排球运动的基础技术之一，主要用于衔接防守和进攻。传球主要有正面传球、背传球、侧传球和跳传球。

1.正面上手传球

正面上手传球时采用稍蹲的准备姿势，抬头目视来球，双肘弯曲自然抬起，双手置于脸前。触球时，两手自然张开成半球形，使手指与球吻合，手腕稍后仰，拇指相对成一字型，击球部位一般在球的后下方（如图 10–8 所示）。传球时用拇指内侧、食指全部、中指的二、三指节触球，无名指和小指在球的两侧辅助控制出球方向，两肘适当分开，自然下垂。击球点应保持在额前上方约一球远，充分利用蹬地、伸膝、伸臂，从脸前向前上方主动迎击来球（如图 10–9 所示）。

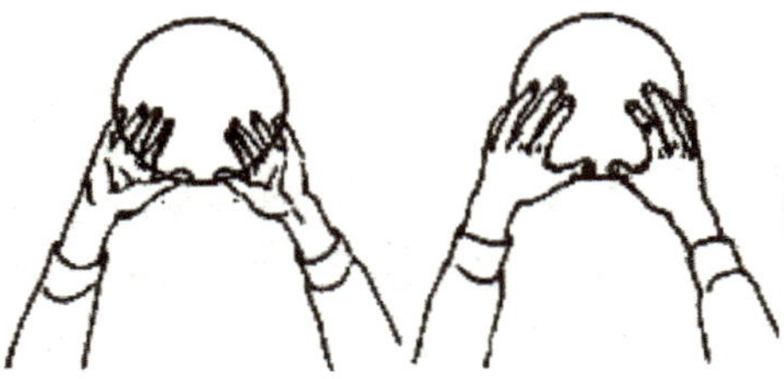

图 10–8 正面上手传球手型

图 10–9 正面上手传球

2.背传球

背对传球目标的传球称背传。背传是传球技术中的一种基本方法，在比赛中运用较多。传球时，上体后仰，将上臂抬起，手腕后仰，掌心向上，双手自然抬起置于脸前，迎球时击球点在球上方，比正面传球略偏后，击球点在球的下部，利用蹬腿、展体、抬臂、伸肘和指腕的弹力将球传向后上方，实现背传球（如图 10–10 所示）。

图 10–10 背传球

3.侧传球

身体侧对传球目标，在不转动身体的情况下，靠双臂向侧方传球的动作称为侧传。侧传击球点应偏向传出方向一侧。迎球时，通过下肢蹬地使身体重心向上伸展，上体和双臂向传球方向一侧伸展，异侧手臂动作的幅度要大些，伸展的速度也应快些，以双臂和上体侧屈的协调动作将球传出（如图 10–11 所示）。

图 10-11 测传球

传球动作是由多种力量合成。所以训练传球或者进行排球运动对于身体各项机能的训练也是全面有效的。

五、扣球技术

扣球技术是排球的基本技术之一，也是排球技术中攻击性最强的一项技术，排球运动的主要得分手段就是扣球技术，在比赛中占有十分重要的地位。扣球技术分为正面扣球、勾手扣球、扣快球和个人战术扣球等。

我们主要学习一下正面扣球技术（以右手扣球为例)(如图 10-12 所示)。

图 10-12 扣球

正面扣球技术基础依然是与准备姿势和移动速度以及移动方位的精准度紧密相关。扣球技术的基本要求在准备姿势、助跑、起跳、击球和落地方面都有各自的要求和技巧性。

准备姿势：助跑前稍蹲，两臂自然下垂，站在离网 3 米左右处，身体转向来球方向。

助跑：一般采用两步助跑，左脚先向前迈出一步，紧接着右脚再快速跨出一大步，左脚及时并上，踏在右脚之前，两脚尖稍向右转，两臂向上引摆准备起跳。

起跳：在右脚落地时，左脚迅速跟上，落于该脚的侧前方，两腿弯曲缓冲，随即迅速蹬地起跳。两臂由后向前向上猛摆，并做好扣球准备。

击球：身体腾空后，上体稍后仰，并向右侧转体，右臂屈肘上举后引，身体成反弓形，收腹转体带动肩、肘关节，手臂尽量向前上方快速挥动伸直，以全手掌猛力扣球，手腕有扣压动作（如图 10-13 所示）。

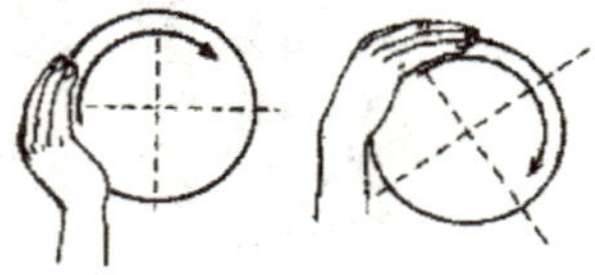

图 10–13 扣压动作

落地：双脚前脚掌先着地，然后过渡到全脚掌，屈膝、收腹，缓冲下落力量，顺势收臂以免触网。

扣球技术是整个排球运动中至关重要的一部分，称作排球运动的胜负手，拥有一名扣球技术娴熟且具备相当水平的排球运动员往往会成为一个球队的压胜手段。所以相对来说扣球技术的反复训练也是至关重要的。

练习方法：

(1) 对墙做击打反弹扣球练习。

(2) 打防练习、上网扣一般高球或各种快球等，其中又以 4 号位扣球练习为主。

六、拦网技术

拦网技术是排球运动基本技术之一，指队员在球网上空拦阻对方击来的球。是防守反击的第一道防线。拦网技术分为单人拦网和集体拦网两种，集体拦网通常又可分为两人和三人拦网。

1.单人拦网

队员面对球网，两脚左右开立约与肩宽，距网 30 ~ 40 厘米，两膝微屈，两臂在胸前自然屈肘。移动时可采用并步、交叉步、跑步，向前或斜前移动。原地起跳后要用力蹬地，使身体垂直起跳。如果是移动后起跳，制动时，双脚尖要转向网，同时利用手臂摆动帮助起跳。拦网时两手从额前平行球网向网上沿前上方伸出，两臂平行，两肩尽量上提，两臂尽力过网伸向对方上空，两手接近球，自然张开，手触球时两手要突然紧张，用力屈腕，主动盖帽捂住球。

2.集体拦网

集体拦网是指排球比赛中，由两名或三名队员彼此靠近实施拦网，当其中一名队员触到球时即完成集体拦网。集体拦网分双人拦网和三人拦网。

双人拦网指两名队员在球网上空拦阻对方击来的球。常有 2、3 号位或 3、4 号位队员组成双人拦网。

三人拦网是在对方主要扣球手进攻实力很强、不善吊球的情况下采用的 3 人后排接球的防守阵型。

拦网技术的基本技术要领：

(1) 准备姿势：队员面对球网，两脚平行开立，约与肩同宽，距网 30 ~ 40 厘米，两膝稍屈，两臂在胸前自然屈肘。

(2) 移动：

①并步移动：向左右移动距离近时采用并步。由于面对球网便于观察，也便于随时起

跳，但移动速度较慢。

②交叉步：移动距离稍远时采用交叉步。交叉移动后两脚着地时脚尖要转向球网。

③跑步：移动距离过远时采用，女队员用得较多。不管采用几步助跑，向右侧转身最后一步应以左脚（内侧脚）跨出制动，右脚（外侧脚）再向前跨出一步，脚尖向左转，随即起跳。如来不及转时，也可边跳边转，使身体正面转向球网。

④向前或斜前移动：为了提高弹跳高度或运用重叠拦网，开始不贴网站立，而是站在离网一步远的地方，利用一步助跑到网前起跳。动作方法同并步或交叉步。

(3) 起跳：原地起跳时，重心降低，两膝弯曲，用力蹬地，使身体垂直起跳。

(4) 空中击球：起跳时，两手从额前贴近并平行球网向网上沿的前上方伸出，两臂伸直，两肩尽量上提，两臂保持平行，拦网时，两臂尽力过网伸向对方上空，两手接近球，自然张开，屈指屈腕呈勺型。当手触球时，两手要突然紧张，手腕用力下压盖住球的前上方。为了防止对方打手出界，2、4号位队员的外侧手掌心要向内转。

(5) 选择拦网部位：选择拦网的部位不能只根据球的位置，主要的是根据扣球人的身体位置和挥臂方向把注意力转到扣球人的动作上，最后根据其挥臂方向，判断球的过网位置，双手最后伸向这个部位拦网。

(6) 落地：如已将球拦回，则可面对对方，屈膝缓冲，双脚落地。如未拦到球，则在下落时就要随球转头，并以转头方向相反的一只脚先横过来落地，随即转身面向后场。

拦网技术是排球运动中作为第一道防线设立的屏障，在双方进行攻防或训练时要注意基本技术动作要领和场上的实时状况灵活运用。

练习方法：

(1) 沿网移动做拦网练习。

(2) 两人隔网站立，原地起跳和移动起跳做网上击掌练习。

(3) 两人一组和三人一组分别在2、3、4号位做拦网练习。

拦网技术是排球运动中作为第一道防线设立的屏障，在双方进行攻防或训练时要注意基本技术动作要领和场上的实时状况灵活运用。

第三节　排球的基本战术

排球的基本战术是指：队员在比赛中根据排球运动规则要求和排球运动规律，以及比赛场上的具体情况和临场比赛形势的发展变化，有目的、有意识、有组织地进行有预见性的个人和集体配合行动。排球基本战术根据不同的需要一般分为个人战术和集体战术两大部分。

一、个人战术

个人战术是利用个人所具有的传、发、扣、拦及后排防守等技术特点进行集体配合来获得最佳效果的基本战术，个人战术一般是基于个人能力出众或者排球运动风格明显且具备一定优势的情形下会采用的战术。

(1) 发球战术：根据比赛的具体情况，选用己方发球具备优势的队员，采用各种不同的发球方法，造成对方的传球困难或者传球失误，来破坏对方的战术或直接得分。

（2）一传战术：一传是为了组成本队的进攻战术而有目的的传球。它是进行比赛与组织进攻战术的基础，一传的优势会让己方占据很大的主动权，从而形成攻势进行得分，获得比赛优势。

在比赛时，由于有各种不同的进攻战术，所以对一传的要求也不同。例如：组织快攻战术时，一传的弧度要低平，速度稍快，以提高进攻节奏。组织两次球战术，一传的弧度要高，接近垂直下落时便于扣两次球或转移。组织前交叉，一传的落点要靠近球网中间，组织后交叉，一传的落点要偏向2号位。组织短平快球时，要根据是3号位扣球还是4号位扣球来决定一传的落点。

（3）二传战术：二传是为了有效地组成进攻战术，给扣球队员创造有利的进攻条件，使对方难于组织防御。二传战术主要是利用比赛场上的具体情况变化来组织有利于己方队员进攻得分的一种实用性很强的战术之一。

（4）扣球战术：扣球是进攻战术中的集中表现。扣球战术是扣球队员根据比赛中对方拦网和防守情况，选择合理有效的扣球方法或换击球线路，利用扣球这一进攻性很强的特点进行的进攻性战术。

（5）拦网战术：拦网是阻拦对方进攻的第一道防线，是将被动转化为主动的转折点。拦网战术是通过对比赛场上对实时变化等因素来体现的。时间就是掌握突然起跳的时机，使扣球队员来不及改变扣球路线。空间是拦网队员控制高度，接近球，扩大阻拦面，并拦住球的过网路线。动作变化是指用声东击西战术来迷惑扣球队员，造成扣球队员判断错误而使本方拦网获得成功。经常采用的拦网战术有单人拦网、双人拦网、三人拦网。运用拦网战术，要根据对方扣球队员的风格及技术特点来运用，有的队员擅长技巧性扣球，有的队员擅长有利位置扣球，也有的队员擅长掌握扣球的不同力度来获得分数。拦网技术本身就是针对性很强来变守为攻的战术。

后排防守战术：防守应能选择有利的位置，并采取合理的接球动作，将球有效地按战术要求防起。一名好的防守队员需要提前准确的看出对方进攻和拦网的具体情况，在接球前做出相应的准确应对和防守，能够配合己方形成相应的反攻取得优势。

二、集体战术

集体战术是根据本方队员和对方队员之间的具体情况来进行组织进行有利于本方队员形成有利配合，以此进行的集体团队战术和技术配合实现得分胜利的一种常规战术。集体战术的主要实施需求要根据阵容配备、阵形、进攻战术和防守战术的不同打法、运用己方所有球员的协作配合以及技术配合来完成，以此来取得分数，获得胜利的。

（一）阵容配备的主要形式有两种，分别是“四二”配备和“五一”配备。

1.“四二”配备

“四二”配备是指场上队员有4个是进攻队员和2个二传队员（如图10-14所示）。4个进攻队员又可分为2个主攻，2个副攻，他们都站在对角位置上。其优点是无论怎样轮转，前后排都能保持1个二传和2个进攻队员，便于组织和发挥攻击力量，给对方的拦网及防守造成困难。但对2个二传队员的进攻和拦网能力的要求较高，否则就会影响“四二”配备的进攻效果。

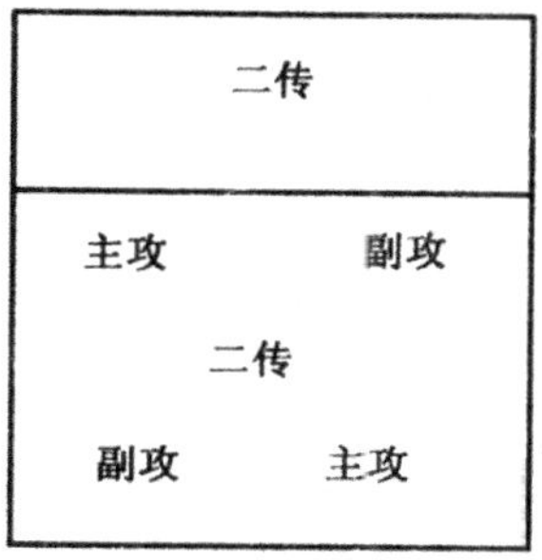

图 10-14“四二”配备

2.“五一”配备

“五一”配备是指场上队员有 5 个进攻和 1 个二传队员（如图 10-15 所示）。这个阵容配备的优点是拦网和进攻力量得到加强，全队只要适应一个二传队员的打法，相互之间容易建立默契。有利于二传队员统一贯彻战术意图。但二传队员在前排时，只有两点攻。要充分利用两次球、吊球及后排扣球等战术变化突袭对方，以弥补“五一”配备的不足。

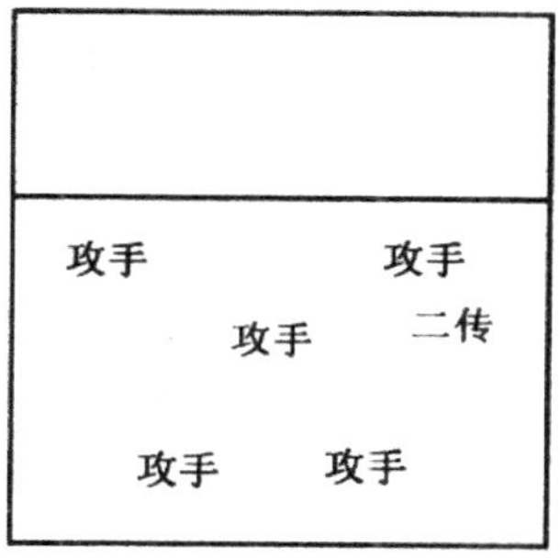

图 10-15“五一”配备

两种阵容配备不适合新手使用，因为“四二”配备和“五一”配备这两个阵容不仅对个人基础和技术要求较高，而且需要一定的对战经验和技术配合。如果基础不好，两种阵容的优缺点会很明显地展现出来。

“四二”配备的优点是每一轮次前排都有一个二传队员和两个进攻队员，这样便于组织“中、边一二”进攻。如两名二传队员也有攻击力量，每一轮次都可采用插上进攻，以加强攻击的威力，给对方拦网和后排防守造成困难。“五一”配备虽然加强了进攻力量，但当二传队员轮转到前排时，有三轮前排只有两名进攻队员。采取“五一”配备，全队进攻队员只需适应一名二传队员的打法，相互配合上容易建立默契。“五一”配备需要有一名意识和大局观比较好的队员来进行全员战术分配，借此来更好实施统一指挥。

这两种不同的阵容配备，各有利弊。根据实际的比赛状况和队员技术情况来选择更适合己方的阵容配备或是做出适当调整都是一些常用的实用方法。

（二）进攻阵型及战术打法

阵型即是进行比赛时队员所采用的队型，选择合理的阵型，可以在比赛中顺利地进行各种战术变化，无论是在进攻还是接球进攻中都能顺利应对各种比赛情况。

通常在比赛中被采用的两类进攻阵型分别是：由前排队员作二传组织进攻的称为“中、边一二”进攻阵型；由后排队员作二传组织进攻的称为“插上”进攻阵型。

1.“中、边一二”进攻阵型（如图 10–16 所示）

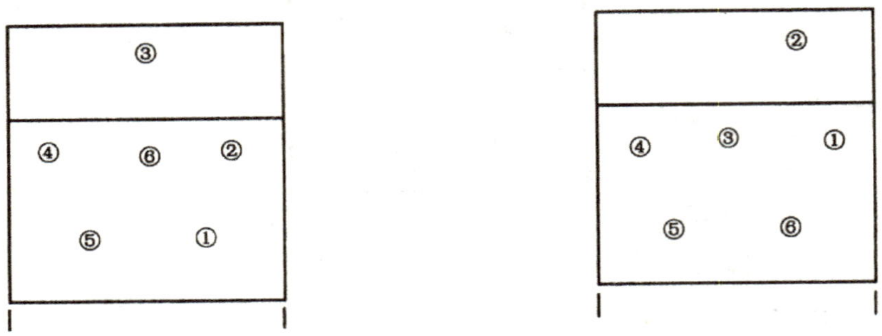

图 10–16“中、边一二”进攻阵型

首先：4、5、6 号队员接对方近距离发球，组织 4 号位进攻，要求三名队员将球准确无误地垫到前排中间 3 号位，再由 4 号位进行扣球，要务必通过几个人配合，三次击球过网。

然后：2、1、6 号队员接对方近距离发球，组织 2 号位进攻。

紧接着：1、6、5、4 号队员接对方近距离发球，组织 4、2 号位队员进攻，要求队员间明确场上 位置，互相配合，完成“中二一”进攻战术。

2.“插上”进攻阵型

后排队员到前排作二传，将球传给前排 3 个队员扣球的进攻队型，叫“插上”进攻阵型（如图 10–17 所示）

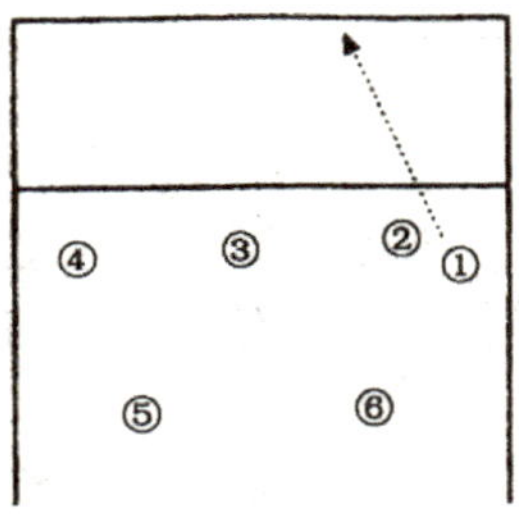

图 10–17“插上”进攻阵型

这种进攻阵型在现代排球中为一般强队所普遍采用。

“插上”进攻阵型的最大特点是：前排能保持 3 人进攻，进攻时能充分利用球网的全长，有利于突破对方的防线，战术变化多，可以快速变化成其他所需要的战术；在接扣球组织进攻中伺机插上，有利于快速反击，争取主动。

采用这种进攻打法应注意以下几点：

插上队员在插上过程中不应影响其他队员接发球。

插上要及时，不要因急于插上而造成位置错误。

当前排 3 人都有进攻能力时，采用“插上”进攻阵型才有作用。

3. 进攻战术打法

进攻战术一般是由一传、二传和扣球三者组成。具体做法就是在一传到位的情况下，二传队员和扣球者之间所组织的各种进攻打法，统称为进攻打法。进攻打法分为：强攻、快攻和两次球进攻。

(1) 强攻。

强攻指在没有同伴掩护、对方有准备的拦防情况下，强行突破的进攻。强攻的二传球较高，根据不同的二传球位置，可以分为集中进攻、拉开进攻、围绕进攻等，后排队员的高球进攻也属于强攻的打法。

集中进攻：一般适合初学者和水平较低的队运用。这种进攻打法是指在4号位或3号位、2号位组织比较集中的不拉开的高球进攻。这种打法扣球人也容易掌握。

拉开进攻：二传队员将球传到网边标志杆附近进行扣球，这种进攻可以扩大攻击面，造成对方拦网困难。

围绕进攻：进攻队员从二传队员前面绕到后面去扣球称为“后围绕”。从后面绕到前面去扣球，称为“前围绕”。围绕跑动换位进攻的目的是充分发挥自己的扣球特长或避开对方拦网的有效区域。调整进攻在低水平队或高水平队比赛时经常出现，特别是在接扣球反击中采用较多，打这种球必须有一定的高度和力量，才能达到突破对方防守的目的。这种球是当一传不到位，球的落点离网较远时，二传队员或其他队员把球调整到网前有利于扣球的位置。

后排队员进攻：是指后排队员在3米线后起跳扣球。这种打法击球点离网较远，进攻威力减小，但对方不容易选择拦网位置和起跳时间。

(2) 快攻。

快攻是指扣二传传出的各种平快球，以及用这些平快球作掩护所组成的各种战术配合的进攻。可以分为平快球进攻、自我掩护进攻、快球掩护进攻三类。平快球进攻常用的有前快、背快、短平快、平拉开、背溜、调整快、远网快、后排快、单脚起跳快等。自我掩护进攻包括时间差、位置差、空间差的进攻。快球掩护进攻包括各种交叉进攻、夹塞进攻、梯次进攻、前排快攻掩后排进攻的本位进攻等。

因此组织快球战术，主要是二传队员与扣球队员之间的密切配合。二传要了解攻手的特点，攻手也要根据一传的情况和二传的特点，两者之间做到相互配合，才嫩使快攻发挥其作用。

(3) 两次球进攻。

两次球进攻是指一传传球较高，又在网前适合扣球的位置上，前排队员跳起来直接进行扣球，如遇对方拦网，就在空中将扣球改作二传，把球转移给其他前排队员扣球或者其他方式进攻。

(三) 防守阵型及战术打法

排球运动的防守战术是任何一方进行排球运动的队员所需要掌握的。当己方不是发球一方时，排球的防守战术便是至关重要的。没有严密的防守，进攻就无从组织。所以排球的防守战术是组织反攻和反攻战术的基础，所有的防守战术都应该从组织进攻或进行反攻的角度出发，来进行积极的考虑和技术配合。

1. 接发球的防守战术

当对方发球时，己方处于防守位置时，是双方攻防的开始，同时也是组织第一次进攻的开始。防守时所有队员都应事先站好位置，摆好阵形是接好发球的基础。己方队员的站位阵型，不仅要有利于接球，也要有利于本方所采用的进攻战术。同时，还要根据对方发球的特点，采取不同的阵型。“四人接发球站位阵型”和“五人接发球站位阵型”是常见多采用的接发球站位阵型。

(1) 五人接发球站位阵型。

五人接发球站位阵型是除1名二传员站在网前或从后排插上准备二传不接发球外，其余5名队友都担负一传任务的接发球站位阵型。其优点是队员均衡分布，每人接发球的范围相对减小；接发球时，已站成了基本的进攻阵型，组织进攻比较方便，适合接发球水平不太高的球队。其却点是一传队员从5号位插上时距离较长，难度大，对5号的移动速度要求较高；3号位队员接球时，不便组成快攻战术，不利于队员间的及时换位；同时需要队友之间的配合默契，否则移动过程时会相互干扰，互相影响。

(2) 四人接发球站位阵型。

四人接发球站位阵型是指插上二传队员与同列的前排队员两人站在网前不接发球，其他4人站成弧形接发球的站位阵型。其特点是便于后排插上与不接发球的前排队员及时完成换位；其缺点是对接发球的4人要求有较高的预判能力、移动能力，而且接发球四人需要掌握较高水平的接发球能力。

2. 接扣球的防守战术

接扣球的防守与组织反攻是密不可分的，只有防守成功才能组织有成效的反攻。接扣球的防守战术是前排拦网与后排防守的整体配合战术，根据对方进攻情况、本队队友的技术特长和防守后组织有效的反攻打法，从而实施的不拦网、单人拦网、双人拦网和三人拦网的防守战术。

(1) 不拦网的防守阵型。

不拦网的防守阵型通常是在对方进攻较弱时，无须拦网防守所采用的防守阵型。这种阵形要求前排进攻队员要撤到进攻线后，准备防守和进行防守后的反攻；后排队员后退，准备防后场球；吊到网前的球则由留在网前的二传队员来接球并同时组织进攻。

(2) 单人拦网的防守阵型。

单人拦网的防守阵形一般是用于对方扣球威胁不大，扣球线路变化不多时，当对方轻打中吊球较多时，可以主动采用单人拦网的防守阵型。拦网队员负责阻拦扣球人的主要进攻路线，不拦网的队员负责保护拦网队员的拦网死角，后排队员同时后撤加强对于后场的防护。

(3) 双人拦网的防守阵型。

双人拦网的防守阵型实在是在对方水平较高、进攻力量较强、进攻路线变化较多时，多采用的一种有效防守阵型。双人拦网的防守即是2人拦网、4人接球。通常分为“边跟进”和“心跟进”两种。

“边跟进”双人拦网的防守阵型多在对方进攻较强，吊球较少时。当对方4号位队员进攻时，本方2、3号位队员拦网，另外4个队员组成半圆弧形防守区。如遇对方吊前区，由边上1号位队员跟进防守。“边跟进”双人拦网的防守阵形可以加强拦网，但是对于边上的队员要求较高，需要边上的队员既要防直线，又要跟进防守前区。

“心跟进”双人拦网的防守阵型是一人在球网一侧将球抛到另一侧二名拦网队员身后，6号位队员跟进防吊球，将球防起后组织“中二一”进攻战术。“心跟进”双人拦网防守阵型对于6号队员要求较高，需要其判断准确的同时，保持身体重心要低，移动速度要快，教学中可以让同学在6号位排成一路纵队，进行有序练习。

(4) 三人拦网的防守阵型。

三人拦网的防守阵型是针对对方主要扣球手进攻实力很强，而且不善吊球的情况下可采用3人拦网、3人后排接球的防守阵型。这种阵形可以有效增强网上力量，但是对于后排的防护会造成一定的防护空隙。避免这种情况的产生可以在使用三人拦网的防守阵型时，3人拦网，后排防守的6号位队员快速跟进至进攻线附近进行保护或者直接退至端线附近对后排加强防守。

当对方的绝杀扣球被拦回时，通常心理会顿时产生一种期望落差，这不仅会一定程度上带动己方队员的积极性，而且会让对方产生一种心理压力。所以接扣球的防守阵型与其战术是非常具备实用性，勤加练习在排球运动对抗或者进行比赛时会有很好的效果。

3. 接拦回球及其进攻。

排球运动如今已经成为全国盛行的运动之一，随着越来越多人的喜爱，排球运动的各项技巧都得到了不同程度的提升和发展。拦网的高度和技巧就是很明显的表现，扣球被直接拦死和拦回球的比例逐渐增多，能否更好地接拦回球，对于比赛的影响也越来越大。

接拦回球首先从思想心理上形成一种观念就是：只要本队有人扣球，其余所有队员就应及时做好准备去接拦回球，不能让扣球被拦回影响己方士气和进攻的节奏。

接栏回球的基本要求就是要提前做准备，进行有效的判断。被拦回的球，大多数落在前区，速度快、路线短、距网近、突然性大，每一个准备接栏回球的队员除应具备敏捷的反应能力外，还必须掌握多种多样的垫、挡、顶等防守技术。以此来实现接到拦回球或者救球，同时配合己方队员组织进行下一轮的反攻。

因为接栏回球已经成为一项必要的排球运动技术，所以已经各个团队逐渐组成接拦回球阵形，普遍常见的接栏回球阵形是需要离扣球队员最近的后排队员，再加上其他队员，组成一个跟进防守的集体。无论在哪里进攻，二传队员都能够及时去接拦回球。因为二传队员最了解对方球员会在什么位置进行怎样的进攻。接拦回球最困难的地区就是扣球点附近，也是被拦回球最集中的地区。所以，对于扣球点附近接拦回球应该加强防守。

相对而言，除了接拦回球，己方也要时刻防拦回球。防拦回球时，队员选择的位置，应根据扣球的方向、方位、预判走向和击球点与网的距离，以及对方拦网的高度和手型进行灵活改变。除此之外，扣球队员在任何时候都应该养成自我防拦回球的习惯。

第四节　排球的竞赛规则与裁判法介绍

一、排球的竞赛规则

排球的竞赛规则是由场地设备要求、非技术性规定和技术性规定等方面的内容决定的。

(一) 比赛场地

比赛场地分为比赛场区和无障碍区两个区域。比赛场区是一个长18米、宽9米的长方形，比赛场区四周有至少3米宽呈长方形对称的无障碍区域，从地面量起有至少7米的无障碍空间。国际比赛的场区边线外的场区至少5米，端线后至少9米，上空的无障碍空间至少12.5米。如图10-18所示。

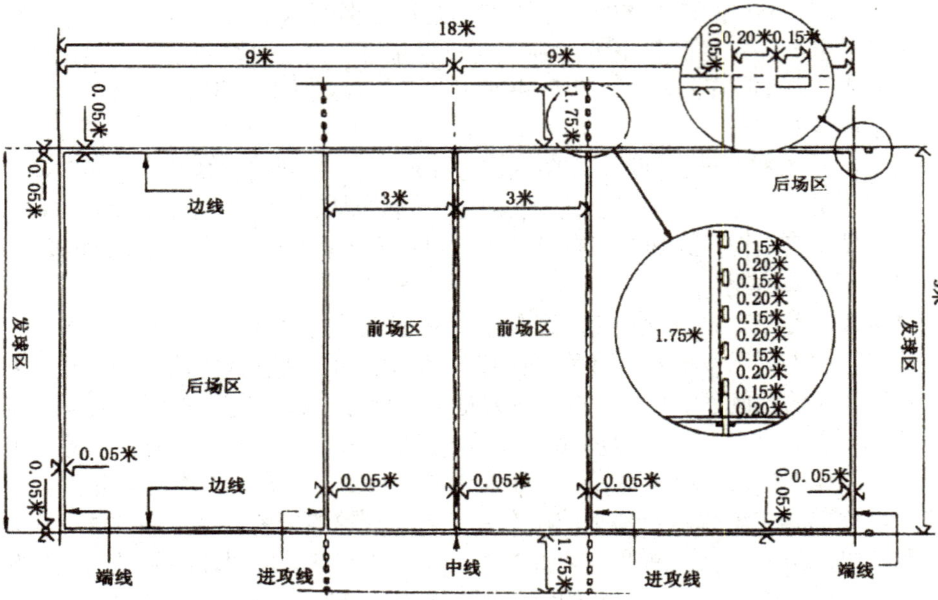

图10-18 排球比赛场地

两条边线和两条端线划定了比赛场区。所有界线宽度都是0.5米，端线和边线都包括在比赛场区之内。比赛场区其间不得有任何障碍物，场地必须平坦、水平并且整齐划一。场地场面不得有任何可能伤害队员的隐患，不得在粗糙、湿或滑的场地进行比赛。

比赛场区中线是网下连接两条边线的中点。中线把整个比赛场区分为长宽均是9米的两个相等场区。每个场区各自画出一条距离中心线3米的进攻线（线宽也包括在内），而中线和进攻线之间的就是前场区。两条进攻线的延长线之间、记录台一侧边线外的范围是换人区。

发球区得位置在端线后，不包括端线，宽9米。两条边线的延长线各画一条长0.15米垂直并距离端线0.2米的断线，两条短线之间就是发球区发球区的深度一直到无障碍区的终端。

球网的高度是用量尺从场地中间测量，边线上空的也就是球网两端高度必须相等，这样来保证比赛的绝对公平性。并且不可以超过标准网高0.02米。球网为黑色，长度为9.50米至10米，宽度为1米，网眼的直径为0.1米。

两条宽度为0.05米、长度为1米的白色带子就是标志带，标志带分别系在球网两端，垂直于边线。标志带一直被所有人认为是球网的一部分。而标志杆是有韧性的两根杆子，长1.80米，直径0.01米，由玻璃纤维或者类似玻璃纤维的材料制成。两根标志杆分别设置在标志带外沿球网的不同两侧，标志杆高出球网0.8米。高出部分每0.1米涂有明显对比的颜色，最好为红白相间，更加醒目。标志杆被认为是球网的一部分，并视为过网区的边界。

球的颜色可以是一色的浅色或者国际排联批准的多色球。球是由柔软皮革或合成革制成的圆形外壳，内装橡皮或类似质料制成的球胆。合成革材料必须经国际排联批准。圆周为0.65米至0.67米，重量为0.26千克至0.28千克，气压为0.30至0.325千克每平方厘米。

在一次比赛中所用的球，其特征包括圆周、重量、气压、牌号及颜色等都必须统一。

(二) 比赛参与者

首先是比赛对于参与者的行为要求有以下几点：

参加者必须了解并遵守规则。

参加者必须以良好的体育道德作风服从裁判员的判定，不允许进行争辩。如有疑问，可以并只能通过场上队长提请解释。

参加者的行为必须符合“公正竞赛”的精神。

必须尊重裁判员、对方队员和观众，而且有礼貌。

不得以任何行为影响裁判员的判断或掩护本队犯规的动作和行为表现。

比赛期间队的成员之间的交流是允许的。

各队在最后确认的十二名队员中，可选择一名队员为后排自由防守队员。后排自由防守队员不能担任队长和场上队长。后排自由防守队员可以替换后排任何一名队员，作为特殊的后排队员，他不可在任何位置上（包括比赛场区和无障碍区）对高于网的球完成进攻性击球；不得发球、拦网和试图拦网；他在前场区运用上手进行传球，其同伴不允许在高于球网处完成对该球的进攻性击球，但后排自由防守球员可以在后场自由传球。

后排自由防守队员所穿队服必须有别于其他队员的队服颜色。他的替换不计在该队的换人次数之内，而且次数没有限制。上下场必须在比赛或死球后，第一裁判员鸣哨前并经过一次发球的比赛过程在进攻线和端线之间的边线处进出场才行。

当后排自由防守队员受伤时，可由登记的任何一名队员来替换，受伤的自由人被替换后在该场比赛中不得再参加比赛。

(三) 比赛方法

比赛开始时，双方各自选出6名队员上场，按照场上区域站位，站在靠近网前的2、3、4号位为前排，站在后面的1、5、6号位队员为后排。比赛开始先由发球队的1号位队员站在发球区进行发球，如果发球直接落在对方场区内，得一分，继续发球，如果发球失误就失去发球权并对方得一分，由对方2号位队员发球。按顺时针方向依次轮换发球。

在比赛过程中，球不能落在自己一方的场地，每队最多可以3次击球（拦网除外）将球击到对方场地，同时每个队员不能连续触球超过一次（拦网除外）。每场正式比赛为五局三胜制，也可以采用三局二胜制。每局哪一队先满25分则获得一局比赛的胜利。若遇双方均得分24分时，比赛继续进行至一方领先2分为止。如果双方在各胜二局成2∶2时，则第五局为决胜局，必须重新选择场地或发球权。在决胜局中，采用15分制并领先2分为胜。任何一方先得8分时，两队应立即交换场地，在交换场地时，双方队员不得任意交换位置和进行场外指导，交换场地后仍由发球一方继续发球。决胜局采用每球得分制，无最高分限。

关于替换队员，每一局每队最多可替换六人次（后排自由防守人除外）。可以同时替换一人或多人。每局开始上场阵容的队员在同一局中可以退出比赛和再次上场各一次，而且只能回到原阵容的位置上。替补队员每局只能上场比赛一次，替补开始上场阵容的队员。而且他只能由被他替换下场的队员来替换。某一队员受伤不能继续比赛时，必须进行合法的替换。如果不可能进行合法替换时，可以采取特殊替换。

比赛过程时，发球应该依据抽签的情况和球队的位置表安排，按照一定的顺序进行。发球必须由位于后排右侧位置的队员在发球区内用一只手或者手臂进行，否则视为犯规。

比赛过程中的击球是指发球和拦网之外的击球。击球时，球可以接触身体的任何部位。全队不可以超过3次击球，每个人击球次数不得超过两次。(拦网除外)。

因为比赛过程中相对而言，拦网犯规的频率和次数都比较多。所以总结的主要有以下几种情形，需要在训练过程中注意：

(1) 对方击球前过网拦网(实质为过网击球)。

(2) 对发球进行拦网。

(3) 后排队员完成拦网(个人或者参加集体拦网)。

(4) 自由人试图拦网或者完成拦网(个人或者参加集体拦网)。

(5) 从标志杆以外伸入对方空间进行拦网。

(6) 拦网出界。

除此之外，比赛中经常会出现的暂停、换人、交换场地以及局间休息的注意事项有以下几点：

(1) 在每一局比赛中每一队最多可以请求2次暂停，每次暂停时间为1分钟。

(2) 在每一局比赛中每一队最多可以请求6人次的换人(换人规则同上)。

(3) 每局比赛(决胜局除外)之后，双方进行下一局比赛都要交换场地；决胜局某队获得8分时，双方要交换场地，不进行休息，并且按照交换场地前双方队员已有的位置继续进行比赛。

(4) 每次局间休息时长为3分钟。

二、裁判法介绍

排球裁判员要有高度的事业心，热衷于做排球竞赛的裁判工作。在工作中不为名，不为利益，不计较个人的得失，作风正派，坚持原则，不徇私情。只有这样才能在履行裁判员职责时做到严肃、认真、公正、准确。

正式比赛通常会设有第一裁判员一人，第二裁判员一人，记录员一人，司线员四人。

(一) 第一裁判员

1. 权力

第一裁判员拥有对现场比赛进行判定的权利。第一裁判员自始至终领导该场比赛。第一裁判员有对其余裁判员和比赛队员行使权力。在比赛中第一裁判员的判定就是最终判定。如果在比赛过程中发现其他裁判员的错误，第一裁判员有权改判。第一裁判员有权决定涉及比赛的一切问题，包括规则中没有规定的问题，如果现场比赛时出现规则中没有明文规定却发生的事情，均以第一裁判员的判定为主。

2. 责任

第一裁判员拥有对所有比赛情况进行判定的权利同时，第一裁判员也肩负着相对应的责任。

比赛前：第一裁判员的责任有以下几点：

(1) 检查场地、器材和比赛用球。

(2) 主持抽签。

(3) 掌握两队的准备活动。

比赛中：只有第一裁判员有权利有责任做以下事情：

(1) 向球队提出警告。

(2) 对不良行为和延误比赛进行判罚。

(3) 判定：发球犯规和发球位置错误，包括发球掩护；比赛击球的犯规；高于球网和球墨上部的犯规；后排队员和后排自由防守队员进攻性击球犯规；比赛后在记分表上签字。

(二) 第二裁判员

1. 权力

第二裁判员是作为第一裁判员的助手存在于比赛场上。但是比赛中第二裁判员拥有的权利主要是以下三点：

(1) 第二裁判员可以用手势指出他职权以外的犯规，但是不得鸣哨暂停，也不得向第一裁判员坚持自己的判断。

(2) 第二裁判员有权利允许比赛间断的请求，掌握比赛间断的时间和拒绝不合规则的请求。他第二裁判员掌握各队暂停和换人次数，并将第二次暂停和第五、第六人次换人告诉第一裁判和有关教练员并掌管记录员的工作。

(3) 第二裁判在发现队员受伤时，有权利准许进行替换或准予恢复的暂停时间。

2. 责任

第二裁判员拥有一定的权利同时有着必不可少的责任，第二裁判员虽然是作为第一裁判员的助手存在于比赛场上，但是却肩负着与第一裁判员相当的责任。主要表现以下几点：

(1) 每局开始之前或者是决胜局需要交换场地等任何必要的时候，第二裁判员都有责任检查场上队员的实际位置是否与位置表相符。

(2) 在比赛中对以下犯规做出判断，同时鸣哨并做出手势：

①接发球队位置错误。

②球或触及第二裁判一侧的标志杆。

③队员触及球网下部或第二裁判员一侧的标志杆。

④网下穿越进入对方场区和空间。

⑤后排队员进行进攻性击球或拦网犯规，后排自由防守队员试图拦网犯规。

⑥球触及场外物体以及地面而第一裁判难于观察时。

⑦比赛后在记分表上签字。

(三) 判员规定

(一) 比赛开始

1.开始比赛

由第一裁判员鸣哨允许发球，发球队员进行发球击球时比赛开始。

2.比赛中断

如果是第一裁判员在赛中鸣哨中断比赛，则比赛是在第一裁判鸣哨是中断比赛，如果第一裁判员发现比赛中出现犯规而鸣哨，则比赛的中断是在犯规时中断。

3.界内球

比赛中球触及比赛场区的地面包括界线均视为界内球。

4. 界外球

下列几种情况均视为界外球：

(1) 比赛中球接触地面的部分完全在界线以外。

(2) 比赛中球触及场外物体、天花板或非场上比赛成员等。

(3) 比赛中球触及标志杆、网绳、网柱或球网标志杆以外部分。

(4) 比赛中球的整体或部分从过网区以外过网，包括发球时或进入对方场区时。

(5) 比赛中球的整体从网下穿过。

比赛时如果出现如果出现上述几种情况则视为界外球。

5. 击球规则

每队最多击球三次（拦网除外）将球从球网上击回对方，超过规定次数的击球被判为“四次击球犯规”。会被第一裁判鸣哨中断比赛，比赛时无论是主动击球或被对方将击球触及己方队员，均作为该队击球一次。

比赛时击球或者接球，球可以接触身体任何部分。但是球必须击出，不可接住或抛出，球可以向任何方向弹出，但必须是同时接触身体部位。

下列情况例外：在拦网动作中，同一队员或同一拦网中的不同队员可以连续击球，但是必须是发生在一个单一动作中。在第一次击球时，允许身体不同部位在同一击球动作中连续接触到球，这样不属于犯规。

6. 击球时的犯规行为

(1)“四次击球”：一个队连续触球四次。

(2)“借助击球”：队员在比赛场地内借助任何队友或者物体的支持进行击球。

(3)“持球”：没有将球击出，造成接住或抛出。

(4)“连击”：一名队员连续击球两次或球连续触及他身体的不同部位。

以上几种行为均被视为击球犯规。

7.球通过球网的不同方式

球必须通过球网上空的过网区进入对方场区才是符合比赛规则。过网区是球网垂直平面部分，其范围：下车球网上沿；两侧至标志杆及其延长线；上至天花板。球的整体部分从过网区以外进入对方无障碍区，可以在下列情况下将球击回。但是必须注意的是：队员不得进入对方场区；球必须由同侧过网区以外击回，对方队员不得阻碍此击球。球的整体越过球网以下垂直平面被视为“界外球”。

8.什么是网下穿越

在不妨碍对方比赛的情况下，允许己方队员在网下穿越进入对方空间。队员的一号，要是脚或一只（两只）手越过中线触及对方场区的同时，其余部分还接触中线或置于中线上空是允许的，这种行为不判为犯规。队员身体的任何其他部分都不允许接触对方场区。比赛中断后队员可以进入对方场地。在不影响双方比赛的情况下，双方成员可以穿越而进入对方的无障碍区。

9.触网犯规

接触网或接触标志杆并不属于犯规，但队员击球时或干扰比赛的情况下触网除外。队员击球后可以触及网柱、全网长以外的网绳或其他任何物体，但不得影响比赛。由于球被击入球网而造成球网触及队员，这种情况也不属于犯规。

10.发球允许的行为

第一裁判员检查发球队员已握球在手并且双方队员已做好比赛准备时，则鸣哨允许发球。

11.发球的执行规则

球被抛起或持球手撤离后，必须在球落地前，用一只手或手臂的任何部分将球击出；发球队员在击球时或击球起跳时，不得踏及场区（包括端线）或发球区以外地面。击球后，可以踏及或落在场区内或发球区以外、发球队员必须在第一裁判员鸣哨后8秒钟内将球击出；如果双方队员在裁判员鸣哨前的发球无效，重新发球。

12.发球掩护规则

发球队的队员不得利用掩护阻挡对方观察发球队员和球的飞行路线。在发球时，发球队某一队员挥臂、跳跃或左右移动等，并且发出的球从他的上空飞过，则构成个人掩护。发球队有两名或更多队员密集站立遮挡发球队员，而且发出的球从他们的上空飞过则构成集体掩护。

13.发球犯规的行为有哪些

下列犯规应判为发球犯规，进行换发球，即使对方位置错误。发球队：

(1) 发球次序错误。

(2) 没有遵守“发球的执行”的规定；③没有遵守“发球试图”的规定。

球被发出后，出现以下情况仍被判为发球犯规（除队员位置错误）：

(1) 球触及发球队队员或没有通过球网的垂直平面。

(2) 球触网。

(3) 界外球。

(4) 球越过发球掩护的个人或集体。

14.进攻性击球的限制规则

除去发球和拦网以外，所有直接向对方的击球都是进攻性击球。前排队员可以对任何高度的球完成进攻性击球，但触球时必须在本场地空间。后排队员可以在进攻线后对任何高度的球完成进攻性击球，但起跳时脚不得踏及或越过进攻线；击球后可以落在前场区。后排队员也可以在前场区完成进攻性击球，但触球时球的一部分必须低于球网上沿。对方发球，接发球队队员不能在进攻区内对高于球网上沿的球做进攻性击球，否则被视为犯规性击球。

15.拦网须知

拦网：是队员靠近球网，将手伸向高于球网处阻挡对方来球的行动。没有触及球的拦网行动为拦网试图。触及球的拦网行动被认为完成拦网。只有前排队员允许完成拦网。两名或三名队员彼此靠近进行拦网为集体拦网。其中一人触球则完成拦网。在一个动作中，球可以迅速而连续触及一名或更多的拦网队员；但是球必须是连续触及拦网队员任何身体部位，否则视为拦网犯规。

拦网时队员可以将手或手臂伸过球网，但不得影响对方击球。过网拦网应在对方队员进攻性击球之后。拦网的触球不算作球队三次击球中的一次击球。拦网后可以由任何一名队员进行第一次击球，包括拦网时已经触球的队员。其中对发球的拦网是被禁止的，否则依然是属于拦网犯规行为。

16.拦网犯规的定义规则

在对方进攻性击球前或击球的同时，如果进行在对方场区空间拦网触球；后排队员完成拦网或参加了完成拦网的集体；拦对方发球；拦网出界；从标志杆以外伸入对方空间拦网。这些行为均被视为拦网犯规。

17.延误比赛的类型的定义及类型

一个队比赛进行继续进行的不正当行动回延误比赛。通常包括以下几种行动：

(1) 换人延误时间。
(2) 在裁判员鸣哨恢复比赛后，拖延暂停时间。
(3) 请求不合法的替换行为拖延时间。
(4) 再次提出不符合规定的请求。
(5) 球队队员拖延比赛的继续进行。

第五节　软式排球的发展和技术规则介绍

一、软式排球的发展

(一) 软式排球的兴起

排球队发明本就是为了找到并进行一项不同于篮球一样过于激烈的体育运动，在排球的不断发展和所有排球爱好者的练习和开创下，不断出现适宜各个年龄段各个劳动强度的人群喜爱的排球运动。软式排球运动就是继室内排球、沙滩排球之后又一项既具有竞技体育特点、又符合全民健身要求的新兴体育项目。由于软式排球具有器材重量轻、体积大、制造材料柔软、便于练习者控制、安全，受到广大体育爱好者的欢迎。20 世纪 90 年代初，软式排球运动由日本传入我国。短短几年内，在我国大、中、小学及社会团体之间得到广泛开展。1998 年我国正式公布了《软式排球竞赛规则》。目前采用的规则是 2002 年由国家体育总局排球管理中心和教育部体育卫生与艺术教育司审定通过的。

1.软式排球的特点

软式排球大体具备排球运动的特点和比赛适用性。软式排球是两队在由球网分开的场地上进行比赛的集体项目。相比于正式排球它可以有更加多种的比赛方式，以适应各种不同性质、不同层次比赛的需要，从而不断推动此项运动的广泛开展。

软式排球如同室内六人制排球一样，主要是用手或手臂进行击球，身体其他任何部位也可击球。比赛的目的是各队遵照规则，将球击过网，使其落在对方场区内，而阻止其落在本方场区 内的地面上。每队可击球 3 次 (拦网时除外)，将球击回对方场区。

2.软式排球的比赛

软式排球的比赛由发球开始，发球队员击球使其从网上飞至对方比赛场区。比赛由此连续进行，直至球落地、出界或某一队不能在排球规则和要求之内将球击回对区。

软式排球正式比赛分为 A 制和 B 制。软式排球的 A 制是双方各出四人，三人为前排队员，一人作为后排队员在各自的比赛场区与对方进行攻防比赛。软式排球的 B 制与正式排球的比赛人员有相似之处，同样是采取六人制对抗。软式排球的 A、B 制都是采用三局两胜制、每球得分制。发球队胜一球即得 1 分，并继续发球；接发球队胜一球即得一分，如果双方队员同时获得发球权。换发球时发球队员每次依旧按照顺时针方向轮转一个位置，开始发球，直至一方比赛获胜。

第十一章
乒乓球运动实践探究

乒乓球运动是双方在中间隔一球网的球台上用球拍轮流击球的一项球类运动。乒乓球是我国的国球，是一种世界流行的球类体育项目。它的英语官方名称是“table tennis”，意即“桌上网球”。乒乓球一名起源于1900年，因其打击时发出“Ping Pong”的声音而得名，在中国就以“乒乓球”作为它的官方名称，我国香港及澳门等地区也同时使用。而我国台湾地区和日本则称为桌球，意指球桌上的球类运动。

第一节　乒乓球运动概述

一、乒乓球运动的起源

乒乓球运动于19世纪末起源于英国，流行于欧洲。据记载，大约在19世纪后半叶由于受到网球运动的启示，在一些英国大学生中，流行着一种极类似现在乒乓球的室内游戏，发球时，可将球直接发到对方台面，也可把球先发到本方台面再跳至对方台面。球拍是空心的，用羊皮纸贴成，形状为长柄椭圆形。为了不损坏家具，在橡胶或软木实心球外往往包一层轻而结实的毛线。有时，在饭桌上支起网来打；有时索性就在地板上用两个椅子当做支柱，中间挂起网来打。虽然打起来不十分激烈，但颇有一番乐趣。这种游戏当初叫作“弗利姆—弗拉姆”(Flim-Flam)又称为“高西马”(goossime)。没有统一规则，有10分、20分为一局的，也有50分或100分为一局的。

一位名叫詹姆斯·吉布（James Gibb）的英格兰人到美国旅行时，偶然发现了一种用赛璐珞制成的空心玩具球，弹性很强，于是，他就将这种球稍加改进后，代替了软木球和橡胶球，逐步在英国和世界各地推广开来。由于用拍击球和球碰桌面时发出的是“乒”“乓”的声音，所以“乒乓”的名字也就由此产生了。最初乒乓球是一种宫廷游戏，是欧洲贵族间的一种娱乐活动，后来逐渐流入民间。

1926年，国际乒乓球联合会（International Table Tennis Federation，ITTF）正式成立，并决定举行第1届世界乒乓球锦标赛。

1959年，容国团获得了第25届世界乒乓球锦标赛男子单打冠军后，中国运动员开始登上了国际乒坛。逐渐形成了以“快、准、狠、变”为技术风格的直拍近台快攻打法。在1961年第26届世界锦标赛中，中国队既过了欧洲关，又战胜了远台长抽加秘密武器——“弧圈球”打法的日本选手，第一次夺得了男子团体世界冠军，并连续获得第27、28届男子团体冠军。中国近台快攻的优点是站位近，速度快，动作灵活，正反手运用自如，比日本远台长抽打法又大大前进了一步。20世纪60年代，中国乒乓球技术水平位于世界最前列，乒乓球运动的优势由日本转移到中国，这是乒乓球运动水平的第二次大提高。

20世纪70年代以来，由于国际交往和学习研究的加强，各种打法互补长短，使乒乓球技术得到了更快的发展和提高。比如，我国近台快攻、直拍快攻结合弧圈球、横拍快攻结合弧圈球等打法和技术，均有所发展和创新，在国际比赛中取得了优良的成绩。现在，乒乓球已发展成为各国人民喜爱的运动项目之一。国际乒乓球联合会亦已拥有127个会员协会，是世界上较大的体育组织之一。由国际乒联和各大洲乒联举办的世界锦标赛、世界杯赛、洲际比赛及各种规模和形式的国际比赛不胜枚举。1982年，国际奥委会关于从1988年起把乒乓球列为奥运会正式比赛项目的决定，激起了世界各国对乒乓球运动的进一步重视，推动乒乓球运动更快地发展。

现时的乒乓球直径4厘米，重量2.7克，白色、黄色或橙色，用赛璐珞制成。乒乓球台长2.74米、宽1.525米、高0.76米，中间有横网，运动员各站球台一侧，用球拍击球，球须在台上反弹后才能还击过网，以落在对方台面上为有效。比赛以11分为一局（曾经长期实行21分制，最早甚至出现过100分制）采用五局三胜（团体）或七局四胜制（单项），比赛分团体、单项（单打、双打、混双）。

二、世界乒乓球发展阶段

（1）第一阶段：欧洲乒乓球运动的鼎盛时期（19261951年）。

1926～1951年共举行了18届世乒赛（1940～1946年因第二次世界大战中断比赛），每年举行一次。17次在欧洲举办，1939年第13届在埃及举行。参赛队主要来自欧洲，匈牙利队获得57.5项冠军，捷克斯洛伐克队获25.5项，英国获10项。除欧洲外，只有美国获得过8项冠军。这一阶段的前期，欧洲选手主要靠稳削下旋球取胜对方，力争自己不失误，致使比赛时间打得很长。第11届世界锦标赛146.4厘米放宽到152.5厘米，对比赛时间也做出了规定：一场比赛三局两胜的单打，不得超过1小时，五局三胜的比赛不得超过1小时45分钟，禁止发球抛球时用手旋转。规则的变化，开辟了新技术、新打法的发展道路，有力地促进了乒乓球运动的发展。

（2）第二阶段：日本乒乓球全盛时期（1952～1959年）。

1952年第19届世界锦标赛中，日本队利用海绵拍，采用远台长抽打法和灵活的脚步移动，一举夺得4项冠军。一直到第25届世界锦标赛共计获得24项次世界冠军。这一时期日本选手利用革新的球拍，加快了进攻的节奏，打破了欧洲选手的统治地位，使乒乓球运动的优势从欧洲转到了亚洲。

（3）第三阶段：中国直拍近台快攻打法崛起（1959～1969年）。

这一时期，中国队以直拍近台快攻打法开始登上世界乒坛。逐步形成和创造了"快、准、狠、变"的技术风格。1959年中国运动员容国团在第25届世界锦标赛男单比赛中，连续战胜了许多世界名将，为中国夺得了乒乓球项目上的第一个世界冠军。1961～1965年中国又以此打法，夺得11项冠军，成为当时世界上最先进的打法，它代表了世界乒乓球技术的新潮流。其中在1965年的第28届世界锦标赛中，中国队获得5项冠军、4项亚军、7项第三名，在世界引起很大震动。中国选手过了欧洲削球关，又战胜了日本远台长抽和弧圈球打法，这标志着中国近台快攻打法把世界乒乓球技术大大地向前推进了一步。这段时期是中国乒乓球运动的全盛时期，无论直拍近台快攻，还是削球防守打法，都取得了较好的成绩。各种类型打法争芳斗艳，相互促进。

（4）第四阶段：欧洲复兴以及欧亚对抗（1971～1979年）。

20世纪五六十平代，欧洲各国败于日本和中国后，经过反复摸索，吸取了日本的弧圈球技术和中国的近台快攻打法，创造了以弧圈球为主结合快攻，及以快攻为主结合弧圈球的打法。

70年代的5届世界乒乓球锦标赛，在总共35项冠军中，中国队获得16.5项，匈牙利和日本各获4项，瑞典队获得3项，朝鲜获2.5项。欧洲具有悠久的乒乓球运动历史，在弧圈球技术、战术方面有了很大的提高，他们把旋转和速度紧密地结合起来，旋转较强，速度较快，能拉能打，把乒乓球技术提高到了一个新的水平。欧洲乒乓球的复兴，也促进了世界各国乒乓球技术的发展。

(5) 第五阶段：欧亚对抗激烈，中国抗衡世界（1980～1989年）。

这期间我国近台快攻打法有了进一步的发展，创新了高抛发球、加力推、减力挡、推挤弧圈球、快拉快带小弧圈球等技术，这些技术在世界乒乓球锦标赛中显示了威力。1981年中国队在第36届世乒赛上囊括7项冠军和5个单项的亚军，创造了中国乒乓球历史上的一个奇迹：此后，在第37届、38届、39届世乒赛上，又连续3次获得6项世界冠军。中国队攀上世界高峰，结束了世界乒坛多国抗衡的格局，演变成“中国打世界”的局面。

1988年乒乓球运动被列入奥运会正式比赛项目，推动了世界各国乒乓球运动的开展。世界各国重视和加强了乒乓球运动的训练，在1989年的第40届世乒赛上，中国男队痛失了团体、单打、双打冠军，中国男队从顶峰跌入低谷。欧洲人以中远台的相持能力和凶狠的弧圈球技术，冲破了亚洲人前三板的技术优势，世界乒乓球技术朝着积极主动、快速多变的方向发展。

(6) 第六阶段：中国走出低谷再创辉煌（1991年至今）。

中国男队在第40届世界乒乓球锦标赛上失去冠军后，第41、42届接连两届又失男团冠军。乒乓球项目进入奥运会后，欧洲职业化迅速发展，各种比赛不断，欧洲选手以他们良好的体力，特别是快速、凶狠加弧圈技术，加之国内一些优秀运动员在国外形成的“海外兵团”促进了欧洲乒乓球技术的发展，形成“世界打中国”的局面。在第41届世乒赛上，欧洲男队囊括了团体前5名，以瑞典为首的男队，已领先于中国和亚洲各队。

20世纪90年代初中国男队走出低谷，在第42届世乒赛上，中国男双项目有所突破，获得了三双金、银、铜牌以及混双的金牌。

从第43届到第50届世乒赛上，中国队除了44届、45届、47届失掉1块男子团体、2块男子单打金牌外（47届团体赛未进行），共获得了45块金牌，重新登上了世界乒坛高峰。

在第46、47届世乒赛上，为使比赛回合更多，比赛更加精彩，国际乒联对规则进行了修改，乒乓球从38毫米改为40毫米，一局比赛21分改为11分，并且对发球进行了限制，采用无遮挡式发球，让发球更加透明。为了增加乒乓球比赛的激烈程度，2008年北京奥运会乒乓球比赛将男、女双打项目改成男、女团体项目，设男子单打、女子单打、男子团体和女子团体4块金牌。

综观世界乒乓球运动技术与战术发展趋势，它正朝着更加积极主动、快速多变、技术全面、特长突出、无明显漏洞的方向发展。世界强队的打法是在技术全面的基础上，把速度和旋转结合得更好，“世界打中国”的局面还在继续。

三、我国乒乓球运动的发展概况

（一）新中国成立前的乒乓球运动

我国乒乓球运动是在1916年开展起来的，当时只有上海、北京、天津、广州等几个大城市的教会开展，中华基督教会上海分会首先开设乒乓球房，只有几张球台，普通市民无缘接触。1918 年，上海首先成立了乒乓球联合会和其他一些组织，陆续有球队建立。1923 年首次举办比赛，比赛采取对抗的方式，11 人参赛，先胜 6 局为赢。同年成立全国乒乓球联合会。在 1935 年、1948 年分别举办过两次全国性的乒乓球比赛。1935 年还正式成立了中华全国乒乓球协会。在此期间还举行过各种规模的国内、外乒乓球比赛。

（二）新中国成立后的乒乓球运动的开展

(1)20 世纪五六十年代开始领先世界。

新中国成立后，乒乓球运动以它独有的特点备受国人的青睐，群众基础特别好，使乒乓球技术水平得到很大的提高。1953 年我国首次参加了第 20 届世乒赛；1959 年容国团第一次夺得世乒赛男单冠军，标志着我国乒乓球运动的崛起；1961 年，我国主办了第 26 届世乒赛，在这届比赛中，我国选手一举夺得三项冠军，其中包括竞争激烈的男子团体冠军。从此，我国乒乓球运动走到世界前列，也带动了全国群众性的乒乓球运动的发展，形成我国乒乓球热。1965 年世乒赛上，男、女队获得了五项冠军，轰动了世界。从此乒乓球成为我国的国球。

(2)20 世纪 70 年代技术创新与发展。

20 世纪 70 年代，我国乒乓球运动发展受到了影响，1967 年和 1969 年的世乒赛没有参加。但在 1971 年的世乒赛上又夺得了男团、女单、女双和混双四项冠军。在此期间，中美两国开展了著名的“乒乓外交”活动。技术上中国也在发展和创新，在原有的“快、准、狠、变”的基础上增加了一个“转”字，直板正胶普遍增加了上旋球。在破弧圈球方面也有了创手，用直板反胶，形成了直板反胶进攻型打法，以及横、直板两面不同性能球拍的“倒板”打三。发球方面，侧身高抛发球、快点。反手快带、反手加力推以及侧推推下旋、推挤。这些新技术为 20 世纪 80 年代中国队乒乓球技术的提高打下了坚实的基础。

(3)20 世纪 80 年代培养新人再创辉煌。

由于中国运动员成绩过于突出，各国选手都在针对中国选手的特点研究对策。但在 1981 年的世乒赛上，我国乒乓球健儿一举夺得 7 项冠军，主要原因是大胆起用新人。人新球艺新，新一代运动员成长起来，在 20 世纪 80 年代的 5 届世乒赛中，中国运动员获得了 80% 以上的金牌。

(4)20 世纪 90 年代从低谷走向高峰。

20 世纪 90 年代，乒坛向着多元化方向发展，世界各国向我们提出更大的挑战。在第 40 届和第 41 届世乒赛上的失利，促使中国队认真总结经验和教训，抓管理、树信心、搞创新，加快新人培养，终于在第 42 届世乒赛上勇夺 4 项冠军。此后在第 44 届和第 45 届世乒赛及 2000 年的悉尼奥运会上，中国队成绩辉煌，为长盛不衰的中国乒乓球“小球时代”添上了辉煌的一笔。

(5)21 世纪初继续辉煌。

进入 21 世纪，中国乒乓球队面对乒乓球用球及规则的巨大改变，并没有被困难吓倒，而是继续着他们辉煌的成绩，在各类世界级大赛中夺取绝大部分金牌。

纵观中国乒乓球队的发展史，有过领先于世界的辉煌，有过跌进低谷的痛楚，但是，使国人引以为豪的是：长期形成的“乒乓精神”，激励着一代又一代运动员不懈奋斗，不屈不挠，不断钻研，不断创新，为国争光。

四、乒乓球运动的特点和锻炼价值

(一) 乒乓球运动的特点

(1) 器材设备简单，室内室外都可以进行，运动量可大可小，不同年龄、性别和身体条件的人都可以参加，很容易被大众所接受。

(2) 乒乓球速度快，变化多，要求练习者在短时间内对瞬息万变的击球有较强反应能力和应变能力。它能提高人体神经系统的灵敏性、协调性。

(3) 乒乓球项目有单打、双打、团体项目。团体项目通过个体来实现，所以乒乓球项目可以培养独立思考、单独作战及集体主义的精神。

(二) 乒乓球运动的锻炼价值

(1) 可以有效地提高人的身体素质。长期参加乒乓球运动，随着水平的不断提高，活动范围的加大，运动量的增加，不仅相应地提高了速度素质、力量素质和身体的灵敏性、协调性，而且使肌肉发达、结实、健壮，关节更加灵活稳定。

(2) 可以调节改善神经系统灵活性。增强中枢神经系统对其他系统与器官的调节能力，是高反应速度。打乒乓球时，球在空中飞行的速度是很快的，正手攻球只需 0.15 秒就可以到达对方台面，在这样短暂的时间内，要求运动员对高速运动的来球的方向、旋转、力量、落点等全面进行观察，迅速作出判断，并及时采取对策，迅速移动步法，调整击球的位置与拍面角要进行合理的还击，而这一切活动都是在大脑指挥下进行的。经常从事乒乓球练习，可大大提高神经系统的反应速度。

(3) 可以改善心血管系统和呼吸系统的功能。经常参加乒乓球运动，能使心血管系统的结构和机能得到改善，心肌变得发达有力，心容量加大，每搏输出量增多，一般健康成年男子安静时心率在 65~75 次 / 分，女子为 75~85 次 / 分，而受过乒乓球训练的运动员，安静时，男子心率为 55~65 次 / 分，女子为 70 次 / 分左右。心搏徐缓和血压降低，提高心脏的工作效率，有利于身体的新陈代谢，提高整个身体机能水平。

(4) 可以提高心理素质。乒乓球是竞技运动，由于激烈的竞争，成功和失败的条件经常转换，参赛者情绪状态也非常复杂，参赛者经受这些变幻莫测、胜负难料的激烈竞争的锻炼，体验了种种情绪，同时，在比赛中要对对方战术意图进行揣摩，把握自己的战术应用，因此使练习者的心理素质得到了很好的锻炼。

(5) 可以促进交流，增进友谊。通过参加乒乓球运动，可以相互交流经验，切磋球技，达到相互学习，共同提高，建立良好的人际关系的目的。

第二节　乒乓球的基本技术

一、握拍法

（一）直握球拍法

直握球拍法又分为快攻型握拍法、弧圈型握拍法和削球型握拍法。

1. 快攻型握拍法

快攻型握拍法俗称“捏钢笔式握拍法”，拍前食指第二指节和拇指第一指节在拍的前面呈钳形，两指间离 1 厘米左右，拍柄贴住虎口，另外三指弯曲重叠在拍后，如图 11–1 所示。

图 11–1 快攻型握拍法

2. 弧圈型握拍法

拍前拇指紧贴拍柄左侧，食指扣住拍柄成环状；拍后三指自然弯曲顶住球拍中部。如图 11–2 所示。

图 11–2 弧圈型握拍法

3. 削球型握拍法

大拇指弯曲，紧贴拍柄左侧，用力下压，其余四指自然分开握住球拍的后面，如图 11–3 所示。正手削球时，尽量使球拍后仰，减少来球的冲击力；反手削球时，拍后四指灵活地把球兜起；反攻球时，食指迅速移到拍前成快攻型握法。

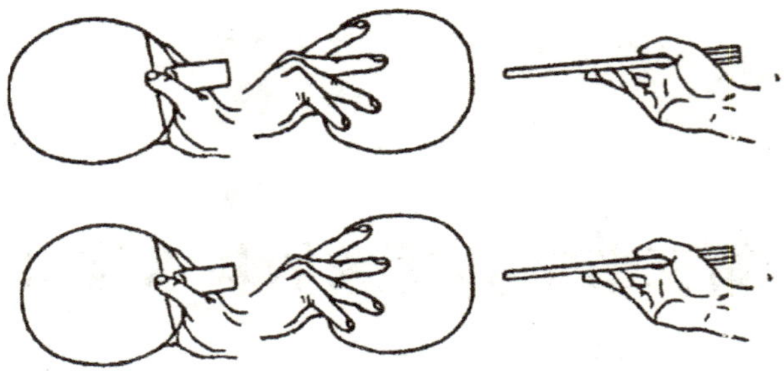

图 11–3 削球型握拍法

(二) 横握球拍法

横握球拍法俗称“握手式握拍法”，其基本握法是：虎口贴拍，食指在拍前，拇指在后，如图 11–4 所示。正手进攻时食指稍上移动；反手攻球时，拇指稍向上移动。

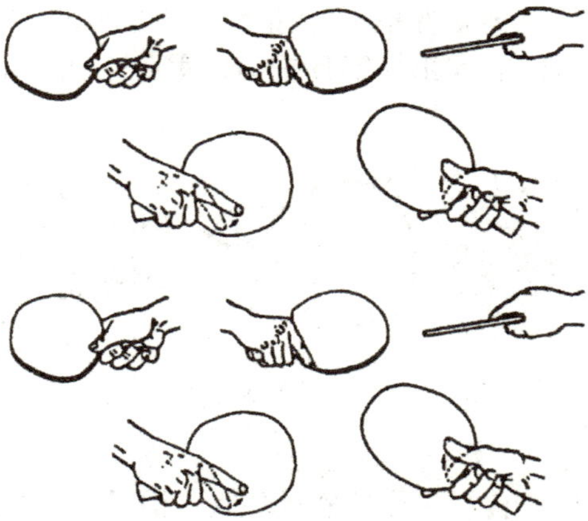

图 11–4 横握球拍法

二、基本移动步法

(1) 单步。近距离击球时，以一只脚的脚掌为轴，另一只脚可向前、后、左、右移动，身体重心随之落到移动脚上，挥拍击球。

(2) 跨步。跨步是范围较大的平行移动。当来球离身体较远时，来球方向的异侧脚蹬地，同时脚横跨一大步，重心随之移动，异侧脚迅速跟上。

(3) 并步。由来球方向的异侧脚向同侧脚并步，然后同侧脚再平行移动，迎击来球。

(4) 跳步。以异侧脚为主，两脚同时蹬地腾空移动，异侧脚与同侧脚先后落地，随即挥拍击球。

(5) 交叉步。来球方向的同侧脚发力，异侧脚迅速从体侧前做平行交叉横跨一大步，同侧脚迅速跟上落地还原，挥拍击球。

三、发球技术

发球是由抛球和挥拍击球两个动作组成的，抛球是前提，击球部位和挥拍方向是决定发球性质的关键，用力大小和第一落点的远近是发球变化的条件。

（1）平击球。将球置于掌心上，手掌伸平，然后将球抛起，向前挥拍时，拍形稍微前倾，击球中上部，球的第一落点在球台的中区。这种发球是其他发球的基础。

（2）反手发急球。抛球后，球降至约与网高时击球，击球时，拍形稍前倾击球中部，同时手臂迅速向前挥拍，球的第一点落点靠近端线。

（3）正手发侧上（下）旋球。击球前，拍形稍向左偏斜，前臂和手腕由右向左摆动；击球时，拍从球的正中部向左上摩擦击出的球是左侧上旋球（发左侧下旋球，拍形稍向后仰从球的中下部向左侧下摩擦）。

（4）反手发侧上（下）旋球。击球前，拍形稍微向右倾斜，前臂和手腕由左向右摆动；击球时，拍从球的正中部向右侧下摩擦击出的旋球是右侧下旋球，拍从球的正中部向右侧上摩擦击出的旋球是右侧上旋球。

（5）正手发奔球。击球前，拍形向左偏斜，前臂放松；击球时，前臂和手腕由右侧向左前上挥动，拍从球的右侧中部向中上摩擦。发球的第一落点靠近端线。

（6）正手发转球与不转球。抛球不宜太高，发转球时，拍面稍后仰，切球的中下部，越是加转球越应注意手臂的前送动作。发不转球时，击球的瞬间减小拍面后仰的角度，并稍加前推的力量。

（7）发短球。抛球不宜太高，击球时，手腕力量大于前臂的力量。球的第一落点在球台的中区。不要离网太近，发球动作可能与发长球相似，使对方不易判断。

四、推挡球技术

推挡球是推球和挡球的总称，是左推右攻型运动员的主要技术之一。由于推挡球站位近、动作小、球速快，所以在比赛中常用推挡球的速度和落点的变化压制对方的攻势，运用得好可充分发挥近台快攻的作用，也可以直接得分。

（1）挡球。挡球分正手挡球和反手挡球，是初学者入门的技术。面对球台，成准备姿势，拍面与桌面接近垂直，在球拍的上升期，推击球的中部。前臂和手腕稍加用力，借助来球的反弹力将球挡回。

（2）快推。面对球台，左脚稍前，以肩为轴屈肘，引拍至身前或偏左，拍面略前倾。在球的上升期向偏上方挥拍，前臂快速向前向上发力，将球快速击回，手和手臂顺势向前挥动，并迅速还原成准备姿势。

（3）加力推。以肩为轴，右上臂和肘关节靠近身体右侧，前臂外旋并向上提起，引拍至身前或偏左，与球网同高或略高，拍面稍前倾。在球上升后期或最高点时击球中上部，主要靠前臂向前推压发力。击球时，拍形固定，手腕不转动。

（4）减力挡球。站位与挡球相同。在拍触球的刹那，手臂前移的动作骤然停止，甚至略有后收，以减弱击球的力量。根据来球力量和上旋强度大小调节好拍面角度与力量。

（5）推下旋。拍面稍后仰，前臂和手向前下方挥拍迎球，在球上升后期击球中部。击球瞬间，上臂、前臂和手腕用力使球拍向前下方摩擦球。

五、攻球技术

(一) 正手攻球技术

1. 正手快攻

左脚稍前，身体离台约40厘米。击球前，持拍手臂要向右前伸迎球，前臂自然放松，球拍呈半横状；当球从台面弹起，前臂和手腕向前上方挥动，并配合内旋转腕的动作，使拍形前倾，在上升期击球中上部；拍触球刹那，拇指压拍，同时加快内旋速度，使拍面沿球体做弧形挥动；击球后拍挥至头部高度。如图11–5所示。

图11–5 正手快攻

2. 正手扣杀

左脚稍前，击球前持拍手臂向右后方引拍，并稍高于台面，球拍呈半横状；当球弹起到高点时，上臂带动前臂由后向前挥拍；将触球时，前臂加速用力向左前方挥击，手腕跟着转动，在高点期前后击球中上部，拍形稍前倾；球拍触球的刹那间，整个手臂的力量应发挥到最大限度，同时腰部配合向左转动，触球点一般在胸前50厘米左右；击球后，要随势将拍挥至左胸前，上体左转，重心由后脚移至前脚。如图11–6所示。

图 11–6 正手扣杀

3. 正手拉球

左脚在前，离台 60 厘米，球拍呈半横状略向下垂，拍形稍后仰；触球前，前臂加速用力向左上提拉，同时配合手腕动作向上摩擦球，在球下降期击球中下部，遇来球低或下旋较强时，腰部应配合向上用力；击球后要随势将球拍挥至额前，重心移至左脚。如图 11–7 所示。

图 11–7 正手拉球

图 11–8 正手侧身攻球

4. 正手侧身攻球

攻球前先要迅速移动脚步取位，身体侧向球，左脚在前，上体稍前倾，腹部后收。根据来球情况可以在侧身位置用快攻、拉攻、扣杀等技术，有时来球很快逼近身体，脚步已来不及后退时，应迅速转身收腹，重心也迅速移至左脚，使球拍贴身，然后手臂再向上方挥击。如图 11–8 所示。

(二) 反手攻球技术

1. 反手快攻

右脚稍前，离台 40 厘米持拍手臂自然弯曲，将球拍移至腹前偏左的位置，击球时前臂和手腕向右前上方挥动，同时配合外旋转腕动作，使拍形前倾，在球上升期击球中上部，击球后将球拍挥至右肩前。反手快攻分为反手直拍快攻和反手横拍快攻，分别如图 11–9、图 11–10 所示。

图 11–9 反手直拍快攻

图 11–10 反手横拍快攻

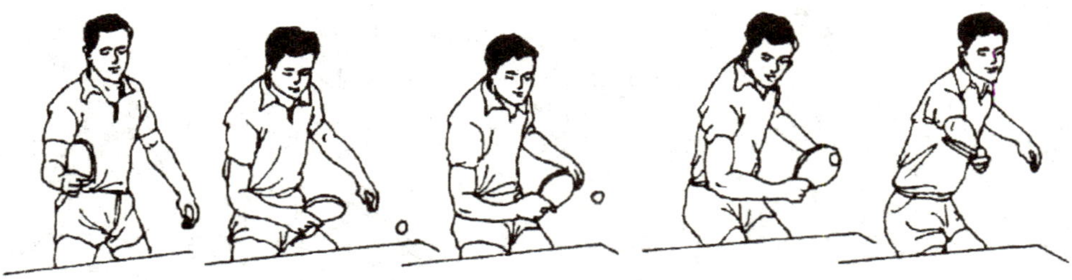

图 11–11 反手快拨

2. 反手快拨

动作方法与反手快攻基本相同，只是幅度更小些，横拍选手运用较多。如图 11–11 所示。

3. 反手远攻

右脚稍前，离台约 1 米远。击球时，手臂由后向前挥动，前臂在上臂带动下向前上方用力，同时配合向外转腕动作，在球下降期击球的中下部：击球后大臂随势前送，肘关节离开身体，球拍挥至头部高度，身体重心移向右脚，击球时球拍向右前方摆动，如图 11–12 所示。

图 11–12 反手远攻

4. 反手提拉球

动作与反手远攻基本相同，只是站位稍近，动作幅度小，一般在接近网下旋短球时用。

六、弧圈球技术

（1）正手前冲弧圈球。两脚开立比肩稍宽，球拍向后下方引，拍面略有前倾，挥拍时重心前移，在来球的高点或高点前期击球的中后部，以手臂向前并向上发力摩擦球，使球产生强烈上旋，如图 11–13 所示。

（2）反手弧圈球。多为横拍选手使用。两脚平行或右脚稍前，低重心，击球前球拍引至腹下方，腹部略内收，肘部略向前，手腕下垂，拍形前倾。以肘关节为轴，前臂迅速向前上挥动，结合手腕向上转动的力量，在下降期击球中部或中上部，并蹬腿做随球动作，如图 11–14 所示。

图 11–13 正手前冲弧圈球

图 11–14 反手弧圈球

（3）正手侧旋弧圈球。击球时，拍面呈半横立状应略向右侧，上臂带动前臂和手腕，结合腰部向右旋转的力量，在下降期用拍擦击球的中部或中上部，使球带有强烈右侧上旋，击球后重心移至左脚，如图 11–15 所示。

图 11–15 正手侧旋弧圈球

（4）高吊弧圈球。左脚稍前，身体略右转，屈膝重心在右脚上。持拍手自然下垂，并向后下方引拍，右肩略低于左肩，拇指压拍使拍形略为前倾，手臂向前上方挥动，前臂在上臂的带动下爆发性用力做快收动作。将要触球时，手腕向前上方加力，在球下降期用拍摩擦球的中部或中上部。注意腰和腿部力量的配合，如图 11–16 所示。

图 11–16 高吊弧圈球

七、搓球

搓球是近台还击下旋球的一种基本技巧。经常为攻球创造机会，可用于接发球，为下一步抢攻提供必要的过渡。

（1）快搓。右脚稍前，身体靠近球台。来球在左侧时，可以用反手搓球。击球时，上臂迅速向前略向下伸，前臂跟随向前，拍形稍后仰，利用上臂前送力量，在球上升期击球中下部。在正手位搓球时，身体稍向右转，手臂向右上方引拍，然后前臂和手腕向前略向下方用力，在上升期击球中下部，如图 11–17 所示。

（2）慢搓。反手慢搓如图 11–18 所示，右脚在前，身体离球台约 50 厘米，持拍手臂向左上引拍；击球时，前臂和手腕向前下方用力，同时配合内旋转腕的动作，拍形后仰，在下降后期搓球中下部；击球后前臂随势前送。横拍搓球时拍形略竖一些，击球后前臂向右下方挥摆，如图 11–19 所示。正手慢搓与反手慢搓动作基本相同，只是方向相反。

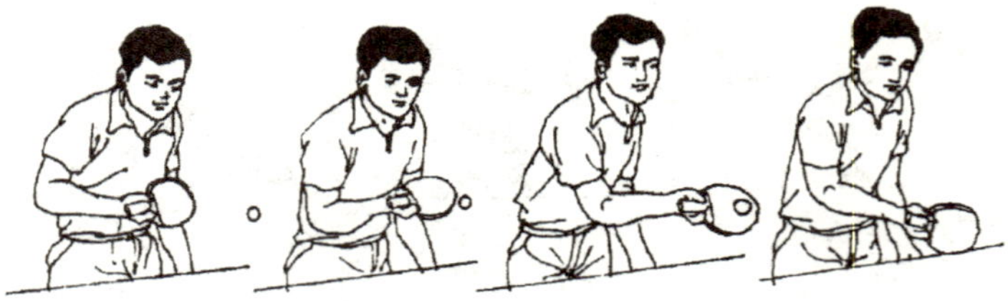

图 11–17 快搓

图 11–18 反手慢搓

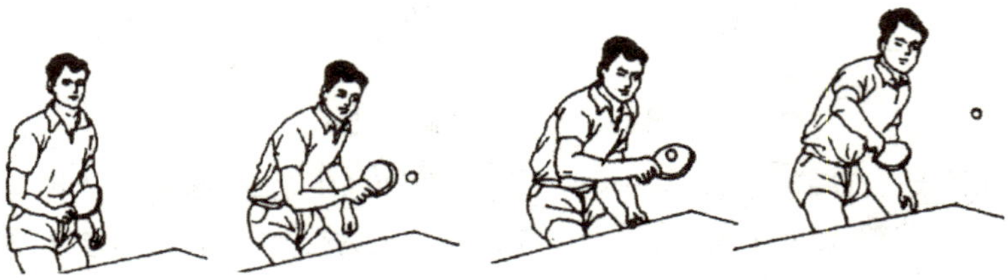

图 11–19 横拍搓球

(3) 搓转与不转球。快搓和慢搓均能搓加转和不转球，它主要取决于作用力是否通过球心：搓球时力量大、切球薄，作用力不通过球心，旋转力就强；作用力通过球心则不转。搓加转球时前臂和手腕加速向前下方用力，切球的中下部，用球拍的下部分触球以利于摩擦球：搓不转球和转球的动作相似，只是搓不转球时前臂和手腕要向前上方用力，用球拍的上部或中部碰球，形成相对不转球。

八、削球

(1) 近削。正手近削时，左脚稍前，身体离台约 50 厘米，上体稍右转。击球时，手臂弯曲，把球拍引至与肩同高，拍形稍后仰；触球时，前臂用力向左前下方挥动，手腕配合下压，在上升后期或高点期，击球中部或中下部。正手近削如图 11–20 所示。

图 11–20 正手近削

反手近削时动作与正手近削基本相同，只是动作相对，如图 11–21 所示。

图 11-21 反手近削

(2) 远削。正手远削时，左脚稍前，离台 1 米以外，上体稍右转，将球拍引至与右肩同高；击球时，手臂向左前下方挥动，在下降期击球中下部，拍形稍后仰；触球刹那间前臂加速削去，同时手臂向下辅助用力；击球后，球拍随势前送，重心移到左脚。如图 11-22 所示。

图 11-22 正手远削

反手远削与正手远削动作基本相同，只是方向相对，如图 11-23 所示。

图 11-23 反手远削

第三节　乒乓球的基本战术

乒乓球比赛中战术的运用是决定运动员能否取得胜利的关键因素。

这要求运动员首先要根据自己的技术风格和打法特点制订总的战术思路，还要根据场上对手的特点制订相应的措施。

在比赛中制订战术要注意以下几个原则：

首先，要保证在比赛中发挥出自己的特点，利用自己的长处来攻击对手的短处，当然也要尽可能少地暴露出自己的弱点，从而达到“扬长避短，以强攻弱”的战术思想。

其次，比赛中绝对不能保守，一味地求稳。一定要寻找机会主动上手，给对方以强有力的攻击。

最后，比赛当中一定要灵活多变，学会控制比赛的节奏，自始至终按照自己的思路打球，沉着冷静，综观全局，机动灵活地运用自己的战术。

总之，合理有效地运用战术，一定要遵循以上几个原则，才可以在比赛中发挥出自己的实力，战胜对手。

在当今乒坛，运动员根据不同的握拍方式，以及不同海绵与胶皮的性能，已经衍生出许多技战术打法，在此我们重点介绍几种基本打法的战术特点。

一、推攻战术

(一) 特点

主要运用正手攻球和反手推挡的速度和力量，并结合落点变化和节奏变化来压制和调动对方，以争取主动或得分。推攻战术是左推右攻打法对付攻击型打法的主要战术，有反手推挡能力的两面攻运动员、攻削结合运动员等也常使用推攻战术。

(二) 方法

(1) 左推右攻。

(2) 推挡侧身攻。

(3) 推挡、侧身攻后扑正手

(4) 左推结合反手攻。

(5) 左推、反手攻、侧身攻后扑正手。

（三）注意事项

（1）推、攻都要有线路变化、落点变化和节奏变化，这是推攻战术争取主动和创造扣杀机会的主要方法。

（2）推挡一般以压对方反手为主，然后突然变正手，以创造进攻机会。如果对方正手较差，才可以推对方正手为主。

（3）在推挡中突然加力推对方中路，使对方难于用力回击，然后用正手或侧身扣杀。

（4）遇到机会球时要果断扣杀，这是推攻战术得分的主要手段。

（5）推攻战术要坚持近台，又不能死守近台，要学会近台和中台的位置转换，掌握对手节奏。

（6）推攻战术对付弧圈类打法应坚持近台为主，用快推和加、减力推挡控制落点，伺机采用近台反拉或中等力量扣杀弧圈球，然后进入正手连续进攻。

二、两面攻战术

（一）特点

主要利用正、反手攻球技术的速度和力量压制对方，争取主动和创造扣杀机会。两面攻技术是两面攻打法对付攻击型打法的主要战术。

（二）方法

（1）攻左扣右。

（2）攻打两角，猛扣中路。

（三）注意事项

（1）正、反手攻球都要有线路变化和落点变化，以便创造扣杀机会。

（2）要以压对方反手为主，然后攻击对方正手或中路，以创造扣杀机会。

（3）遇到机会球时要大胆扣杀。

（4）两面攻战术在主动进攻情况下要坚持近台，被动情况下可适当后退，在中近台或中台进行反攻。

（5）两面攻战术对付弧圈球打法应坚持近台，用快带顶住对方的弧圈球，伺机采用近台反拉或中等力量扣杀弧圈球，然后转入连续进攻。

三、拉攻战术

（一）特点

连续运用正手快拉创造进攻机会，然后采用突击和扣杀来作为得分手段。拉攻战术是快攻打法对付削球类打法的主要战术。

(二) 方法

(1) 正手拉后扣杀。
(2) 反手拉后扣杀。

(三) 注意事项

(1) 拉、扣的力量要悬殊，以使对方措手不及。
(2) 拉球要有线路和落点变化以调动对方，争取主动和创造进攻机会。
(3) 遇到机会球时要大胆扣杀或突击。
(4) 采用拉攻战术要有耐心，不要急于求成，对没有把握的机会球要谨慎处理。

四、拉、扣、吊结合战术

(一) 特点

由拉攻与放短球相结合而成，是快攻型打法对付削球打法的常用战术。

(二) 方法

(1) 在拉攻战术的扣杀或突击后放短球。
(2) 在拉攻战术中放短球后，结合扣杀或突击。

(三) 注意事项

(1) 拉攻中放短球，要在对方站位较远并且来球比较近网时进行，这样，放短球的落点容易靠近球网，可增加对方向前移动的距离和难度。

(2) 放短球后扣杀时，如果对方靠台极近，可对准对方身体方向扣杀，这样，往往能使对方难以让位还击。

五、战术

(一) 特点

主要运用“转、低、快、变”的搓球控制对方，以寻找战机，然后采用低突、快点或拉攻等技术展开攻势并进入连续进攻；在搓球中遇到机会球时进行扣杀，常常带有突然性，往往可以直接得分。搓攻战术是乒乓球各种打法都不可缺少的辅助战术。

(二) 方法

(1) 正、反手搓球结合正手快拉、快点、突击或扣杀。
(2) 正、反手搓球结合反手快拉、快点、突击或扣杀。

（三）注意事项

(1) 搓攻战术既要尽可能早起板，以争取主动，但又不能有急躁情绪，否则，起板容易失误。

(2) 在搓球中遇到机会球时要大胆扣杀，这是搓攻战术的主要得分手段。

(3) 在搓短中摆短，可使对方不易抢先进攻，故有利于创造进攻机会，以便伺机用正、反手或侧身进攻。

六、削中反攻战术

（一）特点

由削球和攻球结合而成，常以逼角加转削球为主，伺机反攻；或以转、低、稳、变的削球，迫使对手在走动中拉攻，以从中寻找机会，予以反攻。这种战术有“逼、变、凶、攻”的特点，是攻、削结合打法的主要技术。

（二）方法

(1) 正、反手削球逼角，结合正手攻或侧身攻对方右侧空当。

(2) 正、反手削两大角长球，结合正、反手反攻。

（三）注意事项

(1) 正、反手削球都要注意旋转强度的变化。在削加转后用削加转球相似的手法削不转球，是使对方拉出高球，以进行反攻的有效方法。

(2) 削球时要尽可能压低弧线，以避免对方扣杀或突击。

(3) 削球逼角时要适当配合削另一角，以使对方在走动中击球。

七、发球抢攻战术

（一）特点

发球抢攻战术是以旋转、线路、落点以及速度不同的发球来增加对方回击的难度，使其出现机会球，或降低回球质量，然后抢先进攻，以争取主动或直接得分，这是乒乓球所有打法特别是进攻型打法的主要战术和得分手段。

（二）方法

(1) 发下旋转与“不转”抢攻。

(2) 发正、反手奔球抢攻。

(3) 发正、反手侧上、下旋球抢攻。

(三) 注意事项

(1) 发球要有线路和落点变化，以使对方在前、后、左、右走动中接发球。

(2) 发球后要有抢攻准备，以不失抢攻的机会。

(3) 自己发什么球，对方可能以什么技术回击，要做到发球前心中有数。这样，才能较好地做好抢攻的准备。

(4) 抢攻要尽可能凶，又不能过凶，否则，会影响命中率。

八、接发球抢攻战术

(一) 特点

由某一单项攻球技术所形成，进攻性强，可变接发球的不利地位为主动地位，也可直接得分，是乒乓球运动各种打法特别是进攻型打法的主要战术。

(二) 方法

用快点、快攻或中等力量突击进行接发球抢攻。

(三) 注意事项

(1) 搓攻战术既要尽可能早起板，以争取主动，但又不能有急躁情绪，否则，起板容易失误。

(2) 在搓球中遇到机会球时要大胆扣杀，这是搓攻战术的主要得分手段。

(3) 在搓短中摆短，可使对方不易抢先进攻，故有利于创造进攻机会，以便伺机用正、反手或侧身进攻。

第四节　乒乓球的竞赛规则与裁判法介绍

一、球台

(1) 球台的上层表面叫做比赛台面，应为与水平面平行的长方形，长 2.74 米，宽 1.525 米，高 76 厘米。

(2) 比赛台面不包括球台台面的侧面。

(3) 比赛台面可用任何材料制成，应具有一致的弹性，即当标准球从离台面 30 厘米高处落至台面时，弹起高度应约为 23 厘米。

(4) 比赛台面应呈均匀的暗色，无光泽，沿每个 2.74 米的比赛台面边缘各有一条 2 厘米宽的白色边线，沿每个 1.525 米的比赛台面边缘各有一条 2 厘米宽的白色端线。

(5) 比赛台面由一个与端线平行的垂直的球网划分为两个相等的台区，各台区的整个面积应是一个整体。

（6）双打时，各台区应由一条3毫米宽的白色中线，划分为两个相等的“半区”。中线与边线平行，并应视为右半区的一部分。

二、球网装置

（1）球网装置包括球网、悬网绳、网柱及将它们固定在球台上的夹钳部分。

（2）球网应悬挂在一根绳子上，绳子两端系在高15.25厘米的直立网柱上，网柱外缘离开边线外缘的距离为15.25厘米。

（3）整个球网的顶端距离比赛台面15.25厘米。

（4）整个球网的底边应尽量贴近比赛台面，其两端应尽量贴近网柱。

三、球

（1）球应为圆球体，直径为40毫米。

（2）球重2.7克。

（3）球应用赛璐珞或类似的材料制成，呈白色、黄色或橙色，且无光泽。

四、球拍

（1）球拍的大小、形状和重量不限，但底板应平整、坚硬。

（2）底板厚度至少应有85%的天然木料，加强底板的黏合层可用诸如碳纤维、玻璃纤维或压缩纸等纤维材料，每层黏合层不超过底板总厚度的7.5%或0.35毫米。

（3）用来击球的拍面应用一层颗粒向外的普通颗粒胶覆盖，连同黏合剂厚度不超过2毫米；或用颗粒向内或向外的海绵胶覆盖，连同黏合剂厚度不超过4毫米。“普通颗粒胶”是一层无泡沫的天然橡胶或合成橡胶，其颗粒必须以每平方厘米不少于10颗、不多于50颗的平均密度分布于整个表面。“海绵胶”即在一层泡沫橡胶上覆盖一层普通颗粒胶，普遍颗粒胶的厚度不超过2毫米。

（4）覆盖物应覆盖整个拍面，但不得超过其边缘。靠近拍柄部分及手指执握部分可不予以覆盖，也可用任何材料覆盖。

（5）底板、底板中的任何夹层、覆盖物及黏合层均应为厚度均匀的一个整体。

（6）球拍两面不论是否有覆盖物，必须无光泽，且一面为鲜红色，另一面为黑色。拍身边缘上的包边应无光泽，不得呈白色。

（7）意外的损坏、磨损或褪色，造成拍面的整体性和颜色上的一致性出现轻微的差异。只要未明显改变拍面的性能，可以允许使用。

（8）比赛开始时及比赛过程中运动员需要更换球拍时，必须向对方和裁判员展示他将要使用的球拍，并允许他们检查。

五、比赛相关定义

（1）“回合”：球处于比赛状态的一段时间。

（2）“球处比赛状态”：从发球时，球被有意向上抛起前，静止在不执拍手掌上的一瞬间，到该回合被判得分或重发球。

(3)“重发球”：不予判分的回合。

(4)“一分”：判分的回合。

(5)“执拍手”：正握着球拍的手。

(6)“不执拍手”：未握着球拍的手。

(7)“击球”：用握在手中的球拍或执拍手手腕以下部分触球。

(8)“阻挡”：对方击球后，处于比赛状态的球尚未触及本方台区也未超过比赛台面或其端线，即触及本方运动员或其穿戴的任何物品。

(9)“发球员”：在一个回合中，首先击球的运动员。

(10)“接发球员”：在一个回合中，第二个击球的运动员。

(11)“裁判员”：被指定管理一场比赛的人。

(12)“裁判助理”：被指定在某些方面协助裁判员工作的人。

(13) 运动员“穿或戴”的任何物品，包括他在一个回合开始时穿或戴的任何物品。

(14) 球从突出台外的球网装置之下或之外经过，或回击的球越过球网后又回弹过网，均应视作已“超过或绕过”球网装置。

(15) 球台的“端线”包括端线两端的无限延长线。

六、合法发球

(1) 发球开始时，球自然地置于不执拍手的手掌上，手掌张开，保持静止。

(2) 发球员须用手将球几乎垂直地向上抛起，不得使球旋转，并使球在离开不执拍手的手掌之后上升不少于16厘米，球下降到被击出前不能碰到任何物体。

(3) 当球从抛起的最高点下降时，发球员方可击球，使球首先触及本方台区，然后越过或绕过球网装置，再触及接发球员的台区。在双打中，球应先后触及发球员和接发球员的右半区。

(4) 从发球开始，到球被击出，球要始终在台面以上和发球员的端线以外，而且不能被发球员或其双打同伴的身体或衣服的任何部分挡住。

(5) 运动员发球时，应让裁判员或助理裁判员看清他是否按照合法发球的规定发球。①如果没有助理裁判，裁判员对运动员发球合法化有怀疑，在一场比赛中第一次出现时将进行警告，不罚分。②在同一场比赛中，如果该运动员或其双打同伴发球动作的正确性再次受到怀疑，不论是否出于同样的原因，均判接发球方得1分。③无论是否第一次或任何时候，只要发球员明显没有按照合法发球的规定发球，接发球方都将被判得1分，无须警告。

(6) 运动员发球时，有责任让裁判员或副裁判员看清他是否按照合法发球的规定发球。①如果裁判员怀疑发球员某个发球动作的正确性，并且他或者副裁判员都不能确信该发球动作不合法，一场比赛中此现象第一次出现时，裁判员可以警告发球员而不予判分。②在同一场比赛中，如果运动员发球动作的正确性再次受到怀疑，不管是否出于同样的原因，不再警告而判失1分。③无论是否第一次或任何时候，只要发球员明显没有按照合法发球的规定发球，他将被判失1分，无须警告。

(7) 运动员因身体伤病而不能严格遵守合法发球的某些规定时，可由裁判员做出决定免于执行。

为了使发球运动员保证符合新规则，有以下几点注意事项。

(1) 不执拍手（发球中的执球手）及其手臂向上抛球后，要立即放到边上去。也就是说，不执拍手臂不能置于球与接球方之间的任何地方，必须置于接球方看球的视线之外。

(2) 如果发球方能想象出球和两个网柱连线向上到头部高度所形成的三角区，那么，发球员在开始向上抛球后，身体或服装的任何部分都不能进入这一区域（或在这一区域停留）。这可以保证球与接球方之间的规定区域没有遮挡物。这是使发球合法化的简单方法。

(3) 正手发球时，运动员要学会以最快速度把不执拍手拿开，才能发出合法的、开放的、清晰的球。

七、合法还击

对方发球或还击后，本方运动员必须击球，使球直接越过或绕过球网装置，或触及球网装置后，再触及对方台区。

八、比赛次序

(1) 在单打中，首先由发球员合法发球，再由接发球员合法还击，然后两者交替合法还击。

(2) 在双打中，首先由发球员合法发球，再由接发球员合法还击，然后由发球员的同伴合法还击，再由接发球员的同伴合法还击，此后，运动员按此次序轮流合法还击。

九、重发球

回合出现下列情况应判重发球：

(1) 如果发球员发出的球，在越过或绕过球网装置时，触及球网装置，此后成为合法发球或被接发球员或其同伴阻挡。

(2) 如果接发球员或同伴未准备好时，球已发出，而且接发球员或其同伴均没有企图击球。

(3) 由于发生了运动员无法控制的干扰，运动员未能合法发球、合法还击或遵守规则。

(4) 裁判员或副裁判员暂停比赛。

(5) 在双打时，运动员错发、错接。

可以在出现下列情况时暂停比赛。

(1) 由于要纠正发球、接发球次序或方位错误。

(2) 由于要实行轮换发球法。

(3) 由于警告或处罚运动员。

(4) 由于比赛环境受到干扰，以致该回合结果有可能受到影响。

十、得分

除被判重发球的回合，下列情况运动员得 1 分：

(1) 对方运动员未能合法发球。

(2) 对方运动员未能合法还击。

(3) 运动员在发球或还击后，对方运动员在击球前，球触及除球网装置以外的任何东西。

(4) 对方击球后，该球越过本方端线而没有触及本方台区。

(5) 对方阻挡。

(6) 对方连击。

(7) 对方用不符合四 (3) 条款的拍面击球。

(8) 对方运动员或他穿戴的任何东西使球台移动。

(9) 对方运动员或他穿戴的任何东西触及球网装置。

(10) 对方运动员不执拍手触及比赛台面。

(11) 双打时，对方运动员击球次序错误。

(12) 执行轮换发球法时，接发球运动员或其双打同伴，包括接发球一击，完成了13次合法还击。

十一、一局比赛

在一局比赛中，先得11分的一方为胜方。10平后，先多得2分的一方为胜方。

十二、一场比赛

(1) 每场比赛由单数局组成。

(2) 一场比赛应连续进行，但在局与局之间，任何一名运动员都有权要求不超过2分钟的休息时间。

十三、发球、接发球和方位的选择

(1) 选择发球、接发球和这一方、那一方的权力应由抽签来决定，中签者可以选择先发球或先接发球，或选择先在某一方。

(2) 当一方运动员选择了先发球或先接发球，或选择先在某一方后，另一方运动员应有另一个选择的权力。

(3) 在获得每2分之后，接发球方即成为发球方，依此类推，直至该局比赛结束，或者直至双方比分都达到10分或者实行轮换发球法，这时，发球和接发球次序仍然不变，但每人只轮发1分球。

(4) 在双打的第一局比赛中，先发球方确定第一发球员，再由先接发球方确定第一接发球员。在以后的各局比赛中，第一发球员确定后，第一接发球员应是前一局发球给他的运动员。

(5) 在双打中，每次换发球时，前面的接发球员应成为发球员，前面的发球员的同伴应成为接发球员。

(6) 一局中首先发球的一方，在该场下一局应首先接发球。在双打决胜局中，当一方先得5分时，接发球方应交换接发球次序。

(7) 一局中，在某一方位比赛的一方，在该场下一局应换到另一方位。在决胜局中，一方先得 5 分时，双方应交换方位。

十四、发球、接发球次序和方位的错误

（1）裁判员一旦发现发球、接发球次序错误，应立即暂停比赛，并按该场比赛开始时确立的次序，按场上比分由应该发球或接发球的运动员发球或接发球；在双打中，则按发现错误时那一局中首先有发球权的一方所确立的次序进行纠正，继续比赛。

（2）裁判员一旦发现运动员应交换方位而未交换时，应立即暂停比赛，并按该场比赛开始时确立的次序及场上比分对运动员应站的正确方位进行纠正，再继续比赛。

（3）在任何情况下，发现错误之前的所有得分均有效。

十五、轮换发球法

（1）如果一局比赛进行到 10 分钟仍未结束（双方都已获得至少 9 分时除外），或者在此之前任何时间应双方运动员要求，应实行轮换发球法。①当时限到时，球仍处于比赛状态，裁判员应立即暂停比赛。由被暂停回合的发球员发球，继续比赛。②当时限到时，球未处于比赛状态，应由前一回合的接发球员发球，继续比赛。

（2）此后，每个运动员都轮发 1 分球，直至该局结束。如果接发球方进行了 13 次合法还击，则判发球方失 1 分。

（3）轮换发球法一经实行，或一局比赛进行了 10 分钟，该场比赛剩余的各局都必须实行轮换发球法。

十六、间歇

除了一方选手提出要求外，比赛应该继续进行。

（1）在局与局之间，不超过 1 分钟的休息时间；

（2）每局比赛中，每得 6 分后，或决胜局交换方位时，有短暂的时间擦汗。

第十二章
羽毛球运动实践探究

第一节　羽毛球运动概述

一、羽毛球的历史背景

羽毛球最早出现于14～15世纪的日本，当时的球拍是木制的，球是用樱桃核插上羽毛制成的。由于制作粗劣，再加上球是木制的，重量太重，飞行速度又快，使得球的羽毛极易损坏。从另外一方面说，球的造价太高，所以，这项运动实行了一段时间，然后就慢慢消失了。

大约至18世纪时，印度的普那出现了一种与早年日本的羽毛球极相似的游戏，球用直径约6厘米的圆形硬纸板中间插羽毛制成（类似我国的毽子），板是木质的，玩法是两人相对站着，手执木板来回击球。

现代的羽毛球运动诞生于大约1800年的英国，是由网球派生而来的，如今的羽毛球场地和网球场地都有极其相似的地方。到了1870年，出现了用羽毛、软木做的球和穿弦的球拍；1873年英国公爵鲍弗特在格拉斯哥郡伯明顿镇的庄园里进行了一次羽毛球游戏表演。从此，羽毛球运动便逐渐开展起来，"伯明顿"变成了羽毛球的名字。当时的场地近似葫芦的形状，两个半场两头宽中间窄，整个场地中间窄处挂网，直至1901年才改作长方形。

1875年，世界上第一部羽毛球比赛规则出现于印度的普那。3年后，英国又指定了更趋完善和统一的规则，当时规则的不少内容至今仍无太大的改变。1893年，世界上最早的羽毛球协会——英国羽毛球协会成立，并于1899年举办了全英羽毛球锦标赛。

1934年，由加拿大、丹麦、英国、法国、爱尔兰、荷兰、新西兰、苏格兰和威尔士等国发起了国际羽毛球联合会，总部设在伦敦。从此，羽毛球国际比赛日渐增多。1934～1947年，丹麦、美国、英国、加拿大等欧美选手称雄于国际羽坛。

20世纪七八十年代以来，男子羽毛球技术处于领先地位的是印尼队和中国队。1982年中国队首次参加汤姆斯杯赛就荣获冠军，中国的羽毛球技术受到了世界羽坛的普遍赞扬。20世纪70年代后期，日本、韩国、巴基斯坦、泰国、马来西亚等国的羽毛球技术也有了长足的进步，在国际比赛中取得了较好的成绩。欧洲的丹麦、英国、瑞典等国在发挥原有特点的基础上，广泛吸取了亚洲人的技术和经验，技术水平稳步提高，至今仍不失为羽坛劲旅。女子方面，可以说是中国、印尼、日本三足鼎立。1982年中国队首次参加全英锦标赛，即获得了女子单打冠亚军和双打冠军。

到了20世纪80年代后期，马来西亚队、韩国队有了长足的进步，多次获得国际羽毛球大赛的男子团体冠军、双打冠军。女子方面，中国、印尼继续保持领先，韩国女队迎头赶上，是中国队、印尼队的主要对手。

1977年，在瑞典的马尔摩举行了首届世界羽毛球锦标赛（World Badminton champonships)，设5个单项比赛，原为每逢奇数年举行，现改为每年举行一届。1978年2月，世界羽毛球联合会在我国的香港成立。1981年5月，国际羽毛球联合会和世界羽毛球联合会正式合并。目前，国际羽联已拥有100多个会员国。国际羽毛球联合会于2006年正式更名为羽毛球世界联合会，简称世界羽联。

二、羽毛球赛事的介绍

(1) 汤姆斯杯，即世界男子团体羽毛球锦标赛，1948年举行首届比赛，现为两年一届，在偶数年举行。比赛由三场单打、两场双打组成。

(2) 尤伯杯，即世界女子团体羽毛球锦标赛，1956年举行首届比赛，两年一届，在偶数年举行。比赛由三场单打、两场双打组成。

(3) 世界羽毛球锦标赛，即世界羽毛球单项锦标赛，设有男、女单打、双打和混合双打五个比赛项目。1977年起为三年一届，1983年改为两年一届，在奇数年进行。2005年改为每年一届，但奥运年不举办。

(4) 苏迪曼杯，即世界羽毛球混合团体比赛。1989年开始举办，两年一届，在奇数年举行，比赛由五个单项组成。

(5) 世界杯羽毛球赛，属于邀请性比赛，由国际羽毛球联合会（简称国际羽联）邀请当年成绩优异的选手参加。创办于1981年，1997年世界杯停办，2005年、2006年世界杯恢复举办，中国益阳市承办最后两届世界杯，2006年后世界杯羽毛球赛正式停办。

(6) 全英羽毛球锦标赛，由英格兰羽毛球协会于1899年创办，是世界历史上最悠久的羽毛球赛事。最初由英国和英联邦国家选手参加，现在已成为全球性的羽坛大会战。

(7) 奥运会羽毛球比赛。羽毛1992年成为奥运会正式比赛项目，只设4个单项比赛，无混双比赛。1996年亚特兰大奥运会起增设混双项目，奥运会羽毛球赛冠军是世界羽坛的至高荣誉。

(8) 世界羽联超级系列赛，世界羽联参照世界网球大奖赛办法组织的。始于1983年，由在全年不同时间和在不同国家举办的六个级别的系列赛组成，主要包括超级赛和大奖赛。2011年提出5站超级顶级大满贯赛，在12站超级赛中获得积分最高的前8名/对选手参加年终举办的世界羽联超级系列赛总决赛，但在任一单项比赛中每个下属协会最多每队两名选手报名参加。

三、羽毛球在我国发展的近况

现代羽毛球运动大约于1920年传入我国，最初在上海、广州、天津、北京等城市的教会组织的青年会和大学、中学里开展过羽毛球运动。新中国成立前，由于参加此项活动的人数较少，也没进行过重大比赛，因而，我国羽毛球运动的水平很低，更谈不上普及。

进入20世纪80年代后期，我国羽毛球运动进入第二个鼎盛时期，我国羽坛选手全面参加各种世界比赛，都取得了好成绩。1981年，在美国举办的第1届世界运动会上，中国队获得了男女单打、双打四项冠军。1982年在全英锦标赛上，我国队夺取女单、女双两枚金牌，一枚男单银牌。1982年我国男队第一次参加第2届汤姆斯杯比赛，就夺得汤姆斯杯，登上了世界冠军宝座。

我国男子羽毛球队1986年、1988年、1990年连续三次捧回汤姆斯杯。我国女子羽毛球队在男队连续获得世界冠军的喜讯鼓舞下，奋起直追，1984年在吉隆坡举行的尤伯杯赛中，我国女选手以优异的成绩一举夺得尤伯杯。随后，我国羽毛球女队又以强大的优势蝉联五届尤伯杯赛冠军。

在20世纪八九十年代，我国选手分别参加了世界羽毛球锦标赛、世界杯赛和全英羽毛球锦标赛等系列大奖赛，共获70多次单项冠军。1987年在北京举行的世界羽毛球锦标赛和1988年在曼谷举行的世界杯赛上，中国男女羽毛球队囊括全部冠军。20世纪80年代是我国羽毛球运动最辉煌的时期，是世界羽毛球运动的“中国时代”，中国羽毛球队为祖国争得了荣誉。

羽毛球运动的特点包括：①场地不大，室内室外都可以进行，适于普及；②器械简单经济，适于大众消费；③运动难度、强度不大，老少皆宜，而且传统性强。

长期打羽毛球有利于：①筋活血；②治颈椎病；③锻炼眼力；④减肥；⑤可以使身体灵活；⑥健脑增智；⑦增进友谊等。羽毛球运动是深受广大群众喜爱的小型球类运动。

四、羽毛球运动的注意事项

随着全民健身体育热潮的普及以及场馆面向大众的开放，越来越多的人参与到了羽毛球运动中，因为它既可以使身体各部位都得到充分锻炼，而且还具有很高的趣味性和观赏性。但由于它的运动强度和动作幅度都很大，一时的疏忽大意可能引起很严重的损伤。因此，参加羽毛球运动应注意以下事项：

（1）做好准备活动。打球之前一定要充分地热身，特别是肩、肘、腕、腰、膝、踝。使关节的各角度都得到活动，并使关节周围的肌肉得到预热。

（2）注意训练的科学性。运动量的增加要遵守循序渐进的原则。打球间隙的休息也是很重要的，因为疲劳的肌肉更容易受伤。同样的一个跳起杀球动作，在腿及踝关节疲劳时，容易因为肌肉力量的不足落地不稳而造成踝关节扭伤。

（3）注意场地条件。场地不平，灯光、通风不好，都是可能引起损伤的潜在因素。打球的过程中也要时刻注意场地上有没有多余的羽毛球，运动过程中因踩到球而崴脚是这项运动最常见的损伤。

（4）运动过程中要适量补水。由于这一项目高强度的特点，体内水分以出汗的形式流失很快，因此在运动间歇一定要饮水，这样才能保证在整个运动过程中保持良好的身体状态。

五、羽毛球运动的场地、器材的简述

如图12–1所示，为羽毛球运动的标准场地，以及单、双打的一些重要数据，以宽4厘米的线，划分出比赛场地（比如发球区）。边线上方的网高为155厘米，场地中间的网高不低于152.4厘米，网宽76厘米。

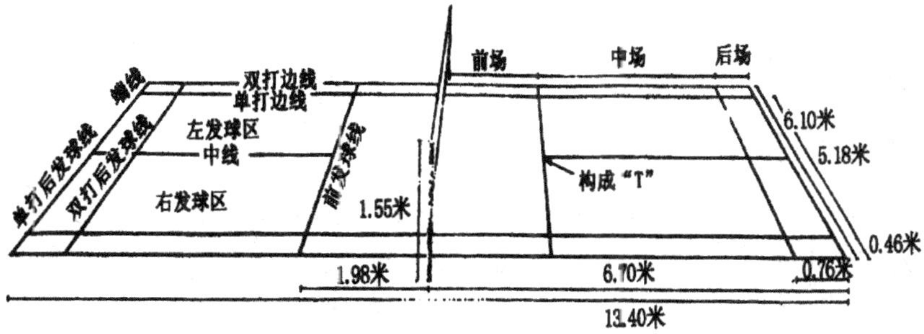

图 12-1 羽毛球场地

羽毛球有人造和天然的两种，其质量在 4.73 ~ 5.50 克之间，天然羽毛球的尾部由 16 根鸭或鹅毛组成，用皮制和塑料扎牢且固定在一个软球托上，塑料羽毛球由人造合成物制成。比赛用球一定要拥有一个软木制球托。

人们用三种色标来区别球：

红色 = 快球（重球——适合室外）

蓝色 = 中等球（中等重质——用于凉爽宽大的室内场地）

绿色 = 慢球（轻球——用于温暖较小的室内场地）

球拍总长不超过 68 厘米，宽为 23 毫米。一个好的球拍用于连接拍头和拍杆的 T- 区（连接喉）并不明显。所谓连体的球拍就是拍头与球拍柄浑然一体，在高档的连体羽毛球球拍上的 T- 区（连接喉）是包括在拍框中的。以此来支持剧烈的球拍旋转。制造球拍的重要材料是石墨、炭和其他合成材料以及铝和钢（在球拍前部）。

第二节　羽毛球的基本技术

一、羽毛球的基本常识

（一）中心位置简述

羽毛球场中心位置如图 12-2 所示。区域的中心，从该位置到达球场任何位置或边线都很容易。除了个别例外（如放网前球），在每次击球后都要尽快回到中心位置。

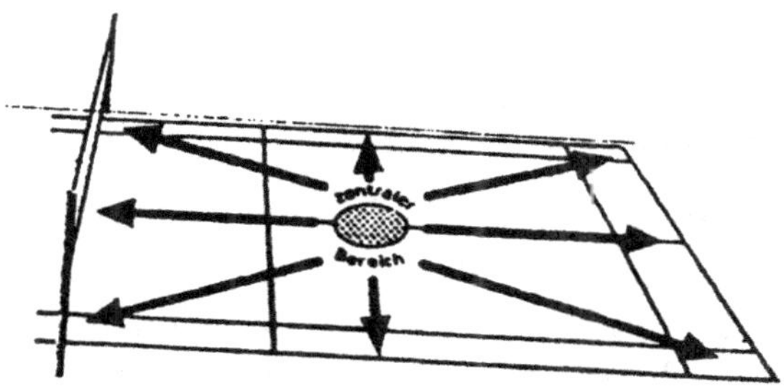

图 12-2 中心位置

根据现场击球情况（如何回球，对方在哪回球，运用了何种技术），球员在中心位置区内的位置并不是固定的。

（二）击球范围简述

击球范围如图 12–3 所示，不同的位置，击球方式不同，首先，反手区（击球时永远是手背迎向来球）与正手区（永远是手心迎向来球）的区别。其次，在上半区和身体右侧为大力正手击球，在高击球点处有低手、侧手、过手和头顶不同的区域分别。

图 12–3 显示了不同的击球位置。图中运动员身体的左侧半部显示的为反手击球区，其中反手、过手，击球是最难的，它需要特殊的击球技法和跑动方法。右侧半部图为正手区。

（三）基本站位的口诀

（1）双脚开立与肩同宽。

（2）身体重心平均分于双脚之间。

（3）略提踵膝盖，髋关节微弯。

（4）拍头位于胸腹之间。

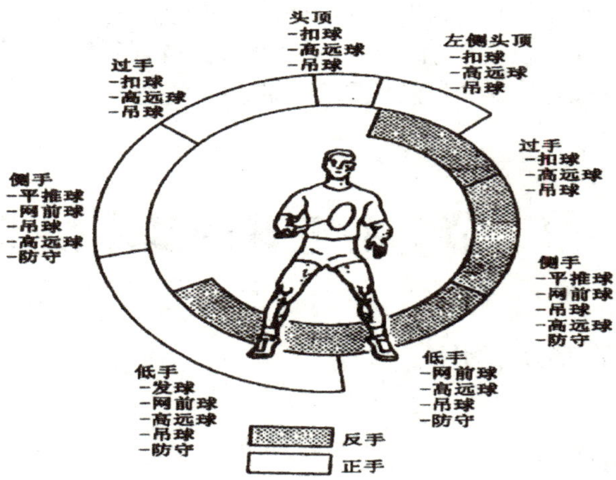

图 12–3 击球位置

二、握球拍的方式方法

握拍可分为正手握拍法和反手握拍法两种。

（一）正手握拍法的方法

虎口对着拍柄窄面内侧的小棱边，拇指和食指贴在拍柄的两个宽面上，食指和中指稍分开，中指、无名指和小指并拢握住拍柄。掌心不要紧贴拍柄，要留有一定空隙，拍柄与近腕部的小鱼际肌齐平，如图 12–4 所示。

图 12-4　正手握拍

(二) 反手握拍法的方法

在正手握拍的基础上，拇指和食指将拍柄稍向外转，拇指自然贴在拍柄内侧的宽面上，中指、无名指和小指并拢握住拍柄。柄端靠近小指根部，使掌心留出空隙，有利于击球发力。如图 12-5 所示。

图 12-5　反手握拍

练习方法：在正确掌握要领的情况下，反复做正、反握拍不击球的交替练习；在练习时根据球路变化及时变换握法。

三、发球的方式方法(右手为例)

发球分正手发球和反手发球两种。

(一) 正手发高远球的方法

动作要领：站于靠中线一侧，离前发球线 1 米左右。

(1) 左脚在前，右脚在后，身体斜对网，两脚与肩同宽，上体自然直立，重心落在右脚上，右手握拍并自然屈肘于身体右侧。

(2) 左手拇指、食指、中指夹住球，举在身体右前方的胸腹部。

(3) 发球开始，左手五指分开，使球落下，右臂后引，由上臂带动前臂，从右后方沿身体向左上方挥拍，在击球一刹那握紧球拍，由伸腕经前臂内旋到屈腕，向左前方发力击球。

(4) 击球后，球拍顺势自左前上方缓冲挥动，身体重心也出右脚过渡到左脚，右脚跟稍提起，最后手收到胸前，如图 12-6 所示。

图 12-6 正手发高远球

(二) 发平高球的方式方法

动作要领：方法基本同发高远球，只是飞行弧度较高远球低，速度较高远球快，所以在击球的一刹那，前臂加速外旋，带动手腕向前上方挥动，使球落在对方力后场底线。

(三) 正手发网前球的方式方法

动作要领：预备姿势同发高远球，发球时用力轻。主要靠前臂带动手腕向前切送，球拍握松，夹臂动作小，使球飞行弧线低，距离较短，刚好越网而过，落在对方前发球线附近。

(四) 反手发球的方式方法

准备姿势：①面对球网，反手握拍，两脚前后站立，重心在前胸上。②击球时，前臂带动手腕间前横切推送。用力要轻，如图 12-7 所示。

图 12-7 反手发球

(五) 接发球的方式方法

(1) 单打站位离前发球线约 1.5 米处，在右发球区应站在靠中线的位置，在左发球区则站在中间位置。

(2) 一般左脚在前，右脚在后，重心在前脚，后脚跟稍离地，双膝微屈，含胸收腹。

(3) 球拍置于右身前，两眼注视来球。

双打准备姿势同单打。①接发球时可站在离前发球线较近的地方。②球拍要举得高些，利用网前击球点高争取主动。

练习方法：①反复做无球的接发球动作练习。②两人一组，反复做发球和接球的组合练习。

四、打球的基本步法

羽毛球运动员在单打比赛中，要在本方场区35平方米的面积内，来回奔跑并完成各种击球动作，如果没有合适自己的步法和掌握自己的节奏，就会顾此失彼，疲于奔命。运动员要根据自身的特征结合实际情况，掌握好自己的节奏规律，形成完整的训练体系。在蹬步、跨步、腾跳步、交叉步、垫步、并步等基本步法基础上，组成了上网、后退、两侧移动和起跳腾空等综合步法。

（一）上网步法基本概要

1.上右网前的方法

（1）如果站位靠前，可用两步交叉步上网，如图12–8(a)所示

（2）若站位靠后场，则采用三步交叉跨步的移动方法，即右脚向右前方迈一小步后，左脚接着前交叉迈过右脚，然后右腿顺着这一方跨大步，如图12–8(b)所示

（3）为了加速上网，还可采用垫步上网，即右脚向右前迈一小步后，做较快速跟进到右脚跟后，利用左脚掌内侧后蹬，右脚向右前迈出一大步，如图12–8(c)所示。

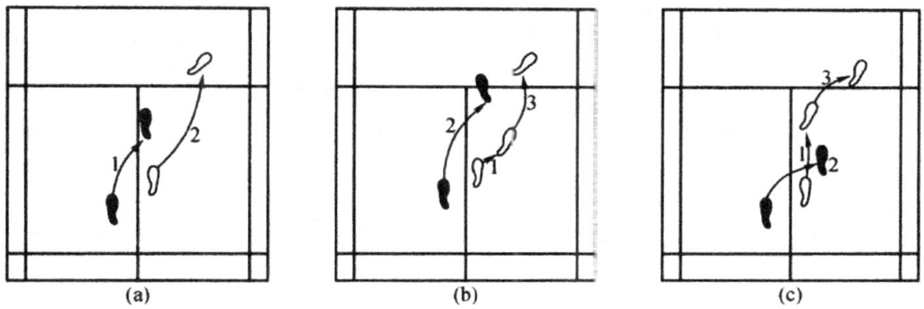

两步上网　　三步垫步上网　　三步交叉步上网

图12–8 上右网前的步法

2.上左网前的方法

基本方法同上右网前，只是方向相反。如两步跨步上网，如图12–9所示。

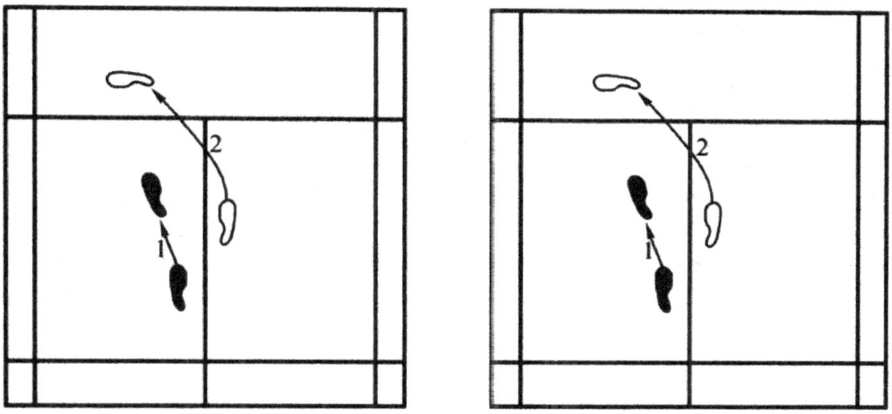

图12–9 上左网前的步法

(二) 后退步法的基本概要

1.后退右后场的方法

后退步法一半都用侧身后退，以便于到位后挥拍击球。如果右脚稍前的站位，则先完成右脚后蹬——髋部右后转——成侧身站位，然后采用三步并步后退或交叉步后退，如图12–10所示。

图 12–10 后退步法

2.后退左后场的方法

后退左后场正手绕头顶击球的步法基本同正手后退右后场步法，只是移动方向是向左后而已。

3.反手后退左后场的方法

反手击球时，必须先使身体向左后转、背向网，在后退左后场时，无论是两步后退或三步后交叉后退都要注意这一点，如图 12–11 所示。

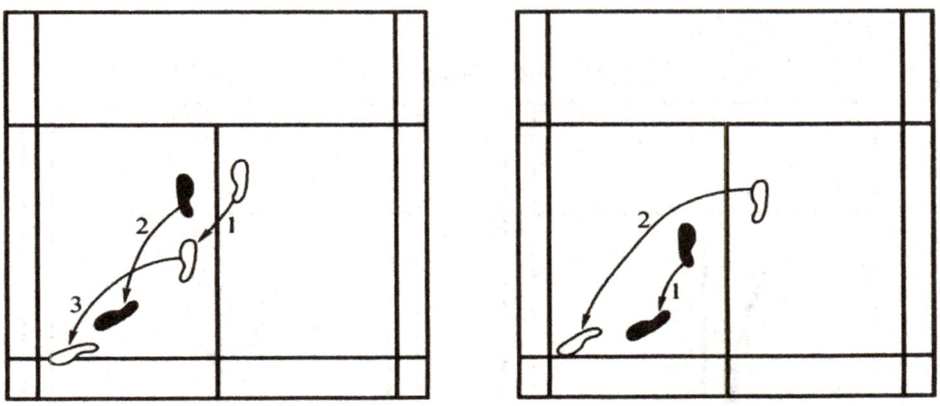

图 12–11 反手后退左后场

（三）两侧移动步法的基本概要

1.向右侧移动的方法

（1）两脚开立，右脚跟稍体起，上体稍倒向左侧，左脚掌内侧用力起蹬，右脚同时向右侧蹬跨一大步到位击球。

（2）若距来球较远，则左脚可向右垫一小步再起蹬，右脚同右侧蹬跨一大步到位击球。若距来球较远，则左脚司向右垫一小步冉起蹬，右脚同时向右跨一大步到位，如图 12–12 所示。

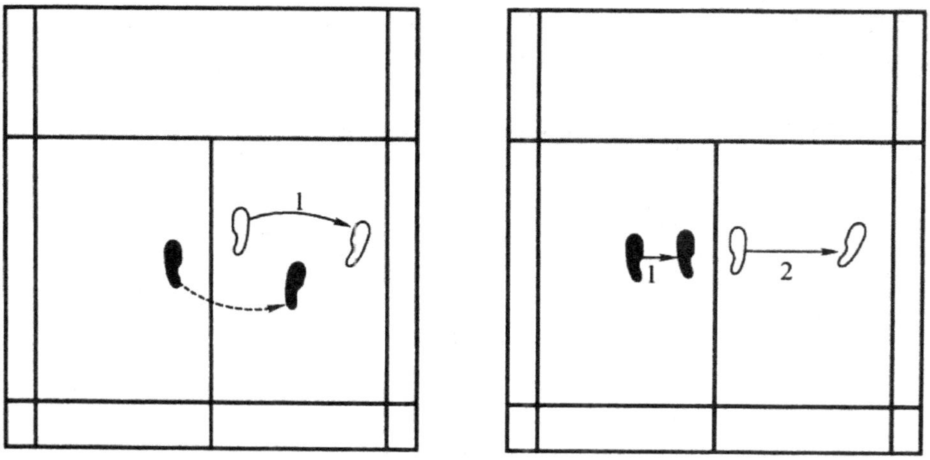

图 12–12 向右侧移动步法

2.向左侧移动的方法

两脚开立，上体稍倒向右侧用力起蹬，左脚同时向左蹬跨一步到位击球。如图 12–13（a）离球较远时，左脚可先向左移一小步，然后向左转身，右脚向左（前交叉）跨大步（背向网）到位同反手击球。如图 12–13(b) 所示。

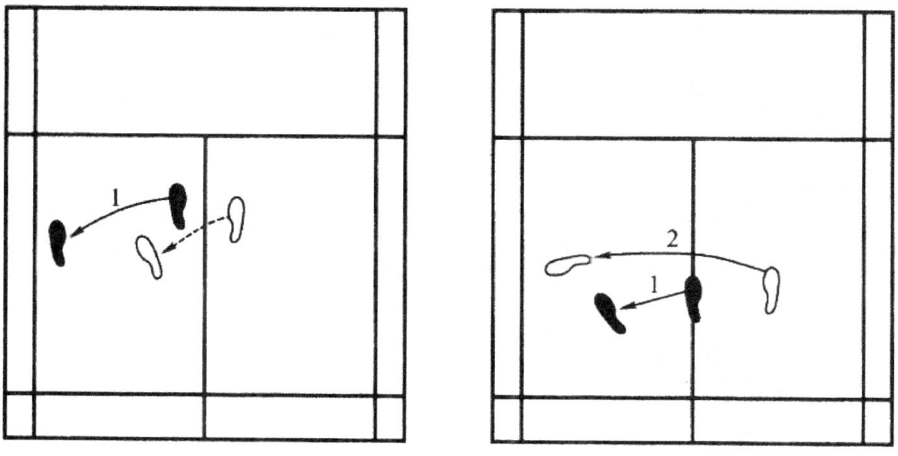

图 12–13 向左侧移动方法

(四) 起跳腾空步法的基本概要

步子到位后，为了争取战机和更高的击球点，用单脚或双脚起跳，居高临下，凌空一击，称为起跳腾空击球。在上网、后退和两侧移动中都可运用腾空起步。一般说来，腾跳步较多用于向左、右两侧进行跳起突击。

(1) 当对方打平高球 (弧线较低) 球从右侧上空飞向底线时，用左脚向右侧蹬地，右脚起跳，上体向右侧上空截住来球，突击扣杀对方空当；

(2) 当球从左侧上空飞向底线时，则右脚向左侧蹬地右脚起跳，用头顶击球法突击。在正手后退步法中，步子到位后，也可以右脚起跳腾空击球；

(3) 击球后，左脚后摆在身体重心的后面着地，一经制动缓冲，便应立即回动至中心位置，如图 12–14 所示。

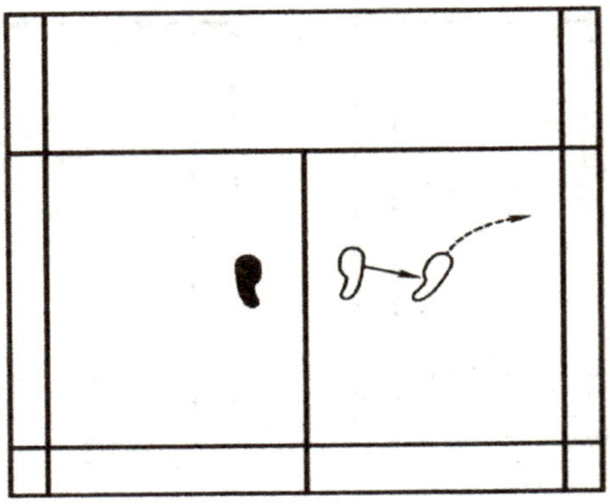

图 12–14 跳起腾空步法

五、前场击球技术与方法

(一) 网前搓球的概述

在网前用球拍切击球托，使球旋转翻滚越过网顶的击球技术，称为搓球。搓球是网前技术中的高难击球技术，有较强的攻击性。

1.动作口诀

上网步要快，左脚蹬地，右脚向网前跨步成弓箭步，侧身对网，重心在右腿；手臂前伸，出手要快，击球点要高，拍面与网成斜面，如图 12–15 所示。

图 12–15 网前搓球

2.练习方法以及要求

①配合脚步动作进行搓球动作练习。②两人网前对搓球练习。③握拍的腕部和手指自然放松，不要用手臂发力。

(二) 勾球的概述

1.动作口诀

勾球主要是用前臂动作，以手腕和手指的力量击球，用力要适当，手腕还要控制好拍面角度。勾球时，要根据击球点的高低灵活握拍，方能随球应变。勾球可分为正手勾球和反手勾球，如图 12-16 所示。

图 12-16 勾球

2.练习方法及要求

①反复做无球的勾球动作练习。②两人一组相互做勾球练习。

(三) 推球的概述

推球是把对方击来的网前球推击到对方的后场两底角去的技术动作，推球飞行的弧线较低平，速度较快。

1. 动作的分类以及口诀

(1) 正手推球。站在网前的准备动作同搓球。推球时身体稍微往前移，右前臂往前伸，并带内旋，手腕和手指控制拍面角度；手腕发力并闪腕，食指向前压，小指、无名指徒然握紧拍柄，拍子急速地由右往前至左击球，使球沿边线飞向对方后场底角，如图 12-17 所示。

图 12-17 正手推球

（2）反手推球。准备动作同搓球的准备动作。击球时，前臂往前伸，稍带外旋，手腕由外展到伸直闪腕，中指、无名指、小指突然握紧拍柄，拇、中、食指捻动发力。

2.练习方法

①做无球推球动作练习。②两人一组进行对练。

（四）扑球的概述

扑球是当来球在网顶上空时，能以最快的速度上网扑压来球的技术动作。

1.动作的要点

（1）正手扑球。身体腾空跃起或右脚蹬跨的同时，前臂往前上方举起，球拍正对来球方向；击球时，随着手臂由屈至伸，手腕由后伸至向前闪动和手指的顶压，将球扑下，如图 12–18 所示。

图 12–18 正手扑球

（2）反手扑球。反手握拍，持于左侧前；击球时，手臂由屈至伸，手腕由微屈至后伸并用力闪动，拇指顶压，加速挥拍扑击；击球后，球拍随手臂回收至体前。

2.练习方法及要求

①反复做无球的扑球动作练习。②对练。③扑球后，注意腿部的缓冲动作，控制重心以免身体触网。

六、中场击球技术与方法

中场击球技术有两边接杀球和平抽快挡（快打）等。

（一）接杀球的分类

接杀球可分为正手接杀和反手接杀，并可在不同的位置打出挡直线、勾对角、反抽后场等技术。

（1）正手接杀挡直线网前球：用接杀的步法移至右场近边线，身体右倾，手臂右伸，前臂外旋，手腕外展，持拍准备接球；击球时，前臂内旋稍翻腕带动球拍由右下向前上方推送，把球推向直线网前。

（2）反手接杀挡直线网前球：用接杀球的步法移至左场区边线，身体左转前倾，右肩对网，右肘弯曲，手腕外展，引拍于左肩前上方；击球时，借对方来球的冲力，以前臂带动球拍由左上方向左前方用拇指的鼎力挥拍轻击球托，把球挡回直线网前。

（二）平抽平挡的方式方法

平抽和平挡（快打），都是双打经常运用的技术。如正手平抽：当对方击来右后场的低球时，快步向右后场移动选好位，最后一步以右脚向球落的方向跨步，侧身对网稍后仰，右臂屈肘举拍于肩上方，做“半圆式”的闪腕挥拍动作，将球击向对方。

七、后场击球技术与方法

（一）高手击球的概述

1.正手原地击高远球的简述

（1）动作要点：①看准来球的方向和高度，快速合理地移动步法，选择球的降落点位置，使击球点在右肩稍前的上空。②左脚在前肩对网，左脚在后，腿微屈，头后仰，重心落在右脚上。③右手举拍于肩上方，“甩”臂屈腕把球击出，如图 12–19 所示。

图 12–19 正手原地击高远球

（2）练习方法：①步法移动和挥拍击球动作的无球练习。②两人移动对打高远球练习。

（3）练习要求：在手臂自然伸直时，应用“抽鞭”动作把球“弹”出。

2.反手击高远球的简述

（1）动作要点：①反手击球时，右脚以前交叉步法跨到左侧底线位，两腿微屈背对网，身体重心落在右脚上。②球拍举到胸前，拍面朝上，提肘挥拍伸腕击球，如图 12–20 所示。

图 12–20 反手击高远球

（2）练习方法：①反复做交叉步移动挥拍击球动作的无球练习。②移动练习反手击球动作。

(3) 练习要求：击球后，右脚快速撤回中心位。

(二) 吊球的概述

吊球就是把对方击来的高远球，从后场还击到对方网前区的打法，它是调动对方阵脚、组织战术配合的一种攻击技术。

1.动作的分类以及要点

(1) 正手劈吊。正手吊的方法与正手击高远球的方法相似，区别在于击球力量小，拍面适当前倾，用球拍劈切完成吊球，如图 12–21 所示。

图 12–21 正手劈吊

(2) 反手切吊。反手吊球的方法与反手击高远球的方法的不同是：挥拍的速度快、力量小、拍面角度小使反拍面略前倾，运用手腕的转力做明显的切击球动作，如图 12–22 所示。

图 12–22 反手切吊

2.练习方法及要求

①反复体会挥拍切击球动作的无球练习。②两人对练劈切击球。注意正确的劈切动作，不要往下拉拍。

(三) 扣杀球的概述

把高球在尽量高的击球点上，用大力挥击动作将球下压到对方场区内，称为扣杀球，也称扣球或杀球。

1.动作的分类以及要点

（1）正手扣杀球。动作方法基本与正手击高远球相似，不同的是击球的刹那需用全力。杀球前身体后仰成反弓，杀球时蹬腿收腹快挥臂，如图 12–23 所示。

图 12–23 正手扣杀球

（2）反手扣杀球。球在自己左侧上空，做反手握拍法，用反拍面扣杀，称为反手扣杀球。反手扣杀的方法与反手击高远球基本相同，不同点是：击球时，拍面一般控制在 7.5° ~8.5° 为宜，反拍面保持前倾，发力方向是前下方，如图 12–24 所示。

图 12–24 反手扣杀球

2.练习方法及要求

①反复体会挥拍扣杀球动作的无球练习。②两人对练扣杀球练习。③移动选位步要稳，持拍臂不要太紧张，以免影响挥拍击球的力量和准确性。

第三节 羽毛球的基本战术

一、羽毛球战术的目的

羽毛球战术是指运动员在比赛中为表现出高超的竞技水平和为了赢得比赛而采取的计谋和行动。在羽毛球比赛中，双方都想控制对手，力争主动。以己之长，克彼之短；抑彼之长，避己之短。控制与反控制的竞争是十分激烈的。能够根据不同对手的特点，采取相应变化手段而制胜，这便是战术的意义。

运用战术是为了以下目的：①调动对方位置。②迫使对方击出中后场高球。③使对方重心失去控制。④消耗对方体力。

二、单打战术的方式方法

(一) 发球抢攻战术的方法

发球者可以根据规则，在不受对方干扰的前提下，随心所欲地以任何方式将球发到对方接球区的任意一点。善于利用多变的发球术，能先发制人，取得主动。以发平快球和网前球配合，争取创造第三拍的主动进攻机会，组成了发球抢攻战术。

(二) 攻后场战术的方法

攻后场战术要求把球发到对方场地的端线或两低脚处，给对方后退进攻击球制造难度，然后寻找机会进攻。此战术用来对付初学者，或后场还击能力差，或后退步法较慢以及急于上网的对手是很有效的。

(三) 攻前场战术的方法

攻前场战术要求先发制人，以快速、凶狠、凌厉的特点进攻，从速度、力量上压制对方，速战速决。这种战术对付个头高、步法移动慢、网前出手慢、接下手球吃力的选手较为有效。

(四) 拉、吊结合杀球战术的方法

拉、吊结合杀球战术是把球准确地打到对方场区的四个角上，使对方每次击球都要在场上来回奔跑。具体的操作方法可以分为：

(1) 先在后场以轻杀、点杀、劈杀配合吊球把球下压，落点要选择在场地两边，使对方被动回球。

(2) 对方还击网前球时，迅速上网以贴网的搓球，或勾对角，或快速平推创造半场扣杀机会。使用这种战术时，对不同特点的对手要采用不司的拉、吊方法。

(3) 对后退步法慢的可以多打前、后场；

(4) 对盲目跑动满场飞的可使用重复球和假动作；

(5) 对灵活性差的应多打对角线，尽量使对方多转身；

(6) 对后场反手差的仍通过拉开后攻反手；

(7) 对体力不好的对手可用多拍拉、吊来消耗其体力，然后战胜对方。

(五) 防守反攻战术的方法

防守反攻战术是为了对付那种没有战术策略，盲目进攻而体力又很差的对手。具体操作有：

(1) 在比赛开始之时，先以高球诱使对方进攻，在对方只顾进攻而疏于了自己的防守时，即可突击进攻。

(2) 待对方体力不支、速度减慢之时再发动进攻。

(六) 打四点球突击战术方法

以快速的平高球、吊球准确地打到对方场区的四个角落，迫使对方前后左右奔跑，当对方来不及回中心位置或失去重心时，抓住空当和弱点进行突击。

三、双打战术的方式方法

双打从发球开始就形成短兵相接的局面。由于进攻和防守都加强了，要求运动员有较强的体力外，还要具备竞技、灵敏、能攻善守等。特别是对发球、接发球、平抽、挡、封网、扑、连续扣杀、接杀挑高球及防守反击等诸多技术，要求更高。两名搭档需要有较高的默契，相互信任，在赛场上要攻守衔接及站位轮转协调一致，是打好双打的关键。

(一) 攻人战术的方法

攻人战术是双打中常用的一种战术，是以人为攻击对象。进攻对方较弱的一名队员，常能起到“集中优势兵力打歼灭战”的作用；如另一队员过来协助时，又会暴露出空当，可在其仓促接应、立足不稳时偷袭他。这种战术主要使用于：①对付两名技术水平高低不一的对手时，一般都采用这种战术。②对付两名实力相当的队员也可采用这一战术。

(二) 攻中路战术的方法

攻中路战术是把球打在防守方两人的中间。这种战术可以造成守方两人抢接一球或同时让球，彼此难于协调；限制对手在接杀球时挑大角度高球调动攻方；有利于攻方的封网，由于打对方中路，对方回球的角度也小，网前队员封网的难度就小了。

(三) 攻直线战术的方法

即杀球路线和落点均为直线，没有固定的目标和对象，只依靠杀球的力量和落点来取得得分。具体方法有：

(1) 当对方的来球靠边线时，攻球的落点在边线上；

(2) 当对方的来球在中间区时，就朝中路进攻。

这个战术在使用上较易记住和贯彻。杀进线球虽然难度高一些，但效果不错，便于网前同伴的封网。

(四) 攻后场战术的方法

攻后场战术常用来对付后场扣杀能力较差的对手，把对方弱者调动到后场后也可以使用。此战术多采用平高球、平推球、挑底线把对方一人紧逼在底线，使其在底线两角移动击球，在其还击出半场高球或网前高球时即可大力扣杀，取得该球的胜利或主动。

(五) 后攻前封战术的方法

后攻前封战术要求后场队员积极大力扣杀创造机会，在对方接杀放网、挑高球或企图反击抽球时，前场队员以扑、搓、勾、推控制网前，或拦截吊、点封住前半场，使整个进攻连贯而又有节奏变化，使对方防不胜防。

(六) 守中反攻战术的方法

方法主要有：

(1) 对方攻直线球，我方挑对角平高球；

(2) 对方攻对角球，我方挑直线平高球，以达到调动对方移动的目的。

(3) 然后可采用挡或勾网前逼近对攻的战术，这在对付网前扑、推、左右转体不灵的对手时，可以很快获得由守转攻的主动权。

四、羽毛球的打法以及类型

打法是对比赛中运用某种相对固定和重复出现的技、战术组合方式的描述。每个或每对运动员都根据自己的技术特长、身体素质特点和意志品质等条件，培养形成自己的特定打法。在多种打法中运用不同的技术手段，而又有基本相同的战术目的，把这些技、战术组合方式归纳为一个类别，称之为某种打法类型。

(一) 单打打法分类

1. 快速高吊结合突击的打法

这种打法要求积极主动，技术全面、熟练准确，有突击能力，控制与反控制能力强，战术变化活，手法一致性和突变性强，步法快、灵活、速度耐力好。

技、战术特点：运用快速准确的高球和吊球的配合，控制其落点，进行多拍调动，当对方回球质量不高时，抓准机会突击扣杀。

2. 变速突击的打法

这种打法是在高吊结合突击打法基础上的发展，强调变速进攻。要求手法的一致性和突变性强，尤其后场突击扣杀的动作小而爆发力强，步法能突然后场抢点起跳和前场的蹬跳，在意识上强调判断起动，抢点击球，落点刁难。

技、战术特点：通过自身动作速度的加快，争得突击进攻的机会。通常是高、吊配合，高、杀配合结合判断抢点突击，或推、搓以后的后退加速起跳突击。

3. 下压控网进攻的打法

这种打法是先发制人，攻势凌厉，速战速决。要求进攻速度快而准，出手快，击球点高，扣杀力重，步法移动快，弹跳能力强，善于用小步加蹬跨步、蹬跳步。它包括杀、吊上网打法。发球抢攻打法、下压组攻打法等几种打法。

技、战术特点：以发球抢攻为主，特别是发网前低球结合发平球，迫使对方回球向上，然后通过大力扣杀或吊、轻杀、劈杀的配合，紧接着上网控制网前，运用搓、推、扑、勾技术，再创造中后场的进攻，尽量使球下压。当然该打法还必须配合平高球的运用。

4. 守中反攻的打法

这种打法是以守为主，后发制人。要求步法更要快、活、灵，反应要快，心理稳定性强，球的稳定性好，具有很强的防守能力。这类打法还包括多拍高、吊的打法。

技、战术特点：通过高，吊球的配合，调动控制对方底线，并用防守的球路变化，消耗对方体力，利用对方急躁心理造成失误，当对方陷于被动或进攻质量稍差时，及时抓住有利战机进行反击。由于反击得及时、快速、凶狠，往往给对方以致命打击。

(二) 双打打法分类

1. 前半场组攻的打法

这种打法非常强调前半场的作用，它通过控制前半场来组织进攻。要求判断反应快，抢位跟进快，前半场出手快、击球点高，紧封挡压，落点刁难，力争在前半场解决战斗。

技、战术特点：通过发球、接发球和前半场的快打、高打、软打的控制组织进攻，强调前场出球质量和落点要求。

2. 推压底线组攻的打法

这种打法具有硬、压的特点，控制对方的中后场，并组织进攻。要求中前场的击球点高，击球动作小而有力，强调推、抽、压技术的运用。

技、战术特点：通过硬打、快速平推或抽压两边底线，使之形成平抽快攻的局面或创造后攻前封的进攻机会。

3. 攻守实力的打法

这种打法是守中反攻打法的发展，要求技术全面、熟练，能攻善守，攻中有防，防中转攻，抓准机会一攻到底，所以除了掌握较好的防守技术外，还强调要有较强的防守反击能力和较有威胁的后场多点配合的连续进攻能力。

技、战术特点：通过拉开后场两底线，以及防守反击，组织进攻，后场进攻有一定威胁，通常是杀、吊球的配合，并注意扣杀的轻重和落点的变化。

(三) 我国羽毛球战术指导思想

“以我为主”“以快为主”“以攻为主”是我国羽毛球战术的指导思想。①“以我为主”：不要脱离自己的技术、身体条件、身体素质、心理素质和打法特点等去选择战术。②“以快为主”：在战术的变化和转换上，要体现“快”的特点。如发现对方技战术的优、缺点后，改变战术要快、要及时；由攻转守。由守转攻或由过渡转为进攻，由进攻转为过渡的速度要快，要抓住有利时机迅速转换。③“以攻为主”：在制定战术时，要强调进攻的主导思想。在防守时也要强调积极防守。

第四节 羽毛球的竞赛规则与裁判法介绍

羽毛球比赛分男子单打、女子单打、男子双打、女子双打、混合双打、男子团体和女子团体七个项目。国际羽联对21分制作了最后修订，并宣布新规则于2006年2月1日起正式实施。

一、羽毛球赛场设备的要求标准

(一) 场地要求标准

羽毛球场地应该为长方形；各条线宽度均为40毫米；赛场上空12米以内及四周4米以内不得有障碍物，以免干扰赛事。具体的标准如下：①球场应是一个长方形；根据所示尺寸，用宽40毫米的线画出。②场地线的颜色最好是白色、黄色或其他容易辨别的颜色。③测试正常球速区域的4个40毫米 ×40毫米的标记，应画在单打发球区边线内沿，距端线530毫米和990毫米处。④标记的宽度均包括在所画的尺寸内，即距端线外沿530～570毫米和950～990毫米。⑤所有场地线都是它所确定区域的组成部分。⑥如果面积不够画出双打球场，可画一单打球场，端线亦为后发球线，网柱或代表网柱的条状物应放置在边线上，如图12-25所示。

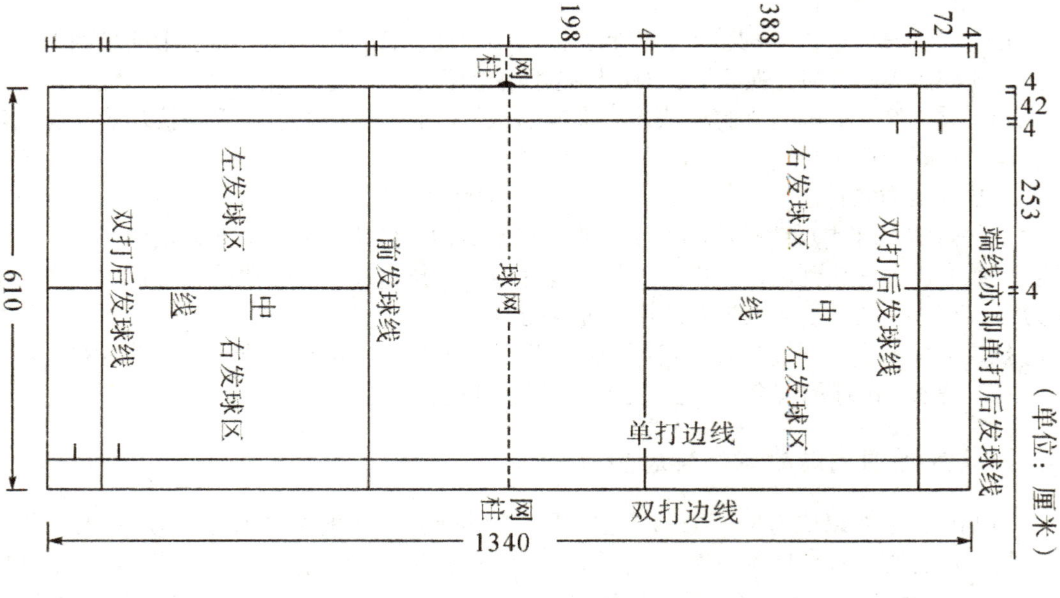

图12-25 羽毛球场地标准

(二) 羽毛球要求标准

1. 羽毛球的基本要求

羽毛球可由天然材料、人造材料或用它们混合制成。只要球的飞翔性能与用天然羽毛和包裹羊皮的软木球托制成的球的性能相似即可。具体的标准如下：①一般式样。②羽毛球应有16根羽毛固定在球托部。③羽毛长64～70毫米。但每一个球的羽毛从托面到羽毛尖的长度应一致。④羽毛顶端围成圆形，直径为58～68毫米。⑤羽毛应用线或其他适宜材料扎牢。⑥球托直径25～28毫米，底部为圆形。⑦羽毛球重4.74～5.50克。但由于合成材料与天然羽毛在比重、性能上的差异，可允许不超过10%的误差。⑧非羽毛球制成的球。⑨用合成材料制成裙状或羽毛。

2. 羽毛球的检验

①验球时，站在端线外，用低手向前上方全力击球，球的飞行方向须与边线平行。②一个具有正常速度的球，应落在离对方端线530～990毫米之间的区域内。

3. 羽毛球的非标准球

只要球的一般式样、速度和飞翔性能不变，经有关国家组织批准，可以变通以上条款。①由于海拔或气候等条件不宜使用标准球时。②如情况特殊。必须更改才有利于开展比赛时。

(三) 网柱的要求标准

(1) 从球场地面起，网柱高1.55米。网柱必须稳固地同地面垂直，并使球网保持紧拉状态，网柱应放置在双打的边线上。

(2) 如不能设置网柱，必须采用其他办法标出边线通过网下的位置。例如，使用细柱或40毫米宽的条状物固定在边线上，垂直向上到网顶绳索处。

(3) 在双打球场上，不论进行的是双打还是单打比赛，网柱或代表网柱的条状物，均应置于双打边线上。

(四) 球网的要求标准

(1) 球网应是深色、优质的细绳织成。网孔方形，各边长均在15～20毫米之间。

(2) 网上下宽760毫米。

(3) 网的顶端用75毫米的白布对折而成，用绳索或钢丝从夹层穿过。白布边的上沿必须紧贴绳索或钢丝。

(4) 绳索或钢丝须有足够的长度和强度，能牢固地拉紧并与网柱顶部取平。

(5) 球场中央网高1.524米，双打边线处网高1.55米。

(6) 球网的两端必须与网柱系紧，它们之间不应有空隙。

(五) 球拍的要求标准

拍柄、排弦面、拍头、拍杆、连接喉组成球拍整个框架。拍柄是击球者握住球拍的部分，拍弦面是击球者用于击球的部分，拍头界定了拍弦面的范围，连接喉（如果是这样的结构）连接拍杆与拍头。拍头、连接喉、拍杆和拍柄总称拍框。

(1) 拍框总长度不超过680毫米，宽不超过230毫米。

(2) 拍弦面应是平的，由拍弦串过拍头“十”字交叉或其他形式编织而成。

(3) 编织的式样应保持一致，尤其是拍面中央的编织密度不得小于其他部分。

(4) 拍弦面长不超过 280 毫米，宽不超过 220 毫米。

(5) 不论拍弦用什么方式拉紧，规定拍弦伸进连接喉的区域不超过 35 毫米，连同这个区域在内的整个拍弦面长不超过 330 毫米。

(6) 球拍不允许有附加物和突出部，除非是为了防止磨损、断裂、振动，或调整重心的附加物，或预防球拍脱手而将拍柄系在手上的绳索，但尺寸和位置应合理。

(7) 不允许改变球拍的规定式样。

二、赛区比赛规则标准

(一) 比赛规则定义

(1) 运动员：参加羽毛球比赛的人。

(2) 一场比赛：双方各一名或两名运动员是决定胜负的最基本的单位。

(3) 单打：双方各一名运动员进行的一场比赛。

(4) 双打：双方各两名运动员进行的一场比赛。

(5) 发球方：有发球权的一方。

(6) 接发球方：发球的对方。

(二) 比赛记分规则

(1) 采用 21 分制，即双方分数先达 21 分者胜，3 局 2 胜。每局双方打到 20 平时，若领先对方 2 分方可获胜；若双方打成 29 平后，先取得 30 的一方赢得比赛。

(2) 新制度中每球得分，并且除特殊情况 (如地板湿了、球打坏了)，球员不可再提出中断比赛的要求。但是，每局一方以 11 分领先时，比赛进行 1 分钟的技术暂停，让比赛双方进行擦汗、喝水等。

(3) 得分者方有发球权，如果本方得单数分，从左边发球；得双数分，从右边发球。在第三局或只进行一局的比赛中，当一方分数首先到达 11 分时，双方交换场区。

(三) 比赛站位的规则

1.单打站位规则

(1) 发球员的分数为 0 或双数时，双方运动员均应在各自的右发球区发球或接发球。

(2) 发球员的分数为单数时，双方运动员均应在各自的左发球区发球或接发球。

(3) 如“再赛”，发球员应以该局的总的分数来确定站位。①若总分为 16 分 (双数)，双方运动员均应在各自的右发球区发球或接发球。②若总分为 15 分 (单数)，双方运动员均应在各自的左发球区发球或接发球。

(4) 球发出后，双方运动员就不再受发球区的限制而自由击到对方场区的任何位置，运动员的站位也可以在自己这方场区的界内或界外。

2.双打站位规则

(1) 一局比赛开始，应从右发球区开始发球。

(2) 只有接发球员才能接发球；如果他的同伴去接球或被球触及，发球方得一分。具体如下：

①在发球方得分为0或双数时，应该由发球方地站在右侧的运动员发球，接发球方站在右侧的运动员接发球；发球方得分为单数时，则应站在左发球区的运动员发球或接发球。

②每局开始首先接发球的运动员，在该局本方得分为0或双数时，都必须在右发球区接发球或发球；得分为单数时，则应在左发球区接发球或发球。

③上述两条相反形式的站位适用于他们的同伴。

(3) 任何一局的本方发球员失去发球权后，同时对手获得一分，接着由他们的对手之一发球，如此传递发球权，注意，此时双方4位运动员都不需要变换站位。

(4) 运动员不得有发球错误和接发球的错误，或在同一局比赛中有两次发球。

(5) 一局胜方的任一运动员可在下一局先发球，负方中任一运动员可先接发球。

(6) 球发出后就不再受发球区的限制了。运动员可在本方场区自由站位和将球击到对方场区的任何位置。

(四) 赛区休息规则

(1) 在一局比赛中，当领先的一方达到11分时，双方有60秒休息时间。

(2) 在两局比赛间，双方有2分钟的休息时间。

(3) 在决胜局中，当领先的一方达到11分时，双方交换场地。

(五) 交换场区规则

(1) 以下情况运动员应交换场区：①第一局结束；②第三局开始；③第三局中或只进行一局的比赛进行至一方达到11分时。

(2) 运动员未按以上规则交换场区，一经发现立即交换，已得分数有效。

(六) 发球的规则

一旦发球员和接发球员做好准备，任何一方都不得延误发球。发球时发球员球拍的拍头做完后摆，任何迟滞都是延误发球。发球员和接发球员，应站在斜对角的发球区内，脚不得触及发球区和接发球区的界线。

(1) 从发球开始，至发球结束前，发球员和接发球员的两脚，都必须有一部分与场地的地面接触，不得移动。

(2) 发球员的球拍，应首先击中球托。

(3) 发球员的球拍击中球的瞬间，整个球应低于发球员的腰部。

(4) 发球员的球拍击中球的瞬间，球拍杆应指向下方。

(5) 发球开始后，发球员必须连续向前挥拍，直至将球发出。

(6) 发出的球向上飞行过网，如果未被拦截，球应落在规定的接发球区内（即落在线上或界内）。

(7) 发球员发球时，应击中球。

三、违例及行为

(一) 发球违例行为

(1) 未将球发在相应的区域内。
(2) 球挂在网上或停在网顶。
(3) 球过网后挂在网上。
(4) 双打时，接发球员的同伴接到球或被球触及。

(二) 比赛进行中违例行为

(1) 球从网孔或网下穿过。
(2) 球未从网上方越过。
(3) 球触及天花板或四周墙壁。
(4) 球触及运动员的身体或衣服。
(5) 球触及场地外其他物体或人。
(6) 运动员的球拍、身体或衣服，触及球网或球网的支撑物。
(7) 球被击时停滞在球拍上，紧接着被拖带抛出。
(8) 球落在场地界线外。
(9) 球在一个回合中被同一方队员多次击中。
(10) 过网击球（击球时，球拍与球的最初接触点在击球者网这一方，而后球拍随球过网的情况除外）。

(三) 重发球的违例行为

由裁判员宣判“重发球”，用于中断比赛。具体有：
(1) 发球时，发球员和接发球员同时违例。
(2) 除发球外，球过网后挂在网上或停在网顶。
(3) 发球员在接发球员未做好准备时发球。
(4) 比赛进行中，球托与球的其他部分完全分离。
(5) 司线员未看清，裁判员也不能做出决定时。
(6) 遇不能预见或意外的情况。
(7)“重发球”时，最后一次发球无效，原发球员重新发球，发球区错误除外。

(四) 死球违例行为

(1) 球撞网并挂在网上，或停在网顶上。
(2) 球撞网或网柱后开始在击球这一方落向地面。
(3) 球触及地面。④ “违例” 或 “重发球”。

(五) 发球区错误的行为

(1) 从错误的发球区发球。

(2) 在错误的发球区准备接发球，且对方球已发出。
(3) 发球顺序错误。

(六) 比赛进行中出界行为

(1) 单打的边线，是在边界的里面一条；双打的边线就是最外面一条。
(2) 单打的前发球线，就是最前面的一条线。
(3) 后发球线就是底线，发球在这两条线之间才有效。
(4) 双打的前发球线和单打一样，都是最前面一条。
(5) 后发球线就底线前的那一条线。发球在这两条线之间才有效。

四、裁判法介绍

(一) 警告介绍

遇以下情况应予警告:
(1) 对已被警告过的一方判违例。
(2) 对严重违犯或屡犯者判违例并立即向裁判长报告，裁判长有权取消其比赛资格。
(3) 未设裁判长时，竞赛负责人有权取消违犯者的比赛资格。

(二) 裁判发介绍

(1) 裁判长对比赛全面负责。
(2) 临场裁判主持一场比赛并管理该球场及其周围。裁判员应向裁判长负责。
(3) 发球裁判员应负责宣判发球员的发球违例。
(4) 司线裁判对球在其分管线的落点宣判“界内”或“界外”。
(5) 临场裁判员对其所分管职责内的事实的宣判是最后的裁决。
(6) 裁判员应做到:
①维护和执行羽毛球比赛规则，及时地宣报“违例”或“重发球”等。
②对申诉应在下一次发球前做出裁决。
③使运动员和观众能随时了解比赛的进程。
④与裁判长磋商后撤换司线或发球裁判员。
⑤在缺少临场裁判员时，对无人执行的职责做出安排。
⑥在临场裁判员未能看清时，执行该职责或判“重发球”。
⑦记录与规则有关的情况并向裁判长报告。
⑧将所有与规则有关的争议提交裁判长 (类似的申诉，运动员必须在下一次发球击出前提出。如在一局比赛结尾，则应在离开赛场前提出)。

(三) 发球区错误的裁判介绍

(1) 如果错误在下一次发球击出前发现，应重发球；只有一方错误并输了这一回合，则错误不予纠正。
(2) 如果错误在下一次发球击出前未被发现，则错误不予纠正。

(3) 如果因发球区错误而“重发球”，则该回合无效，纠正错误重发球。

(4) 如果发球区错误未被纠正，比赛也应继续进行，并且不改变运动员的新发球区和新发球顺序。

第十三章 网球运动实践探究

世界四大绅士运动有网球、高尔夫球、保龄球和桌球（乒乓球）运动，其中，网球运动是首届现代奥林匹克运动会的唯一球类项目。它对参加者的体能要求不太高，并且运动量还可以得到有效的控制，因而是一种老少皆宜的体育项目，上至白发老者，下到少年儿童，均能在球场上体会到充足的乐趣。网球运动是一项有效的有氧运动，经常参加网球运动，可以提高人的心血管机能，改善人的神经机能，全面发展人的身体素质。它可以使参与者把激烈竞争与平心交流完美地结合在一起，这让参加运动双方的身体和心理都能达到一种和谐、完美的锻炼。

第一节　网球运动概述

一、网球的起源和发展

网球运动起源于法国，是一项宫廷游戏。13 世纪时，法国宫廷中开展起一种叫“掌球戏”的游戏，并由室内移向室外，在一块开阔的空地上，将一条绳子架在中间，两边各站一人，双方用手来回击打一种裹着头发的布球。以埃及坦尼斯镇所产的布最为著名，英文网球 Tennis 大概由此而得名。15 世纪时，出现了用羊皮纸做拍面的椭圆球拍，同时场地中央的绳子也改成了网子。18 世纪资本主义兴起后，网球运动冲出宫廷，逐步在资产阶级和市民阶层中开展起来。到 19 世纪，网球运动在欧美盛行起来。19 世纪 70 年代，现代草地网球正式出现。目前，网球运动水平较高的国家有美国、澳大利亚、法国、意大利、阿根廷、罗马尼亚、南非等，其中美国最强，尤其是女子网球。世界最高水平的网球比赛每年有四次，即：英国温布尔顿国际草地网球锦标赛、美国网球公开赛、法国网球公开赛、澳大利亚草地网球公开赛。这四大比赛是得到国际网球联合会承认的以个人名义参加的单项比赛，且都设有高额奖金。其他洲际或地区性的国际比赛，需要国际网联批准，方可成为正式锦标赛。国际网联承认的正式团体比赛有：戴维斯杯赛，即国际网球锦标赛，始于 1900 年，每年举行一次；联合会杯赛，即女子国际团体赛，每年举行一次，始于 1963 年。团体赛以国家为单位可以参加，但不设立奖金。1968 年，国际网联正式允许职业运动员参加其管辖的比赛。1970 年，由一些大企业资助，设立了大奖赛。大奖赛由一系列国际比赛组成，根据运动员在各场比赛得分多少排列名次，并授予相应的奖金。1912 年，国际网球联合会在法国巴黎成立。网球运动各种打法和流派经过多年的演变，攻守技术已发展到很高的水平。现在，各种打法的发展趋势是力求技术全面，特长突出。发球讲究力量大、速度快、落点准确、旋转多变。新中国成立后，网球运动不断发展，特别是改革开放以后，我国选手频繁参加国际赛事，技术水平也在迅速提高。尤其是我国女子网球运动员在国际赛事中的崛起，更使参加网球运动的人数迅猛增长，全国各地都形成了“网球热”。

二、国际网球组织机构

（一）ITF——国际网球联合会

国际网球联合会（International Tennis Federation，ITF），简称国际网联，1913年在法国巴黎成立。现有会员191个。其中119个为正式会员，72个为无表决权的联系会员。国际网联的正式用语为英语、法语和西班牙语，在文本有歧义时，以英语为准。1896～1924年，网球为奥运会的比赛项目。此后，国际网联因运动员参赛资格问题而与国际奥委会发生冲突，网球不再是奥运会的比赛项目，直到1988年才重新进入奥运会。国际网联的任务主要有以下几方面：

（1）负责有关网球比赛的一切事务。

（2）制订、修改和实施网球比赛规则。

（3）促进和鼓励网球的教学，为发展中国家的网球教练开设培训班。

（4）制订国际赛事和实施规则。

（5）裁定国际网联认可的正式网球锦标赛。

（6）负责指导四大网球公开赛等。

（二）ATP——职业男子网球协会

ATP是Association of Tennis Professional的缩写，也称职业网球球员协会，是世界男子职业网球选手的“自治”组织机构。

ATP系列赛包括下面六种比赛：

（1）大师杯赛。2009年开始更名为“ATP世界巡回总决赛”。

（2）世界双打锦标赛。

（3）世界队国际锦标赛。

（4）网球大师系列赛，也就是所谓的超九赛事。

（5）国际黄金系列赛。

（6）国际系列赛。

国际系列赛是ATP最低级别的比赛，其总奖金分为40万美元、60万美元、80万美元和100万美元不等。而国际黄金系列赛的总奖金分为80万美元、100万美元。网球大师系列赛的总奖金当然是超过100万的，它们的奖金由各自的组委会来决定。挑战系列赛是ATP组织的除上述六种比赛外的另一系列赛事。挑战系列赛的总奖金分为以下几类：2.5万美元、5万美元、3.75万美元加免费住宿和早餐、7.5万美元、10万美元、12.5万美元加免费住宿和早餐、15万美元。以参加一项5万美元的挑战赛为例，如果获得冠军，能拿到50分的ATP电脑排名分和7200美元的奖金。

（三）WTA——职业女子网球协会

职业女子网球协会（WTA）成立于1973年，英文全称Women's Tennis Association，是世界女子职业网球选手的“自治”组织。球员总部设在美国佛罗里达州的圣彼得斯堡，其主要办公机构目前在康涅狄格州，另外在欧洲还有一个小的分支机构。WTA巡回赛组织的总部设在美国康涅狄格州西南部的斯坦福德。体育科学部、医学部、巡回赛运作部和选手关系办公室设在美国佛罗里达州的圣彼得斯堡。WTA 巡回赛还在伦敦设有欧洲总部的办公室。WTA 由一个主席和一个董事会来管理，他们多数是现役球员，此外还有一些是商业顾问。董事会为整个网球运动的核心机构，为职业网球女子协会提供建议。像男子网球运动一样，WTA 的工作是代表职业球员的利益，保证世界上几百位职业球员都有机会去参加比赛，并在比赛中打出水平。同时，还协助与赞助商、赛事主办者之间的关系，推进网球运动的发展。球员们在职业女子网球协会中有各自的代理人，职业女子网球协会决定整个巡回赛的所有规则，并资助一些表演赛。球员们能参加一些这样的比赛而不必担心与真正的职业联赛相冲突。WTA 的赛事系统很简单，分为 1 ~ 5 级最低级 5 级的总奖金为 11 万美元，4 级的总奖金为 14 万美元，3 级的总奖金可以为 17 万美元和 22.5 万美元，2 级的总奖金为 58.5 万美元和 65 万美元，最高级 1 级的总奖金可以为 126.2 万美元、132.5 万美元、200 万美元。

三、国际重大网球赛事

(一) 网球四大满贯

澳大利亚网球公开赛（Australian Open）、法国网球公开赛（Roland Garros）、温布尔登网球锦标赛（Wimbledon The Championship）、美国网球公开赛（U.S.Open），被称为世界四大网球公开赛，它是每年一届的最为重要的世界性网球单项比赛。世界各地选手均把获得四大公开赛的桂冠视为最高荣誉。网球运动员在一年中，能同时获得四大公开赛冠军者，称为“大满贯”获得者，若获得四大公开赛其中之一冠军者，称“大满贯赛冠军”。

1. 澳大利亚网球公开赛

澳大利亚网球公开赛（Australian Open）是网球四大满贯赛事之一，也是网球四大满贯赛事中每年最先登场的，通常于每年 1 月的最后两个星期在澳大利亚墨尔本举行。澳大利亚公开赛自 1905 年创办以来，至今已经有 100 多年的历史。不过与另外三项四大满贯赛事相比，澳大利亚网球公开赛还是最年轻的。赛事目前由澳大利亚网球协会（Tennis Australia）主办。

2. 法国网球公开赛

法国网球公开赛（Roland Garros）通常在每年的 5~6 月举行，是每年继澳大利亚网球公开赛之后，排在第二个进行的大满贯赛事。法国网球公开赛规定每场比赛采用 5 盘 3 胜淘汰制，而且球场属于慢速红土场地，利于底线对抗，所以，一场比赛打上 4 个小时是司空见惯的。在这样的球场上，花这么长的时间去打一场比赛，球员要有超群的技术和惊人的毅力才行，因此很具有挑战性。

3. 温布尔登网球锦标赛

温布尔登网球锦标赛（Wimbledon The Championship）是现代网球史上最早的比赛，由全英俱乐部和英国草地网球协会于 1877 年创办。首次正式比赛在该俱乐部位于伦敦西南角的温布尔登总部进行，名为“全英草地网球锦标赛”。1922 年进行了两项改革，一是修建可容纳 1.5 万观众的中央球场，二是废除了“挑战赛”，从这一年起要取得冠军，球员必须从第一轮打起，男子必须连胜 7 场比赛，女子必须连胜 6 场比赛。1968 年国际网联同意职业选手参加该项比赛，同时组织者还募集巨额奖金，吸引全世界一流好手参加，故竞技水平逐年提高。比赛期间精英荟萃，好手云集，竞争十分激烈，它体现了网球技术的最高水平和发展趋势。

4. 美国网球公开赛

美国网球公开赛（U.S. Open），其历史仅次于温布尔登网球锦标赛，始创于1881年。美国网球公开赛的首届比赛，是于1881年在纽波特的一个赌场里进行的，现在那里是国际网球名人所在地。当时只是国内赛事，而且只有男子单打。女子比赛始于1887年。每年的8月底至9月初，在美国纽约举行比赛。1968年美国网球公开赛被列为四大满贯赛事之一，设有5个单项的比赛，是每年四大满贯赛事中最后举行的大赛。美国网球公开赛的地位和高额奖金，以及中速硬地场地，吸引众多好手参加。美国网球公开赛的影响虽比不上温布尔登网球锦标赛，却高于澳大利亚网球公开赛、甚至法国网球公开赛。

（二）戴维斯杯网球赛（Davis Cup）

戴维斯杯网球赛是每年一度的世界男子网球团体赛，也是世界网坛层次最高，影响最大的国际性团体赛，由国际网球联合会主办，是除奥林匹克网球比赛外历史最长的网球比赛。因系美国人戴维斯倡议举办，并捐赠银质奖杯授予冠军队，故名"戴维斯杯网球锦标赛"。第1届于1900年在美国波士顿举办，仅美国和英国参加。由于参加国家的增多，1923年起分为美洲区和欧洲区，1952年又增加了一个东方区，1966年欧洲参赛队剧增，又从3个区分成4个区，即美洲区、东方区、欧洲A区、欧洲8区（非洲国家参加欧洲8区）。1970年成立了一个委员会研究讨论竞赛规则的改革，较多国家认为卫冕国家以逸待劳，迎战疲惫不堪的挑战队，未免太有失公允，所以自1971年通过了一项决议取消了"挑战赛"制度，从1972年起冠军队也毫无例外地必须从第一轮开始比赛，至于决赛地点的选择，由抽签决定。1981年开始采取分为两级的升降级比赛的办法。

1980年7月和1988年两次对规则做了比较大的修改，把原来的东方区改为亚太区，又分为亚太1组和亚太2组，水平高的在1组。把原欧洲A区，欧洲B区，改为欧非区1组，其中仍分为A区和B区，每区的前两名出线参加世界组的资格赛。又增设了非洲区2组和欧洲区2组。所有区的2组水平都是该区较低的。这样，亚太区1组，美洲区1组和欧非区1组的A区和B区，各出线2个队，共8个队，进入世界组的预选赛，同当年世界组16个队中第一轮被淘汰的8个队抽签对阵，捉对厮杀，胜者升到第二年世界组，成为16强争夺戴维斯杯，负者回到各区的1组，第2年再战。

戴维斯杯比赛采用4单1双，5场3胜制。无论哪一级的团体赛，比赛时间都是三天：第一天两场单打，第二天一场双打，第三天又是两场单打。第一和第二天为5盘3胜制，第三天为3盘2胜制。获得戴维斯杯次数最多的国家有美国、澳大利亚、英国和法国等。

（三）联合会杯网球赛（Federation Cup）

联合会杯网球赛是每年一度的世界女子网球团体赛，它是1963年为庆祝国际网联成立50周年创办的。联合会杯网球赛是和戴维斯杯赛齐名的团体赛事，是各国网球整体实力的大检阅。第一届联合会杯比赛是在伦敦的女子俱乐部进行的，共有16支代表队参加。联合会杯赛每年进行一次。

联合会杯网球赛仿效戴维斯杯赛的比赛办法，实行"联合会杯新赛制"，由上年联合会杯赛四分之一决赛的8个队组成世界组，其余8个队成为A组。这两组的比赛采用一次主场和一次客场的比赛方法。在世界组中，第一轮获胜的4个队进行半决赛，第一轮失败的4个队与A组中获胜的4个队进行比赛，比赛中获胜的队进入下年底世界组。A组中第一轮失败的队同各区中获胜的队进行比赛，然后由4支获胜的队进入下年度A组比赛。4支失败的队则参加下年度的区级比赛。

世界组和A组的比赛采用5场3胜制，第一天进行两场单打，第二天进行两场单打和一场双打。其双打放在最后进行。

(四) 大师杯系列赛 (Tennis Masters Series)

职业网联根据新的排名法和调整后的比赛日程暴露出的实际情况，对比赛进行了改革，他们将原有的11起最高水平的赛事减为9起，以其为基础组织超级巡回赛。即以减少赛事来提高比赛的质量，在选择赛事时，职业网联充分考虑了场地和资金、观众等因素，使9起赛事能充分展示男子职业网球的各种不同风格。根据场地的不同类型划分，它们是：塑胶场地——利普顿大师赛，印第安纳大师赛；红泥土地——蒙特拉罗大师赛，汉堡大师赛，罗马大师赛；硬地——多伦多大师赛，辛辛那提大师赛；室内地毯场地——斯德哥尔摩大师赛，巴黎大师赛，这就是超级9项赛。为了保证赛事质量，职业网联与排名前十名的选手签订了合同，合同规定：这些球员必须准时出席以上赛事，不能在同一时间参加低级别的比赛。每年11月15日在德国去兰克福有8名世界顶尖选手参加的ATP年终总决赛(又称世界锦标赛)。

但是，在新世纪伊始，男子职业网球赛与以往有所不同，它将以往的超级9项赛和ATP世界年终总决赛改了名，超级9项赛现在名叫大师系列赛，年终总决赛也改了名为大师杯赛，司样分九个地方举行，而大师杯亦如往年一样，由全年成绩最好的8位选手参加。

四、我国网球运动的发展概况

(一) 新中国成立前的网球运动

中国的网球运动始于1885年，由英、美、法商人和传教士相继传入，首先在上海发展起来。那个时候，网球运动只局限在少数有钱人的圈子里，成为贵族运动。1942年，中国人首次参加四大公开赛之一的温布尔顿网球公开赛和戴维斯杯网球赛。1945年，侨居印尼的许承基和郑兆佳代表中国参加了在美国举行的戴维斯杯网球赛，第一次取得了赢两盘的战绩，打破了中国参加该项比赛未拿一分的记录。

(二) 新中国成立后的网球运动

新中国成立后，网球运动得到了进一步的发展。1953年，天津市举办了新中国的首次全国网球表演赛，此后，每年都要举办不同形式的全国网球比赛。在历年的全国比赛中，涌现了不少优秀的选手。

新中国网球运动国际交往是从1956年开始的，第一个访问我国的是印度尼西亚队，我国第一次派网球队出访的是在1957年去斯里兰卡。此后，中国网球运动员曾先后同30多个国家和地区发生交往，也参加了许多的大型国际比赛，并取得了较好的成绩。

随着新世纪的到来，我国也迎来了网球运动的辉煌时刻。2004年，李婷、孙甜甜勇夺奥运会女双金牌，震惊世界；郑洁在法国网球公开赛中打入16强；李娜夺得中国网球第一个WTA巡回赛冠军。2005年，彭帅再创纪录，首次战胜世界排名前十的高手，在一级赛事中杀入四强。2006年1月，郑洁/晏紫夺得中国网球在四大满贯赛成年组双打比赛中的第一个冠军。同年7月，郑洁/晏紫在温布尔顿网球公开锦标赛决赛中以2∶1的总比分击败了苏亚雷兹/帕斯奎尔这对跨国组合，成为首对取得温网女双冠军的中国组合。这所有的成绩都说明中国的网球运动正大跨步地前进着。

第二节　网球的基本技术

一、握拍法与准备姿势

（一）握拍法

1. 东方式握拍法

东方式握拍法最先在美国东海岸一带流行，因而取名为东方式。它开始是在沙土球场上使用，后来在各种不同类型的网球场上使用，取得了较好的击球效果，因而被广泛采用。东方式握拍法分为正手与反手击球握拍两种。

东方式正手握拍法最形象的表达是"握手"，它与握手的姿势十分相似。先将球拍柄水平放置，拍面与地面垂直，拍柄朝向自己，然后以手握手状握住拍柄。初学者可以采用自然的办法握拍，即先把手掌平贴在拍面上，保持手掌与拍面平行。手顺着拍柄划到拍柄位置，手指弯曲握紧拍柄。如图13-1所示。其握拍法的要点是：食指下关节压在右垂直面上，食指与其余三个手指稍分开，拇指自然弯曲，从拍下平面绕过来。击球时右手掌根与食指下关节控制球拍。

东方式反手握拍法是在正手握拍法的基础上，手沿逆时针方向旋转一个平面，如图13-2所示。其要点是：食指下关节压在右上斜面上，手掌根部贴住拍的左上斜面，与拍底平面对齐，食指与其余三个手指稍分开，拇指稍弯曲贴在左下斜面。

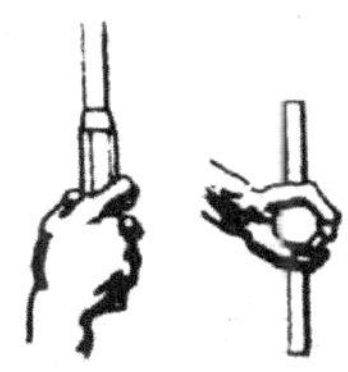

图13-1　东方式正手握拍法　图13-2　东方式反手握拍法　图13-3　大陆式握拍法

2. 大陆式握拍法

大陆式握拍法过去在欧洲大陆，特别是法国的草地网球赛中流行。现在多用于上网截击和发球。介于东方式握拍法的正手握拍与反手握拍之间，它的特征最形象的表述是"手握铁锤柄"，它与使用铁锤的握法相似。正、反手击球采用同样的握法，如图13-3所示。

大陆式握拍法的要点：食指下关节紧贴在右上斜面上，手指根部贴住上平面，与拍底平面对齐，其余三个手指稍分开。由于大陆式握拍法在正、反手击球时球拍不用转动，因而在上网截击或在来不及判断该用正手或反手击球时使用较方便。实际上，世界上许多习惯用东方式握拍法击球的优秀选手，在比赛中都经常自觉或不自觉地使用了大陆式握拍法。

3. 西方式握拍法

西方式握拍法过去曾在美国西部海岸加利福尼亚州一带流行，因而取名西方式。由于掌握它难度较大，故只有被一些职业运动员所采用。现在，世界一流的网球运动员大多采用西方式或半西方式握拍法。它的特点是击出的正手球旋转强，用于"破网"威力较大。

西方式握拍法最显著的特征是正、反手击球使用了同一个拍面。正手击球与反手击球握拍法相比较，拍子逆时针转动了180°，而手腕仅顺时针转动了90° ，如图13–4所示。

西方式正手握拍法最形象的表述是"一把抓"。它是把拍平放在地面上，再用手抓起来。其要点是：拇指与食指几乎成直角，拇指直伸压住拍上平面，食指下关节握住右上斜面，手指根部贴住右下斜面，与拍底平面对齐。

西方式反手握拍法是在正手握拍法的基础上，手腕按顺时针方向转动，拇指直伸紧压拍子右垂直面，食指下关节压住上平面，手掌根贴住左上斜面，与拍底平面对齐。简单地说，就是球拍柄上下平面颠倒过来，正、反手用同一拍面击球。

4. 半西方式握拍法

它是介于西方式和东方式之间的一种握拍方法，其握拍点是将食指底部关节按在第3面和第4面之间，然后握住球拍，手掌比东方式正手向拍柄后移动得多，如图13–5所示，用此种握拍法，易于击打腰部以上高度的球，它具备西方式方式握拍的旋转和东方式握拍的力量，倾向于正手主动进攻。这种握拍法不仅适合初学者，更被当代顶尖的网球选手使用。

图13–4 西方式握拍法

图13–5 半西方式握拍法

5. 双手握拍法

它又分为两种：一种是右手用大陆式握拍法，左手用东方式正手握拍法；另一种是双手都用东方式握拍法，如图13–2–6所示。

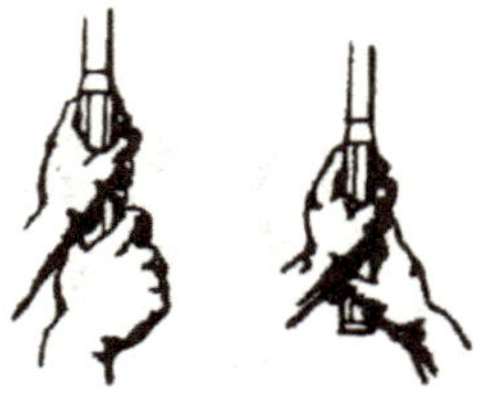

图13–6 双手握拍法

(二) 准备姿势

上体微前倾，注视对方或来球。球拍置于腹前，拍头指向前方略偏左，微上翘，手腕低于拍头，用正手握法轻握球拍，不持拍手轻扶着球拍的颈部。双脚开立，比肩略宽，脚掌着地，屈膝提踵，身体重心置于两脚前脚掌之间。

(三) 网球球感的练习方法

1. 用手抓抛球练习

(1) 将球抛起，分别在落地前和落地后用双手抓住，单手抓住。(以右手为主，用左手抛球，右手接球。下同)

(2) 面对墙抛球，撞墙落地后先用双手接住，熟练后再用单手接住。

(3) 面对墙抛球，撞墙后不等球落地直接在空中分别用双手，单手接住。

(4) 将球向上抛，分别在原地转圈后接住落地球或空中球。

(5) 两手各抓一球，同时抛起，落地后再用同侧手同时接住。熟练后，同时抛起同时在空中接住球。

(6) 两人面对面抛球，分别接住落地球或空中球，距离逐渐拉长，角度逐渐拉开。

2. 单人持拍练习

(1) 用球拍拍起地上的球和用球拍与脚配合拾起地上的球。

(2) 用球拍向上颠球，达到熟练后，加上移动、转圈和按口令颠球。

(3) 颠球几次后，让球停在球拍上，再将球向上送出，继续颠球，再停下，反复练习。

(4) 向下拍球。开始拍一下等一下，过渡到连续向下拍球。达到熟练后，可移动拍球，转圈拍球，蹲下拍球等。

(5) 用拍框拍球至熟练，注意眼睛要紧盯住球。

(6) 对墙练习。面对墙一至二米，颠球五次，等球落地后将球轻打向墙，再落地后接起，颠球五次。连续十个回合后，开始颠球四次、三次、二次、一次，最后过渡到不颠球的连续打墙练习。

(7) 距墙一米左右，持球拍向上颠球五次后，将球轻打向墙，撞回在空中接住，再颠球五次。十个回合以后，依次颠球四次、三次、二次、一次，直至连续对墙碰击，距离可根据掌握情况适当拉开。

3. 两人持拍练

(1) 两人间隔一米，一人颠球五次，落地后轻打向中间，另一人等球弹起后接住，再颠球五次。反复练习，十个回合以后，依次颠球四次、三次、二次、一次，直至连续多回合轻打。

(2) 基本同上，只是颠球最后一次时，直接颠向两人中间，依次连续练习，直至连续多回合轻打。

(3) 两人用一把球拍。一人颠球三次后 (低—低—高)，把球拍交给同伴，在球落地之前接住，再颠球三次。反复练习这一动作，直至颠球二次，颠球一次换拍。

(4) 两人间隔一至二米，一人颠球五次，不落地直接送给同伴，同伴在球未落地之前接起，也颠球五次，再回送对方。十个回合以后，依次颠球四次、三次、二次、一次，直至连续多回合不落地轻打。距离可逐渐拉开练习。

(5) 一人将球停在球拍上，轻送向同伴，待球落地弹起后，同伴接住，颠球一次，并迅速将球停在球拍上。反复练习至熟练。

(6) 两人用两个球，各颠球三次，同时送向对方，球弹起后各自再颠球三次。反复练习至熟练。

二、正、反手底线击球

（一）正手击球

右手持拍（下同），从准备姿势开始，移动到来球位置，最后一步要保持左脚在前，身体左侧朝向来球方向。这时将球拍充分向后挥摆，拍头翘起，手臂伸展，从后摆进而向前挥动时紧握球拍，手腕后伸、固定，用力蹬脚，转动身体和挥拍，正拍的击球点在身体的右侧前方不超过腰的高度，身体重心从右脚逐渐移到左脚，击球后球拍随势挥到身体的左侧前上方，随挥动作如同将拍扛在肩上，之后迅速还原。如图 13–7 所示。

图 13–7 正手击球

（二）单手反手击球

当来球飞向反手位置时，移动到位的最后一步要保持右脚在前，身体右侧朝向来球方向，球拍向左后挥摆。这时持拍手臂的肘部保持适当弯曲，拍头稍翘起，在迎球过程中，挥拍手臂与向右转体动作相配合，使球拍由低向高挥动，击球点在身体左前方，高度在腰间。拍触球时手腕固定握紧球拍，拍面垂直或稍后仰，击球的中部附近位置，击球后球拍随势挥至身体右侧前上方。身体重心从左脚移至右脚，并迅速还原。如图 13–8 所示。

图 13–8 单手反手击球

（三）双手反手击球

当判断来球是反手位时，在移动到位的最后一步应保持右脚在前，身体右侧朝向来球方向，双手握球拍向左后挥摆，右臂伸展较大，左臂弯曲。在迎球时，挥臂与转体动作相配合，使球拍由低向高挥动，拍与球的击球点保持在髋前。拍触球时双手握紧球拍，两肩和两髋随着转动，拍面垂直或稍后仰，击球的中部位置。击球后双手随势挥至右侧头部高度，身体重心从左脚移至右脚，并迅速还原。如图 13–9 所示。

图 13–9 双手反手击球

（四）正反手底线击球的练习方法

(1) 徒手挥拍练习，巩固、熟练正确的正反手挥拍击球技术。

(2) 原地对着练习墙站立，自抛球，用正手（或反手）打不落地球。一定次数后，再打落地反弹下降至腰部高度的球。

(3) 原地对着练习墙站立，进行反手的自抛球落地击球练习。

(4) 对练习墙稍远站立，正手打落地球上墙，反弹落地后，再连续正手击打，反复练习，然后交换练习反手击球。

(5) 保持与墙一定距离，进行正手连续击球，争取最多的回合而不失误。再进行反手练习。

(6) 站在底线后，用多个球练习，分别练习正手击打落地球过网。然后过渡到两人底线对击球。

三、发球与接发球

（一）发球

发球是网球基本技术之一，发球技术一般分为平击发球、侧旋发球和上旋发球三种。发球基本技术中包括握拍法、准备姿势、抛球与后引动作、挥拍击球和随挥等技术。

1. 发球基本技术

(1) 握拍法：初学者用东方式正手握拍发不太旋转的球，当达到一定水平后，可以考虑用大陆式握拍法或东方式反手握法来发旋转球。

(2) 准备姿势：左脚指向网柱，右脚与端线平行，两脚分开与肩同宽，左肩侧对球网，重心放在右脚上，把球和球拍放在身体前面胸部高度。在右区发球时，站立的位置要靠近中点，在左区发球时，要站在离中点约 1. 5 米处。

(3) 抛球与后引动作：抛球时整个手臂向着身体的前右上方抬起，利用手臂向上惯性使球平稳地离开手指，尽可能让球垂直向上，抛球应偏向右前方，高度应是握拍手臂充分伸展时球拍的顶部。后引球拍是从前方开始至下向后上方摆起。

(4) 挥拍击球：当球落到击球点时，迅速挥拍击球后上部，手臂与身体充分伸展。

(5) 随挥跟进：击球后，继续保持向前上方伸展的随挥动作，挥拍至身体的左下方。如图 13-10 所示。

图 13-10 发球

2. 平击发球

以东方式正手握法为主，平击发球时，先将球向右侧上方抛起，然后球拍下垂从背后开始挥拍迎球，挥拍过程中力争球拍瞬时速度最快的片刻，在头上合适高度使拍触球击球后部，击球后继续使球拍向目标挥动，头部保持随球移动，拍随势挥过身体左侧，身体重心随之向前进入球场。

3. 侧旋发球

以大陆式或东方式反手握法为主，选位、引拍、迎球挥拍的动作同平击发球动作一致，只是在拍触球时触球体的左侧，这种球以侧旋为主，发球时，球拍在球的背面横向移动并稍向下挥动，以制造旋转。击球随势向前下挥拍，并迅速还原。

4. 上旋发球

以东方式反手握法为主，与平击发球和侧旋发球略有不同，这种发球的击球点不很高，击球时球拍多向上切削，触球的中下部或侧中下部，发出的球旋转较强，发球后随势向前下方或左前下方挥拍，并迅速还原。

(二) 接发球

(1) 接发球一般位于端线附近，力求在接发球时向前移动击球。准备姿势：保持两脚平行站立，比肩略宽，右手持拍者一般右脚稍前，两膝微屈，上体稍前倾，脚跟提起，将球拍置于体前。

(2) 在接发球的全过程中眼睛始终注视来球，一直到完成还击的动作。要观察对手的抛球，这样有利于判断发球的方向和旋转。

(3) 对方第一次发球时多采用大力发球，站位应偏后一些，如果是第二次发球时可略向前移，采取攻击性的还击。接大力发球时不要做大幅度的后摆动作，主要是控制好拍面角度并握紧球拍以免拍面被震转动。

(4) 还击来球之前要观察对方行动，对自己的回球路线和落点有所考虑。选择好接发球落点，对控制对手发球后抢攻有重要意义。

（三）发球练习方法

（1）在发球线后蹲下，左手抛球，右手持拍由下而上挥动，将球击打到对方发球区内；待基本掌握后，由发球线向后移动2～3米，再继续练习蹲下发球；最后移至底线后，练习蹲下发球。这种方法简单易学，便于初学者在击球过程中着重体会“向上—向前—向下”挥拍的感觉。

（2）找一个小凳，分别放置在发球线后、中场和底线后，练习坐着发球。体会稳定重心后的手臂、手腕击球动作。

（3）在发球线后站立，练习向对方发球区发球。主要体会向下挥拍击球的感觉；练习至熟练后，向后移动2～3米，继续练习，体会“向前—向下”挥拍的感觉；最后移至底线处练习发球，体会“向上—向前—向下”挥拍的感觉。

（4）在练习墙上画一条与网齐高的线，并标出中心网带线。距墙6米左右，对墙练习发球，随着技术的提高，发球位置可逐渐后移，最后移至距墙10米左右，同网球场上的实战发球相似。

（5）当基本掌握发球技术以后，多准备一些球，在对方的发球区内设定三个目标，分别放在内角、中间、外角，可以选用圆桶或垫子等作为目标。进行发球练习时，将球发向目标；也可先制订以发中目标几次为计划，不断轮换左右区，不断增加发中次数。

四、截击球与高压球

（一）截击球

截击球的后摆动作不应过大，击球点应保持在身体前方约30～60厘米，向前迎击来球，注意拍头不要下垂，要保持拍头高于手腕，击球时手腕固定，拍子应紧握，击球时拍不能转动。高于网的球截击时平击的成分多一些，打出具有进攻性的、力量较大的深球或斜线球，低于网的球，必须充分下蹲，保持拍头仍然要高于或平行于手腕，以利身体重心稳定。截击球的中下部，成切削下旋，这种低于网的截击球，不宜打得力量太大，应以推深落点为目的。如果对方来球力量太重，自己就不应再主动发力，只要握紧球拍打准落点即可。截击球除要求打深落点和打斜角度外，也可以用截击打法回出短球，这项技术需要较好的手上感觉和良好的控制能力。

正手截击：截击时站在网前2.5～3米的位置，准备姿势与一般击球大体相同，但拍头要高一些，截击后摆动作要小，击球点保持在身体前方，拍触球瞬间手腕固定，用力紧握球拍，略加向前推击的动作即可。截击较近的球，左脚跨出一步，截击较远的球要跨出一大步。如图13–11所示。

图 13-11 正手截击

图 13-12 反手截击

反手截击：准备姿势同正手截击，动作区别是反手截击比正手截击的击球点要靠前一些，因此要及早跨出右脚，重心也要置于右脚，击球时手腕固定，用力紧握球拍，拍面稍前倾，触球中下部，击球后右臂伸展，向前下方压送。如图 13-12 所示。

（二）高压球

高压球多用在网前的击球动作，当自己上网时，对方挑高球破上网，这时多在头部上空用高压动作还击球。高压球要求及时侧身，早举球拍，眼睛看准球，找准击球点。高压球一向以平击高压为主，也可以用切削高压打出好的角度和落点。当对方挑高球挑得很高很深时，可打落地高压球，这种球要求快速后退，后退时眼睛不能离开球，要求步子退足了，然后再向前做高压击球动作。

高压球的动作与发球动作相似，只是没有向后拉拍的挥拍动作。而是直接把球拍引向头后。在向来球方向跑动中，抬头仰视球，上体右转，同时使球拍垂向背后，完成击高压球的准备动作，当来球下落到合适高度，左脚蹬地起跳，在头部上方，跳起向前下挥击，完成高压动作。

（三）网前截击的练习方法

1. 挥拍练习

对着镜子，分别练习正手截击动作和反手截击动作。注意动作的规范性。

2. 对墙练习

对墙距离 2 米左右，用球拍颠球 5 次，然后正手将球推送上墙，再用球拍接住球颠 5 次。连续 10 个回合后，改颠球 4 次，再连续 10 个回合，依次类推，直到直接与墙进行正、反手截击练习。随着对墙练习的熟练程度的提高，逐渐与墙拉开距离，进行正反手截击练习。

3. 两人的截击练习

(1) 正手截击练习时，一人在网前用左手接住同伴扔向右侧的球。要点是跨步上前抓球；然后再跨步上前用右手抓球，接着右手握住拍颈上前挡球；熟练后，再握住拍柄中部挡球；最后握住拍柄底部进行常规的截击练习。

(2) 两人在网前相距3米左右，进行直线的连续正手截击练习。然后再进行反拍直线截击练习，距离可适当拉开。

(3) 教师或学生 (下同) 在发球线后多球喂送，让学生分别进行定点的正、反手截击练习，要求分别打到指定的目标区域内。

(4) 教师在底线击球，学生在网前截击球，教师将球回击到网前，学生再将球截击过网。如此连续多回合的直线截击球练习。

(5) 学生在球网中间稍后位置准备，教师在中后场分别喂送不同方向球，学生跑上前把球截击到固定区域。

(6) 教师在同侧底线多球喂送，学生在右侧截击直线球后，迅速移动触摸左侧标志物，随即再回到右侧截击斜线球。

4. 三人的截击练习

(1) 三人在网前进行二对一的连续截击练习。

(2) 两人在底线后，一人在网前，进行二对一的连续截击练习。三人可轮流交换练习。

5. 四人的截击练习

(1) 二对二的网前相互连续交替截击练习。可采取碰到直线球的球员以斜线球回击。碰到斜线球的球员以直线球回击的练习方法。然后，让打直线球的球员与打斜线球的球员交换练习。

(2) 两人站在底线，两人站在网前，连续交替截击练习。也可采取碰到直线球的球员以斜线球回击，碰到斜线球的球员以直线球回击的练习方法。然后，让打直线球的球员与打斜线球的球员交换练习。

五、反弹球技术

反弹球是在来球落地后刚刚弹起上升的瞬间，立刻击球。击球点有时离地面仅仅15厘米。这种击球法是网球所有击球法中最困难的一种。

(一) 反弹球的动作

与正反手击落地球是一样的，但身体重心要更低些，膝关节弯曲，后摆收拍动作要小，挥拍时拍柄与地面基本上平行，由身体的下蹲程度来确定击球点的高低。

(二) 击球时手腕要固定

拍面由下而上垂直提起，当来球速度很快，力量很大时，可以采用推击反弹球——拍面稍微向下倾斜，球拍顺着回球轨迹推挡，利用反弹力把球击向对方空场区域。

(三)跑动中的反弹球技术

在跑动中击反弹球时，拍头要低于手腕。击球时不要让拍面向上“铲球”，击球后不要突然使球拍挥得太高。

六、步法

网球运动的各种击球动作都是根据场上的具体情况，通过精确观察、判断落点、选择时机及时跑动来完成的。步法移动的规律是：启动时前两三步步幅要小，中段加快速度，到快要击球时，应缩小步幅，并予以调整到最佳击球位置。

(一)正手击球步法

站在端线外做好击球前的准备姿势，正手击球时，一般只需1～2步即可达到适当的击球位置。当到达击球位置时，右脚跨出最后一步并向右转动，然后左脚跨交叉步，形成关闭式步法，最后重心前移并击球。最后一步左脚不跨成交叉步，而是几乎面对来球方向击球，则形成开放式步法，最后重心前移并击球。

(二)反手击球步法

反手击球步法与正手击球步法相反，运动员在端线外站立，左脚跨出1～2步，到达适当的击球位置，当到达预定位置时，左脚跨出最后一步，并向左转动，然后右脚跨成交叉步，形成闭合式步法，最后重心前移并击球。最后一步右脚不跨成交叉步，而形成几乎面对来球方向击球的开放式步法，最后重心前移并击球。

第三节　网球的基本战术

网球比赛，尤其是单打比赛，对运动员体力和精神的要求很高。要在比赛中取胜，运动员必须具备各种击球基本技术，良好的身体素质和心理素质，以及适应长时间紧张比赛的耐久力，这样才能在比赛中获胜。

一、网球的三种打法类型

(一)底线型

运动员基本上保持在底线抽球，较少上网，主要依靠球的落点、速度和旋转变化控制对手，出现机会时偶尔上网。这种打法原来偏重防守，比较被动。近年来，优秀底线型运动员一般都能掌握扎实的正、反手抽球，并具有相当强的攻击能力，利用快速有力的抽球打出落点深而角度刁的球，能够一拍接一拍地使用大角度地猛抽，并使球带有较强的上旋，迫使对手处于被动局面。当出现中场浅球时，以快速迎前的动作进行致命的一击，这种类型虽在比赛中很少上网，但遇到少量的上网，也能抓住时机进行网前攻击。另外在接发球和破网技术方面，能顶住对手强有力的发球，既会用隐蔽动作完成破网技术，又会抽挑结合，使对手网前难以发挥威力。

（二）上网型

运动员积极创造一切机会和条件上网，到网前攻击。如发球或抽击球后积极争取上网，并在空中截击来球，使对手措手不及。这种打法积极主动、富有攻击性，上网后利用速度和角度造成对手还击困难，但也有一定冒险性。优秀上网型运动员一般都能掌握发球上网和抽球上网的战术，发球技术凶狠、力量大、有威胁性，同时，截击球和高压球的攻击力也很强。

（三）综合型

它是底线和上网两种打法的综合使用，运动员结合对手情况采用不同打法，随机应变。优秀综合型运动员一般都能掌握全面技术，无论是发球、接发球，还是截击和高压球，都具有很高水平。综合型技术选手，能够根据不同的对手、不同的比分、不同的临场情况采用相应战术有时底线对抽，有时伺机上网截击，时而发力猛抽，时而稳抽稳拉。有时削放轻球，有时挑出上旋高球，充分发挥多样化技术，并结合敏捷步法，机智灵活地争取主动。

二、网球单打战术介绍

网球单打时，会出现以下几种情况，即一方发球时、接发球时，双方都在底线时、自己上网时和对方上网时等情况，对于出现的每一种情况，都有一系列的战术可供选择和采用，这对赢得1分、1局，甚至整场比赛至关重要。以下技术能否自如和合理运用，必须以一定的技术能力为基础。

（一）发球

一般情况：对自己的发球具有信心，利用发球从一开始就控制局势，变换发球位置和目标，使对方捉摸不定。

一发：

（1）通常将球发向对手弱的一侧，不要忘记发追身球。

（2）不要用力过大，通常用70%～80%的力量即可。如是大力发球，可考虑上网截击。如用中等力量发球，要有角度，球路明确，随即掌握场上主动。

（3）发球要稳，力求达到70%的成功率。

（4）如一发很弱，留在后场，等候对手回球，估计会击向你最弱的一侧。

二发：

（1）要稳，二发要有100%的成功率。

（2）变换旋转和速度，用你的二发进行攻击，不要忘记发追身球。

（3）尽量发深球，不要发近网球。

（4）如发球好，向前移动或上网截击；如二发很弱，留在后场，等待对手回球，回球可能击向你最弱的一侧。

球路、旋转等：

(1) 根据场地类型采用旋转发球，并变换发球落点，使对手捉摸不定。

(2) 发左区时，发外角侧旋球；发右区时，发中路侧旋球。

(3) 发平击球时，发左右区的内角；发上旋球时，发左区的内角，发右区的外角。

发球上网截击：

(1) 多数情况下，利用良好的一发上网截击得分。

(2) 沿可能的回球线路移动上网截击。

(3) 关键分时，又是二发，发球上网截击不失为出奇制胜的一招。发球后击落地球：发球后移至左侧和中央位置（右手握拍型选手），用正手进攻。

（二）接发球

一般情况：

(1) 力求将球击入场第一个特定位置（如对手的弱点）。

(2) 变换接发球方式，可随时改变接发球的速度和旋转。

(3) 力求判断和“看穿”发球方的意图（注意抛球动作），并根据发球方的站位变换你接发球的位置。

(4) 对付大力发球时，采用挡球式接发球。用一个正确的转髋和转肩动作向后引拍，动作要小；接力量小的发球时要提前准备，朝球的方向斜线移动，迎上去挥拍击球。接弹跳高的发球时，提前移动做好准备，侧身正手击球。用削球接发球可能是一种备用武器。

一发：

(1) 接一发时要稳，力求不让对方一发“轻易”得分。

(2) 如对手留在后场，接发球时用挡击打一个深的直线球，或有角度的球，或用上旋高球送至对方反手。根据接发球的类型，上网截击或留在后场。

二发：

(1) 每当出现机会时，应有攻击二发的意识。攻击二发时，当球上升至肩高时击球，以保持场上的主动。

(2) 用正手侧身攻或跑动中正手打直线球，偶尔打一个轻吊球。

(3) 对手二发时，向前移动或向反手一侧移动侧身正手进攻。

(4) 如对手上网，用一个近网上旋斜线球或深的直线球攻击回球。根据接发球的类型，上网截击或留在后场；如对手留在后场，接发球时用一个深的直线球或小斜线球攻击。

（三）双方都在底线

一般情况：

(1) 通过连续地施压迫使对手出现失误；击球位置靠近底线；要利用整个场地。

(2) 坚持打深，使用斜线对拉战术以争取时间和控制。采用组合击球战术（如打深的直线球后接打对角斜线球）。

(3) 用平击球和上旋球进攻，对攻时要变换节奏，可以快慢结合，长短结合，各种旋转球的结合。

(4) 处于被动时，多打控制球，少发力。用高而深的慢速球变换速度，接打角度刁或速度快的来球。

击落地球：

(1) 正手：在3/4的场地内用正手进攻和回击所有可能的回球。

(2) 反手：打斜线是为了从底线对攻，打直线是为了随球上网抢分。

(3) 感到紧张时，勿放小球。

处于进攻：

(1) 力求调动对方。

(2) 使用轻吊球，令对手措手不及。

相持：

(1) 要打高而深的球和斜线球，调动对方。

(2) 如对方主动打你的反手，争取朝反手方向移动，用正手攻击。

处于防守：

(1) 打调整球瓦解对手的优势。

(2) 打高球、深球、角度刁的球。

(3) 跑动救任何可能救起的球。

对手移动差：

(1) 力求用组合击球、低球、挑高球等打乱对手的步法。

(2) 当对手在跑动中或从远离的位置击出直线球时，可打一小斜线。

对手是一个好的底线型选手：

(1) 使用发球上网截击战术。

(2) 要有耐心。

(3) 用角度刁的近网削球将对手吸引到网前。

对手是技术全面型选手：

(1) 击落地球时要稳。

(2) 不要出现自杀性失误。

对手是上网型选手：

(1) 打深球和角度大的球。

(2) 将对手压在后场。

(四) 随球上网或是在网前

一般情况：

(1) 从中场使用大力的准确击球或球在上升时击球，控制局面，威胁对方。

(2) 上网，令对手措手不及。

(3) 随球上网，把球击向对手弱的一侧。

(4) 截击前先跨步。

(5) 不要过多地使用轻吊或空中短击，使用它们是为了将对手调至网前或作为一种出其不意的战术。

(6) 中场截击球要深而低，网前区截击球应有角度、短而有力。

(7) 随时防备对手挑高球。

中场打法：

(1) 截击空位得分。

(2) 始终将球击向对手弱的一侧。

(3) 随球上网，朝空位截击。

(4) 如果你打出深而高的球，等候对手的反应，对手回球时，上去封住穿越球。

(5) 如果你挑一高球，对手不用高球扣杀，此时你应上网，但当心对手挑高球。

(6) 如果你击出一轻吊球，对手上来救球，你应上网封死角度。

(7) 如果来球是一个没有威力的中场高球，用空中截击、空中扣杀或空中抽杀攻击对手。

(8) 如果来球是一个齐腰高的中场球，打深的截击球，移动至网前。

(9) 如果是一个打在你脚下的低的中场球，击深的反弹球，或击直线低截击，或让球弹起后击落地球。

网前打法：

(1) 如果是一个齐腰高的球，用你的最佳截击打空当。

(2) 如果是一个近网低球，用低截击球打空当或打追身球，也可打角度刁的轻吊截击球。

(3) 防备对手的穿越球或挑高球。

(4) 如果是一个很高的慢速球，用空中截击或高压击向空当。

(5) 如果是一个很高的中场球，用空中高压打空当。

(6) 你被迫打反弹球时，要在你的身前击球。

(7) 不必过早防备挑高球，观察对手击球时的拍面。

(五) 穿越球

(1) 所有的穿越球应是低球。

(2) 避免不必要的冒险。让对手在别扭的情况下（如打中路低球）截击，然后再打穿越球（二次穿越球战术）。

(3) 斜线穿越球应是角度刁的击球；打直线穿越球时应发力，打深。

三、网球双打战术

网球双打比赛和单打比赛一样，具有悠久的历史，深受业余网球爱好者的喜爱。双打比赛在发挥个人单打比赛技术基础上，互相配合进行的活动。网球双打与单打战术特点截然不同。双打的显著特点是网前的激烈争夺，一般来说，谁控制了网前谁就有更多的进攻得分机会。由于更多地参与到网前进攻，双打对技战术的各方面要求也更高，例如发球、接发球的水平；场上的反应判断能力；网前处理球的冷静；进攻及防守反击的能力。

(一) 发球局的站位

发球局站位应贯彻“以我为主、以攻为主”的指导思想，从有利于发球局的战术意图出发来决定两人的位置，通过比赛观察对方技战术情况再做调整。

1. 常规站位

右区发球的站位：发球员 A 应站在底线中点与双打边线的中间或略偏右 20～30 厘米的位置上，如图 13-13 所示，同伴 B 站在左侧网前距网 2～3 米、距左侧双打边线和发球区中线之间的位置上，B 的站位以保护边区为主兼顾中路的原则（因为如果边区空当过大被接发球员 C 以直线穿越则无法补救，而中路来球可与发球员 A 在网前拦截）。这样的发球局阵势给对方 C 的感觉是：网前 B 已摆好抢网进攻的架势，不但要接好球，还要尽量避开 B 的抢攻。

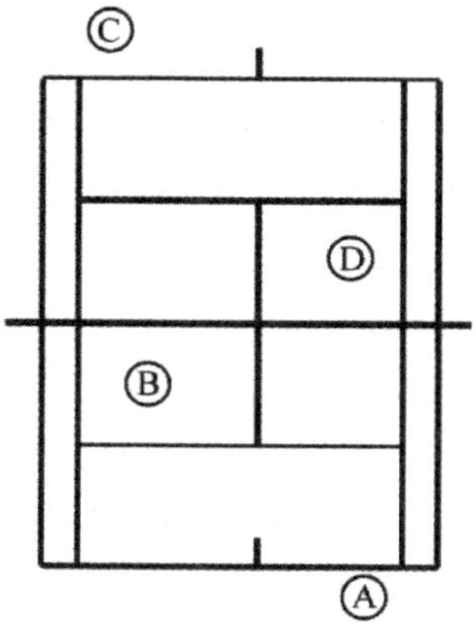

图 13–13 常规站位（右区发球）

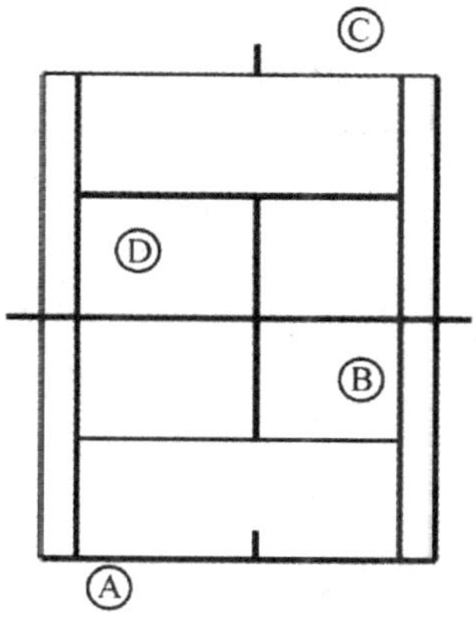

图 13–14 常规站位（左区发球）

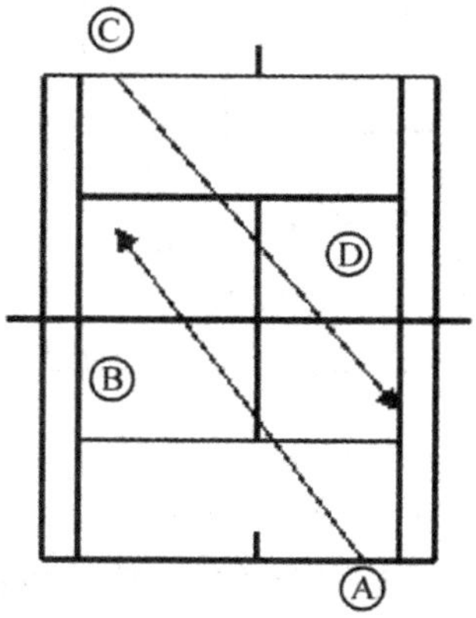

图 13–15 非常规站位（右区发球）

发球员 A 的站位要考虑以下几点：

（1）发球后上网占据右区半场进攻有利位置，A 可与同伴 B 在网前封住接发球的角度，在网前进攻。

（2）发球员 A 的站位应使发球落点有更灵活的选择余地，既可以用大力侧上旋发球将球发至边区外角拉开对方，也可以变化落点攻击对方中路内角（大多数右手持拍者的反拍），因为发球的落点变幻莫测对双打战术非常重要。

（3）发球员 A 与网前同伴 B 保持合理的距离，即使战术变化需要抢网交叉换位，A 向左前跑动距离也比较适中。

左区发球站位：发球员 A 在左区双打边线与中点之间略偏左的位置，如图 13–14 所示，同样的站位可以更有利发出拉开对方的外角球。即使在站位上向左多调整一些也不会影响发向对方中区内角的球。像右区发球站位一样，同伴 B 在网前右区，站在距网 2 ~ 3 米、距中线与右侧双打边线之间，以确保右侧不被直线穿越为主兼顾中路并与发球员 A 在网前默契配合占据优势。

2. 非常规站位

右区发球站位：在右区发球时发现接球员 C 擅长回击小斜线球，如图 13–15 所示，因为接回的球特别斜，不但网前同伴 B 无法抢截，发球员 A 冲上网后也很难处理，造成网前的被动。一旦出现此种情况可以调整为如图 13–16 所示的同侧站位的方法。

这种站位，给对方一个信号，“斜线球接发球行不通，请回直线球”，发球员 A 为便于上网封住左半区，应站在接近中点的右侧底线后（像单打右区发球站位），发球后冲至 A' 处，与网前同伴 B 共同组织网前的进攻。B 在网前的站位以封住回击的斜线为主，并适当向中区调整，与发球后上网的 A 在网前截击对方的来球。这种同侧站位首先在擅长双打的澳大利亚使用，所以又叫澳式双打站位。

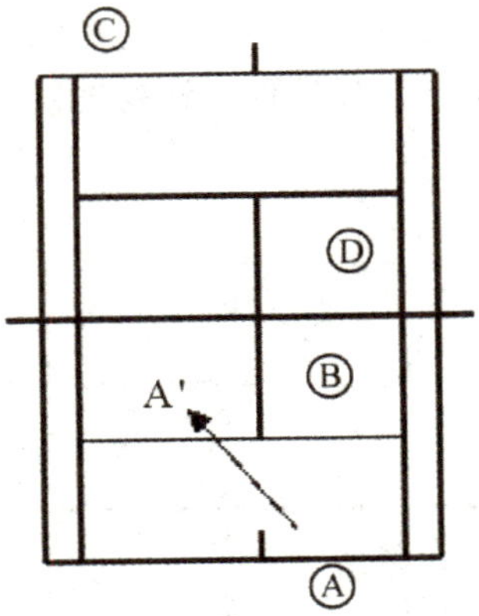

图 13-16 非常规站位(同侧发球)

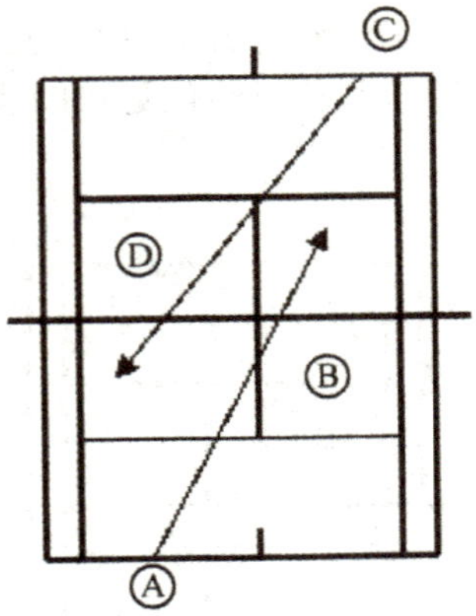

图 13-17 非常规站位(左区发球)

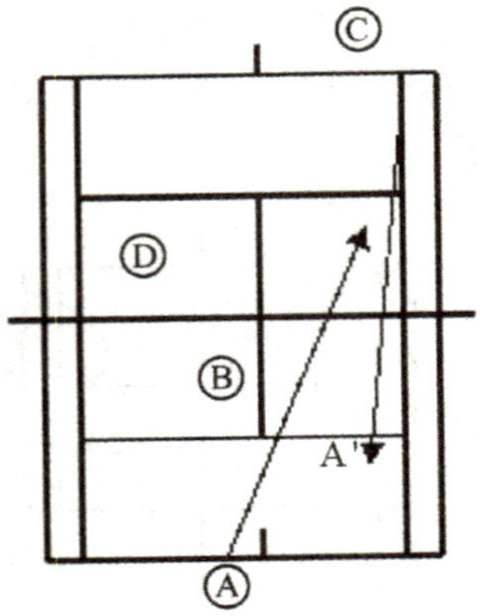

图 13-18 非常规站位(同侧发球)

左区发球的站位：与右区相似，如果发现对方 C 在左区接发球擅长打破网小斜线，如图 13-17 所示，使我方上网进攻受阻，网前同伴 B 很难抢到，而且 A 上网后也很难处理前场的低球，则只好改变为左区的同侧站位以封堵小斜线的接发球，如图 13-18 所示，B 换网前站位于左侧与 A 同在左场区，发球员 A 在底线后向右移至中点附近，以利于发球后上网封住对方的接发球。这样的站位迫使 C 打出直线为主的回击。

(二) 发球局的战术

(1) 发球站位与发球落点的关系：双打比赛中发球的攻击力不仅表现在力量和速度上，准确、多变的落点再配合同伴在网前的抢攻会给本方带来极大的进攻优势。不管右区或左区站位，靠近底线中点发向发球区内角的球，使对方接发球打不出角度，如图 13-19 所示，给网前同伴的抢网创造条件。与此发球站位相反，越靠近底线两侧站，甚至靠近单打边线，能将球发向外角。如果再加上些侧外旋，落点可以更斜，把对方拉出场外回击，使中间出现空当。如图 13-20 所示。

(2) 发球局的战术：

①发球局前后站位的战术：即发球员的同伴在网前，发球员发球后不上网，如图 13-21 所示，形成一前一后的站位。

②一般抢网：此种抢网是在判断来球的方向后，抢到球网中央的吊带附近，抢打后仍回原来占位准备，抢打的球一般击向两人的中间或接发球员同伴的脚下。如图 13-22 所示。

全换位抢网：即网前队员抢网后与发球员交叉换位，原先左区的队员换至右区，右区的人员到左区，如图 13-23 所示。此种抢网需要坚决果断、默契合作，网前的队员多在背后给发发球同伴做手势(暗号)，提示下面将采用换位抢网战术。

(三) 接发球局的站位

双打比赛规则规定：接发球员的站位在该盘中不得更换，因此双打比赛中接发球首先遇到的配合问题是谁站在右区接单数分的发球，谁站在左区接双数分的发球，怎样站位更有利己方一般应考虑以下几个方面：

(1) 接发球方正手强者多站在右区接发球，反手强者则站在左区接发球，这样的站位更有利于大角度两侧来球的防范，而当中路来球时，一般以左侧站位的队员回击更有利，因为他是用正手击球。

（2）如果双打搭档正好是右手与左手握拍的配合，则可以考虑右手握拍者站在右区，左手握拍者站在左区接发球。中路来球两人都是反手，可事先商定主要有谁来回击中路来球。

（3）左区的接发球分占据大多数的局点、盘点和赛点，这些都是非常重要的关键分，接发球的好坏直接关系到胜负，因此，左区的接发球员应该是技术全面、经验丰富、心理素质好的队员。

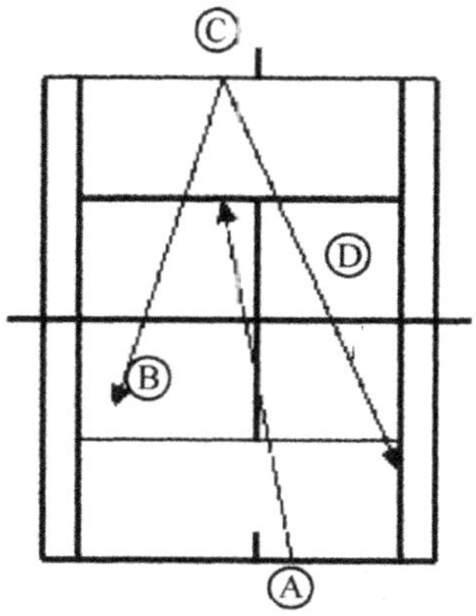

图 13-19 靠近底线中点发内角球

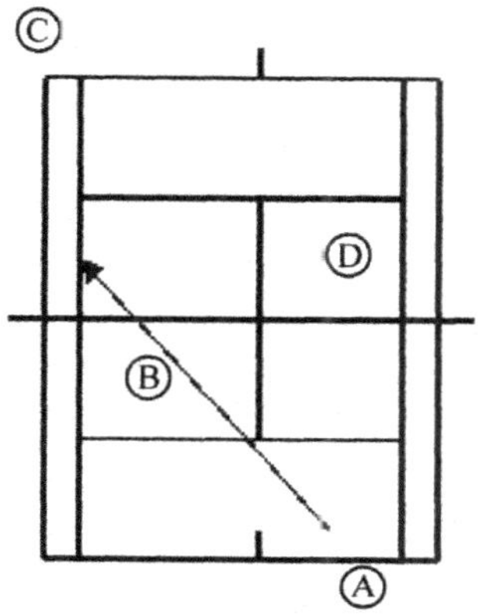

图 13-20 靠近底线两侧发外角球

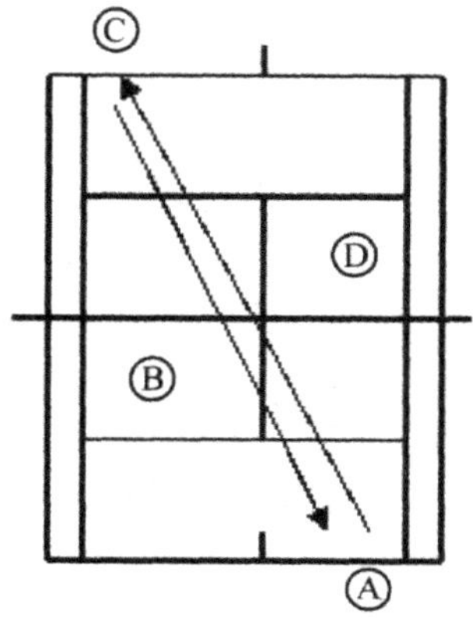

图 13-21 发球局前后站位战术

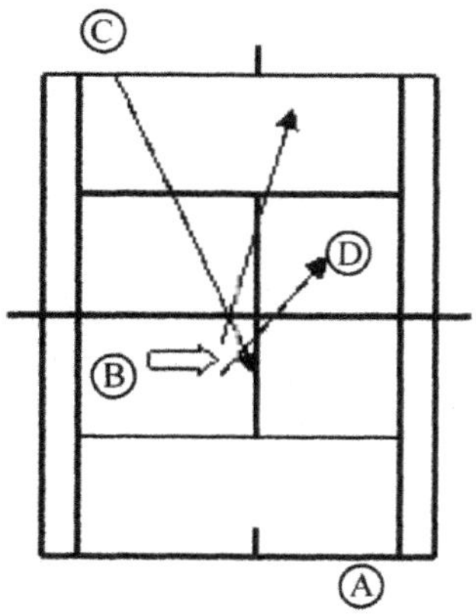

图 13-22 一般抢网

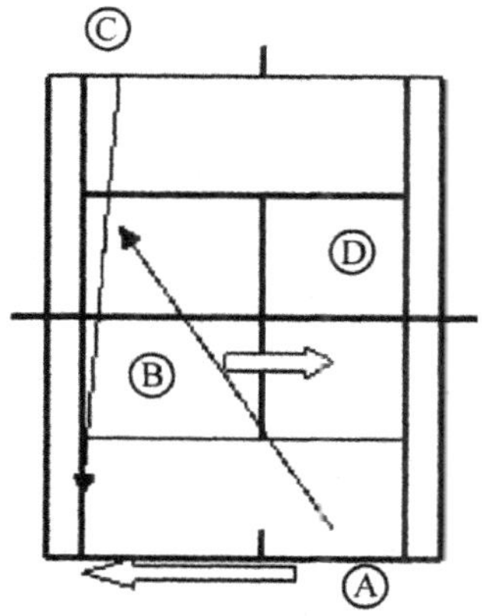

图 13-23 全换位抢网

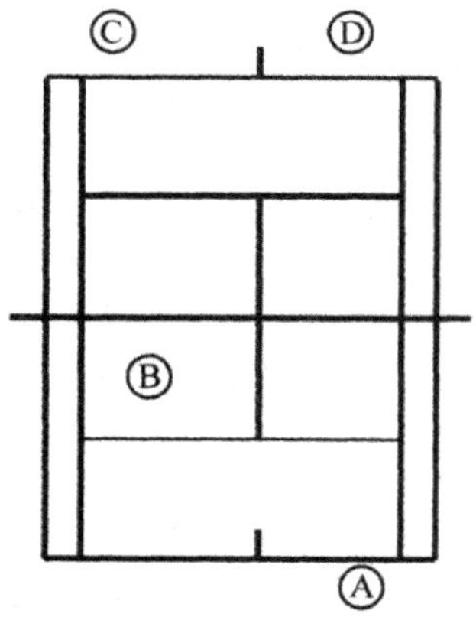

图 13-24 双底线站位

（四）接发球局的站位配合

（1）双底线站位：接发球员 C 接发球时同伴 D 站在另一侧底线，如图 13-24 所示。双底线战术一般在如下情况使用：

①对方的第一发球攻击力很强，接发球员接球被动时，同伴退下来配合比较有利。

②发球方的发球与抢网配合默契，屡屡得手时，同伴退下来共同防守。

③对方采用同侧站位或特殊站位，接发球员很不适应时，同伴退下来也是一个较好的选择。

（2）一前一后站位：接发球员在底线附近接球，同伴站在另一侧发球线附近准备，如图 13-25 所示，这是较为常见的接发球站位方法。这种站位方法一般用于如下情况：

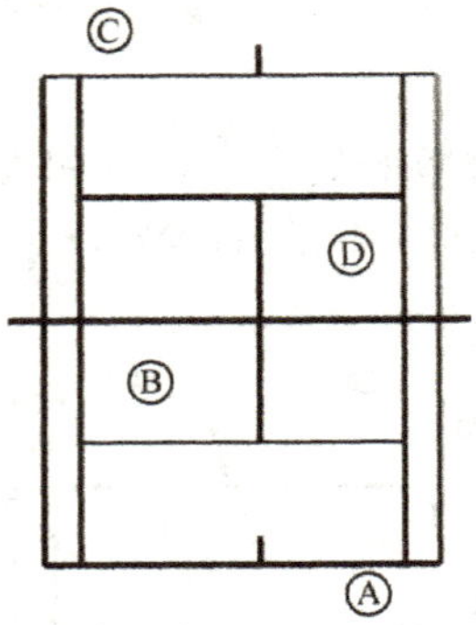

图 13-25 一前一后站位

①接对方较弱的发球（多是第二发球）。
②准备抢攻（包括接发球配合抢网进攻）。

第四节 网球的竞赛规则

一、发球

（一）发球前的规定

发球员在发球前应先站在端线后、中点和边线的假定延长线之间的区域里，用手将球向空中任何方向抛起，在球接触地面以前，用球拍击球（仅能用一只手的运动员，可用球拍将球抛起）。当球拍与球接触时，就算完成了球的发送。

（二）发球时的规定

在整个发球动作中，发球员不得通过行走或跑动改变原来站的位置，发球员发球时如两脚轻微移动而未变更原位，不算行走或跑动。两脚只准站在规定位置，不得触及其他区域。

（三）发球员的位置

（1）每局开始，先从右区端线后发球，得或失一分后，应换到左区发球。
（2）若发球位置错误而未察觉，比分依然有效，一旦察觉应立即纠正。
（3）发出的球应从网上越过，落到对角的对方前场方块区域内，或其周围的线上。

（四）发球失误

（1）违反发球站位规定。发球员第一次发球失误后，应在原发位置上进行第二次发球。

(2) 未击中球。
(3) 发出的球，在落地前触及固定物 (球网、中心带和网边白布除外)。

(五) 发球无效

合法的发球触及球网、中心带、网边白布后，仍然落到对方发球区内，接球员未做好接球准备，均应重发球。

(六) 交换发球

第一局比赛结束，接球员成为发球员，发球员成为接球员。以后每局结束，均依次互相交换，直至比赛结束。如发球次序发生错误时，发觉后应立即纠正，由应轮及发球的球员发球，发觉错误前双方所得分数都有效；如发球前已有一次发球失误，则不予计分；如一局终了才发觉次序错误，则以后的发球次序就以该局为准按规定轮换。

二、通则

(一) 交换场地

双方应在每盘的第一、第三、第五等单数局结束后，以及每盘结束双方局数之和为单数时，交换场地。如一盘结束双方局数为双数，则不交换场地，须等下一盘第一局结束后再进行交换。

(二) 失分

发生下列任何一种情况，均判失分。
(1) 在球第二次着地前未能还击过网。
(2) 还击的球触及对方场区界线以外的地面、固定物或其他物件。
(3) 还击空中球失败 (站在场外击空中球也算失分)。
(4) 在比赛过程中，运动员故意用球拍触球超过一次。
(5) 运动员的身体、球拍在发球期间触及球网、网柱、单打支柱、绳或钢丝绳、中心带、网边白布或对方场区以内的地面。
(6) 除握在手中的球拍外，运动员的身体或穿戴的物件触球。
(7) 来球尚未过网即在空中还击 (过网击球)。
(8) 抛拍击球。
(9) 比赛过程中，运动员故意改变其球拍形状。

(三) 压线球

落在线上的球都算界内球。

三、双打

（一）双打发球次序

应在每盘开始之前决定发球次序，即每盘第一局开始时，由发球方决定由何人首先发球，同样地，对方在第二局开始时，决定由何人首先发球。第三局由第一局发球方的另一球员发球。第四局由第二局发球方的另一球员发球。以下各局均按此秩序发球。

（二）双打接球次序

与发球次序一样在每盘开始之前要决定接球次序，即先接球的一方，应在第一局开始时，决定何人先接发球，并在这盘单数局继续先接发球。双方同样应在第二局开始时决定何人接发球，并在这盘双数局继续先接发球。他们的同伴应在每局中轮流接发球。

（三）双打还击

接发球后，双方应轮流由其中任何一名队员还击，如运动员在其同队队员击球后，再以球拍触球，则判对方得分。

四、记分方法

（一）一局

(1) 每胜1球得1分，先胜4分者胜1局。

(2) 双方各得3分时为平分，平分后，一方先得1分时，为“接球占先”或“发球占先”。“占先”后再得1分才算胜1局。如一方“占先”后，对方又得1分，则仍为平分。直到一方在平分后净胜2分才能结束该局。

（二）一盘

(1) 一方先胜6局为胜1盘。

(2) 双方各胜5局时，一方净胜两局为胜1盘。

（三）决胜局记分制

在每盘的局数为6平时，有以下两种记分制。

(1) 长盘制：一方净胜2局为胜1盘。

(2) 短盘制（抢七）：决胜盘除外，除非赛前另有规定，一般应按以下办法执行。①先得7分者为胜该局及该盘（若分数为6平时，一方须净2分）。②首先发球员发第1分球，对方发第2、3分球，然后轮流发2分球，直到比赛结束。③第1分球在右区发，第2分球在左区发，第3分球在右区发。④每6分球和决胜局结束都要交换场地。

（四）短盘制的记分

（1）第1个球（0：0），发球员A发1分球，1分球之后换发球。

（2）第2、3个球（报1：0或0：1，不报15：0或0：15），由B发球，B连发2分球后换发球，先从左区发球。

（3）第4、5个球（报3：0或1：2、2：1，不报40：0或15：30、30：15），由A发球，A连发两球后换发球后换发球，先从左区发球。

（4）第6、7个球（报3：3或2：4、4：2或1：5、5：1或6：0、0：6），由B发1分球之后交换场地，若比赛未结束，B继续发第7个球。

（5）比分打到5：5、6：6、7：7、8：8……时，需连胜2分才能决定谁为胜方。但在记分表上则统一写为7：6。

（6）决胜局打完之后，双方队员交换场地。

男子：戴维斯杯、四大满贯、奥运会决赛是5盘3胜制。其余比赛均为3盘2胜制。

女子：不论什么比赛均为3盘2胜制。

五、场地规则

（一）球场

球场应为长78英尺（23.77米）、宽27英尺（8.23米）的矩形。中间由一条挂在最大直径为1/3英寸（0.8厘米）粗的绳索或钢丝绳上的球网分开。

（二）球网

球网粗绳索或钢丝绳最大直径为1/3英寸（0.8厘米），网的两端应附着或挂在两个网柱顶端，网柱应为边长不超过6英寸（15厘米）的正方形方柱或直径为6英寸（15厘米）的圆柱。网柱不能超过网绳顶端1英寸（2.5厘米）。每侧网柱的中点应距场地3英尺（0.914米），网柱的高度应使网绳或钢丝绳顶端距地面的垂直距离为3英尺6英寸（1.07米）。在单双打两用场地上悬挂双打球网进行单打比赛时，球网应该由两根高度为3英尺6英寸（1.07米）的单打支杆支撑，该支杆截面应是边长小于3英寸（7.5厘米）的正方形方柱或直径小于3英寸（7.5厘米）的圆柱。每侧单打支杆的中点应距单打边线3英尺（0.914米）。球网需要充分拉开，以便能够有效填补两根支柱之间的空间，并有效打开所有网孔，网孔大小以能防止球从球网中间穿过为标准。球网中点的高度应该是3英尺（0.914米），并且用不超过2英寸（5厘米）宽的完全是白色的网带向下绷紧固定。球网上端的网绳或钢丝绳要用一条白色的网带包裹住，每一面的宽度在2英寸（5厘米）到2.5英寸（6.35厘米）之间。

（三）球场线

球场两端的界线叫底线，两边的界线叫边线。在距离球网两侧21英尺（6.4米）的地方各画一条与球网平行的线，为发球线。球网与每一边的发球线和边线组成的场地再被发球中线分为两个相等的区域，为发球区，发球中线是一条连接两条发球线中点并与边线平行的线，线宽须为2英寸（5厘米）。每一条底线都被一条长4英寸（10厘米）、宽2英寸（5厘米）的发球中线的假定延长线分为相等的两个部分，由一条短线分隔，该短线为“中点”，它与所处的底线成90° 相连，自底线向场内画。除了底线的最大宽度可以不超过4英寸(10厘米)以外，所有其他线的宽度均应在1英寸(2厘米)到2英寸(5厘米)之间。所有的测量都应以线的外沿为准。

(四)永久固定物

网球场地上的永久固定物不仅包括球网、网柱、单打支杆、网绳、钢丝绳、中心带及网带，以下物品也算永久固定物，如球场四侧的挡板、看台、环绕球场固定或可移动的椅子，以及所有场地周围和上方的配套设施，还有观众和处于各自预定位置的裁判、司网裁判、脚误裁判、司线员和球童。

如果广告位于球场后侧司线的椅子后面，则广告中不能包括白色或黄色。浅色只有在不干扰球员视线的情况下才允许使用[ITF说明①：在戴维斯杯、联合会杯和国际网联主办的巡回赛中，对于底线后侧和边线两侧区域大小的具体要求分别包括在各项赛事的相关条款中。ITF说明②：对于俱乐部和业余选手，底线后侧场地距离至少为18英尺(5.5米)，边线侧面距离至少为10英尺(3.05米)]。

六、比赛设备

(一)球

场上用球外部需要由纺织材料统一包裹，颜色为白色或黄色，接缝处须无缝线痕迹。重量要在2盎司(56.7克)和2.17盎司(58.5克)之间。在从100英寸(254厘米)的高度向混凝土地面做自由落体运动时，反弹的高度应该在53英寸(134.62厘米)和58英寸(147.32厘米)之间。当在球上施加18磅(8.165千克)的压力时，向内发生弹性形变应该在0.22英寸(0.559厘米)和0.29英寸(0.737厘米)之间，压缩后反弹形变的范围应该在0.315英寸(0.8厘米)和0.425英寸(1.08厘米)之间。这两种形变数据应该是以球的三个轴测试后得到的平均值。在每一种情况下任何两个数据之间的差异不能大于0.03英寸(0.076厘米)。

如果在海拔4000英尺(1219米)的高度进行比赛，就需要采用另外两种特殊用球。第一种是除弹跳高度要在48英寸(121.92厘米)和53英寸(134.62厘米)之间以外，还要使球的内压大于外部气压，其他方面则与上面的描述完全相同，这种球通常被称为增压球；第二种是球除弹跳高度要在53英寸(134.62厘米)和58英寸(147.32厘米)之间外，还要使球的内压大约等于外部的气压，并且能在指定的比赛场地的海拔高度保持60天以上，其他方面则与上面的描述完全相同，这种球通常被称为零压球或无压球。

所有关于球弹跳、尺寸和形变的测试，都需要符合相关规定。

国际网球联合会将对任何关于某种球或样品是否符合上述标准，或是否可以被批准用于比赛的问题进行裁决。这种裁决有可能是国际网联本身主动进行的行为，也可以依据所有真正感兴趣的人或任何选手、器材生产厂商或国家网球协会，以及他们的会员申请来进行。这类申请与裁决应该按照国际网联的审查与听证程序来进行。

(二)球拍

不符合下列要求的球拍不允许在按照本规则进行的比赛中使用。

（1）球拍的击球面应该是平坦的，由连接在球拍框上的拍弦组成统一规则，拍弦在交叉的地方应该是相互交织或相互结合的；拍弦所组成的试样应该大体一致，中央的密度特别不能小于其他区域的密度。球拍的设计和穿弦应使球拍正反两侧在击球时性质大体保持一致。

（2）从 1997 年 1 月 1 日起，在职业比赛中使用的球拍拍框的总长度（包括拍柄）不能超过 27 英寸（73.66 厘米）。从 2000 年 1 月 1 日起，在非职业比赛中使用的球拍拍框的总长度（包括拍柄）不能超过 27 英寸（73.66 厘米）。在此之前，非职业比赛使用的球拍的最大长度为 32 英寸（81.28 厘米）。拍框的总宽度不能超过 12.5 英寸（31.75 厘米）。穿弦平面的总长度不能超过 15.5 英寸（39.37 厘米），总宽度不能超过 11.5 英寸（29.21 厘米）。

（3）拍框、包括拍柄都不能有附属物和装置，除非该附属物仅仅并且非常明确是用来限制和防止球拍磨损、破裂、振动或是用来调整重量分布的，而且它的尺寸以及位置也必须是合理的。

七、球场种类

一个标准的网球场的总长度是 36.6 米，总宽度是 18.3 米，如图 13–26 所示。除此之外，要求底线至少有 6.4 米宽的空地，边线外至少要有 3.66 米宽的空地，这些空地作为网球场的副场来使用。场地上的画线一般是白色或黄色，底线最宽，应是 10 厘米，其他各线应是 5 厘米。目前场地的种类主要分为硬地塑胶场、沙土地球场、草地球场和毯式球场，而我国目前是以丙烯酸塑胶场为主导，这也是目前国际网球场的发展趋势。

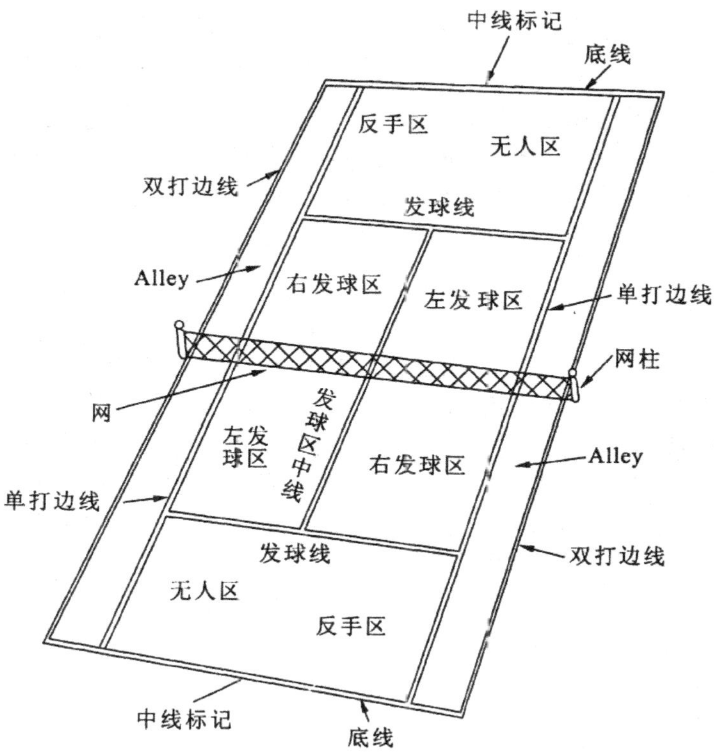

图 13–26 网球场

(一) 草地球场

草地球场是历史最悠久、最具传统意味的一种场地。其特点是球在落地时与地面的摩擦小，球的反弹速度快，对球员的反应、灵敏、奔跑的速度和技巧等要求非常高。因此，草地往往被看成是“攻势网球”的天下，发球上网、随球上网等各种上网强攻战术几乎被视为在草地球场上制胜的法宝，底线型选手则在草地球场上难有成就。但是，由于草地球场对草的特质、规格要求极高，加之气候的限制以及保养与维护费用昂贵，因此很难被推广到世界各地。目前每年的寥寥几个草地职业网球赛事几乎都是在英伦三岛上举行的，且时间集中在6月、7月，温布尔登锦标赛是其中最古老也是最负盛名的一项。

(二) 红土球场

红土球场更确切的说法是“软性球场”，其最典型的代表就是法国网球公开赛使用的红土球场。另外，常见的各种沙地、泥地等都可称为软性球场。此种场地特点是球落地时与地面有较大的摩擦，球速较慢，球员在跑动中特别是在急停急回时会有很大的滑动余地，这就决定了球员必须具备比在其他场地上更出色的体能、奔跑和移动能力，以及更顽强的意志品质。在这种场地上比赛对球员的底线相持能力是一个极大的考验，球员一般要付出数倍的汗水及耐心在底线与对手周旋，获胜的往往不是打法凶悍的发球上网型选手，而是在底线艰苦奋斗的选手。

(三) 硬地球场

现代大部分的比赛都是在硬地球场上进行的，硬地球场也是最普通、最常见的一种场地。硬地球场一般由水泥和沥青铺垫而成，其上涂有红色、绿色塑胶面层，其表面平整、硬度高，球的弹跳非常有规律，但球的反弹速度很快。许多优秀的网球选手认为，硬地网球更具“爆发力”，而且网球比赛使用的球场中硬地球场占主导地位，必须格外重视。需要注意的是硬地不如其他质地的场地弹性好，地表的反作用强而僵硬，所以容易对球员造成伤害，而且这种伤害已使许多优秀的网球选手付出了很大代价。

(四) 地毯球场

顾名思义，这是一种便携式可卷起的网球场，其表面是塑胶面层、尼龙编织面层等，一般用专门的胶水粘接于具有一定强度和硬度的沥青、水泥、混凝土底基的地面上即可，有的甚至可以直接铺展或粘接于任何有支持力的地面上，其铺卷方便、适于运输且有非常强的适应性，室内室外甚至屋顶都可采用。球的速度需视场地表面的平整度及地毯表面的粗糙程度而定。在保养上此种球场也是非常简单的，只要保持地面清洁、不破损、不积水(有相应的排水设施配套)就可以了。

第十四章
游泳运动实践探究

游泳是在水的浮力作用下向上漂浮的状态，凭借在浮力状态通过肢体运动有规律地运动，从而慢慢适应在水中的状态。游泳运动历史悠久、源远流长，是深受欢迎的运动项目之一，尤其为广大青少年所喜爱。由于其特殊的运动环境、独特的身体姿势，使其具有独特的魅力，为人们所钟爱。游泳运动内容丰富多样，经常游泳还能促进人的身体全面发展，增强人的体质，改善人的新陈代谢等。游泳有竞技的短、中、长距离竞技游泳，也有极具艺术美的花样游泳，还有极具观赏美的跳水。由于水的密度、压力与空气完全不同，所以游泳运动区别于陆上多数运动，具有独特的健身价值。

第一节　游泳运动概述

一、游泳运动的历史发展

最初的游泳是一门求生的技能。早在大约公元前2500年，古埃及已有类似游泳的活动。古罗马人兴建的巨大浴池，更是上流社会人士作为闲暇游泳及社交活动的场所。根据现有史料的考证，国内外较一致的看法是游泳产生于居住在江、河、湖、海一带的古代人群的生产活动。他们为了生存，要在水中捕鱼鸟为食，通过长时间的观察和模仿鱼类和青蛙在水里的动作，久而久之也就学会了游泳。有史料记载，在5000年前远古时代陶器的雕绘图案上，就可以看到我们的祖先潜在水中猎取水鸟的泳姿。

早在17世纪60年代，英国不少地区的游泳活动就开展得相当活跃。早期的游泳活动，只被视为贵族子女教育及士兵训练的一个重要部分，直至18世纪末期，工人阶级参与游泳的时间及机会增多后，游泳才开始成为一种普及的活动。所以说现代游泳运动起源于英国。

1828年，英国在利物浦乔治码头修造了第一个室内游泳池，这种泳池到19世纪30年代，在英国各大城市相继出现。1837年，在英国伦敦成立了第一个游泳组织，同时举办了英国最早的游泳比赛。1869年1月，在伦敦成立了大城市游泳俱乐部联合会（现英国业余游泳协会前身），并把游泳作为一个专门的运动项目正式固定下来。游泳运动随之传入各英属殖民地，继而传遍全世界。

竞技游泳源于英国及澳洲，后来传入其他国家，19世纪中期至20世纪初，随着世界各国的游泳比赛开始普遍起来，游泳总会也相继成立。在1850—1860年间，英国与澳洲已有国际游泳比赛。英国业余游泳总会（前身为都会游泳总会）于1869年成立，是第一个成立的国家游泳总会。当国际奥林匹克运动会于1894年6月16日在巴黎成立时，游泳已被列为1894年的奥运项目之一。

国际业余游泳练会成立于1908年。它的成立审定了当时的世界纪录，制定了国际游泳规则。

在1912年的第5届奥运会上，正式设立了女子比赛项目。第二次世界大战后，游泳在全世界有了飞速的发展。1952年，按国际规则正式将游泳分成蛙泳和蝶泳两个姿势进行比赛。从此，竞技游泳形成了蝶泳、仰泳、蛙泳和自由泳4种姿势。如今，游泳已成为奥运会上令人瞩目的大项之一。国际泳联每4年举行一次世界游泳锦标赛，每2年举行一次世界杯。当今世界，欧美体育强国的游泳仍处于领先水平。我国泳坛健儿吴传玉早在1953年布加勒斯特第1届国际青年友谊运动会上，就取得过100米仰泳的冠军。而中国女将在20世纪90年代初创造的一系列优异成绩，才真正使中国游泳引起国际泳坛的注意。

二、游泳运动的作用

（一）有利于抵御寒冷、适应温度变化

参加游泳锻炼时，经常会遇到在冷水刺激下的体表毛细血管收缩和运动时皮肤毛细血管因缺氧而造成的反射性的血管扩张，这样可以增强神经系统支配皮肤血管收缩和舒张的灵活性，也就在极大程度上加强了人体适应温度变化和抵御寒冷的能力。

（二）有利于增强心肺功能

长期游泳锻炼的人，肺功能要好于一般人。因为心脏血液回流速度在水流处于水平状态对人体的按摩作用而大大提高，全身性的运动加强了对心脑的输血量，这对于心血管系统疾病的预防和治疗大有好处。另外，游泳时呼吸肌负担大大加重，水压压迫着整个胸腔，有助于肺活量的增加。

（三）有利于塑体美型

游泳能全面均衡地锻炼全身的肌肉。人在水中为了克服水的阻力，需要消耗一定的热量，所以游泳可以使多余的脂肪渐渐减少，并有效地锻炼人体的胸背和四肢肌肉。游泳可称得上是一种水上健美操，可以使人保持健美的身材。

（四）有利于补钙护肤

室外游泳时，太阳光直接照射身体。体内的7–脱氢胆固醇会转变成能促进钙磷代谢的维生素D，维生素D还可以防止缺钙和佝偻病发生，有利于人体，尤其是儿童的生长发育。经常去室外游泳，与新鲜空气、水、阳光的接触频率增大，还能保护皮肤，预防皮肤病。

（五）有利于对心血管系统的改善

游泳对心血管系统的改善有相当重要的作用。

①冷水的刺激通过热量调节作用与新陈代谢能促进血液循环。

②游泳时水的压力和阻力还对心脏和血液的循环起到特殊的作用。

③潜水时随着深度的增加，压力还会增大，游泳速度的加快也会加大压力负荷，心房和心室的肌肉组织能得到加强，心腔的容量也能逐渐有所加大，心脏的跳动次数减少，这样心脏的活动就能节省化，整个血液循环系统能得到改善，静止状态下舒张压有所上升，

收缩压有所下降，因此血压值变得更为理想，血管的弹性也有所提高。

根据有关专家统计，一般人在安静状态下每分钟心脏跳动约66~72次，每搏输出量约为60~80毫升，而长期参加游泳锻炼的人，在同样情况下心脏收缩50次左右，每搏输出量却达到90~120毫升。

(六) 有利于对呼吸系统的影响

在进行游泳锻炼时，供氧有利于新陈代谢和心血管系统工作的节省化，由于水压迫着胸腔和腹部，给呼吸增加了困难。

对于这种结论，曾有人做过专门的试验，游泳时人的胸廓要受到12~15kg千克/平方厘米的压力，那么要想使身体获得足够的氧气，呼吸肌就必须不断地克服这种压力；另外游泳时呼气一般都是在水下完成的，而水的密度要比空气的密度大得多，因此要想呼气就必须用力，这样不管是吸气还是呼气都能增加呼吸肌的收缩力，从而能增强呼吸系统的功能，加大肺活量。一般健康男子的肺活量为3000~4000毫升，而经常从事游泳者，可以达到5000~6000毫升。

(七) 有利于对人体皮肤的影响

在游泳过程中，由于水温的刺激，机体为了保证足够的温度。皮肤血管参与了重要的调节，冷水的刺激能使皮肤血管收缩，以防热量扩散到体外。同时身体又加紧产生热量，使皮肤血管扩张，改善对皮肤血管的供血，这样长期的坚持锻炼能使皮肤的血液循环得到加强。另外，水是十分柔软的液体，而由于水波浪的作用，不断对人体表皮进行摩擦，从而使皮肤得到更好的放松和休息，所以经常参加游泳锻炼的人，都有一身光洁、柔软的皮肤。

三、游泳运动的样式分类

(一) 自由泳式

自由泳又称爬泳。早在公元前758年，一个希腊陶瓶上就绘有两臂轮流划水动作的图案。1890年英国选手特拉金（Arthur Trudgen）首先使用两臂交替划水的游泳姿势，这种泳姿后来被称为“特拉金式”。1900年，澳大利亚的卡维尔（R. cavil）采用两腿上下交替打水的动作。自由式是目前世界上速度最快、最省力的泳姿。奥运会自由泳比赛项目男子有50米、100米、200米、400米、1500米；女子有50米、100米、200米、400米和800米。

(二) 蛙泳式

蛙泳是最古老的游泳姿势。公元前2000年的中国、罗马、埃及已有类似的游泳姿势。19世纪初，蛙泳是最常用的比赛泳姿。1875年英国的韦布（Matthew Webb）成为世界上第一位用蛙泳横渡英吉利海峡的尝试者。20世纪50年代初，允许蛙泳者潜水游进，50年代后期规定除出发和每次转身后允许做一次划手和蹬腿的潜水动作外，禁止潜游。

（三）蝶泳式

蝶泳是由蛙泳演变而来的，又称为海豚泳。1933 年美国人迈尔斯（Henry Myers）在布鲁克林青年总会的游泳比赛中，首次向世界展示两臂同时出水从空中移向前方，两腿并拢上下打水的游泳姿势。由于动作似蝴蝶展翅，故又称“蝶泳”。1935 年获得国际游泳联合会的承认，成为独立的运动项目。

（四）仰泳式

仰泳起源于水上拖带、搬运等活动，其发展过程与蛙泳和自由泳有关。它是一种人体仰卧在水中的游泳姿势，1794 年出现有关人体仰卧水面，两臂在体侧向后划水，两腿做蛙泳的蹬夹动作的文字记载，故最初有“反蛙泳”或“蛙式仰泳”之称。1902 年将自由泳技术引入仰泳，1912 年美国运动员赫布纳（H. Hebner）采用两臂轮流从头后经体侧划水，两腿上下交替打水的技术，后传入世界其他国家，逐渐成为独立项目。

（五）混合泳式

混合泳比赛时运动员必须按蝶泳、仰泳、蛙泳和自由泳的顺序依次完成各 1/4 距离的组合动作。

（六）接力游泳式

接力游泳是以 4 名运动员各游完全程 1/4 距离的集体项目。分自由泳接力和混合泳接力两类。混合泳接力必须按蝶泳、仰泳、蛙泳和自由泳的顺序每人一种泳姿完成。

四、奥运会游泳比赛项目

1. 男子游泳的比赛项目

50 米自由泳、100 米自由泳、200 米自由泳、400 米自由泳、1500 米自由泳、100 米仰泳、200 米仰泳、100 米蛙泳、200 米蛙泳、100 米蝶泳、200 米蝶泳、200 米混合泳、400 米混合泳、4 × 1 00 米自由泳接力、4 × 200 米自由泳接力、4 × 100 米混合泳接力；跳水：3 米跳板、10 米跳台、双人 3 米跳板、双人 10 米跳台；水球：1 项。

2. 女子游泳的比赛项目

50 米自由泳、100 米自由泳、200 米自由泳、400 米自由泳、800 米自由泳、100 米仰泳、200 米仰泳、100 米蛙泳、200 米蛙泳、100 米蝶泳、200 米蝶泳、200 米混合泳、400 米混合泳、4 × 100 米自由泳接力、4 × 200 米自由泳接力、4 × 100 米混合泳接力。

第二节 游泳的基本技术

一、水性的技巧与练习方法

对于初学者来说，对水性的熟悉在游泳中是非常重要的一个环节，这个阶段有助于让初学者增加对水性的了解、体会水的特征以及适应水环境，到最后习惯水的浮力、压力和阻力，克服对水的恐惧。为了培养对游泳的兴趣，教师展开了游泳的多样性训练，如在水中行走、在水中呼吸、漂浮以及水中滑行等，接下来我们逐一介绍。

(一) 水中行走的技巧

要想学会游泳，第一步就是要熟悉水中行走。其目的就是要让初学者适应水中的浮力和阻力，初步掌握在水中站立和行走，并保持身体平衡的一种状态，消除恐惧水的心理状态。

1.姿势的基本要求

水中行走一般是在水的深度大约在腰部左右，方可行走。迈开步伐时，身体稍微向前倾斜，大腿以最大限度地抬起，小腿和脚提起来后往行进方向伸出，下踏站稳后再抬另一腿；两臂可以轻轻拨水以保持身体的平衡。需要注意的是：刚开始时步子不要太大，速度可以放慢，身体重心要随腿的动作移动。

2.练习方法

第一，侧对池壁，手扶池边，向前、向后迈步行走（图 14–1）面向池壁，手扶池边，向左、向右迈步行走。

第二，集体手拉手，在游泳池中向前、向后、向侧行走。

第三，在游泳池中，做向各个方向的跳跃式行走。

第四，在游泳池中，进行各种水中行走的游戏或比赛。

图 14–1 水中行走练习

(二)呼吸的练习方法

在游泳的体系中，呼吸训练是最重要的。在游泳过程中也有人会感觉到吸不到气的现象，其原因就是没有掌握水中特殊呼吸的技巧，具体的呼吸以下可以体现。

1.基本要求

游泳时的呼吸，要用口在水面上吸气；吸气后脸浸入水中稍闭气；然后用口和鼻在水中缓慢呼气，并一直呼出水面。由于脸部大部分时间是浸在水中，抬头吸气的时间比较短，因而要求在口露出水面时不停顿地迅速把气吐尽，并借此动作将附着在口、鼻周围的水吹开，然后立即快速吸气。呼气要尽，吸气要深，呼与吸之间不能停顿。总的来说，水中的呼吸要按照“快吸、稍闭、慢呼、猛吐”这一特殊的节律进行。

2.练习方法

(1) 水中闭气。

扶池边或拉同伴的手，深深地吸气后开始闭气，慢慢地下蹲，把头浸入水中，睁开眼睛，感觉到自己坚持不下去，把头露出水面，在水面上换气(图 14–2)。在反复练习的同时，要逐渐延长水下憋气的时间。为了烘托课堂气氛，也可以进行比赛。

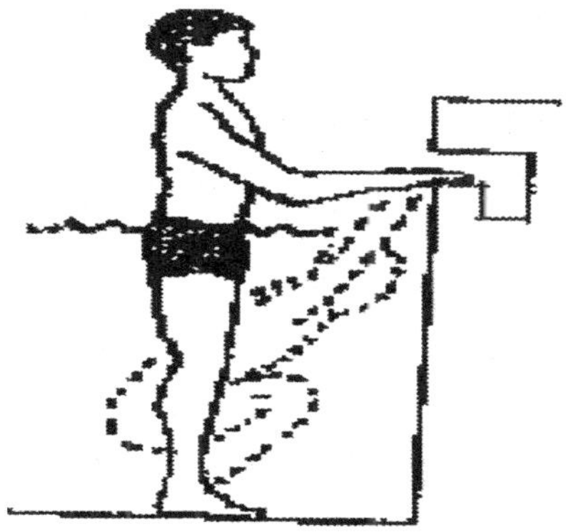

图 14–2 水中闭气练习

(2) 水中呼气。

扶池边或拉同伴的手，深深地吸气后开始闭气，慢慢地下蹲，把头浸入水中，睁开眼睛，感觉到自己坚持不下去，用口、鼻慢慢呼气，直至呼尽，然后起立在水面上用口吸气(图 14–3)。反复练习，逐渐习惯这种有控制的呼气动作。

图 14–3 水中呼气练习

(3) 连贯呼吸。

站立水中，上体略前倾，两腿略下蹲，两手扶池边或扶大腿。水面上吸气后，低头将脸浸入水中；闭气片刻，然后开始呼气，并向上抬头；当口露出水面时，不停顿地迅速将气吐尽，紧接着快速吸气。连续练习，体会“快吸、稍闭、慢呼、猛吐”的要领(图14-4)。开始时可慢速进行，而后适当加快速度，做到连贯而有节奏。每组做20~30次呼吸，或持续1~2分钟反复进行。

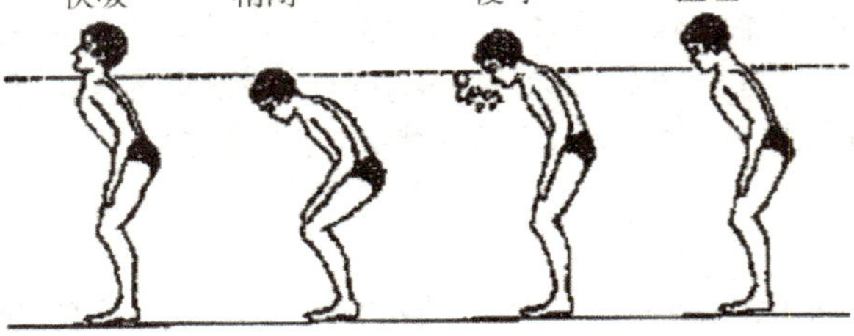

图14-4 连贯呼吸练习

3.常见的错误和改正方法

(1)“假呼吸”。

呼气不尽，吸气不深，大部分空气只是在口腔和气管之间流动，没有真正进入肺部实现气体交换，所以总感觉憋得难受。纠正时应强调“呼尽气再深吸”。

(2)“憋一下”。

气呼完后没有紧接着快速吸气，而是先憋了一下，再吸气。在游泳中若憋一下，身体会因来不及吸气而沉入水中。纠正时应强调“呼完紧接着吸”。

(3)“含水”。

吸气后口没有合拢，在水下口张开向外呵气，结果口内总是充满着水，无法充分换气，还容易发生呛水。纠正时应强调“水下把口合拢”。

(4)“抽吸”。

吸气时口缩得很小往里抽气，好像是通过一根细吸管来吸气。这种方法吸气慢，来不及完成快速换气。纠正时应强调“张大口用力快吸气”。

(三) 浮体的技巧与练习方法

能在水面漂浮，并能从漂浮的状态中平稳站起来，是学会游泳的基本阶段，通过浮体，可以进一步熟悉水性，初学者可以在悬浮的状态中寻找身体的平衡，以及控制在水中的平衡，增强学员的自信心。

1.基本要求

要使身体漂浮起来，首先是要吸足气，并保持屏息；其次是要放松。做浮体动作时，应使人体像一个充满气的皮球浮在水面上。吸气不足则胸腔没有充分扩张，或是在浮体的过程中把气呼出，或是身体紧张肌肉僵硬，都无法使人体的平均密度变小，因而很难漂浮起来。

2.练习方法

(1) 抱膝浮体

水中原地站立，深吸气后闭气下蹲，低头屈腿抱膝团身，双膝尽量贴近胸部，前脚掌轻蹬池底，身体就会自然漂浮于水中。练习时，要睁开眼睛。站立时，两臂前伸下压，抬头，同时两腿下伸，脚触池底站稳；两臂在体侧拨水保持平衡（图 14–5）。

图 14–5 抱膝浮体练习

（2）展体浮体

水中开立，略下蹲，两臂放松自然前伸。深吸气后闭气，身体前倒并低头，两脚轻轻蹬池底后，两腿上摆，自然伸直稍分开，身体成俯卧姿势漂浮于水中。站立时，先收腹屈腿屈膝，然后两臂下压，抬头，同时两腿下伸，脚触池底站稳（图 14–6）。

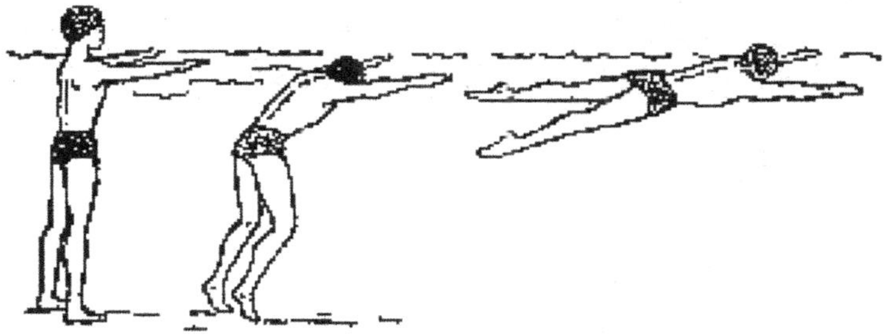

图 14–6 展体浮体练习

（四）滑行

滑行训练是熟悉水性阶段的重点内容，它可以帮助初学者掌握在漂浮状态下维持身体平衡的能力，体会游泳的基本身体姿势，为以后学习各泳式技术打下基础。

1.基本要求

滑行应力求熟练，做到既滑得远，又滑得稳。滑行中，要注意保持良好的流线型身体姿势，腰、腹部肌肉要适度紧张，臂、腿伸直并拢，头夹在两臂之间，使身体伸展成一直线，以利于减小滑行阻力。注意不要过分抬头或低头，不要屈髋、屈膝或勾脚尖。

滑行时，要尽量延长闭气时间，努力增长滑行距离。

2.练习方法

（1）提双腿蹬壁滑行。

两脚并拢背对池壁站立水中，两臂并拢前伸。深吸气后闭气低头，上体前倒成俯卧姿势浸入水中，头夹在两臂之间。此时，两腿同时轻蹬池底向上屈膝收腿，迅速将两脚掌贴在池壁接近水面处，臀部提高至水面。两腿随即用力蹬壁，全身充分伸展成流线型，贴近水面向前滑行。当滑行速度慢下来时，先收腹屈腿屈膝，然后两臂下压并抬头，两腿同时下伸，脚触池底站稳（图 14–7）。

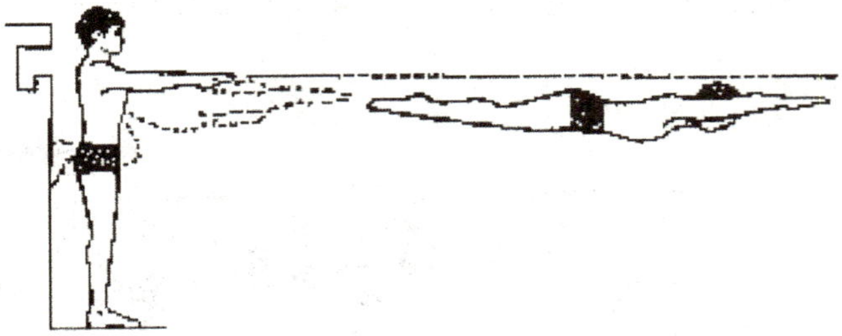

图 14–7 提双腿蹬壁滑行

（2）依次提腿蹬壁滑行。

背对池壁站立水中，一臂前伸，另一手拉住池槽。前伸臂一侧沿两腿站立池底，抓槽臂一侧的腿屈膝上提使脚掌贴在池壁接近水面处。深吸气后闭气低头，上体前倒成俯卧姿势浸入水中。此时，支撑腿迅速屈膝上提将脚贴在池壁上，臀部尽量提高并靠近池壁抓池槽之手随即松开，臂迅速前伸与另一臂并拢，头夹在两臂中间，两腿接着用力蹬壁，全身伸展成流线型，贴近水面向前滑行（图 14–8）。

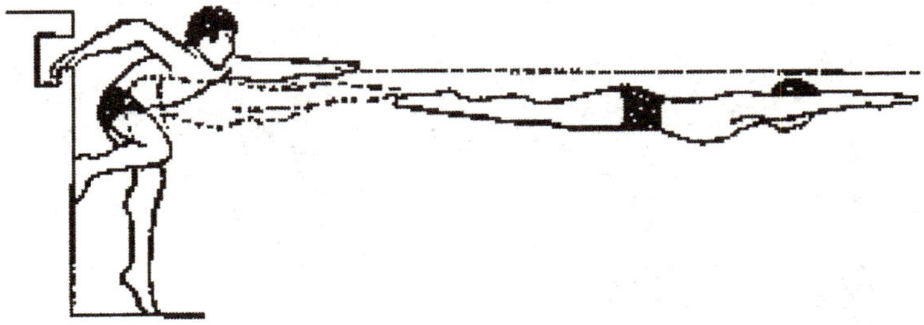

图 14–8 依次提腿蹬壁滑行

（3）蹬底滑行。

两腿并拢站立水中，两臂前伸并拢。深吸气后上体前倒，一腿向前迈出，略屈膝下蹲。头和肩浸入水中后，两脚掌依次用力蹬池底，两腿随即伸直上浮并拢，使身体成流线型向前滑行（图 14–9）。

图 14–9 蹬底滑行

（4）助力滑行。

帮助者站在侧前方，练习者先做蹬壁滑行或蹬底滑行。当滑行速度减慢时，帮助者先抓住练习者的双手用力前拉，然后再抓住双脚用力前推，以帮助延长滑行距离（图 14–10）。

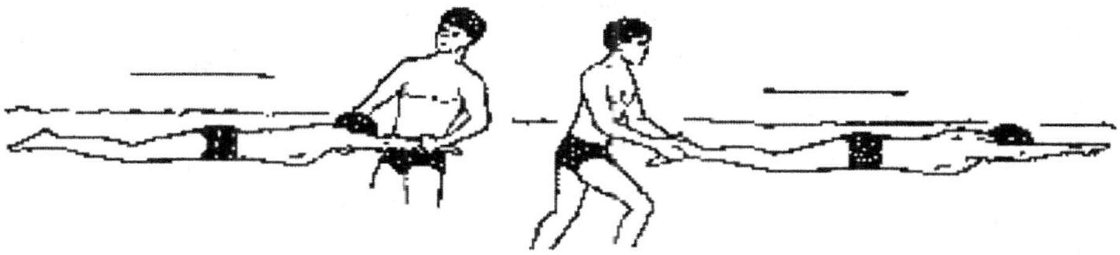

图 14-10 助力滑行

3.常见的错误与纠正方法

(1)"漂离池壁"。

蹬壁滑行开始时，身体过于前扑，腿收不紧，脚贴不上池壁，或单、双腿过早蹬伸，都会使身体漂离池壁，造成蹬不到壁或滑行不远。纠正时应强调上体前倒低头入水是在原位进行的翻转动作，腿要收紧，全身像一个被压紧的弹簧紧贴在池壁上。

(2)"向上窜"。

蹬壁滑行开始时，上体没有前倒入水，脚贴壁的位置太低，臀部提不高，造成蹬腿时身体向前上方跃出水面。纠正时应强调"上体前倒至水中，臀部提高到水面"。

二、蛙泳技术的概述

蛙泳是一种最古老的游泳姿势，顾名思义，它的动作是模仿青蛙而来的，早在2000～4000年前，在中国、罗马、埃及就有类似这种姿势的游泳。"蛙泳"是在18世纪中期，由欧洲起名的，蛙泳的速度比较慢，在20世纪初的比赛项目中，有不规定姿势的自由游，由于蛙泳速度不如其他速度快，使得蛙泳技术受到排挤。在当时的比赛中，没有人尝试蛙泳，在以后国际泳联规定了游泳姿势，蛙泳技术才得以发展。

(一) 蛙泳姿势

蛙泳在游泳之时，身体的每个部位不是固定在一个位置的，而是多变的，随着手臂的摆动、腿的变化而变化的。当一个动作完成后身体应展胸、稍收腹、微塌腰，两腿并拢，两臂尽量伸直，颈部稍紧张，头置于两臂之间，眼睛注视前下方。整个身体应以身体的横轴为轴做上下起伏的动作。

(二) 蛙泳腿部动作

蛙泳的腿部动作是推动身体前行的主要动力，接下来我们来剖析动作的分支动作。

1.收腿动作

收腿是为了翻脚、蹬水创造有利的位置，同时既要减少阻力，又要考虑到手腿配合因素的需要。开始收腿时，两腿随着吸气的动作，自然放下，同时两膝自然逐渐分开，小腿向前回收，回收时两脚放松，脚跟向臀部靠拢，边收边分。收腿时力量要小，两脚和小腿回收时要收在大腿的投影截面内，以减少回收时的阻力。收腿结束后，大腿与躯干成120°～140°，两膝内侧大约与髋关节同宽。大腿与小腿之间的角度为40°～45°，并使小腿尽量成垂直姿势，这样能为翻脚、蹬水做好有利的准备。

2.翻脚动作

在蛙泳腿的技术中，翻脚动作很重要，它直接影响到蹬水的效果。收腿即将结束时，脚仍向臀部靠近，这时膝关节向内扣，同时两脚向外侧翻开，使脚和小腿内侧对好踏水方向，这样能使对水面加大，并为大腿发挥更大力量做好积极准备。收腿与翻脚、蹬水是一个连续的完整动作过程。正确的翻脚动作，是在收腿未结束前就已开始，在蹬水开始完成。如果翻脚后，腿稍有停滞，则会破坏动作的连贯性并增大阻力。

3.蹬夹水动作

蛙泳腿部动作效果的好坏，完全取决于蹬夹水技术的正确与否。蹬水应由大腿发力，先伸髋关节，这样使小腿保持尽量垂直对水的有利部位，向后做蹬夹水的动作，其次是伸膝关节和踝关节。蹬夹水的动作实际是一个连续的完整动作，只是蹬水在先，夹水在后。实际上在翻脚的动作中，两膝向内，两脚向外已经为蹬夹水固定住唯一的方向。

4. 滑行动作

蹬夹水结束后，脚处于水平面的最低点，这是身体随着蹬水的动力向前滑行，腰部下压，双脚接近水面，准备做下一个循环动作。

(三) 手臂技术

蛙泳手臂划水动作可以产生推动力，结合腿和呼吸动作协调配合，能有效地提高游泳速度。它的主要动作可以剖析为：开始姿势、划下、划水、收手和向前伸臂动作。

1.开始姿势动作

当蹬水动作结束时，两臂应保持一定的紧张，自然向前伸直，并与水面平行，掌心向下，手指自然并拢，是身体成一条直线，形成较好的流线型。

2. 划下动作

从开始姿势起，手臂先前伸，并使重心向前，同时肩关节略内旋，两手掌心略转向外斜下方，并稍屈手腕，两手分开向侧斜下方压水，当手掌和前臂感到有压力时，就开始划水。抓水动作一方面能给划水创造有利条件，另一方面还能造成身体上浮和前进的作用。抓水的速度，根据个人的水平不同而不同，水平较高者抓水较快，反之则慢。

3.划水动作

当两手做好抓水动作、两臂分成40°~ 45° 时，手腕开始逐渐弯曲，这时两臂两手逐渐积极地做向侧、下、后方的屈臂划水动作。

划水时，手的运动应该分为两个部分，前一部分：手向外—向下—向后运动，水流从大拇指流向小拇指一边。后一部分：手向内—向下—向后运动，水流从小拇指流向大拇指一边。在划水中，前臂和上臂弯曲的角度是在不断变化的，其标准是以能发挥出最好的力量为准则。在整个划水过程中肘关节的位置都比手高。手运动的路线，不应到肩的下后方，而应在肩的前下方。其速度是从慢到快，至收手时应达到最快速度。

4.收手动作

收手是划水阶段的继续。收手时，收的运动方向为向内、向上、向前。手的迎角大致为45° 。由于前臂外旋，掌心逐渐转向内(图 14-11)。收手动作应有利于做快速向前的伸手动作，并且肘关节要有意识地向内夹的动作。当手收至头前下方时，两手掌心时由后转向内—向上的姿势，这使大臂不应超过两肩的横向延长线。在整个收手动作过程中，手的动作应积极、快速、圆滑，收手结束时，肘关节应低于手，大、小臂的角度小于90° 。

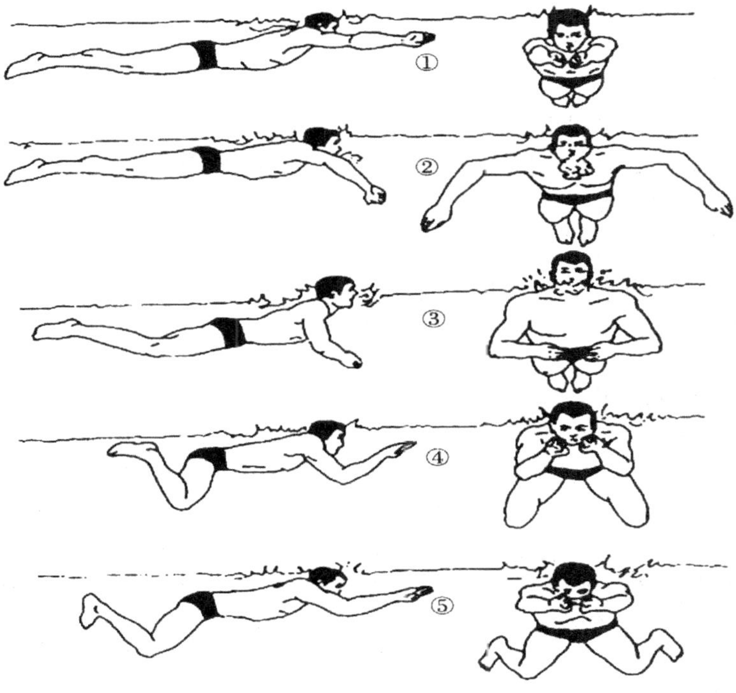

图 14–11 收手动作

5.向前伸臂动作

向前伸臂是由伸直肘关节、肩关节来完成的，掌心由开始的向上逐渐转向内，双掌合在一起向前伸出，在最后结束前逐渐转向下方。蛙泳整个臂部的动作路线无论是俯视或仰视都是椭圆形的，并且是一个连贯、力量从小到大、速度从慢到快的完整过程。

(四) 蛙泳配合技术

手臂划下（抓水）的同时，开始逐渐抬头，这时腿保持自然放松、伸直的姿势。手臂划水时，头抬至眼睛出水面，腿还是不动。只有收手时才开始收腿，并稍向前挺髋，这时头抬至口出水面，并进行快速、有力的吸气。伸手臂的同时低头，用鼻或口鼻进行呼气，并且在手臂伸至将近 1/2 处时，进行蹬夹水的动作，之后，让身体伸展滑行一段距离，蹬速度降低时进行第二个周期的动作。

在蛙泳的游进过程中，一般都是一个周期一次呼吸，这样有利于机体的有氧供应，从而降低疲劳速度。需要注意：在抬头吸气前，必须要将体内的废气全部吐完，这样才能吸进新鲜氧气。

(五) 动作难点

腿部动作的翻脚和鞭状蹬夹水动作是蛙泳技术的难点。腿部动作的技术要做到慢收快蹬，翻脚充分、鞭状蹬腿。臂部技术要做到屈臂划水和划水路线不超过肩。在完整配合技术中要注意动作的节奏和连贯性。

(六) 练习步骤

1.腿部动作

(1) 站立 (陆地)：单腿练习，分四拍，即收腿、手搬脚上翻、蹬夹、停顿。

(2) 俯卧 (陆地或水中)：体会收、翻、蹬夹、停的动作。

(3) 水中：手扶浮板，做腿部练习。

2.臂部动作

(1) 站立 (陆地或水中)：体前屈 90° ，做臂划水动作。

(2) 水中：腿夹浮板，做划臂练习。

三、自由泳技术概述

自由泳时，人在水中成俯卧姿势，两腿交替上下打水，两臂轮流划水，动作很像爬行，所以人们称之为“爬泳”。自由泳是四种竞技游泳技术中速度最快的一种姿势，在游泳比赛的自由泳项目中 (不规定泳姿的比赛)，运动员都采用这种姿势，所以通常人们也称之为“自由泳”。自由泳的起源历史悠久，从我国和世界其他国家的古代遗迹中，都可以发现类似于今天的爬泳技术的游泳姿势。

(一) 身体姿势

自由泳时，最佳的姿势是：头部有 1/3 露出水面，身体要尽量保持水平姿势，两眼注视前下方，双腿处于最低点，身体纵轴与水平面大约成 3°~ 5° 的仰角，如图 14–12 所示。

图 14–12 自由泳姿势

爬泳游进中，身体可以围绕身体纵轴做有节奏的转动，转动的角度一般为 35°~ 45° (图 14–13)。如果速度加快，角度就会相对减少。

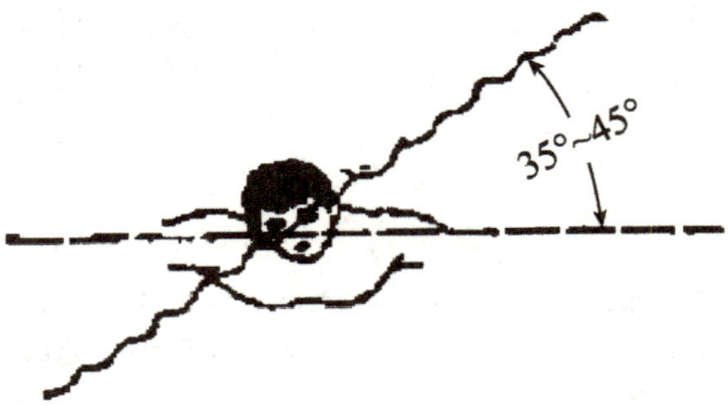

图 14–13 自由泳时身体转动

这种转动是由于划臂、转头和吸气而形成的自然转动，并不是有意识地做转动。转动所带来的好处有以下几点。

(1) 便于手臂的出水和空中移臂，并缩短移臂的转动半径。

(2) 有助于手臂在水中抱水和划水，使手臂划水的最有力部分更接近于身体中心的垂直投影面。由于臀部随身体轻度的转动，腿打水时，产生部分侧向打水动作，可以抵消移臂时造成身体侧向偏离的影响，维持身体平衡。

(3) 便于呼吸。

(二) 腿部技术

在自由泳技术领域中，大腿动作除了可以维持身体平衡，可以在水中自由游动外，最终要的作用就是产生推动力。在游泳时，其动作和水平面是垂直的状态。从垂直面看，两腿分开的距离为 30 ~ 40 厘米，膝关节弯曲的角度约为 160°。游进中，腿向上打水时，脚应接近水平；向下打水时，不应超过身体在水中的最低部位。正确的打水动作是脚稍向内旋，踝关节自然放松，向上和向下的打水动作应该从髋关节开始，大腿用力，通过整个腿部，最后到脚，形成一个“鞭状”打水动作。向下打水的效果最大，因此应用较大的力和较快的速度进行；而向上则要求放松、自然，尽量少用力，并且速度相对要慢。

(三) 手臂技术

自由泳的手臂部动作是推动身体前进的主要动力。一周期的动作可以分为：入水、抱水、划推水、出水及空中移臂等几个阶段，现在我们逐一讲解每个动作的重点概述。

1.入水的动作

臂入水时，肘关节略屈，并高于手臂，手指自然伸直并拢，向前斜下方插入水。注意手掌向外，动作自然放松。

手入水的位置应在肩的延长线上，或在身体的中线和肩的延长线之间。入水的顺序为手—小臂—大臂 (图 14–14)。

图 14–14 手入水

手切入水后，手和小臂继续向前下方伸展，手由向前—向下—稍有向内的运动变为向前—向下—稍向外的运动。

2.抱水的动作

臂入水后，应积极插向前下方，此时小臂和大臂应积极外旋，并屈腕、屈肘。在形成抱水的动作中，开始手臂是直的，当手臂划下至与水平面成 15°~ 20° 时，应逐渐屈肘，使肘关节高于手。在划水开始前，也就是手臂约与水面成 40° 时，肘关节屈至 150° 左右 (图 14–15)。

图 14–15 抱水

抱水动作主要是为划水做准备，因此它是相对放松和缓慢的。抱水就好像用臂去抱一个大圆球一样。抱水时，手的运动路线为向后—向下—向外。

3.划水动作

划水是发挥最大推进作用的主要阶段，其动作过程可分为拉水和推水两个部分。

抱水阶段后即开始拉水，这时要保持抬肘，并使大臂内旋。同时继续屈肘，使手的动作迅速赶上身体的前进速度，能使划水动作造成合理的动作方向路线，同时，也使主要肌肉群在良好的工作条件下进入推水动作，拉水至肩的垂直平面后，即开始推水，这时肘的屈度约 100° 左右。大臂在保持内旋姿势，带动小臂，用力向后推水。同时，使肩部后移，以加长有效的划水路线。向后推水有一个从屈臂到伸臂的加速过程，手掌从内向上，从下向上的动作路线加速划至大腿旁。整个划水动作，手的轨迹始于肩前，继之到腹下，最后到大腿旁，呈"S"形。

4.出水动作

在划水结束后，臂由于惯性的作用而很快地靠近水面，这时，由大臂带动肘关节做向外上方的"提拉"动作，将小臂和手提出水面。小臂出水动作要比大臂稍慢一些，掌心向后上方(图 14–16)。

图 14–16 出水

手臂出水动作应迅速而不停顿，但同时应该柔和，小臂和手掌应尽量放松。

5.空中移臂动作

臂在空中前移的动作是手臂出水的继续，不能停顿，一臂的动作应该放松自如，尽量不要破坏身体的流线型，要和另一臂的划水动作协调一致，并且要注意节奏。在整个移臂过程中，肘部应始终保持比手部高的位置。

(四) 自由泳配合技术概述

自由泳的配合技术分为两臂的配合技术、两臂和呼吸的配合技术以及完整的配合技术。

1.两臂配合技术

自由泳两臂的正确配合是保障前进速度均匀性的重要条件，并且还有利于发挥肩带力量积极参与划水。根据划水时两臂所处的位置，可以把手臂的配合技术分为四种：前交叉、中交叉、中前交叉和后交叉。一般优秀运动员都采用中前交叉的技术。

2. 两臂和呼吸的配合技术

自由泳时呼吸和手臂的配合为一次呼吸 N 次划水（N ＞ 2）。吸气时，头随着肩、身体的纵向转动转向一侧，使头在低于水面的波谷中吸气。此时，同侧臂正处在出水转入移臂的阶段。移臂时，头转向正常位置。同侧臂入水时，开始慢慢呼气，并逐渐用力加快呼气的速度。

3.完整的配合技术

一套完整的游泳姿势是呼吸、手臂和腿完美的配合。因为手臂是产生推力的主要来源，而呼吸和腿都要配合手臂的挥动。呼吸、手臂和腿的配合比例主要有三种 1∶2∶2（即一次呼吸，两次手臂动作，两次打腿的动作）；1∶2∶4；1∶2∶6。也有极少数优秀运动员采用 1∶2∶8 的技术，如图 14–17 所示。

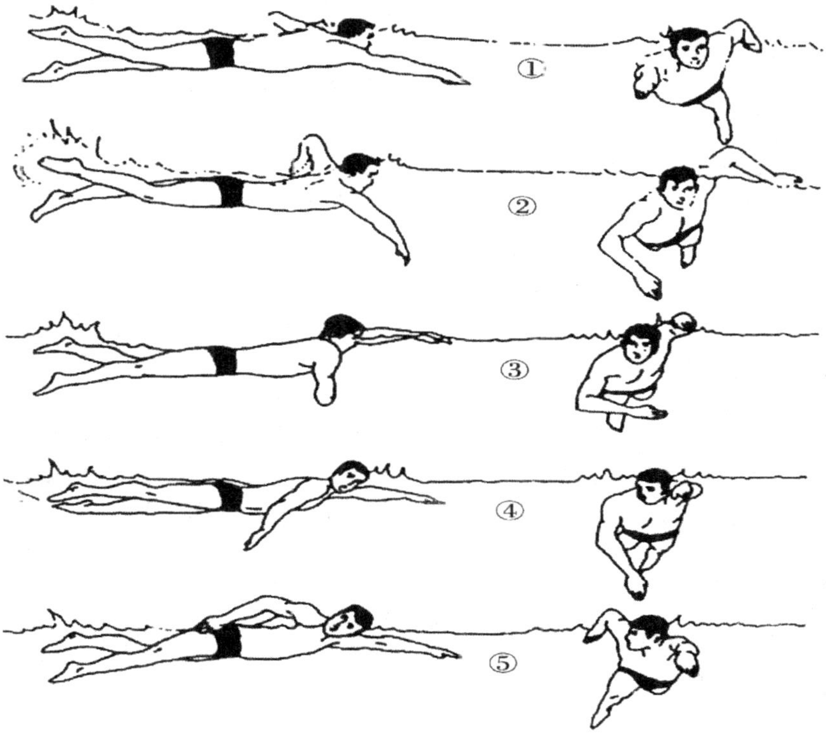

图 14–17 完整的配合技术

两腿鞭状打水和臂沿着“S”形路线屈臂划水及呼吸，是爬泳技术中的重点和难点。

（五）练习方法

1.腿部练习

（1）坐姿：双手后撑做直腿打水动作，后放松膝、踝关节，体会鞭状打水动作。

（2）水中：双手扶池槽做固定打水练习，进而扶浮板打水练习。

2.臂部练习

站立（陆地或水中）：上体前倾 90°，做双臂轮流入水—抱水—划水—出水—移臂—入水模仿练习。

3.臂和呼吸的练习

(1)站立(陆地或水中):上体前倾90°,双臂轮流练习,同时转头配合做呼吸动作。

(2)水中:边走边划臂边做转头呼吸动作。

(六)完整配合练习

在水中滑行两腿打水,同时做臂腿配合练习。

(七)易犯的错误及纠正的方法

1.小腿打水

纠正方法:强调大腿带动小腿和脚打水,用直腿打水进行纠正。

2.臂入水后向下压,划水时抹水

纠正方法:强调不要过早用力向下划水,强调臂入水后屈臂高肘、掌心对准向后向划水。

3.手沿着身体纵轴外侧划水

纠正方法:要求入水点不要偏外,强调沿着身体纵轴屈做S形路线划水。

4.抬头吸气或吸不到气

纠正方法:强调沿着身体纵轴转头吸气,强调要先呼吸后用口吸气。

四、蝶泳技术概述

蝶泳是由蛙泳演变而来的一种游泳姿势,其速度仅次于自由泳,其动作是两臂经空中前移带着水帘和蝴蝶极为相似,所以名字由此而来。之后,有人模仿海豚游泳,上下摆动的打水动作,再加上蝶泳的腿部动作酷似海豚,所以又称为“海豚泳”。

(一)姿势动作

由两臂划水、头和上体向上抬起,至两臂前移又下沉至水中,加上两腿的打水,使身体姿势处于不断变化的小波浪状态。

(二)躯干和腿部动作

腿的打水动作主要是用腰部发力,然后带动大腿、小腿做鞭状动作形成的。它和躯干动作紧密联系在一起。

打水时,两腿自然并拢,双脚分开成内八字形。当两脚处于最低点时,膝关节伸直,臀部上升至水面,髋关节约屈成160° (图14–18)。然后两腿继续向上时,大腿开始下压,同时膝关节逐渐屈曲,大腿继续加速向上;当脚抬至接近水面时,臀部下降至最低点。屈膝成110°~130° ,紧接着两脚向下打水,踝关节放松,脚面对水,这是打水产生推力的最有力阶段。然后脚面、小腿随着大腿加速下压动作,加速向后推水,当两脚向下打水尚未结束时,大腿又开始向上移动,至膝关节完全伸直,此时向下打水的动作结束。

打水动作是躯干和腿部相互协调、相互配合共同完成的,要动作连贯。初学者要着力向下打水,至腿伸直时稍提臀,直膝向上抬腿。节奏是向下快,向上慢。一般采用两次打腿技术,两次的用力程序随个人习惯,常见的是第一次重打,第二次轻打。

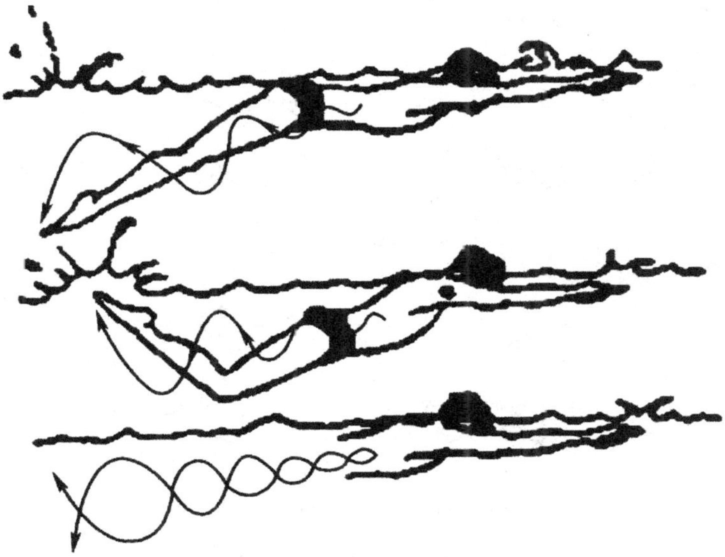

图 14-18 打水

(三) 臂部技术动作

臀部技术也是产生推动力的主要来源，与自由泳有相似的地方，就是均由前向后划水，经空中向前移臂，过程基本相同，均要求高肘划水。不同的是蝶泳划水是两臂同时进行，身体不转动，但有上下起伏。

1.臂入水动作

臂入水动作有两个：宽入水和窄入水之分，一般来讲都是宽入水。宽入水也叫作同肩宽的肩前入水技术。在入水点较近的手掌要斜插水成45° 角，在入水时，手掌领先，前臂、上臂依次入水。入水后要避免过分前伸和潜入过深。

2.抱水和划水动作

臂入水后，手和前臂内旋并向外侧下方抱水。接着两臂逐渐向内、向后屈臂划水。进入划水段，应屈肘保持“高肘”姿势，即做加速划水。两臂划至肩下方时，前臂与上臂的角度为90°~ 100° 。此后，两手划至腹下时，两手距离最近，再做两手的弧形向外推水。

3.出水动作

当两臂推水尚未结束时，双肘已开始做向上抬动作，利用加速推水的惯性提肘出水，肘先于手出水。

4.空中移臂动作

两臂放松、内旋，沿身体两侧低平的抛物线前摆。开始时肩关节上提，两肩胛骨靠拢，然后向前转肩。空中移臂一般是直臂前摆，也可以屈臂前摆。

(四) 臂、腿动作配合与呼吸

配合应是速度均匀、节奏明显，打腿间歇时间相同，打水连贯有力。当前多采用2∶1∶1的配合技术图(14-19)。

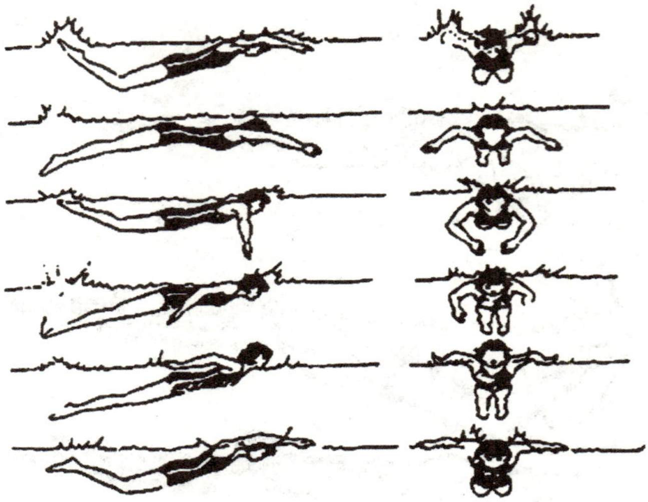

图 14–19 2∶1∶1配合技术

臂、腿配合的结构是：两臂入水时做第一次向下打水；臂抓水时，腿向上，两臂划至胸腹下时，做第二次向下打水；臂推水结束，打水结束；移臂时，腿向上。

呼吸动作一般采用臂划水一次，呼吸一次。两臂配合的协调性与游速关系甚大。晚吸气为多数优秀运动员采用，即吸气是在划水的后1/3段。在划水主要阶段开始抬头，升高肩部。划至肩垂线时脸击水，开始吸气，至两臂完成推水动作。前移臂时，颈部屈曲，低头入水。初学者一般采用早吸气比较容易，即在臂划水以前1/3时就开始抬头吸气，至臂出水和向前移臂时闭气。

五、仰泳技术概述

仰泳是一种人体仰卧在水中的游泳姿势，又称为“背泳”。在仰泳时嘴露是出水面的，所以呼吸会容易一些，尤其是对于掌握浮体好的人来说，更是容易了。接下来我们逐一讲解每个动作的要点。

(一) 身体姿势动作

由于采用两臂划水，身体应伸展成流线型仰卧在水面上，身体纵轴与水面构成一个不大的迎角，整个身体处于较高的位置。

身体在水中时，胸部自然伸展，腹部微收，胸腹几乎成一条直线，这样游进时能减小身体的迎面阻力 (图 14–20)。

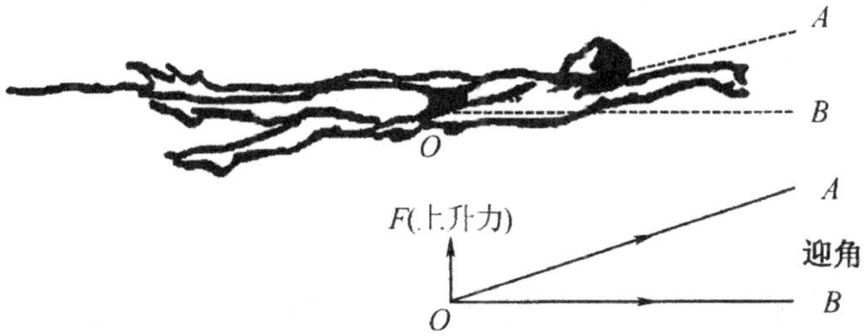

图 14-20 仰泳

（二）腿部技术动作

仰泳时腿部的主要作用是控制着身体摇摆，维持着身体的平衡，保持着一个流线型的泳姿，并产生一定的推动力，向前划行。仰泳两腿动作以髋关节为支点，由大腿发力，带动小腿和脚有节奏地做上下鞭打踢水动作。

（三）臂部动作技术

仰泳时臂的动作与自由泳时一样，都是产生前进力量的主要因素。目前一般都采用两臂交替的体侧臂划水的技术，划水过程包括入水、抱水、划水、出水和空中移臂五个部分。

1. 入水的动作

在空中移臂后，要紧接着入水。入水时手臂自然伸直，手掌展平，小指领先入水，入水点在肩的延长线上。

2.抱水的动作

手臂入水后，躯干向入水的同侧方向转动，借助前移的速度，直臂向深水处积极推水，做转肩和臂内旋的动作，并开始屈臂，使手掌、上臂和前臂处在最有利的划水位置，形成有利的划水面，这个动作叫抱水。

3.划水的动作

仰泳的划水动作是推进身体前进的主要动力。整个动作是由屈臂抱水开始，以肩为中心，划到大腿侧下方为止。

4.出水的动作

臂出水动作是先压水后提肩，使肩露出水面后，由肩带动上臂、前臂和手依次出水。

5.空中移臂的动作

臂出水后，应迅速地与水平面接近 90° 角，垂直面上由后向前移动，移臂时手臂要自然伸直，速度要快。

（四）呼吸与腿、臂的动作配合的方法

在仰泳时，身体一直维持着仰卧在水中的姿势，脸部一直露出水面，所以，呼吸比较简单，只要保持着有节奏的呼吸，不要用鼻吸气方可，否则，会容易呛到水。臂与呼吸的配合是两臂各划水 1 次，呼吸 1 次。两臂和两腿的配合和自由泳一样，为 6 : 2 : 1，即在一个循环动作内打腿 6 次、划臂 2 次呼吸 1 次。

第三节　游泳常识和水上救护

为了保证游泳者的健康与安全问题，在游泳前需要了解游泳的一些基本常识以及出现问题的救护问题，游泳前最好进行一次身体检查，来保证游泳时减少事故的概率。如果游泳者有严重高血压、心脏病、活动性肺结核、传染性肝炎、妇科病、中耳炎、精神病者，禁止参加游泳运动。我们将逐一讲解游泳的基本常识、出现事故的解决方法以及水上救护的方式。

一、安全卫生基本常识

(一) 游泳前的准备工作

游泳的基本常识对游泳者来讲 (初学者)，都要准备齐全的游泳用具，这样才能尽量避免游泳意外事故的发生。以下就是游泳前的准备和卫生常识。

合身的游泳衣裤：游泳衣裤对游泳者来讲很重要，必须要合身 (穿在身上舒适为宜)。如果衣裤太大了，在游泳时很容易兜水，增加负重和阻力，也影响着游泳的姿势动作；质量问题，年轻人可以选择尼龙的，颜色鲜艳的游泳衣裤；中老年人建议选择呢绒料子的，以深色为主。

合适的游泳帽：在游泳之前，泳帽是必须要带的，这样既能保持着的泳池的干净卫生，还能防止头发变黄。泳帽的选择，可以是带有松紧的尼龙材质的或者是橡胶制品的泳帽，大小要适中，否则在游泳时，容易脱落。

游泳眼镜：为了预防眼睛疾病的产生，建议游泳者带泳镜游泳。另外一个原因，对于初学者来讲，带着泳镜游泳，可以增加学习者的自信心，防止恐水的心理产生。

耳塞：对于游泳者来讲，耳塞是最好要带的，以免水进入耳朵，引起耳朵炎症。

浮体物品：主要是针对初学者来说，浮体物品是必须要具备的，以防事故的发生。浮体可以是：救生圈 (衣)、泡沫塑料打水板等。

浴巾和拖鞋：浴巾和拖鞋是游泳者必备的用品。在游泳的间歇或游完后上岸，用毛巾擦干身体，披上浴巾，穿上拖鞋，既可以保暖，防止感冒，又比较卫生。在冬泳时，更是不可缺少。

鼻夹：建议初学者配备，以免在游泳时水进入鼻孔，产生咳嗽、呛水等现象。可强制用嘴吸气，而不用鼻吸气，可以避免呛水。

热身运动：游泳之前需要进行热身运动，舒展筋骨，以免由于身体入水时，水温和体温有差距，产生了抽筋的现象。

(二)时间选择的常识

饱饭前后不宜游泳。饥饿时不要选择游泳，因为游泳时消耗体能太大，再加上水中温度低于体温，饥饿会导致血糖较低，会让游泳者产生头昏、四肢无力等现象；饭饱后30分钟之内，不要选择游泳，否则会引起呕吐、腹痛的现象。

饮酒后不宜游泳。酒精对神经会有麻醉的作用，饮酒后下水游泳无法清醒处理可能发生的意外情况，很容易发生溺水事故。

剧烈运动或重体力劳动后不宜游泳。因为这些人群，身体都处于疲劳、肌肉在收缩的状态，身体的温度较高，身体状况还不是很稳定，如果入水游泳，容易导致吃水、抽筋，更严重者很有可能会导致溺水的危险产生。

二、注意的事项

游泳本身就带有危险性，因为是在水中进行的一种运动。所以安全问题非常重要，不能疏忽大意。以下是游泳时应该注意的问题：

(1)由于泳池是公共区域，也有细菌的滋生和相互传染，所以在游泳之前，必须要体检，经过医生允许后才能游泳。

(2)如果在户外游泳，在游泳前要了解水中是否有礁石、水草、污染情况、水深等情况，在安全的区域里游泳。

(3)在游泳前，进行热身运动，以免在入水中抽筋等情况的发生。

(4)游泳时如出现恶心、头晕、呕吐和打冷战等情况，应及时出水。

(5)有下列情况者不宜游泳：患有精神病、严重心脏病、腹泻、发高烧、鼻窦炎、中耳炎、肝炎、急性结膜炎、传染病或其他急性病，以及女性月经期等。

三、常见问题及处理办法

(1)抽筋。游泳过程中一旦出现抽筋，不要惊慌，下面是常见抽筋现象的解救方法。①脚趾抽筋，立刻把腿屈起，伸直，用力将足趾拉开并扳直；②小腿抽筋，先吸足一口气，仰卧在水面，用手扳住足趾，并使小腿用力向前伸蹬，让收缩的肌肉伸展和松弛；③手指抽筋时，手握成拳头，然后用力张开，如此反复，即可解脱。

(2)恶心、呕吐。游泳过程中，如果出现恶心、呕吐的现象，立刻上岸，用手指压中脘、内关穴。

(3)头痛。出现这种症状的原因主要是慢性鼻炎、呛水或者供血不足导致的，如果这种现象的出现，应该迅速上岸，用大拇指在头顶百会穴、太阳穴及列缺穴按揉，然后用热毛巾敷头，再喝一杯热开水，即可好转。

(4)腹痛、腹胀。刚吃过饭或空腹游泳即会产生腹痛腹胀。这时应上岸仰卧，用拇指尖点压中脘、上脘和足三里，同时口服3～5毫升十滴水，并用热毛巾敷腹部。

(5)耳痛、耳鸣。可能会是耳朵进水或者是呛水所导致的，具体的排水方法有：①在耳朵进水一侧的头部歪斜，用力拉住耳垂，同侧的腿部进行单足跳跃；②对准耳道，用手把耳朵堵严压紧，左耳进水就把头歪向左边，然后迅速将手拔开，水即会被吸出；③用消毒棉签送入耳道内将水吸出。

(6) 头晕、脑涨。主要原因是游泳时间过长，血液聚集于下肢，脑缺血，机体能量消耗较大，身体过度疲劳。立即上岸休息，全身保温，并适当喝些淡糖、盐水。

(7) 眼睛痒痛。可能是由水不洁净引起的。上岸后应马上用清洁的淡盐水冲洗眼睛，然后用氯霉素或红霉素眼药水点眼，临睡前最好再做一下热敷。

四、水上救护的措施

自由泳、侧泳、蛙泳、踩水是游泳救护员进行水上救护时必须掌握的技术。

(一) 抬头自由泳技术

(1) 这种游泳姿势是在游泳时把头部抬出水面，目的是为了在快速游泳救护时能看清目标，准确无误的接近溺水者，并救出水面，这是游泳救护员的一项专业游泳技术。

(2) 抬头自由泳的技术特点：在头抬出水面时切忌左右晃动，目前注视着溺水者；入水后身体不要下沉，手臂要快速地向前划水或者推水；空中移臂不要屈臂；两腿用力打水，维持着身体在较高的位置。

学习抬头自由泳，是在掌握自由泳技术的基础上进行的。因此应先学习自由泳，再练习抬头自由泳。抬头自由泳通常在救护中接近溺者时采用，因此在平时练习时，可进行15～25米的快速重复游。

(二) 侧泳技术

(1) 侧泳是身体侧卧在水中，两臂交替划水，两腿做蹬剪水的一种游泳姿势。在游泳救护中，侧泳是救护员拖运溺水者时采用的主要游泳姿势。

侧泳的特点是身体侧卧在水中，肩部同水平面成10°～15° 的角，在手臂下摆时要接近垂直的姿势。这种救护方式有利于救护员利用自己的身体为支撑点，拖运溺水者。救护时救护员要用上侧身体和髋部顶住溺水者的腰背部，使溺水者浮起以便于拖运，如图14–21所示。

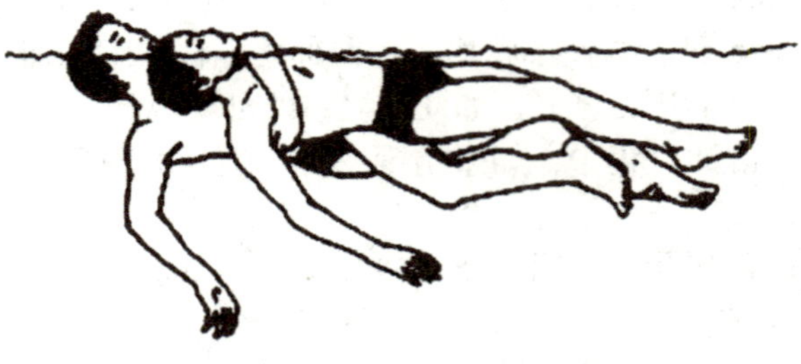

图 14–21 侧泳救护

救护员采用侧泳拖运溺水者时，两腿的蹬剪动作是拖运溺水者的主要动力，但蹬剪动作应在溺水者的身体下面进行。侧泳臂划水时，下臂动作（划水与前伸）始终是在水下进行的，而上臂动作与爬泳有些相似——有空中移臂动作（图 14–22），因而可以使上臂腾出来抱住溺水者的上体进行拖运。抱住溺水者的上体时，不要卡住溺水者的喉咙，以免发生窒息。

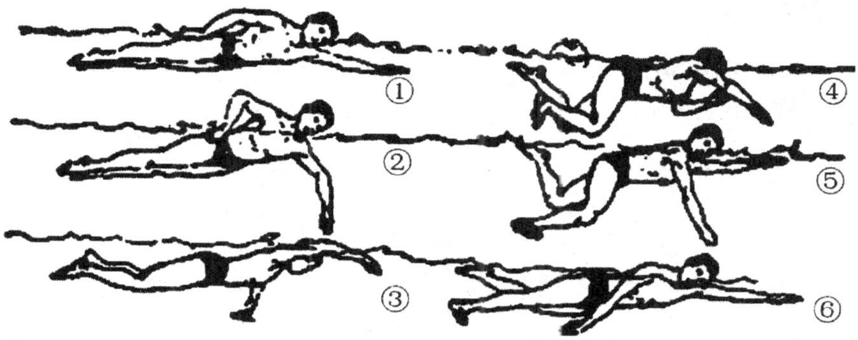

图 14-22 侧泳技术

（2）侧泳腿部动作。蹬剪腿在收腿后，上腿用脚掌对准后蹬方向（上腿的大腿与躯干成 90°~ 100° 角，大腿与小腿约成 50°角），与此同时，下腿用脚面对准前剪方向（下腿的小腿与大腿成 30° ~ 40° 夹角）。两腿完成蹬剪水动作是上腿以大腿带动小腿由前向后用力蹬出；下腿用脚面和小腿由后向前踢水。

（3）侧泳腿练习方法：①池、岸边做陆上模仿练习。一手支撑，上体后仰（图 14-23）。②水中练习。侧卧河岸浅水滩，一手扶河底，一手前伸，做侧泳蹬剪水动作（图 14-24）。练习时应该从徒手侧泳过渡到一手拖重物（出水面）侧泳，最后再施拖运“溺水者”，反复练习，逐步增加难度。

图 14-23 上体后仰

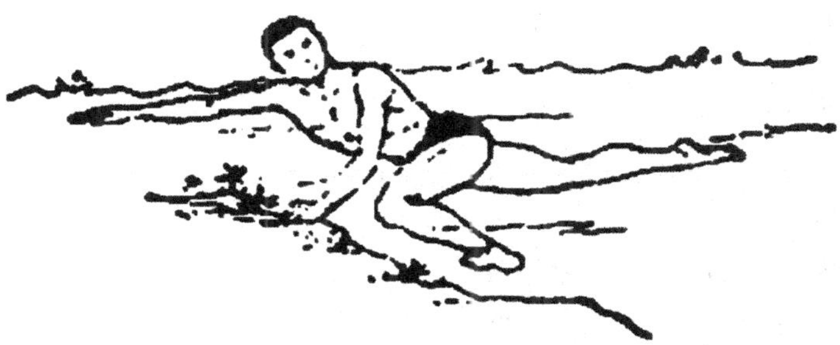

图 14-24 侧泳蹬剪水动作

(三) 反蛙泳技术

(1) 反蛙泳是靠腿不力量打水前进，两手臂完全可以腾出来救溺水者 (图 14–25)，但是这种竞技在比赛中已经被淘汰，在救护中有着举足轻重的位置。

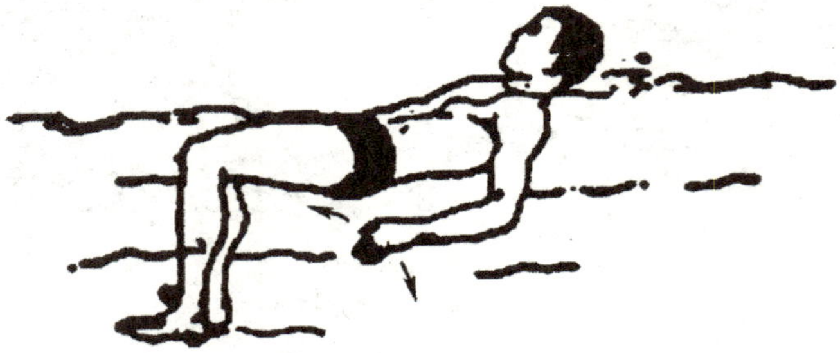

图 14–25 反蛙泳技术

(2) 反蛙泳技术。身体仰卧于水中，胸部自然展开，颈部适当紧张，头稍后仰。两臂同时由体侧向后划水，划水的推水动作结束后提肩，两臂出水同时向前移动。在两臂向前移动时，两腿做类似蛙泳的收腿动作，收腿结束时，两脚向外翻转，接着大腿发力，两腿同时向后用力做蹬夹水动作。此外，两手在肩上外侧准备入水，蹬腿结束后，身体成水平姿势，两臂即又开始向后划水 (图 14–26)。

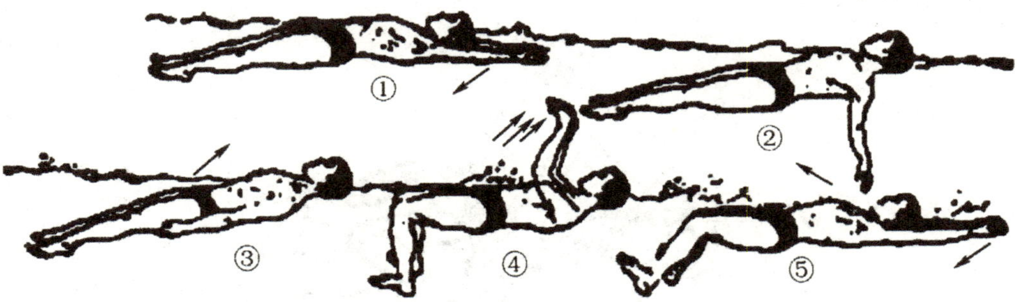

图 14–26 反蛙泳练习

(3) 反蛙泳练习方法：①仰卧，反手抓游泳池池槽，做蹬水动作；②多次重复 25 ~ 50 米反蛙泳；③用反蛙泳拖运“溺水者”。

(四) 潜泳技术

潜泳在救护中主要用途是用来寻找沉底的溺水者。

1.潜泳时的呼吸

在潜水前做几次深呼吸，使肺泡充满氧气，以便在潜水中，有足够的氧气来延长潜水时间；在潜水后，由于水压的作用，使胸部感觉不舒服，这时可以呼出一些气，减少肺部的压力，每次呼出的时间为 5 ~ 10 秒；接近呼尽时露出水面。这种训练方式由于肺里充满了空气以供水下呼吸，不容易下潜，所以要多加刻苦的练习。

2.潜下

如果救护员直接从岸上或船上入水，一般可采用游泳比赛的出发动作，以加强下潜的冲力，增加下潜的速度和深度。但入水前一定要了解水域的情况，如水的深度，有无杂物、水桩及石块等，切勿性急，盲目跳水。如果直接从水面潜下寻找溺水者，必须掌握以下两种水面潜下法。

（1）头朝下潜深法。潜深前，成原地踩水姿势，先深吸气，然后低头提臂，两臂自下而上迅速用力划水，随即向下伸直，两腿向上蹬直，使重心向下成直体入水动作（图14–27）。

图 14–27 头朝下潜深法

（2）两腿先入水的潜深法。在潜深前，做踩水动作，然后两臂向下压水使上体抬高，接着两腿并拢、伸直，两手贴靠大腿使身体成垂直姿势下潜。潜的过程中，两手自下而上做反向划水动作，增加下沉速度，在潜入预定深度时，应立即低头收腹屈腿团身，使身体由垂直姿势转为水平姿势，然后向前游进，寻找溺水者（图 14–28）。此种方法，可以在岸边、桥上或船上直体入水（脚朝下）时结合使用。

3.潜寻

在游泳救护中，潜寻的目的是为了寻找水下溺水者。由于溺水者沉在水底，潜寻时要贴底而行，用手摸索，两腿可做自由泳打腿或蛙泳蹬腿动作。

图 14–28 两腿先入水的潜深法

（五）踩水技术

踩水是利用两腿向下踩蹬，使人体浮力在水中的状态。所以也叫作“立泳”。其使用范围是在救护员接近溺水者 3 ~ 4 米范围之内，并判断其周围的情况以及解脱方法。在准备拖运和下潜的时候也可以使用踩水的技术进行救护。踩水的救护技术是每个救护员所需掌握的一项救护措施之一。接下来讲解两种踩水技术。

1.两腿同时踩水法

踩水时身体直立在水中，上体稍前倾，两眼平视水面。踩水时，两腿同时上收，再向侧下方蹬夹水。两手同时用力向侧下方做弧形按压水的动作（图 14–29）。

图 14–29 踩水技术

2.单腿轮流踩水法

两手用力向侧下方做弧形按压水的动作，踩水时一腿蹬出，另一腿收紧，两腿交替做蛙泳蹬腿动作。这样避免了两腿同时收、蹬之间的停顿，使身体能持续稳定地露出水面，适于游泳救护需要。

练习踩水：单手或双手举出水面踩水，也可举重物踩水或将踩水与起游及下潜动作结合起来练习。

初学踩水，最重要的是不要紧张，动作也不要太快，要协调用力，否则很容易下沉。

五、岸边急救法

把溺水者拖带上岸后，首先，立即清除溺水者鼻子和嘴里的泥沙、水草等杂物，设法使呼吸道和食道畅通，其次，用膝上压背法将水排出。如果溺水者的呼吸已停止而脉搏仍在跳动，应立即进行人工呼吸。一般采用俯卧压背式人工呼吸法。实行人工呼吸时，先将溺水者俯卧在地上，头偏侧，用屈曲的一臂垫着。救护者跨过他的臀部跪着，用两手掌按着溺水者的背肋下部，大拇指向里靠近脊椎骨，其余四指微微屈曲，用稳定不变的压力俯身向前下推压。然后双手放松，回复原来的姿势。如此重复循环，每分钟约 16 次，直到溺水者呼吸恢复正常为止，如图 14–30 所示。

图 14–30 岸边急救

进行人工呼吸一般时间较长，救护者可轮换交替进行，交替时要衔接好，不能停顿。溺水者已有轻度呼吸时，千万不能就此停止人工呼吸，因为这种微弱的呼吸非常脆弱，若放弃人工呼吸就会导致呼吸停止，使救护失败。整个抢救过程最好在医务人员指导下进行，这样才能取得抢救效果，并防止产生不必要的事故。

第四节　游泳的竞赛规则

一、游泳比赛通则

(1) 正式的泳池长50米，宽25米，有8条泳道。同一组成绩最好的运动员（接力队），应该排在第4泳道上，其他运动员按成绩高低以5、3、6、2、7、1、8泳道的顺序安排。

(2) 除仰泳在水中出发外，其他各泳式的比赛必须从出发台起跳出发。

(3) 运动员如在“出发信号”发出之前出发，应判出发犯规。第一次出发抢跳犯规，应召回重新出发。第一次出发抢跳犯规以后，无论哪个运动员抢跳犯规，均取消其比赛资格或录取资格。

(4) 游出本泳道或用其他方式干扰、阻碍其他运动员者应取消其录取资格，受影响的运动员可补测成绩或直接进入决赛。如在决赛中发生上述情况，则令该组重赛。

(5) 比赛中，运动员转身时必须使身体某一部分触及池壁。转身必须从池壁完成，不得在池底跨越或行走，否则即算犯规。在自由泳比赛中，可在池底站立，但不得跨越或行走，否则即算犯规。

(6) 接力比赛时，如本队的前一名运动员尚未触及池壁，而后一名运动员即离台出发，应算犯规，但如该运动员重新返回并以身体任何部分触及池壁再行游出时，则不算犯规。

二、各泳式的比赛规则

(一) 自由泳式规则

(1) 在自由泳比赛中，可采用任何泳式。

(2) 转身和到达终点后，可采用身体任何部位触及池壁。

(二) 蛙泳式规则

(1) 出发和每次转身后，从第一次手臂动作开始，身体应保持俯卧姿势，两肩应与水面平行。

(2) 两臂、两腿的所有动作都应同时在同一水平面上进行，不得有交替。

(3) 两手应一起在水面、水下或水上由胸前伸出，并在水面或水下向后划水。除出发和每次转身后的第一次划水动作外，两手向后划水不得超过臂线。

(4) 在蹬腿过程中，两脚必须做外翻动作，不允许做剪夹、震颤式或向下的海豚式打水动作，只要不做向下的海豚式打腿动作，允许两脚露出水面。

（5）在每次转身和达到终点时，两手应在水面、水上或水下同时触壁，触壁前两肩与水面平行。在触壁前时最后一个向后划水动作结束后，头可以潜入水中，但在触壁前的一个完成不完整的配合动作中，头应部分地露出水面。

（6）在每个以一次划臂和一次蹬腿顺序完成的完整动作周期内，运动员头的某一部分应露出水面，只有在出发和每次转达身后，运动员可在全身没入水中时，做一次手臂充分的向后划至腿部的动作和一次蹬腿动作，但在第二次划臂至最宽点并在两手向内划水前，头必须露出水面。

（三）仰泳式规则

（1）运动员面对出发端，两端抓住握手器，两脚（包括脚趾）应处于水面下，禁止蹬在水槽内、水槽上或用脚趾钩住水槽边。

（2）出发和转身后，运动员应蹬离池壁，并在整个游进过程中呈仰卧姿势。除在做转身动作外，运动员必须始终仰卧。仰卧姿势允许身体做转动动作，但必须保持与水平面小于 90° 的仰卧姿势。头部位置不受此限。

（3）在整个游进过程中，运动员身体的某部分必须露出水面。在转身过程中，允许运动员完全潜入水中。但在出发和每次转身后，运动员潜泳距离不得超过 15 米，在 15 米前运动员的头必须露出水面。

（4）在转身过程中，当运动员肩的转动超过垂直面后，可进行一次连续单臂划水或双臂同时划水动作，并在该动作结束前开始滚翻。一旦改变仰卧姿势，就不允许做与连续转身动作无关的打水或划水动作。运动员必须呈仰卧姿势蹬离池壁。转身时运动员身体的某部分必须触壁。

（5）运动员在到达终点时，必须以仰姿势触壁。

（四）蝶泳式比赛规则

（1）除在做转身动作时，身体必须始终俯卧外，从出发和每次转身后的第一次手臂动作开始，至下一个转身或到达终点止，两臂均应与水面平行。任何时候都不允许转成仰卧姿势。

（2）两臂必须在水面上同时向前摆动，并同时在水下向下划水。

（3）两脚的动作必须同时进行，允许两腿和两脚在垂直面上同时做上下打水动作。两腿或两脚可不在同一水平面上，但不允许有交替动作。

（4）在每次转身和到达终点时，两手应在水面、水上或水下同时触壁，触壁前两肩应与水面平行。

（5）在出发和每次转身后，允许运动员在水下做一次或多次打水动作和一次划水动作，这次划水动作必须使身体升到水面。

参考文献

[1] 冯德学，熊正英 . 体育教育教学研究方法概论 [M]. 西安：陕西师范大学出版总社，2016.

[2] 罗林 . 大学体育理论与实践教程 [M]. 北京：科学出版社，2016.

[3] 龚坚，张新.体育教育学 [M]. 重庆：西南大学出版社，2016.

[4] 孙承文 . 体育理论与实践教程 [M]. 北京：中国林业出版社，2016.

[5] 刘生彦 . 大学体育理论与实践教程 [M]. 成都：西南财经大学出版社，2016.

[6] 张锐，赵培禹 . 大学生体育理论与实践教程 [M]. 哈尔滨：哈尔滨工程大学出版社，2014.

[7] 孙成友，仲朋飞，董先龙 . 大学体育理论与实践教程 [M]. 武汉：华中科技大学出版社，2012.

[8] 陈杰，等 . 体育教育学 [M]. 北京：北京师范大学出版社，2012.

[9] 程文广 . 中国近现代体育思想及体育教育发展论纲 [M]. 北京：北京体育大学出版社，2007.

[10] 范海荣 . 任继祖.学校体育学 [M]. 上海：复旦大学出版社，2009.

[11] 龙明，张军 . 奥林匹克运动要论 [M]. 兰州：兰州大学出版社，2009.

[12] 项立敏 . 现代奥林匹克运动 [M]. 徐州：中国矿业大学出版社，2005.

[13] 全国体育院校教材委员会 . 排球运动 [M]. 北京：人民体育出版社，1992.

[14] 刘文春 . 排球运动 [M]. 北京：高等教育出版社，2005.

[15] 朱红丹 . 排球入门与技战术图解 [M]. 北京：蓝天出版社，2010.

[16] 赵青 . 排球技战术全图解 [M]. 北京：北京体育大学出版社，2009.

[17] 中国排球协会 . 排球竞赛规则 2013—2016 [M]. 北京：人民体育出版社，2013.

[18] 南来寒 . 排球 [M]. 长春：吉林文史出版社，2014.

[19] 邓达之 . 足球训练 [M]. 北京：人民体育出版社，2000.

[20] 中国足球协会 . 足球竞赛规则 [M]. 北京：人民体育出版社，2005.

[21] 何志林 . 现代足球 [M]. 北京：人民体育出版社，1999.

[22] 王贺立 . 篮球使用教程 [M]. 武汉：湖北人民出版社，2004.

[23] 乔・海夫纳 . 突破——篮球技战术 [M]. 韩立森，丁道旭，译.南京：东南大学出版社，2005.

[24] 王贺立 . 高级篮球教程 [M]. 北京：人民体育出版社，2002.

[25] 于振峰 . 现代篮球教学 [M]. 北京：人民体育出版社，2005.

[26] 岑淮光 . 怎样打好乒乓球 [M]. 北京：人民体育出版社，2001.

[27] 中国乒乓球协会 . 乒乓球竞赛规则 [M]. 北京：人民体育出版社，2002.

［28］全国体育院校教材委员会审定．艺术体操［M］．北京：人民体育出版社，1991.
［29］张启迪..网球双打技巧［M］．北京：人民体育出版社，2004.
［30］汪俊．网球全程点拨［M］．北京：人民体育出版社，2002.
［31］孙卫星，张旭.网球规则入门导读［M］.北京：北京体育大学出版社，2007.
［32］钟振新，朱静华．网球实战技巧技战术图解［M］．北京：北京体育大学出版社，2003.
［33］谭劲松．大学体育选项教学教程［M］．北京：中国人民大学出版社，2009.
［34］王月．形体礼仪与瑜伽塑身训练［M］．北京：清华大学出版社，2012.
［35］韩俊．瑜伽初级教程［M］．沈阳：辽宁科学技术出版社，2006.
［36］国际奥委会．奥林匹克宪章（中英文对照）［M］．北京：奥林匹克出版社，2001.
［47］王仁周．冬季奥林匹克运动［M］．北京：人民体育出版社，2002.
［38］张振华.21世纪我国学校体育走向的思考［J］．四川体育科学，2002（2）.
［39］朱鹏屏．大学素质教育中的体育教育［J］．南京理工大学学报（社会科学版），2001(6).
［40］周红律．新中国成立以来我国高校体育的沿革及思考［J］．上海体育学院学报，2002（1）.